逐条解説シリーズ

逐条解説
2009年 金融商品取引法改正

池田唯一／三井秀範／齊藤将彦／高橋洋明
谷口義幸／中島康夫／野崎　彰◉著

商事法務

はしがき

『逐条解説・2008年金融商品取引法改正』に引き続き、『逐条解説・2009年金融商品取引法改正』を刊行する運びとなった。2009年の改正は、米国のサブプライム・ローン問題に端を発する国際的な金融・資本市場の混乱への対応に加えて、2008年の改正と同様、利用者保護のさらなる充実やわが国金融・資本市場の機能強化を図るものであり、その内容は、

① 格付会社に対する規制の導入

② 金融ADR制度の創設

③ 金融商品取引所と商品取引所の相互乗入れ

④ 開示ルールの見直し

⑤ 販売ルールの見直し

など、多岐にわたる。

本書は、この2009年の改正について解説するものであり、まず、第1部で、改正の経緯や全体像等についてみた上で、上記の各施策ごとに、改正のねらいや要点を解説している。さらに、第2部では、改正法の詳細を逐条形式で解説している。

2009年の改正は、政策的にみても重要なものであり、実務上も関係者に大きな影響を与えるものであるが、格付会社に係る「登録できる」制度の導入や、金融ADR制度における金融機関の指定紛争解決機関との契約締結義務、開示ルールに係る「売出し」概念の見直しなど、法制の観点からも、興味深い内容が数々盛り込まれている。読者の関心の角度・領域に応じて、効率的な形で、本書を活用いただければと願っている。

2008年改正の際にも述べたが、金融・資本市場をめぐる動きはきわめて早い。今後とも、金融・資本市場の動向を注視し、機動的な制度整備を行っていくことが求められていくこととなろう。その際には、制度・実務両面におけるこれまでの歩みを十分に踏まえ、地に足の着いた制度づくり

ができるよう、努力していきたいと考えている。

本書の出版に当たっては、商事法務の石川雅規氏と川戸路子氏に多大なご尽力をいただいた。なお、文中、意見にわたる部分については、各筆者の個人的な見解であることを申し添えたい。

2009年９月

池　田　唯　一

三　井　秀　範

著者・協力者紹介

【著者紹介】

池田　唯一（金融庁総務企画局市場課長）
三井　秀範（金融庁総務企画局企業開示課長）
齊藤　将彦（金融庁総務企画局市場課課長補佐）
高橋　洋明（金融庁総務企画局市場課課長補佐）
谷口　義幸（金融庁総務企画局企業開示課企業開示調整官）
中島　康夫（金融庁総務企画局企画課課長補佐）
野崎　　彰（金融庁総務企画局企業開示課課長補佐）

【協力者紹介】

有里　貴夫（金融庁総務企画局市場課課長補佐）
稲吉　大輔（金融庁総務企画局企画課課長補佐）
麻生　裕介（金融庁総務企画局市場課専門官）
鹿海　拓也（金融庁総務企画局市場課主査）
高山　泰之（金融庁総務企画局企業開示課専門官）
徳安　亜矢（金融庁総務企画局企業開示課専門官）
西　　史香（金融庁総務企画局市場課専門官）
八木　俊則（金融庁総務企画局市場課主査）
今井　仁美（金融庁総務企画局企業開示課開示企画第一係長）
笠原　基和（金融庁総務企画局市場課取引所係長）
齊藤　　哲（金融庁総務企画局市場課有価証券係長）
三村　清隆（金融庁総務企画局市場課投資信託係長）
橘　　一哉（金融庁総務企画局企業開示課）

※肩書は執筆当時のものである。

執筆担当

【第1部】

Ⅰ	池田　唯一
	三井　秀範
	齊藤　将彦
Ⅱ	三井　秀範
	野崎　　彰
Ⅲ	池田　唯一
	中島　康夫
Ⅳ	池田　唯一
	齊藤　将彦
Ⅴ	三井　秀範
	谷口　義幸
Ⅵ	池田　唯一
	高橋　洋明
Ⅶ	池田　唯一
	三井　秀範
	齊藤　将彦

【第2部】

池田　唯一
三井　秀範
齊藤　将彦
高橋　洋明
谷口　義幸
中島　康夫
野崎　　彰

凡　例

本書においては、特に断りのない限り以下のように略記する。

1. 法、金商法、表記なし：金融商品取引法（昭和23年法律第25号）
2. 改正法：金融商品取引法等の一部を改正する法律（平成21年法律第58号）
3. 平成20年改正：金融商品取引法等の一部を改正する法律（平成20年法律第65号）
4. 政令、令：金融商品取引法施行令（昭和40年政令第321号）
5. 定義府令：金融商品取引法第二条に規定する定義に関する内閣府令（平成5年大蔵省令第14号）
6. 取引所府令：金融商品取引所等に関する内閣府令（平成19年内閣府令第54号）
7. 企業内容開示府令：企業内容等の開示に関する内閣府令（昭和48年大蔵省令第5号）
8. 開示ガイドライン：企業内容等の開示に関する留意事項について
9. 旧証券取引法：証券取引法（平成18年法律第65号による改正前）
10. 建設業法：建設業法（昭和24年法律第100号）
11. 商品取引所法（商品先物取引法）：商品取引所法（商品先物取引法）（昭和25年法律第239号）
12. 銀行法：銀行法（昭和56年法律第59号）
13. 保険業法：保険業法（平成7年法律第105号）
14. 住宅品質確保法：住宅の品質確保の促進等に関する法律（平成11年法律第81号）
15. ADR促進法：裁判外紛争解決手続の利用の促進に関する法律（平成16年法律第151号）

16. 会社法：会社法（平成17年法律第86号）

17. 消費者庁及び消費者委員会設置法：消費者庁及び消費者委員会設置法（平成21年法律第48号）

上記のほか、参照条文等に掲げる法令の法令番号は、以下のとおりである。

・民事調停法（昭和26年法律第222号）

・消費者契約法施行規則（平成19年内閣府令第17号）

・金融商品取引業等に関する内閣府令（平成19年内閣府令第52号）

目　次

第1部
改正のねらいと要点

第2部 逐条解説編

第 1 部

改正のねらいと要点

Ⅰ　改正の経緯と概要

米国のサブプライム・ローン問題に端を発する国際的な金融・資本市場の混乱の中で、各国が国際的に連携し、金融システムの安定に全力を尽くすとともに、金融危機の再発防止、金融システム強化を強力に推進することが重要な課題となっている。また、金融商品・サービスの多様化・複雑化が進む中、利用者が安心して取引できる環境整備を行っていくことも重要な課題である。さらに、わが国においては、少子高齢化社会が到来する中で、経済の持続的な成長を確保し、国民の資産形成に資するため、わが国金融・資本市場の機能強化についても引き続き不断に取り組んでいく必要がある。

今般の金融商品取引法の改正は、こうした基本認識を背景として、国際的な金融・資本市場の混乱への対応と利用者保護の充実、わが国金融・資本市場の機能強化のために必要な措置を一括して講じ、信頼と活力ある金融・資本市場の構築を図ることを目的としている。

本章においては、今般の改正の経緯および改正法の概要について、解説を行うこととしたい。

1　改正の経緯

(1)　「経済財政改革の基本方針2008」の策定

政府は、2008年６月27日に「経済財政改革の基本方針2008」（いわゆる骨太の方針2008）を閣議決定した。この中では、金融庁が2007年12月に策定した「金融・資本市場競争力強化プラン」（市場強化プラン）を着実に実行するものとされている。市場強化プランにおいては、金融商品取引所と商品取引所の相互乗入れのための枠組みについて、「平成20年（2008年）中を目途に検討を進め、その後、すみやかな実現を図る」こととされるとともに、格付会社のあり方について、「必要に応じ適切な対応を検討する」こととされている。

(2)　格付会社に関する国際的な議論

格付会社については、サブプライム・ローン問題に端を発する国際的な金融・資本市場の混乱をめぐり、利益相反の可能性、格付プロセスの妥当性、情報開示の十分性などに係るさまざまな問題が指摘された。これを受け、格付会社に係る国際ルールの強化（IOSCO基本行動規範の改訂（2008年5月））がなされるとともに、各国において格付会社に対する公的規制の導入・強化に係る取組みが進展している。

「金融・世界経済に関する首脳会合（いわゆるG20）」（2008年11月15日・2009年4月2日）においては、わが国の提案も踏まえ、格付会社に対する強力な監督を実施していくことや、登録制を導入すること等について合意がなされた。

(3)　金融審議会金融分科会第一部会等における審議

金融審議会金融分科会第一部会（部会長：池尾和人慶應義塾大学経済学部教授）においては、今般の金融・資本市場の混乱がもたらす教訓を踏まえつつ、わが国金融・資本市場の機能の一層の強化を図っていくとの観点から、①格付会社に係る規制の枠組み、②金融商品取引所と商品取引所の相互乗入れ、③開示制度の見直し等を具体的テーマとして、2008年10月15日以降、5回にわたり審議が行われた。このうち、開示制度の見直しについては、第一部会の下に設置された「ディスクロージャー・ワーキング・グループ」（座長：岩原紳作東京大学大学院法学政治学研究科教授）において、専門的な観点からの検討が行われた。また、この間、金融審議会金融分科会第一部会・第二部会（部会長：岩原紳作東京大学大学院法学政治学研究科教授）合同会合においても、金融分野における裁判外紛争解決制度（金融ADR）のあり方について、3回にわたり審議がなされた。

これらの検討結果については、2008年12月17日に、それぞれ「金融審議会金融分科会第一部会報告～信頼と活力ある市場の構築に向けて～」、「金融審議会金融分科会第一部会ディスクロージャー・ワーキング・グループ報告～開示諸制度の見直しについて～」および「金融審議会金融分科会第一部会・第二部会合同会合報告～金融分野における裁判外紛争解決制度（金融ADR）のあり方について～」としてとりまとめられた（図表Ⅰ－１参照。金融ADRに関する報告書の要旨は、Ⅲの図表Ⅲ－５を参照）。

⑷　「金融商品取引法等の一部を改正する法律案」の国会提出

これらを踏まえ、法律案の策定作業が進められ、信頼と活力ある金融・資本市場の構築に必要な制度整備を包括的に盛り込んだ「金融商品取引法等の一部を改正する法律案」が2009年３月６日に閣議決定され、同日国会に提出された。同法律案は、第171回国会（常会）において審議され、衆議院財務金融委員会において法律案の附則に、指定紛争解決機関による裁判外紛争解決手続に係る制度の在り方に関する検討条項を追加する修正がなされた上で、４月23日に衆議院本会議で賛成多数により可決された。その後、６月17日に参議院本会議で賛成多数により可決されたことをもって同法律案は成立し、６月24日に公布された（法律番号は平成21年法律第58号となっている）。なお、衆議院財務金融委員会（2009年４月22日）、参議院財政金融委員会（2009年６月16日）において、それぞれ附帯決議が付されている（資料１、資料２参照）。

▩２　改正の概要

今般の改正は、前述したとおり、国際的な金融・資本市場の混乱への対応と利用者保護の充実、わが国金融・資本市場の機能強化のため、信頼と活力のある金融・資本市場を構築する観点から必要な措置を一括して講ずるものである。改正事項の詳細については、Ⅱ以降において解説するが、法改正全体は、

◆図表Ⅰ－1　金融審議会金融分科会第一部会報告～信頼と活力ある市場の構築に向けて～（平成20年12月17日）の概要◆

Ⅰ．格付会社に対する公的規制の導入

【規制導入の背景・問題認識】
①金融・資本市場における情報インフラとしての役割の重要性
②指摘されているさまざまな問題への対応
③国際的な規制の導入・強化の動向

〔指摘されている問題点〕
格付会社：利益相反、格付プロセスの品質管理の欠如、情報開示不足
投 資 者：格付への過度の依存

1．国際的に整合的な規制の整備

【基本的考え方】
①格付対象商品の発行者等からの格付会社の独立性確保・利益相反回避
②格付プロセスの品質と公正性の確保
③投資者等の市場参加者に対する透明性の確保

・IOSCO（証券監督者国際機構）の基本行動規範の遵守確保がベース
・具体的には、登録を受けた格付会社について、①誠実義務、②格付方針等の情報開示、③利益相反防止等の体制整備、④格付対象の証券を保有している場合の格付の禁止　等

2．規制の実効性確保のための登録・検査・監督

○体制が整備された格付会社を登録

・金融商品取引業者等が無登録業者による格付を利用して勧誘を行うことを制限（無登録である旨、格付の前提・限界などの説明義務）

○検査・監督において外国当局と執行協力

Ⅱ．金融商品取引所と商品取引所の相互乗入れ

金融商品および金融取引は金融商品取引法で規制し、商品デリバティブ取引は商品取引所法で規制するとの枠組みの下、以下の基本的考え方に立って、相互乗入れを可能に

①本体・子会社形態・持株会社形態での相互参入を容認
②両法の立法趣旨を適切に確保しつつ、重複の排除等により規制・監督を合理化
③両市場にまたがる不公正取引等に対し、金融行政当局と商品行政当局の連携強化

Ⅲ．開示制度等の見直し

投資者にとってわかりやすく、充実した投資情報を、投資者の必要なときに、利用しやすい方法により提供

・「発行登録制度」における周知性要件の見直し（格付基準に代わる基準の検討）
・投資信託交付目論見書への必要かつ簡潔な投資情報の記載
・有価証券の「売出し」概念の見直し（均一条件の撤廃およびこれに伴う規制の柔構造化）　等

投資家保護のため、特定投資家（プロ）・一般投資家（アマ）の移行手続の見直し

・プロからアマへの移行の効果が、投資家から申出があるまで持続するよう検討（現行は1年ごと）　等

◆資料1　金融商品取引法等の一部を改正する法律案に対する附帯決議◆

（衆議院財務金融委員会
平成 21 年 4 月 22 日）

政府は、次の事項について、十分配慮すべきである。

一　金融商品・サービスに関する利用者の利便の増進を図るため、業態ごとの指定紛争解決機関の指定状況及び苦情処理・紛争解決の実施状況並びに専門性の確保等を勘案しつつ、金融分野における業態横断的かつ包括的な紛争解決機関の設置に向け、業界団体等における横断化の取組みを促すこと。

なお、独立行政法人郵便貯金・簡易生命保険管理機構が日本郵政公社から承継した郵便貯金及び簡易生命保険についても、紛争解決機能が整備されるよう、本法に基づく紛争解決機関と同様の措置を講ずること。

一　加入金融機関の顧客以外の者から相談を受けた場合において適切な他の指定紛争解決機関を紹介する等指定紛争解決機関相互の連携について、その確保を図ること。また、金融サービス利用者相談室の在り方について検証を行い、役割の拡充を図ること。

一　指定紛争解決機関と金融商品・サービスの利用者保護に関係する国の機関その他の関係機関との連携を確保し、利用者保護の充実を図るとの法の趣旨を踏まえ、金融トラブル連絡調整協議会等の枠組みも活用し、金融商品・サービスに関する苦情・紛争に係る情報、指定紛争解決機関の実施する紛争解決等業務に係る情報等の集約・分析・結果の取りまとめを行い、その結果を指定紛争解決機関、金融商品・サービスの利用者保護に関係する国の機関、国民生活センターや法テラスなどの関係機関において共有化を図るとともに、関係者の連携の強化を図ること。

一　信用格付業者に対する規制については、国際的に整合性のある枠組み導入の必要性にかんがみ、今後とも国際的な動向を十分踏まえ、規制の充実・強化等に柔軟かつ機動的に対応すること。その際、日米欧の規制の統一性について一方にとらわれることなく、日本の市場、国情にあったものとなるよう十分配慮すること。また、信用格付業者に対して、今般の規制の趣旨及び内容について、十分な周知徹底を図ること。

一　信用格付業者の利益相反の回避については、信用格付業者を含む企業グループの組織形態、融資関係及び有価証券の元引受契約関係等を考慮し、実効的な規制に努めること。

一　信用格付業者による格付け後のモニタリングの重要性にかんがみ、信用格付業者によるモニタリングの実績の公表の義務化を検討すること。

一　金融商品取引所と商品取引所の相互乗入れに当たっては、金融商品市場及び商品市場のそれぞれの健全性・適切性を確保する観点から、当面は監督当局内での密接な連携を図ることにより、機能別監督を適切に実施することとし、将来的には監督の在り方を検討するなど、縦割り行政の弊害を除去するための措置を講ずること。

◆資料２　金融商品取引法等の一部を改正する法律案及び資金決済に関する法律案に対する附帯決議◆

（参議院財政金融委員会
平成 21 年 6 月 16 日）

政府は、次の事項について、十分配慮すべきである。

一　金融商品取引法の実施状況、各種金融商品・サービスの性格、中長期的な金融制度の在り方なども踏まえ、より包括的な金融サービス法制について、引き続き検討を進めるとともに、今後の監視体制の在り方についても横断的な投資家保護法制の整備の観点から引き続き実態に即した見直しを行うこと。

一　金融商品・サービスに関する利用者の利便の増進を図るため、業態ごとの指定紛争解決機関の指定状況及び苦情処理・紛争解決の実施状況並びに専門性の確保等を勘案しつつ、金融分野における業態横断的かつ包括的な紛争解決機関の設置に向け、業界団体等における横断化の取組みを促すこと。特に銀行等の金融機関のコングロマリット化の進展に伴い、融資をめぐって、優越的地位の乱用や利益相反行為などに関連したトラブル発生のリスクが高まる可能性もあることから、指定紛争解決機関において、トラブルの実態に即した適切な紛争解決が図られるよう、万全を期すこと。

なお、独立行政法人郵便貯金・簡易生命保険管理機構が日本郵政公社から承継した郵便貯金及び簡易生命保険についても、紛争解決機能が整備されるよう、本法に基づく紛争解決機関と同様の措置を講ずること。

一　加入金融機関の顧客以外の者から相談を受けた場合において適切な他の指定紛争解決機関を紹介する等指定紛争解決機関相互の連携について、その確保を図ること。また、金融サービス利用者相談室の在り方について検証を行い、役割の拡充を図ること。

一　指定紛争解決機関と金融商品・サービスの利用者保護に関係する国の機関その他の関係機関との連携を確保し、利用者保護の充実を図るとの法の趣旨を踏まえ、金融トラブル連絡調整協議会等の枠組みも活用し、金融商品・サービスに関する苦情・紛争に係る情報、指定紛争解決機関の実施する紛争解決等業務に係る情報等の集約・分析・結果の取りまとめを行い、その結果を指定紛争解決機関、金融商品・サービスの利用者保護に関係する国の機関、国民生活センターや法テラスなどの関係機関において共有化を図るとともに、関係者の連携の強化を図ること。

一　信用格付業者に対する規制については、国際的に整合性のある枠組み導入の必要性にかんがみ、今後とも国際的な動向を十分踏まえ、規制の充実・強化等に柔軟かつ機動的に対応すること。その際、日米欧の規制の統一性について一方にとらわれることなく、日本の市場、国情にあったものとなるよう十分配慮すること。また、信用格付業者に対して、今般の規制の趣旨及び内容について、十分な周知徹底を図ること。

一　信用格付業者の利益相反の回避については、信用格付業者を含む企業グループの組織形態、融資関係及び有価証券の元引受契約関係等を考慮し、実行的な規制に努めること。

一　信用格付業者による格付け後のモニタリングの重要性にかんがみ、信用格付業者によるモニタリングの実績の公表の義務化を検討すること。

一　金融商品取引所と商品取引所の相互乗入れに当たっては、金融商品市場及び商品市場のそれぞれの健全性・適切性を確保する観点から、当面は監督当局内での密接な連携を図ることにより、機能別監督を適切に実施することとし、将来的には監督の在り方を検討するなど、縦割り行政の弊害を除去するための措置を講ずること。

一　金融商品取引所については、市場における自主規制業務を担っているというその公共性と我が国金融・資本市場の競争力強化の観点から、業務運営、情報公開及び内部管理がより一層適切に行われるよう、監督に当たっては十分に配慮すること。また、金融商品取引所に対する各省庁からの退職職員の再就職の要請は厳に慎むなど、天下り問題を惹起することのないよう努めること。

一　リテールの資金決済に関しては、今後とも従来とは異なる新しいサービスの普及・発達が見込まれることから、前払式支払手段発行者や資金移動業者に対する検査・監督を適切に実施するとともに、これらの業者を含めた新しいサービスの担い手について、その実態を適切に把握し、滞留資金の保全・返金、資金決済の確実な履行の確保等の資金決済に関する制度について検討し、決済システムの安全性、効率性、利便性の一層の向上を図るよう努めること。

右決議する。

⑴　市場の公正性・透明性の確保

⑵　利用者保護の充実

⑶　公正で利便性の高い市場基盤の整備

の三つの柱から構成されている。

以下においては、法改正の全体像を俯瞰することとしたい（図表Ⅰ－2、Ⅰ－3参照）。

⑴　市場の公正性・透明性の確保

第一に、市場の公正性・透明性を確保するため、信用格付業者に対する規制を導入している。

改正法においては、格付会社について登録制（登録できる制度）を導入するとともに、登録を受けた格付会社に対し、利益相反防止措置等の体制整備や、格付方針の公表等の情報開示を義務づけるなどの規定整備を行っている。

また、無登録業者による格付については、金融商品取引業者等が、無登録業者による格付である旨等を説明することなく、これらの無登録業者による格付を提供して、金融商品取引契約の締結の勧誘を行うことを禁止している。

⑵　利用者保護の充実

第二に、利用者保護の充実を図るため、以下の制度整備を行っている。

①　金融分野における裁判外紛争解決制度（金融ADR制度）の創設

金融商品・サービスに係るトラブルについて、裁判外の簡易・迅速な解決手段を提供する金融ADRの法的枠組みを新たに整備している。具体的には、苦情処理・紛争解決を行う法人・団体（紛争解決機関）を主務大臣が指定し、紛争解決の中立性・公正性を確保しつつ、金融機関に対し手続応諾や結果尊重等の義務を課し、紛争解決の実効性を確保することとしている。

（注）　金融ADR制度は、金融商品・サービスに関するトラブルの解決にお

◆図表Ⅰ－2　金融商品取引法等の一部を改正する法律（平成21年6月17日）の概要◆

グローバルな金融市場の混乱への対応の必要性	利用者が安心して取引できる環境整備の必要性	わが国金融・資本市場の機能強化の必要性

⇩

信頼と活力のある金融・資本市場の構築が課題

市場の公正性・透明性の確保

○**信用格付業者に対する規制の導入**
➢登録制の導入
・体制整備された信用格付業者を登録
・金融商品取引業者等が無登録業者による格付を利用して勧誘を行うことを制限（無登録である旨、格付の前提・限界等の説明義務）
➢登録を受けた信用格付業者について、
①誠実義務
②体制整備義務
（－利益相反防止、
－格付プロセスの公正性確保　等）
③格付対象の証券を保有している場合の格付付与の禁止　等
④情報開示義務
（－格付方針等の作成および公表、
－説明書類の公衆縦覧　等）
➢登録を受けた信用格付業者に対する報告徴求・立入検査、業務改善命令　等

利用者保護の充実

○**金融分野における裁判外紛争解決制度（金融ADR制度）の創設**
→金融商品取引法およびその他の金融関連法において共通の枠組みを横断的に整備
➢苦情処理・紛争解決手続を実施する機関の指定（指定紛争解決機関）
➢金融機関は、以下の内容を含む契約を指定紛争解決機関と締結
①苦情処理・紛争解決手続の応諾
②事情説明・資料提出
③手続実施者の解決案の尊重
※指定紛争解決機関がない場合には、金融機関が苦情等処理・紛争解決の取組みを実施
➢指定紛争解決機関に対する報告徴求・立入検査、業務改善命令等
○**特定投資家（プロ）と一般投資家（アマ）の移行手続の見直し**
➢プロからアマへの移行の効果（現行は1年）を、顧客の申出があるまで有効に　等
○**有価証券店頭デリバティブへの分別管理義務の導入**
➢金融機関間の取引など投資家保護に支障がないと認められるものを除き、分別管理義務の対象に

公正で利便性の高い市場基盤の整備

○**金融商品取引所と商品取引所の相互乗入れ**
➢金融商品取引所による商品市場の開設や、商品取引所による金融商品市場の開設を可能とするための枠組みの整備（本体・子会社形態・持株会社形態での参入容認）
○**社債等の発行登録制度の見直し**
➢発行登録書の記載事項として「発行予定額」に代えて「発行残高の上限」の選択を可能に
○**「有価証券の売出し」定義の見直し**
➢有価証券の性質（主要国の国債、主要海外市場の上場有価証券、その他）や投資家の属性（適格機関投資家のみ、多数の一般投資家）に応じ、
①法定開示
②簡易な情報提供
③開示免除等
とする3種類の開示規制を整備

◆図表Ⅰ－3　金融商品取引法等の一部を改正する法律の概要◆

<背景>
グローバルな金融市場の混乱への対応
利用者が安心して取引できる環境整備　⇒　信頼と活力ある金融・資本市場の構築
わが国金融・資本市場の機能強化

Ⅰ　市場の公正性・透明性の確保

・　信用格付業者に対する公的規制の導入

➢信用格付業者に対する登録制の導入

○信用格付業を公正かつ的確に遂行するための体制が整備された格付会社を登録

➢信用格付業者に対する規制・監督

○登録を受けた信用格付業者に対し以下を義務づけ

- 誠実義務
- 格付方針等の公表、説明書類の公衆縦覧の情報開示義務
- 利益相反防止、格付プロセスの公正性確保等の体制整備義務
- 格付対象の証券を保有している場合等の格付の提供の禁止

○登録を受けた信用格付業者に対する報告徴求・立入検査、業務改善命令等の監督規定を整備

➢無登録業者による格付を利用した勧誘の制限

○金融商品取引業者等が、無登録業者による格付である旨等を説明することなく無登録業者による格付を提供して、金融商品取引契約の締結の勧誘を行うことを制限

Ⅱ　利用者保護の充実

1．金融分野における裁判外紛争解決制度（金融ADR制度）の創設

※金融商品取引法のほか、銀行法や保険業法等の金融関連法において共通の枠組みを横断的に整備

➢紛争解決機関の指定

○紛争解決等業務を行う機関（紛争解決機関）を、申請により、以下の要件に基づき主務大臣が指定することができる（指定に当たって法務大臣に協議）

- 紛争解決等業務を的確に実施できる経理的・技術的な基礎を有すること

・役職員の構成が紛争解決等業務の公正な実施に支障を及ぼさないこと

・業務規程について一定割合以上の金融機関が異議を述べていないこと 等

※業態ごとに紛争解決機関を指定。指定紛争解決機関は業態で一つに限られず、また、複数の業態で指定を受け、業態横断的な指定紛争解決機関となることも可能

○苦情処理・紛争解決の手続に関する諸規定を整備

・業務規程において紛争解決等業務に関する手続等を規定

・紛争解決手続は弁護士等からなる紛争解決委員が実施

・紛争解決手続に時効の中断および訴訟手続の中止の法的効果を付与

➢指定紛争解決機関の利用

○指定紛争解決機関がある業態においては、金融機関に対し、一の指定紛争解決機関と以下の内容を含む契約の締結を義務づけ

・苦情処理・紛争解決手続の応諾

・手続における事情説明・資料提出

・紛争解決委員の提示する和解案（特別調停案）の尊重

○指定紛争解決機関がない場合には、金融機関が苦情処理・紛争解決の取組みを実施

➢指定紛争解決機関に対する監督規定の整備

○指定紛争解決機関に対する報告徴求・立入検査、業務改善命令等（業務改善命令等に当たって法務大臣に協議）の監督規定を整備

2．特定投資家（プロ）と一般投資家（アマ）の移行手続の見直し

➢プロからアマへの移行の効果（現行は１年）を、顧客の申出があるまで有効に

➢アマからプロへの移行の効果は、引き続き１年とするが、それ以前でも申出によりアマに戻ることを可能に

3．有価証券店頭デリバティブへの分別管理義務の導入

➢有価証券店頭デリバティブ取引について、金融機関間の取引など投資家保護に支障がないと認められるものを除き、分別管理義務の対象に

Ⅲ　公正で利便性の高い市場基盤の整備

1．金融商品取引所と商品取引所の相互乗入れ

➢金融商品取引所による商品市場の開設

○株式会社金融商品取引所が、認可を受けて商品市場を開設できることを明確化（株式会社商品取引所も金融商品取引所の免許を受けて金融商品市場を開設可能）

➢金融商品取引所と商品取引所のグループ化

○金融商品取引所および金融商品取引所持株会社が、認可を受けて商品取引所を子会社とできることを明確化

○商品取引所および商品取引所持株会社が、（商品先物取引法による認可を受けて）金融商品取引所を子会社とすることを可能に

➢金融商品取引清算機関による商品取引債務引受業の実施

○金融商品取引清算機関が、承認を受けて商品取引債務引受業（商品取引のクリアリング業務）を行うことができることを明確化

2．開示制度の見直し

➢社債等の発行登録制度の見直し

○発行登録書の記載事項として、「発行予定額」に代えて「発行残高の上限」の記載を容認

➢「有価証券の売出し」定義の見直し

○既発行有価証券の売付け勧誘等について、有価証券の性質（主要国の国債、主要海外取引所の上場有価証券、その他）および投資者の属性（適格機関投資家のみ、多数の一般投資者）に応じ、法定開示、簡易な情報提供、開示免除等とする３種類の開示規制を整備

Ⅳ　施行日

以下を除き、公布の日から起算して１年を超えない範囲内において政令で定める日から施行

①金融商品取引所と商品取引所の相互乗入れ（商品取引所法の改正と合わせて施行するもの）

……上記施行日と改正商品取引所法の施行日のいずれか遅い日から施行

②信用格付業者に対する公的規制の導入（無登録業者による格付を利用した勧誘の制限に係る規定）および金融ADR制度の創設（金融機関による指定紛争解決機関の利用に係る規定）

……公布の日から起算して１年半を超えない範囲内において政令で定める日から施行

ける利用者の信頼感・納得感および実効性の向上を図るためのものであり、預貯金、信託、保険、証券、貸金など、金融分野に幅広く金融ADR制度を導入している（金商法を含め、16本の金融関連業法に金融ADR制度を創設)。

②　特定投資家（プロ）と一般投資家（アマ）の移行手続の見直し

プロとアマの移行手続について、(i)プロからアマへの移行の効果を顧客の申出があるまで有効とし（改正前においては１年ごとに移行手続が必要とされるとともに、いったん移行した場合には、１年が経過するまで、プロに戻ることができないこととされていた)、(ii)アマからプロへの移行については、引き続き１年の効果とするが、期限到来以前でも申出によりアマに戻ることを可能としている。

③　有価証券店頭デリバティブへの分別管理義務の導入

有価証券店頭デリバティブについて、金融機関間の取引など投資家保護に支障がないと認められるものを除き、顧客からの預託財産に係る金融商品取引業者の分別管理義務の対象としている。

(3)　公正で利便性の高い市場基盤の整備

第三に、公正で利便性の高い市場基盤を整備するため、以下の制度整備を行っている。

①　金融商品取引所と商品取引所の相互乗入れ

金融商品取引所が商品市場を開設することや商品取引所を子会社とすること、あるいは商品取引所が金融商品市場を開設することや金融商品取引所を子会社とすること等を可能とするための枠組みを整備している。

②　社債等の発行登録制度の見直し

社債等の発行登録書の記載事項について、「発行予定額」に代えて「発行残高の上限」を記載できることとし、いわゆるプログラム・アマウント方式の利用を可能としている。

③　「有価証券の売出し」定義の見直し

第一項有価証券に係る「有価証券の売出し」の定義から「均一の条件」

を削除した上で、有価証券の販売形態、流通状況、情報提供状況等を勘案し、「有価証券の売出し」に係る開示規制を(i)法定開示、(ii)簡易の情報提供および(iii)開示免除の３種類とすることにより、規制の柔構造化を行っている。

(4)　施行日

改正法は、原則として、公布の日（2009年６月24日）から１年を超えない範囲内において政令で定める日から施行することとしている。ただし、信用格付業者に対する規制の導入に関する規定の一部、および金融分野における裁判外紛争解決制度の創設に関する規定の一部については、公布の日から１年６か月を超えない範囲内において政令で定める日から施行することとしている。また、金融商品取引所と商品取引所の相互乗入れに関する規定のうち、改正商品取引所法の施行と合わせて施行するものについては、上記の原則となる施行日と改正商品取引所法の施行の日のいずれか遅い日から施行することとしている。

Ⅱ　格付会社に対する規制の導入

信用格付は、投資者が投資判断を行う際の信用リスク評価の参考として、金融・資本市場において広範に利用されている。このような格付を付与し、利用者に対して幅広く公表・提供している格付会社は、金融・資本市場において大きな影響を及ぼしていることから、それに応じた適切な機能発揮が求められる。

このように、格付会社は投資判断のための重要な材料となる情報や意見を顧客に提供するものであるが、他方で、投資助言サービスとは異なり、個別に顧客と契約を締結して金融商品の売買について直接的な関与を行うものではないことから、わが国を始め、世界的にもこれまで規制対象とはされてこなかった経緯がある。

しかしながら、特に2001年末からの米国の企業会計不正事件、2007年夏以降に顕在化したサブプライム・ローン問題をめぐり、格付会社について、①利益相反の可能性、②格付プロセスの妥当性、③情報開示の十分性などについて、さまざまな指摘がなされた。さらに、投資者が格付に過度に依存し、証券化商品のリスクを十分に評価しなかったのではないか、との指摘もなされており、このような問題への反省も踏まえ、国際的にも格付会社への公的規制の導入・強化に向けた動きが進展している。

わが国においても、①格付会社が金融・資本市場において担う役割・影響の大きさ、②指摘されているさまざまな問題、③国際的な規制の導入・強化の動向などに鑑み、格付会社が金融・資本市場において求められる機能を適切に発揮し、他方で、格付会社による格付が投資者の投資判断を歪めることのないよう、必要な規制・監督を行っていくことが重要である。

こうした観点から、今回の改正法では、格付会社に対する公的規制の導入を行うこととしている。

本章では、**1**において格付会社規制をめぐる国際的な議論、**2**においてわが国における格付の利用について解説した後、**3**において、改正法のねらいや内容について、解説する。

（注1） Credit Rating Agencies について、従来は「信用格付機関」とされていたが、2008年以降、「格付会社」との呼称が定着してきている。本書では、金融庁公表資料との整合性を図る観点から、用語の統一は行っていない。なお、「信用格付業者」は、改正法に基づき登録を受けた格付会社であり、改正法に基づく規制・監督の対象となるものである。

1　格付会社規制をめぐる国際的な議論

金融商品の取引が国境を越えて行われる中、格付会社の格付もグローバルに利用されている。このような実態を踏まえると、格付会社に対する規制は、国際的に整合的な枠組みの下、国際協調を図りながらその実効性を確保していくことが重要である。

そこで、今回の改正のねらいや内容についての解説の前提として、以下、格付会社規制をめぐる議論の動向について、国際的な取組みおよび米国・欧州の動向について概観する。

(1)　国際的な取組み

①　米国の企業会計不正事件を踏まえた対応

(i)　金融安定化フォーラム（FSF）

2001年末からの米国の企業会計不正事件において、破産宣告の数日前まで投資適格の格付が付与されていたこと等を契機として、格付会社の問題についての国際的な議論が活発に行われた。2002年9月には、わが国を含む主要国の金融当局および主要国際機関等から構成される金融安定化フォーラム（FSF：Financial Stability Forum）において、証券市場の基盤強化の観点から、格付会社の役割に関する議論が行われた。

(ii)　証券監督者国際機構（IOSCO）

こうした中、わが国を含む109の国・地域（2008年11月現在）の証券監督当局等から構成されている証券監督者国際機構（IOSCO：International Organization of Securities Commissions）の専門委員会は、「信用格付機関の活動に関する原則」（2003年9月）を公表した。同原則は、格付会社の格付意見が証券市場に与え得る影響に照らし、格付会社の活動に関して、四つの基本原則（①格付プロセスの品質と誠実性、②独立性と利益相反、③開示と透明性、④秘密情報）の下で合計18の原則を定めるものであるが、各国の市場環境と法制度が区々であること等を考慮し、具体的な実施方法は決定されていなかった。

その後、同原則を踏まえて格付会社が遵守すべき詳細な指針が必要であるとの認識から、IOSCO専門委員会の下で策定作業が進められ、「信用格付機関の基本行動規範」（2004年12月）が取りまとめられた。IOSCOの基本行動規範は、①格付プロセスの品質と公正性、②格付会社の独立性と利益相反の回避、③格付会社の一般投資家および発行体に対する責任、④行動規範の開示と市場参加者とのコミュニケーションの四つの柱立ての下、格付会社が遵守すべき具体的な行動規範を定めるものである。格付会社は、自らの行動規範を公表してIOSCOの基本行動規範の遵守状況を説明するとともに、基本行動規範から逸脱している場合にはその理由等を説明することとされており、市場規律の下で、IOSCOの基本行動規範の遵守を確保していく枠組みが採用された。

2007年2月、基本行動規範の策定後2年以上が経過したことから、IOSCOは、個々の格付会社によるIOSCOの基本行動規範の実施・遵守状況について調査を実施した。その結果、最大手3社（ムーディーズ、スタンダード・アンド・プアーズ、フィッチ）のほか、日本の2社（日本格付研究所、格付投資情報センター）を含む格付会社は、IOSCOの基本行動規範の大部分について変更なく採用しているとの評価がなされている。

②　米国のサブプライム・ローン問題を踏まえた対応

(i)　金融安定化フォーラム（FSF）（注2）

2007年夏以降に顕在化した米国のサブプライム・ローン問題に端を発する世界的な金融危機を受け、その要因分析と対応策について国際的な検討が進められた。特に、米国のサブプライム・ローンの延滞急増に伴い、これらを裏付資産とする証券化商品に対する格付の正確性および格付プロセスのあり方について、疑念が生じていた。

こうした中、2008年４月、金融安定化フォーラムは「市場と制度の強靱性の強化に関する報告書」を公表した。報告書では、格付をめぐり、①格付への過度の依存を背景に投資家が証券化商品のリスク評価を適切に行わなかったこと、②格付会社による証券化商品の格付に係る問題などが指摘され、これを踏まえた提言がなされた。

提言の要旨は、①証券化商品の格付に関する格付プロセスの品質改善と利益相反管理のため、IOSCOは基本行動規範を改訂し、格付会社がこれを遵守すること、②証券化商品に関する格付を社債格付と区別し、情報提供の拡大を図ること、③証券化商品の裏付資産データに関する格付会社の品質評価を強化すること、④格付への過度の依存を是正するため、投資家と当局による格付の利用のあり方を検証することの四つに整理される（**図表Ⅱ－１**参照）。

④については、報告書における要請を受け、ジョイント・フォーラム(注３)が12か国の銀行、証券、保険の各分野における監督当局による外部の格付利用の実態調査を実施し、その結果を2009年６月に公表した。

◆図表Ⅱ－１　金融安定化フォーラム報告書の提言の概要（抜粋）◆

Ⅲ．信用格付の役割と利用の変更

➢ **格付プロセスの品質の改善・利益相反の管理**
- IOSCO（証券監督者国際機構）は2008年央までに信用格付機関の基本行動規範を改訂。
- 信用格付機関は、改訂後のIOSCO基本行動規範を履行するため、速やかに自社の行動規範を改訂。

➢ **証券化商品に関する格付の区別と情報提供の拡大**
- 信用格付機関は、証券化商品に関する格付を社債等の格付と区別。証券化商品のリスク特性に関する情報提供を拡大。

➢ **信用格付機関による裏付資産データの品質評価**
- 信用格付機関は、証券化商品の裏付資産に関するデータの品質に対する検証を強化。

➢ **投資家と当局による格付の利用**
- 投資家は、格付への過度の依存を是正。当局は、規制・監督枠組みにおける格付の利用について検証。

（注2）　FSFは、金融・世界経済に関する首脳会合（2009年4月）の宣言を踏まえ、より強固な組織基盤と拡大した能力を持つ金融安定理事会（FSB：Financial Stability Board）として再構成されている。

（注3）　ジョイント・フォーラム（The Joint Forum）は、1996年にバーゼル銀行監督委員会（BCBS）、証券監督者国際機構（IOSCO）および保険監督者国際機構（IAIS）の後援により設立され、金融コングロマリットの監督上の諸問題、銀行、証券、保険の各分野にまたがる監督上の諸問題等を検討しており、そのメンバーは、各分野を代表する主要な監督者で構成されている。

(ii)　証券監督者国際機構（IOSCO）

IOSCOは、ストラクチャード・ファイナンス市場において格付会社の果たした役割について分析するため、2007年春にタスクフォースを設置して以降、サブプライム・ローン問題を踏まえた検討を行ってきた。2008年5月、IOSCOは、「ストラクチャード・ファイナンス市場における信用格付機関の役割に関する報告書」を公表するとともに、2004年12月に策定された基本行動規範の改訂を行った。報告書では、ストラクチャード・ファイナンス商品の格付に際し、格付会社は、正確な情報と適切なモデルに基づいて格付を行ったのか、格付手法や前提条件につき十分な吟味を行ったのかなどの問題点が指摘されている。さらに、報告書では、規制上の諸問題として、①透明性、市場における認識、②独立性、利益相反の防止、③格付会社の競争および競争が格付会社に与える影響に関して、問題点の指摘および勧告が行われ、これを踏まえた基本行動規範の改訂が行われている（改訂後の基本行動規範の概要は、**図表Ⅱ－2**参照）。

2009年3月、IOSCOは、改訂後の基本行動規範の遵守状況について調査を実施した。その結果、調査対象の21社中、最大手3社および日本の2社を含む7社については、改訂後の基本行動規範の大部分を遵守しているとの評価がなされている。

(iii)　金融・世界経済に関する首脳会合（G20）

2008年11月および2009年4月に開催された金融・世界経済に関する首脳会合では、改訂されたIOSCOの基本行動規範の遵守の確保が不可欠である

◆図表II－2　IOSCO「信用格付機関の基本行動規範」の概要◆

目　的
- もっとも重要な目的は、格付プロセスの公正性を守ることにより、投資家保護を促進すること
- 信用格付機関が格付対象である発行体との間で独立性を維持していることは、この目的を達成するために不可欠
- 行動規範の規定は、格付の品質および格付の投資家にとっての有用性を高めるように策定

1．格付プロセスの品質と公正性

A．格付プロセスの品質

【1.1】全情報の徹底分析に基づいた格付意見確保のための書面手続の実施等
【1.2】厳格かつ体系的な格付方法の利用
【1.3】信用格付機関によって確立された格付方法の利用
【1.4】アナリスト個人ではなく、信用格付機関による信用格付の付与
【1.5】内部記録の保存
【1.6】虚偽を含む、誤解を生じうる信用分析またはレポートの発行の回避
【1.7】高品質な信用格付を行うための十分な資源の確保
【1.7-1】一人または複数の上級管理職からなるレビュー機能の設置
【1.7-2】方法やモデル等の定期的なレビュー機能の設置等
【1.7-3】原資産のリスク特性が著しく変化した場合の既存の方法・モデルの適切性評価
【1.8】格付プロセスの連続性促進・バイアス回避のためのチーム編成

B．モニタリングと更新

【1.9】格付モニタリング・格付更新に対する適切な人員・予算配分の確保
【1.9-1】SF商品の初回格付とモニタリングの分析チームが異なる場合の専門性・資源の確保
【1.10】格付廃止の公告・通知

C．格付プロセスの公正性

【1.11】信用格付機関・従業員による関係法令等の遵守
【1.12】発行体、投資家、その他市場参加者、公衆に対する公正で正直な対応
【1.13】アナリストによる高水準の誠実性の保持
【1.14】特定の格付の事前確約・保証の禁止
【1.14-1】アナリストによる、SFの商品設計に関する提案・推奨の禁止
【1.15】行動規範・関係法令等の遵守に関する責任者の特定のための方針・手続の策定
【1.16】法令・倫理・行動規範違反の行為に関する内部通報義務・内部通報体制の整備

2．独立性と利益相反の回避

A．総論

【2.1】政治・経済等への影響を勘案した格付行為の自制の禁止
【2.2】独立性・客観性維持のための注意義務および専門的判断の義務づけ
【2.3】格付決定に影響を及ぼすのは、格付評価に関係する要因のみであること
【2.4】事実上の関係の存在等により、格付が影響を受けることの禁止
【2.5】信用格付業およびアナリストとコンサルタント業務等の分離

B．手続と方針

【2.6】利益相反を特定・解消・管理・開示するために書面による内部手続等の採用等
【2.7】利益相反に係る開示の完全性・即時性・明確性等
【2.8】格付対象会社との報酬の取決めに関する一般的な性質の開示
【2.9】格付行為との間で利益相反を生じる証券・デリバティブ取引の禁止
【2.10】監督機能を持つ者に対する格付行為は、当該監督と無関係の従業員に従事させるべき

C．アナリスト・従業員の独立性

【2.11】利益相反を回避または実効的に管理するための報告ライン・報酬体系の構築
【2.12】格付プロセスに直接関与した従業員による報酬等に係る議論への関与等の禁止
【2.13】格付対象の証券を保有する従業員等の格付決定への関与の禁止
【2.14】アナリストや格付プロセスに関与する者による主担当分野の証券の売買等の禁止
【2.15】一定額以上のギフトの受領等の禁止
【2.16】利益相反の可能性がある個人的関係の管理者等への開示
【2.17】転職したアナリストの過去の関連業務に対するレビュー方針・手続の確立

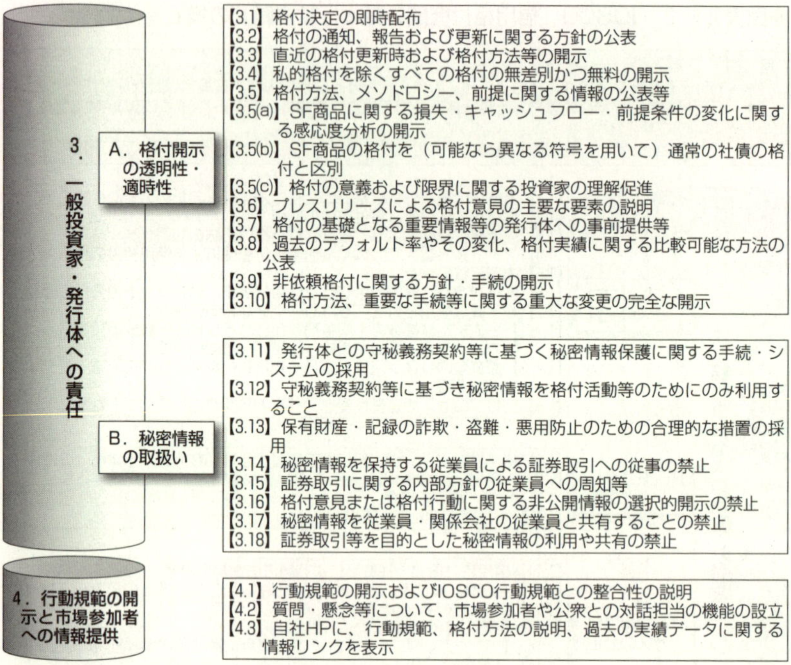
3．一般投資家・発行体への責任
A．格付開示の透明性・適時性
【3.1】格付決定の即時配布
【3.2】格付の通知、報告および更新に関する方針の公表
【3.3】直近の格付更新時および格付方法等の開示
【3.4】私的格付を除くすべての格付の無差別かつ無料の開示
【3.5】格付方法、メソドロシー、前提に関する情報の公表等
【3.5(a)】SF商品に関する損失・キャッシュフロー・前提条件の変化に関する感応度分析の開示
【3.5(b)】SF商品の格付を（可能なら異なる符号を用いて）通常の社債の格付と区別
【3.5(c)】格付の意義および限界に関する投資家の理解促進
【3.6】プレスリリースによる格付意見の主要な要素の説明
【3.7】格付の基礎となる重要情報等の発行体への事前提供等
【3.8】過去のデフォルト率やその変化、格付実績に関する比較可能な方法の公表
【3.9】非依頼格付に関する方針・手続の開示
【3.10】格付方法、重要な手続等に関する重大な変更の完全な開示
B．秘密情報の取扱い
【3.11】発行体との守秘義務契約等に基づく秘密情報保護に関する手続・システムの採用
【3.12】守秘義務契約等に基づき秘密情報を格付活動等のためにのみ利用すること
【3.13】保有財産・記録の詐欺・盗難・悪用防止のための合理的な措置の採用
【3.14】秘密情報を保持する従業員による証券取引への従事の禁止
【3.15】証券取引に関する内部方針の従業員への周知等
【3.16】格付意見または格付行動に関する非公開情報の選択的開示の禁止
【3.17】秘密情報を従業員・関係会社の従業員と共有することの禁止
【3.18】証券取引等を目的とした秘密情報の利用や共有の禁止
4．行動規範の開示と市場参加者への情報提供
【4.1】行動規範の開示およびIOSCO行動規範との整合性の説明
【4.2】質問・懸念等について、市場参加者や公衆との対話担当の機能の設立
【4.3】自社HPに、行動規範、格付方法の説明、過去の実績データに関する情報リンクを表示

が、これまでのような格付会社の自主的な取組みでは不十分であり、法的拘束力が必要との認識が共有され、登録制の下で格付会社を規制・監督の対象とする旨の合意がなされた（図表Ⅱ－3参照)。

⑵　米国の動向

①　2006年信用格付機関改革法制定までの経緯

信用リスク評価の結果をわかりやすい記号または数字を用いて表示する信用格付は、20世紀初頭に米国で生まれ、1929年の世界恐慌時に、債券のデフォルトが多発したことを背景として、債券格付の重要性についての認識が広がったとされている。1975年に採択されたSEC規則では、証券会社(broker-dealer）の財務健全性を確保するための自己資本規制において、ノー・アクション・レター（事前照会）制度を通じて認定されるNRSRO

◆図表II－3　金融・世界経済に関する首脳会合（格付会社に関する合意）◆

第1回会合（2008.11.15）米ワシントン

首脳宣言 …*金融市場の改革のための共通原則*

…合意され強化された国際的行動規範に整合的に、信用格付会社に対する強力な監督を実施…

行動計画 …*健全な規制の拡大*

【2009年3月31日までの当面の措置】

- ➢ 規制当局は、信用格付会社が、証券監督当局の国際機構のもっとも高い規範を満たすこと、また、信用格付会社が利益相反を避け、投資家および発行体への開示を強化し、複雑な金融商品に関する格付を区別することを確保するための措置をとる。これは、信用格付会社が、偏りのない情報および分析を市場に提供するという重要な役割を果たせるよう、適切なインセンティブと適切な監督を得られることを確保することに資する。
- ➢ 証券監督当局の国際機構は、信用格付会社による規範の採用とその遵守を監視するメカニズムの採用を検討する。

【中期的措置】

- ➢ 公開格付を付与する信用格付会社は登録される。

第2回会合（2009.4.2）英ロンドン

首脳宣言 …*金融監督および規制の強化*

- ➢ 監督規制および登録を格付会社に拡大し、特に、受け入れがたい利益相反を防ぐため、これらの会社がグッド・プラクティスに関する国際的規範を遵守することを確保。

付属文書 …*金融システムの強化に関する宣言*

- ➢ その格付が規制目的で用いられるすべての信用格付会社は、登録を含めた、規制監督制度の対象となるべき。その規制監督枠組みは2009年末までに構築され、IOSCOの基本行動規範と整合的であるべき。IOSCOはそれが完全に遵守されるよう調整を図るべき。
- ➢ 各国当局は、コンプライアンスについて執行するとともに、利益相反を管理し、格付プロセスにおける透明性と品質を確保するための格付会社の実務および手続の変更を求める。特に、信用格付会社は、仕組み商品の格付を区別し、格付実績ならびに格付プロセスを裏づける情報および前提についての完全な開示を提供すべき。監督の枠組みは、国・地域を通じ整合的であるとともに、IOSCOを通じることを含め、各国当局間で適切な情報共有が行われるべき。
- ➢ バーゼル委は、健全性規制における外部格付の役割の見直しを促進し、対処を要する負のインセンティブがないか判断すべき。

（Nationally Recognized Statistics Rating Organization：全国的に認知された統計格付機関）の格付を利用することとされた。その後、開示規制に係るSEC規則などにおいてNRSROの格付の利用が拡大したが、NRSROはSECの規制・監督の対象とはされてこなかった。

NRSRO制度をめぐっては、1990年代半ばよりさまざまな議論がなされ、SECよりコンセプト・リリース（1994年）および規則改正案（1997年）が公表されたものの、採択には至らなかった。

2001年末からの米国の企業会計不正事件において、格付会社に対する批判が高まったことを背景として、サーベンス・オクスレー法（2002年）では、SECに対し、証券市場における格付会社の役割・機能についての研究および議会報告が求められ（702条）、これを踏まえてSEC報告書（2003年）が出された。

◆図表Ⅱ－4　格付会社に関する沿革（日本・米国）◆

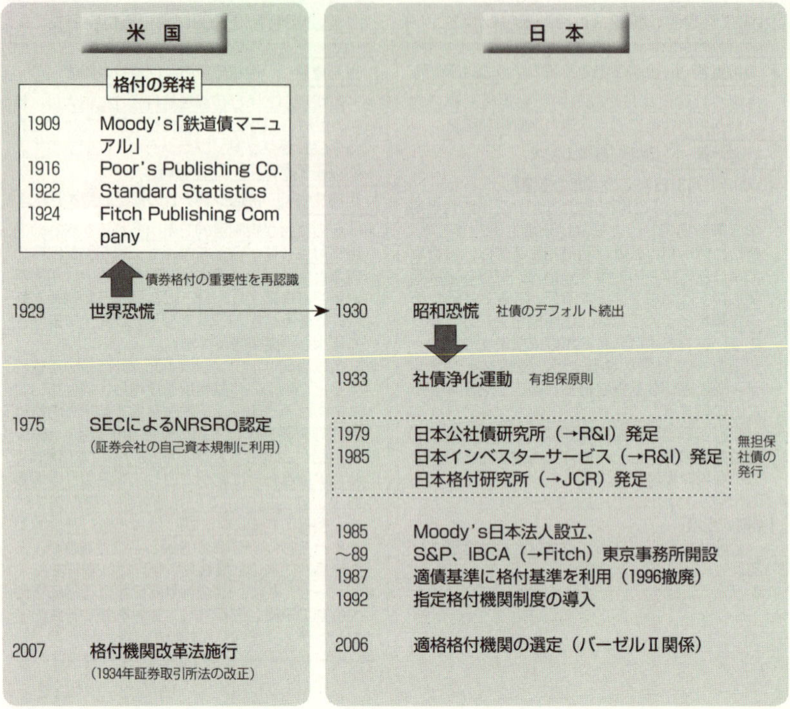

以上の経緯を経て、2006年9月、信用格付業界における説明責任、透明性、競争を促進することを通じて、投資者保護および公益のために格付の品質を向上させることを目的とする「2006年信用格付機関改革法」（Credit Rating Agency Reform Act of 2006）が成立した。

同法は、1934年証券取引所法を改正して、NRSROについて登録制度を導入し、情報開示義務、重要な非公開情報や利益相反の取扱いに関する手続を整備するとともに、SECに対し、①登録申請の様式、②NRSROが保持すべき記録、③NRSROが定期的にSECに提出すべき財務報告、④重要な非公開情報の取扱いについてNRSROが採用すべき手続、⑤NRSROが管理または回避すべき利益相反、⑥NRSROの禁止行為について規則を制定する権限を付与するものである。これを踏まえて策定されたSEC規則は、2007年

◆図表Ⅱ－5　米国における規制の概要◆

1934年証券取引所法（Section 15E）・SEC規則
○ 米議会は、2006年9月下旬（上院22日、下院27日）、「2006年信用格付機関改革法」案を可決。
○ 同法は、参入規制緩和により信用格付業界における競争を促進するとともに、米証券取引委員会（SEC）による監督を強化すること等を内容としている。
○ 背景としては、米国では、信用格付機関に対し、SECから認定されたNRSROsの格付を行政上利用する認定格付機関制度があるのみで、SECによる監督は行われていなかったことや、S&Pとムーディーズによる事実上寡占状況にあったこと等がある。
参入規制
◇過去3年間の事業継続、◇格付利用者による認証、◇SECへの登録
行為規制
◇利益相反に関する規制
・発行体と一定の関係がある場合における格付の付与の禁止
・利益相反を管理する体制の整備
◇非公開情報の濫用の防止に関する規制
・非公開情報の濫用を防止するための体制の整備
◇不公正な行為に関する規制
・格付の取得等を強制する行為等の禁止
開示規制
◇利益相反に関する開示
・利益相反の内容（発行体からの支払い・一定の関係）
・利益相反を管理するための体制
◇格付に関する開示
・格付手法／メソドロジー
・格付実績
◇コンプライアンス体制に関する開示
・非公開情報の濫用を防止するための体制
・倫理規定
【制裁措置】
刑事罰（禁固刑、罰金）・民事制裁金・停止命令
差止訴訟・譴責・登録停止・登録取消し
NRSROs
Nationally Recognized Statistical Rating Organizations
全国的に認知された統計格付機関
※NRSROsとして、10の格付機関が登録を受けている
（2008年11月18日現在）
NRSROs
以外の
格付機関
（規制対象外）

6月より施行されている（図表Ⅱ－4、Ⅱ－5参照）。

②　サブプライム・ローン問題を踏まえた対応

2007年夏以降に顕在化したサブプライム・ローン問題をめぐり、サブプライム関連商品（RMBS、CDO）の格付に関する格付会社の実務について、同年秋以降SEC職員による検査が実施され、その結果が2008年7月に公表された（指摘事項については、図表Ⅱ－13参照）。

これと前後して2008年6月以降、SECは、格付プロセスの透明性向上とサブプライム・ローン問題に端を発する市場の混乱の対応のため、包括的な格付会社規制の改革案を公表した。改革案は、第1部（情報開示規制の強化、利益相反行為の禁止、記録の保持等）、第2部（ストラクチャード・ファイナンス商品の格付と通常の債券の格付との区別化）、第3部（SEC規則における

◆図表Ⅱ－6　米国SEC規制改革案（2008年６月～７月公表）◆

第１部

○情報開示規制の強化
- NRSROに対して提供されたすべての情報が公表されていない場合の依頼格付の付与・維持の禁止
- 格付のカテゴリー別に、１年、３年および10年ごとの格付実績を公表
- 格付手続および格付方法の公表事項の拡充

○利益相反行為の禁止
- 格付を付与・維持する商品等に関する推奨（recommendation）の禁止
- 格付の決定に関して責任を負う者が、報酬にかかる交渉を行うことを禁止
- 格付対象となる者等から、一定額以上の利益を受けることを禁止

○記録の保持等
- 当初の格付から直近の格付行為に関するすべての格付行為について、記録に残し、自社のウェブサイトに掲載することを義務づけ
- 格付の決定、維持、モニタリング、変更および取下げに関する苦情等にかかるコミュニケーションについて、記録の保持を義務づけ

○年次報告書の記載事項
- 毎会計年度における格付行為の回数についての記載
- 会計報告書の記載の正確性に関する宣誓

第２部

○ストラクチャード・ファイナンス商品の格付と通常の債券にかかる格付との区別化
- 格付を付与する際に異なる符号（symbol）を使用し、もしくはストラクチャード・ファイナンス商品とその他証券の格付の相違点を記載したレポートを添付することで、両者の格付の区別化を図る

第３部

○米SEC規則・様式中、格付を参照または格付に依存している箇所について、それが暗黙の公的保証を与え、投資家による過度の依存をもたらしていなかったかについて見直しを実施
○格付の公的保証のような効果は、デューディリジェンスや投資分析に悪影響を及ぼしうるため、格付に対する過度の依存を減らすことにより、投資決定にかかる分析の改善を図る

格付利用の見直し）から構成されている（図表Ⅱ－６参照）。

2009年２月、SECは、第１部についてSEC規則改正を一部実施している（図表Ⅱ－７参照）。

2009年６月、米国政府は、包括的な金融規制改革案を公表した。改革案では、金融市場における包括的な規制を構築するための方策の一つとして、格付会社に対する規制の強化が掲げられている。具体的には、格付会社に対して、①利益相反の管理および開示についての厳格な方針・手続の整備、②ストラクチャード商品の格付と他の商品の格付との区別化、③格付プロセスの品質向上を求めるための措置を講じていくことをSECに求めている。また、格付に過度に依存するインセンティブを減らすため、規制当局が規制・監督において可能な限り格付の利用を減らすべきとしてい

◆図表II－7 米国SEC規則改正・規則改正案◆

2009年2月、SECは、2008年6～7月に公表した包括的な規制改革（案）（第1部～第3部）のうち、第1部についてSEC規則改正を実施（一部については、さらなる規則改正案を公表）。第1部についてのSEC規則改正、規則改正案の概要は以下のとおり（第2部、第3部についてのSEC規則改正は未了）。

SEC規則改正

○情報開示規制の強化
- 格付のカテゴリー別に、1年、3年および10年ごとの格付の遷移の統計を公表
- 格付手続および格付方法の公表事項の拡充（ストラクチャード・ファイナンス商品の裏付資産に対する検証の有無等）

○利益相反行為の禁止
- 金融商品の発行者等に対し、法的ストラクチャー等に関して推奨を行っている場合に、当該金融商品に対する格付を禁止
- 格付の決定に関して責任を負う者が、報酬にかかる交渉を行うことを禁止
- 担当アナリストが、格付対象の金融商品の発行者等から一定額以上の利益の供与を受けることを禁止

○記録の保持等
- 全格付のうち一定割合（10%）のサンプルを無作為抽出し、格付の履歴を公表（NRSROのウェブページに掲載）
- 当初の格付から直近の格付までの格付行為に関するすべての記録保持義務
- 格付の決定、維持、モニタリング、変更および取下げに関する苦情等についての記録保持義務

○年次報告書の記載事項
- 毎会計年度における格付行為の回数について記載

SEC規則改正（案）

○利益相反行為の禁止
- NRSROは、格付付与のために発行者等から提供を受けた情報について、他のNRSROが無料かつ無制限にアクセスできるための所要の措置（※）を講じない限り、発行者等から報酬を受領してストラクチャード・ファイナンス商品に関する格付付与を禁止（※NRSROのみがアクセスできるパスワード付のウェブページを維持）

る。

これを踏まえ、2009年7月、米国財務省は、格付会社規制の改革に関する法案（2009年投資者保護法案（仮称））を議会に提出した。法案では、①利益相反防止の観点から、格付対象先に対するコンサルティング業務の提供の禁止、発行体からの報酬の開示、②透明性の向上の観点から、予備格付の開示、ストラクチャード商品の格付について異なる符号の使用、③SECの権限・監督強化の観点から、登録の義務づけ、格付会社の監督を行う部署の設置、④格付会社への依存を減らす観点から、大統領直轄の金融市場ワーキンググループにおいて格付の規制目的での利用の見直しを行うこと等が盛り込まれている。

⑶　欧州の動向

欧州は、サブプライム・ローン問題以降、格付会社規制に対する共通の取組みを進めてきている。

2008年５月、欧州証券規制当局委員会（CESR：The Committee of European Securities Regulators）は、欧州委員会の依頼を受け、「信用格付機関によるIOSCO基本行動規範の遵守状況に関する第二次報告書及び仕組み商品に対する信用格付機関の役割に関する報告書」を公表し、当面の対応として、国際的な行動基準を策定し、その遵守状況を監視する国際的な監視機構の新設を提案した。

2008年７月、EU（欧州連合）の経済・財務相理事会が、「格付会社はEUの登録制度の対象とすべきとの原則を支持する」との結論に達したことを公表し、同月、欧州委員会は、格付会社規制に関する市中協議文書を公表した。

これを踏まえ、2008年11月、欧州委員会は、格付会社に関する欧州議会及び理事会規則（案）を公表した。その後、修正を経て、2009年４月に欧州議会、同年７月に欧州理事会において採択された。同規則は、官報掲載から20日後に施行され、既存の格付会社は施行日から９か月以内に登録が求められる（EU各国の国内法制化を経ることなくただちに適用される。図表Ⅱ－８参照）。

▒２　わが国における格付の利用

⑴　格付機関設立までの経緯

わが国の公社債市場では、1959年以降長らく起債会による適債基準・格付基準の設定・運営を通じた質的調整により、事業債のデフォルトの防止が図られてきたが、1977年に公表された「望ましい公社債市場の在り方」（証券取引審議会基本問題委員会）では、起債の自由化、起債会の廃止とともに、「今後、情報提供という投資家保護の観点からすれば、格付けは、利害関係のない複数の第三者機関によって行われることが望ましい」との提言

◆図表Ⅱ－8　格付会社に関する欧州議会及び理事会規則の概要◆

～　2009年4月23日に欧州議会、同年7月27日に欧州理事会において採択　～

登録制度の概要

➢　格付会社は、規制目的で利用される格付を発行するためには、登録を受けなければならない（EU域内で設立された法人であることが登録の要件）。

（官報掲載後20日後に施行）

（登録申請は施行から6か月以降（既存の格付会社は9か月以内に登録））

《登録の効果等》（※）

➢　投資会社、保険会社、年金基金等がEU域内の規制を遵守するために利用可能な格付は、本規則に基づき登録された格付会社の格付に限る。

➢　目論見書に格付を記載する場合には、登録された格付会社により発行されたものであるか否かの明確な情報を記載する必要。

（施行から12か月後に適用）

【EU域外の格付会社の格付の利用】（上記※の例外：施行から18か月後に適用）

EU域外の格付会社の格付については、以下のいずれかの場合に限り、EU域内の規制目的で利用可能

➢　EU域内のグループ会社（本規則に基づき登録された格付会社）により承認を受けた場合
（承認の要件：域外の格付会社が母国当局において登録・監督され、本規則の規制の要請を満たしていること等）

➢　EU加盟国より個別に格付利用を認めるための証明を受けた場合
（証明の要件：域外の格付会社が母国当局において登録・監督され、欧州委員会より当該母国の法律・監督上の枠組みが本規則と同等と評価されること等）

登録を受けた格付会社に対する主な規制内容

独立性・利益相反回避

組織
- 独立委員を含む監視機関の設置
- 体制整備（法令遵守、内部統制、利益相反防止、内部通報システム等）
- 独立したレビュー機能（格付方法、格付モデルの見直し）の設置　等

運用
- 格付会社・アナリストが一定の関係を有するものに対する格付の禁止
- 報酬依存先（年間収入の5％超の報酬を得ている発行体等）の公表
- 格付対象の金融商品の発行体等に対し、重要事項に関して相談・助言サービスを提供することの禁止
- ローテーション・ルール（主担当アナリスト：4年継続で2年のインターバル）

情報開示

《格付方法・モデル等に関する規定》
- 格付方法・モデル・主要な前提条件についての開示　等

《格付の提供・開示義務に関する規定》
- ストラクチャード商品について追加的符号の付与　等
- 格付手続等の適時開示義務
- 年1回の透明性報告（年間収入等）の公表　等

が行われた。

その後、社債問題研究会（構成員：金融機関・事業会社等）において具体的な検討が進められ、1984年に報告書「新たな格付機関の設立にむけて」が公表された。報告書では、「債券格付制度の必要性は今や現実のものとなっており、新たな格付機関の設立は喫緊の課題であるといって過言ではない」とし、債券格付機関設立に当たっての留意点（複数性、独立性、機密保持、費用負担等）について検討が行われている。

◆図表Ⅱ－９　指定（適格）格付機関◆

➢日本では、現在、開示規制、銀行の自己資本比率規制等において、以下の格付会社を指定・選定し、利用。格付会社を規制・監督するものでない。

	格付投資情報センター（R&I）	日本格付研究所（JCR）	ムーディーズ Moody's	スタンダード・アンド・プアーズ S&P	フィッチ Fitch
形態（日本国内）	日本法人	日本法人	日本法人（ムーディーズ・ジャパン）	S&P International LLC. の支店	Fitch Ratings Ltd.（英国）の支店
沿革	1998年 日本インベスターズサービス（1985年設立）と日本公社債研究所（1979年設立）の合併により設立	1985年 設立	1985年 ムーディーズ・ジャパン設立	1985年 東京オフィス開設	1989年 東京オフィス開設
資本構成等	・日経グループで58.6% ・他に、銀行、保険会社等 ※非上場	・銀行、保険会社等 ※非上場	Moody's Corporation（NYSE上場） ↓100%出資 Moody's Investors Services, Inc.（米） ↓他の子会社を通じ100%出資 ムーディーズ・ジャパン（株）	The McGraw-Hill Companies, Inc.（NYSE上場） ↓100%出資 S&P Financial Services LLC. S&P International LLC.	Fimalac S.A.（パリ証取上場） ↓80%出資 Fitch Group, Inc. ↓100%出資 Fitch, Inc.（米） ↓100%出資 Fitch Ratings Ltd.（英）

（注）５社は、米国においてNRSRO（全国的に認知された統計格付機関）として登録

以上の経緯の後、1985年には、日本公社債研究所（1979年設立）の株式会社化、日本インベスターズサービスおよび日本格付研究所（JCR）の設立、1998年には、日本公社債研究所と日本インベスターズサービスの合併による格付投資情報センター（R&I）の設立、1985年から1989年にかけて米系３社（ムーディーズ、スタンダード・アンド・プアーズ、フィッチ）が国内拠点を設置し、現在に至っている（**図表Ⅱ－４**参照）。現在、５社が指定格付機関・適格格付機関（⑵、⑶参照）として指定・選定されている（**図表Ⅱ－９**参照）。

⑵　指定格付機関制度

①　指定格付機関制度の導入の経緯

1992年７月施行の省令改正において、証券会社の保有する債券のリスク相当額の算定（証券会社の自己資本規制に関する省令）および発行登録制度の利用適格要件（企業内容等の開示に関する省令等）において格付基準が導

◆図表Ⅱ－10　わが国における格付の公的利用の枠組み◆

指定格付機関

- わが国では、金融商品取引法に基づく企業内容開示府令において、金融庁長官の指定による指定格付機関制度が設けられている。
- 格付機関の①格付実績、②人的構成、③組織、④格付の方法、⑤資本構成その他発行者からの中立性に関する事項等を勘案して指定した上で、一定の目的のために金融行政上利用するもの（金融庁が指定格付機関を規制・監督する制度ではない）。

適格格付機関

- バーゼルⅡ実施に伴い、銀行の自己資本比率の計算上、利用可能な格付機関（適格格付機関）を金融庁長官が選定する規定が設けられている。
- 適格格付機関の選定に当たっては、格付機関および格付評価の①客観性、②独立性、③透明性、④組織構成、⑤信頼性等に関する基準に照らして適格性を判断（金融庁が適格格付機関を規制・監督する制度ではない）。

「指定格付機関」の格付を利用している例

【企業内容等の開示】
- 取得格付の有価証券届出書等記載義務
- 参照方式の有価証券届出書および発行登録制度の利用適格要件

【金融商品取引業者】
- 金融商品取引業者の自己資本比率規制（取引リスク・市場リスク相当額の計算）

【保険会社】
- 保険会社のソルベンシー・マージン基準（信用リスクの計算）

【資産流動化】
- SPCによる特定短期社債等の発行要件

【その他】
- 地方公務員等共済組合の長期経理の余裕金の運用基準

入され、その格付を付与する格付機関を大蔵大臣が有効期限を定めて指定し、告示することとされた。

1998年１月施行の省令改正では、適債基準等の廃止に際し、格付機関の指定制度の整理が行われ、「格付機関のうち、大蔵大臣がその格付実績、人的構成、組織、格付の方法及び資本構成その他発行者の中立性に関する事項等を勘案して有効期間を定めて指定したもの」を「指定格付機関」と定義するとともに、ディスクロージャーの充実の観点から、有価証券届出書等の発行開示書類において、指定格付機関から取得した格付の明記が義務付けられた。

現在、指定格付機関は、金商法に基づく内閣府令において規定されている（企業内容開示府令１条13号の２）。指定格付機関制度は、一定の行政目的のために利用される格付を付与する格付会社を明らかにするためのものであり、金融庁が指定格付機関を規制・監督する制度ではない（図表Ⅱ－10参照）。

②　今後の指定格付機関制度のあり方

改正法により、格付会社について登録制度が導入され、登録を受けた「信用格付業者」に対して、一定の規制・監督の枠組みが適用される（**3**(2)参照）。これに伴い、現行の金融商品取引法制において規定されている指定格付機関制度を廃止し、信用格付業者の制度に統合していくこと（企業内容開示府令等の改正）が予定されている。

このほか、発行登録制度の利用適格要件のうち、指定格付機関の格付の有無および内容が周知性の要件の一つとして定められているが、信用リスクに係る意見表明の一つという格付本来の位置づけおよび格付の公的利用のあり方について検証を行うとの国際的な合意（**1**(1)②(i)参照）を踏まえ、格付以外の要件に見直すこと（企業内容開示府令等の改正）が予定されている。

(3)　適格格付機関制度

①　適格格付機関制度の導入の経緯

銀行等の預金取扱金融機関に対する新しい自己資本比率規制「バーゼルⅡ」が2007年3月期から実施されている。その中において、銀行等の自己資本比率の計算上、利用可能な格付機関を明らかにするため、適格格付機関制度が設けられている。

バーゼルⅡにおける信用リスクの計測手法の一つである標準的手法では、リスク・ウェイト判定のために使用し得る外部格付は、適格格付機関が付与するものに限定されている。

適格格付機関は、金融庁長官による認定を受ける必要があり（銀行法第十四条の二の規定に基づき自己資本比率の基準を定める件1条13号）、①客観性、②独立性、③透明性、④情報開示、⑤人材および組織構成、⑥信頼性の六つの認定基準が設けられている（金融庁「バーゼルⅡにおいて利用可能な格付機関の選定について」2005年3月）。

適格格付機関制度も、指定格付機関制度と同様、金融庁が指定格付機関を規制・監督する制度ではない（**図表Ⅱ－10**参照）。

②　今後の適格格付機関制度のあり方

改正法は、格付会社について登録制度を導入するものであるが、その際、自己資本比率規制においては、適格格付機関制度を維持しつつ、適格格付機関の選定要件として、登録を受けた格付会社（信用格付業者）であることを求めることで、両制度の整合性を図っていくことが考えられる。

このほか、金融・世界経済に関する首脳会合（2009年４月）では、「バーゼル委員会は、健全性規制における外部格付の役割の見直しを促進し、対処を要する負のインセンティブがないか判断すべき」との合意がなされたところであり、これを踏まえた対応が行われることとなる。

▩３　格付会社に対する規制の導入

⑴　検討経緯

格付会社は、投資助言サービスとは異なり、個別に顧客と契約を締結して金融商品の売買について直接的な関与を行うものではないことなどから、わが国をはじめ世界的にもこれまで規制対象とはされてこなかった。金商法制定時の議論においても、格付会社などのフィナンシャル・ゲートキーパー業務について「これを本来業務として規制すべきかどうかについては、諸外国においても規制のあり方について議論が進行中であることから、これらの議論も参照しつつ、引き続き検討していくべき課題であると考えられる」（2005年７月、金融審議会金融分科会第一部会・中間整理）とされた。

その後、サブプライム・ローン問題を踏まえた検討（金融市場戦略チーム第一次報告書・2007年11月）を経て、金融・資本市場競争力強化プラン（金融庁・2007年12月）では、「格付会社については、昨今の証券化市場をめぐる状況の中で、様々な問題点が指摘されている。格付会社の利益相反防止のための措置や情報開示のあり方等について、現在IOSCO等において国際的に行われている様々な議論の状況を踏まえつつ、必要に応じ適切な対応を検討する」とされた。

◆図表Ⅱ－11　格付をめぐる問題点と国際的な取組み◆

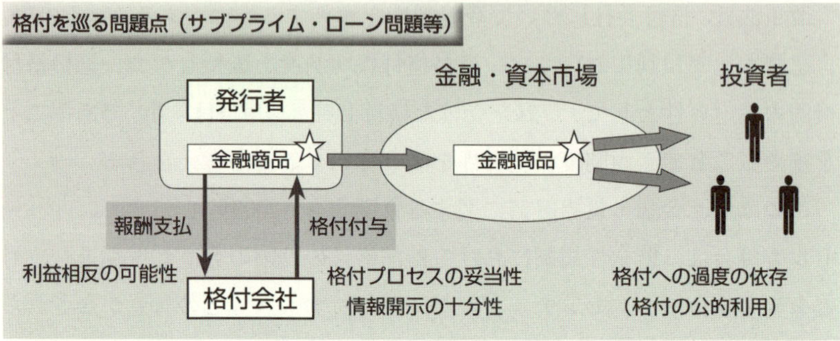

国際的な取組み

G7
G20
2008.4　FSF（金融安定化フォーラム）より格付会社の役割を含む報告を受け、声明を発表
2008.11　国際的行動規範に整合的に、格付会社に対する強力な監督を実施する等の首脳宣言
2009.4　監督規制および登録を格付会社に拡大し、国際的規範の遵守を確保する等の首脳宣言

証券監督者国際機構（IOSCO）
2004.12　基本行動規範を策定
2008.5　基本行動規範を改訂

米国
2007.6　登録制度導入
2008.6-7　規制改革案の公表
2009.2　SEC規則・規則案の公表
2009.7　規制改革法案を議会に提出

EU（欧州連合）
2008.7　登録制度導入方針決定
2008.11　ECが規則案を公表
2009.4　欧州議会及び理事会規則

日本
2008.12　金融審議会報告書
2009.6　金商法改正（格付会社規制）

2008年10月以降、金融審議会金融分科会第一部会において、格付会社に係る規制の枠組みについて検討が進められた。同年12月に取りまとめられた報告書では、格付会社に対する国際的に整合的な公的規制の導入が必要との共通の理解の下、①格付対象商品の発行者等からの格付会社の独立性確保・利益相反回避、②格付プロセスの品質と公正性の確保、③投資者等の市場参加者に対する透明性の確保を図ることとされた。このため、報告書では、格付会社について、登録制度の枠組みの下で、格付方針等の情報開示、利益相反防止等の体制整備、格付対象の金融商品を保有している場合の格付の禁止等を義務づけていくことが提言されている。

⑵　格付会社に対する規制

①　基本的考え方

格付会社は、金融・資本市場において大きな影響を及ぼしているが、①米国のサブプライム・ローン問題などをめぐり、利益相反の可能性、格付

◆図表Ⅱ－12　格付会社の機能・役割等◆

IOSCO（証券監督者国際機構）『信用格付機関の基本行動規範』（2004年12月公表、2008年５月改訂版公表）

【序文】
➤ 信用格付機関は、現代の資本市場において重要な役割を果たすことができる。
➤ 信用格付機関は、一般に、証券の発行体及び債務の信用リスクについての意見を述べる。
➤ 投資家が今日大量の情報を入手可能であることからすると、信用格付機関は、投資家がこうした情報を取捨選択し、また借り手への融資や発行体の負債・負債類似証券の購入の際に直面する信用リスクを分析することを助ける役割を果たし得る。

【IOSCOの信用格付機関の基本行動規範】
➤ 信用格付機関は、一つは借り手と負債・負債類似証券の発行体、もう一つは貸し手と負債・負債類似証券の購入者との間に存在する情報の非対称性を縮小させることを助ける意見を出すよう努めるべきである。
➤ 低品質の、又は公正性に疑義のあるプロセスを経て行われた格付分析は、市場参加者にとってほとんど有用でない。
➤ 発行体の財務の状況又は見込みの変化を反映していない古い格付は、市場参加者を誤った方向に導くかもしれない。
➤ 同様に、格付決定の独立性に影響を及ぼす恐れのある、又はそのように見える利益相反その他の適切でない要因（内部及び外部要因）は、信用格付機関の信用を大きく低下させ得る。
➤ 利益相反又は独立性の欠如が信用格付機関において一般的であり、かつ投資家から隠されている場合、市場の透明性及び公正性に対する投資家の信頼全体が害され得る。
➤ また、信用格付機関は、発行体が信用格付機関と共有するある種の情報の秘密性を保護する義務を含む、一般投資家及び発行体に対する責任がある。

信用格付機関の機能・役割

市場参加者投資家等に対する影響・責任

プロセスの妥当性、情報開示の十分性などについて、さまざまな問題が指摘されていること、②国際的に公的規制の導入・強化が進展していることを踏まえ、格付が投資者の投資判断を歪めることのないよう、必要な規制・監督を行っていくことが重要である。今回の改正法は、このような観点から、格付会社について登録制を導入し、国際的に整合的な規制・監督の枠組みの整備を行うものである（図表Ⅱ－11参照）。

(i)　格付会社の役割・機能

格付は、信用リスク評価の参考として、金融・資本市場において広範に利用されており、投資者の投資判断に大きな影響を与えている。このように、格付会社は、これまでも、金融・資本市場における情報インフラとして、一定の役割を担ってきたと考えられる（図表Ⅱ－12参照）。

サブプライム・ローン問題をめぐって、証券化商品の格付についてさまざまな問題点が指摘されている（下記(ii)参照）が、発行者と投資者との間の情報の非対称性を縮小させるという格付会社が担うべき役割は、今後とも変わらないと考えられる。

このような観点から、格付会社が求められる役割・機能を適切に発揮していくためにも、格付会社に対する規制・監督を行っていくことが必要と考えられる。

(ii)　指摘されているさまざまな問題への対応

格付会社は、サブプライム・ローン関連商品に高格付を付与し、ローンの驚異的な増大を助長したが、後にこれらの商品の大部分について急激かつ大幅な格下げを実施した。これにより、格付の品質について疑念が生じた。これに伴い、①格付を付与する金融商品の発行者から報酬を受けるビジネスモデルに利益相反の可能性が内在しているのではないか、②格付に必要・十分な正確な情報を入手していたのか、③モデルの妥当性について適切な開示がなされていたか、④格付情報の意義について投資者に誤解を与えていなかったか等の問題点が指摘された（図表Ⅱ－13参照）。

わが国においても、資本市場の機能の十全な発揮や投資者保護の観点からこれらの問題に対応すべく、格付会社に対する規制・監督を行っていくことが必要と考えられる。

(iii)　国際的な規制の導入・強化の動向との整合性確保

格付会社に対する規制は、2008年5月に改訂されたIOSCOの基本行動規範と整合的なものとすることが国際的に合意（金融・世界経済に関する首脳会合（2009年4月）等）されており、改正法では、基本行動規範の具体的項目を主に4つの柱（①誠実義務、②情報開示義務、③体制整備義務、④禁止行為）に整理することを基本としている。

改正法では、情報開示、体制整備、禁止行為等の詳細は内閣府令に委任されており、IOSCOの基本行動規範や欧米の規制の動向を踏まえ、内閣府令の策定が行われることとなる。格付は、国境を越えて利用され、格付会社の活動もグローバルであることを踏まえ、諸外国の制度整備の動向も踏まえた適切な対応が重要となる。

上記の点に関して、衆議院財務金融委員会・参議院財政金融委員会では、「信用格付業者に対する規制については、国際的に整合性のある枠組み導入の必要性にかんがみ、今後とも国際的な動向を十分に踏まえ、規制の

◆図表Ⅱ－13　格付会社について指摘されている問題点◆

	主な指摘事項 (注1)	米国SEC検査結果 (注2)
格付手法	●　モデルの内容や妥当性等につき適切な検証がなされていたのかどうか。また、シミュレーションを行う際、十分長期間のデータを使用し、リスクを適格に考慮していたか。 ●　格付に必要かつ十分な情報を組成者から適切に入手、聴取していたか。 ◇　仕組商品の格付はしばしば不正確な情報に基づいて行われていた。 ○　サブプライム関連商品について、正確な情報と適切なモデルに基づいて格付を行ったか。 ○　格付手法や前提条件について十分な吟味を行ったか。 ○　米国における住宅バブルの兆候、住宅ローンの貸し手が適正なデュー・デリジェンスを行っていない可能性、住宅ローンを巡る不正の横行等を十分勘案して判断を行っていたか。	□　RMBSやCDOの格付について、明確な書面の手続が存在しない。 □　入手した情報の信頼性や正確性を検証していない。 □　初回の格付付与に比べ、サーベイランスのプロセスは厳格ではない。
利益相反	●　証券化商品の格付ビジネスに、利益相反の可能性が内在していたのではないか。 ◇　ストラクチャード商品の格付については、①発行体から報酬を受領するというビジネスモデル（issuer-pays model）と、②ストラクチャード商品の格付によって格付会社の収益が急増していることなどから、他の格付と比べてより大きな利益相反が生じて、格付のパフォーマンス低下を招いたのではないか。	□　アナリストが発行体との報酬交渉に関与することは、制限されているが禁止はされていない。 □　個人の株取引を、どれだけ厳格にモニタリング・禁止しているかという点で、格付機関によって差が見られる。
情報開示	●　モデルの内容や妥当性等につき、適切なディスクロージャーがなされていたか、また、格付情報の意義について投資家に誤解を与えていなかったか。 ◇　格付のパフォーマンスに関するデータが、検証・比較可能な形で公表されていない。 ◇　仕組商品の格付の基礎となる前提やシナリオ、前提に対する格付の感応度について、投資者に十分に明確な説明がなされていなかった。	□　RMBSやCDOを格付する際、格付プロセスおよび格付方法の重要な側面が、必ずしも開示されていない。 □　格付会社は、ストラクチャード商品の格付に用いた前提を、適切に開示していない。
その他	◇　ストラクチャード商品の需要の急拡大と、商品の複雑化があいまって、格付会社が利用できる資源が制約されるようになった。	□　2002年以降、RMBSやCDOのディールの複雑さ、件数が著しく増加。

（注1）主な指摘事項は、金融市場戦略チーム第一次報告書（2007年11月）〔→●〕、ストラクチャード・ファイナンス市場における信用格付機関の役割に関する報告書（IOSCO、2008年5月）〔→○〕、金融安定化フォーラム（FSF）報告書（2008年4月）〔→◇〕より抜粋。
（注2）米国SEC職員が大手3社（Fitch、Moody's、S&P）に対して実施した検査結果（2008年7月公表）より抜粋。

充実・強化等に柔軟かつ機動的に対応すること。その際、日米欧の規制の統一性について一方にとらわれることなく、日本の市場、国情にあったものとなるよう十分配慮すること」との附帯決議がなされている（2009年4月・6月。Ⅰの資料1・2参照）。

②　金商法上の規制

格付会社には、金融・資本市場において担う役割に応じた適切な機能発揮が求められる。特に、格付会社による格付が、投資者の投資判断を歪めることのないよう、適切な措置を講じていくことが必要と考えられる。このため、格付会社に対する規制は、資本市場の機能の十全な発揮や投資者保護を目的とする金商法に位置づけることが適当と考えられる。改正法では、金商法に第3章の3（信用格付業者）を新設し、格付会社に対する規制の枠組みを整備している。

国際的にも、①IOSCOの基本行動規範では、格付会社を資本市場において重要な役割を果たすものと位置づけた上で、遵守すべきルールを定めていること、②米国においても、格付会社の登録制は、市場の公正性確保等を目的とする1934年証券取引所法に位置づけられていることなどから、整合性が図られていると考えられる。

③　格付会社に対する規制の枠組み

改正法は、信用格付業を公正かつ的確に遂行するための体制が整備された格付会社について、内閣総理大臣の登録を受けることができるとの登録制の下、登録を受けた格付会社（信用格付業者）に対する規制・監督の枠組みを整備するものである。

信用格付業者に対する主な規制として、①誠実義務、②格付方針等の公表、説明書類の公衆縦覧等の情報開示義務、③利益相反防止、格付プロセスの公正性確保等の体制整備義務、④格付対象の金融商品を保有している場合等の格付の提供の禁止を規定している。

監督規定として、信用格付業者に対する報告徴取・立入検査、業務改善命令、業務停止命令・登録取消し・役員解任命令等の規定を整備している。

改正法では、信用格付業者について「登録できる」規制を採用し、信用格付業について一律的な参入規制を課すこととはしていないことに鑑み、投資者保護の観点から、金融商品取引業者等が、無登録業者による格付である旨等を説明することなく無登録業者による格付を提供して、金融商品取引契約の締結の勧誘を行うことを禁止している（**図表Ⅱ－14参照**）。

(i)　登録制度

改正法では、格付会社規制の実効性確保のための枠組みとして、登録制度が採用されている。金融・世界経済に関する首脳会合においても、格付会社を登録の対象として規制・監督を行っていくことについて合意されており、登録制度は欧米の規制とも整合的である。

記号や数字を用いたランク付けにより、信用リスク評価の結果を提供す

◆図表Ⅱ－14　格付会社に対する公的規制の導入◆

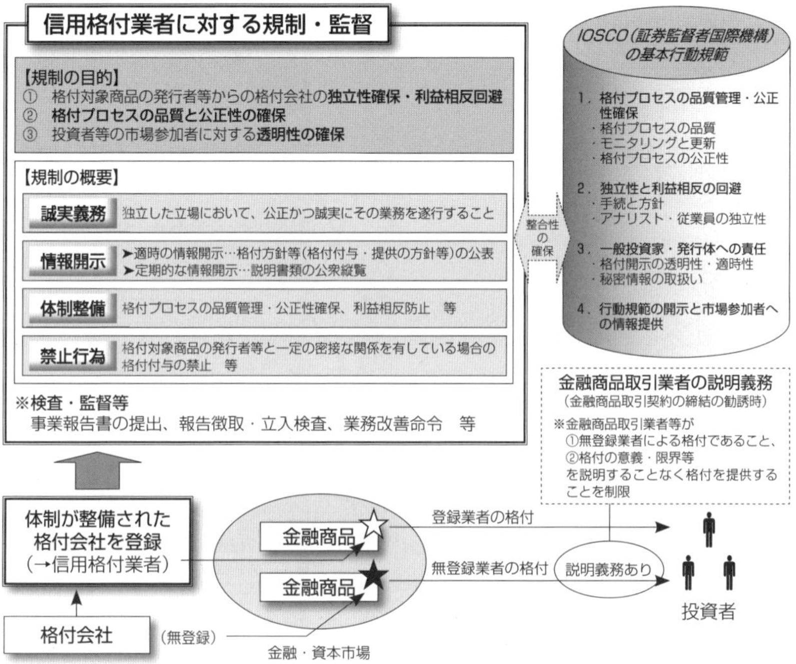
信用格付業者に対する規制・監督
【規制の目的】
① 格付対象商品の発行者等からの格付会社の独立性確保・利益相反回避
② 格付プロセスの品質と公正性の確保
③ 投資者等の市場参加者に対する透明性の確保
【規制の概要】
誠実義務
独立した立場において、公正かつ誠実にその業務を遂行すること
情報開示
➤適時の情報開示…格付方針等（格付付与・提供の方針等）の公表
➤定期的な情報開示…説明書類の公衆縦覧
体制整備
格付プロセスの品質管理・公正性確保、利益相反防止　等
禁止行為
格付対象商品の発行者等と一定の密接な関係を有している場合の格付付与の禁止　等
※検査・監督等
事業報告書の提出、報告徴取・立入検査、業務改善命令　等
整合性の確保
IOSCO（証券監督者国際機構）の基本行動規範
1．格付プロセスの品質管理・公正性確保
・格付プロセスの品質
・モニタリングと更新
・格付プロセスの公正性
2．独立性と利益相反の回避
・手続と方針
・アナリスト・従業員の独立性
3．一般投資家・発行体への責任
・格付開示の透明性・適時性
・秘密情報の取扱い
4．行動規範の開示と市場参加者への情報提供
金融商品取引業者の説明義務
（金融商品取引契約の締結の勧誘時）
※金融商品取引業者等が
①無登録業者による格付であること、
②格付の意義・限界等
を説明することなく格付を提供することを制限
体制が整備された格付会社を登録（→信用格付業者）
金融商品
金融商品
登録業者の格付
無登録業者の格付
説明義務あり
投資者
格付会社
（無登録）
金融・資本市場

るサービスは、格付会社に限らず広く一般に行われており、こうしたサービスを行う事業者に対して一律に参入規制を課すことは適当ではないと考えられることから、改正法では「登録できる」規制としている（66条の27）。その上で、無登録業者の格付の利用に際して金融商品取引業者等に説明義務を課すこと（38条3号）により、金融・資本市場において重要な影響を及ぼし得る格付会社の登録を確保する枠組みを整備している。

(ii)　規制の概要

改正法では、登録を受けた格付会社（信用格付業者）に対する規制として、主に以下の四つの枠組み（誠実義務、情報開示義務、体制整備義務、禁止行為）を整備している（図表Ⅱ－15参照）。

(a)　誠実義務

信用格付業者は、独立した立場において公正かつ誠実にその業務を遂行

◆図表Ⅱ－15　IOSCOの基本行動規範と規制案骨格との関係イメージ◆

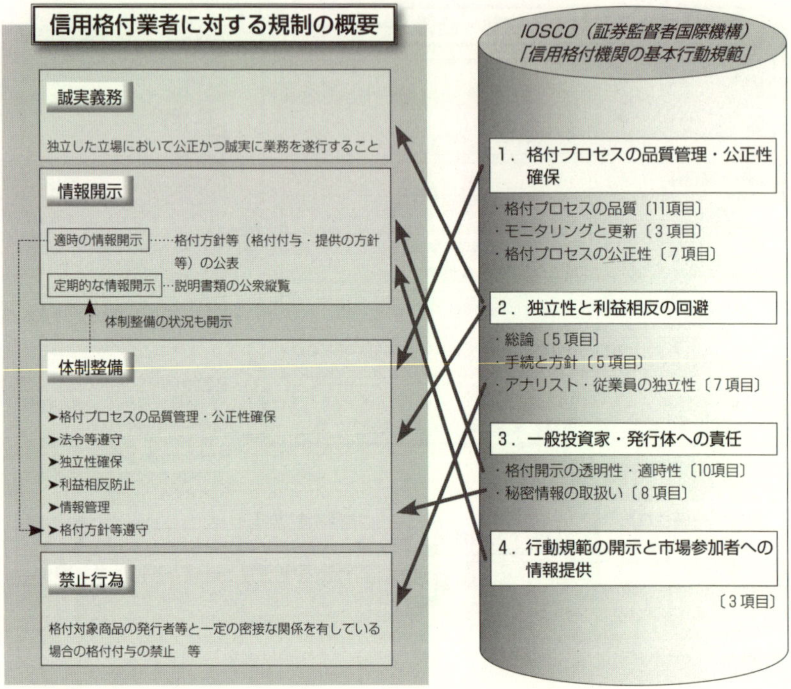

しなければならないことを規定している（66条の32）。

(b)　情報開示義務

信用格付は、投資者が投資判断を行う際の信用リスク評価の参考情報として、金融・資本市場において広範に利用されており、信用格付の付与に当たり採用された方針および方法、個々の信用格付の意義・限界・前提等は、投資者が信用格付を利用する上で重要な情報であると考えられる。また、サブプライム・ローン問題をめぐり、投資者が格付に過度に依存し、投資判断が歪められたことが指摘されている。このような問題意識を踏まえ、改正法では、格付の意義や限界について投資者の理解を促すことを含め、信用格付業者による投資者への情報提供機能が適切に発揮されることを確保するとともに、信用格付業者について透明性を高めることを通じ、市場規律の下において、独立性確保・利益相反回避、格付プロセスの品質と公正性の確保等について自律的な取組みを促すことが可能となるための枠組みを整備している。

具体的には、信用格付業者に対して、①適時の情報開示として、格付の付与・提供等についての方針および方法（格付方針等）の公表（66条の36）、②定期的な情報開示として、業務の状況に関する説明書類の年１回の公表（66条の39）を義務づけている。

(c)　体制整備義務

改正法では、信用格付業者は、信用格付業を公正かつ的確に遂行するため、業務の品質管理、利益相反防止措置、その他業務の執行の適正を確保するための措置を含む業務管理体制を整備しなければならないことが規定されている（66条の33）。

改正法は、IOSCOの基本行動規範の遵守を法的に義務づけることを主眼としている。基本行動規範は、格付プロセスの品質と公正性（格付プロセスの品質、モニタリングと更新、格付プロセスの公正性）、格付会社の独立性と利益相反の回避（格付会社の手続と方針、格付会社のアナリストおよび従業員の独立性）、格付会社の一般投資家および発行体に対する責任（秘密情報の取扱い）等について格付会社が遵守すべき具体的項目を定めていることに鑑みると、信用格付業者に対する業務管理体制の整備義務は、情報開示義務と併せて、格付会社規制の根幹をなすものと考えられる。

(d)　禁止行為

改正法は、信用格付業者に対して、独立性確保、利益相反回避、格付プロセスの公正性確保等の観点から、特にその要請の強い事項について、一定の行為を行うことを禁止している。

具体的には、①信用格付業者が格付対象商品の発行者等と密接な関係を有する場合（例：格付対象となる金融商品を担当アナリストが保有している場合）には、当該商品の格付の提供を禁止すること、②信用格付業者が格付対象商品の発行者等に対し、当該商品の信用格付に重要な影響を及ぼす事項について助言を行った場合には、当該商品の格付の提供を禁止すること等を規定している（66条の35）。

(iii)　監督規定

改正法では、信用格付業者に対する規制の実効性を確保するため、業務改善命令（66条の41）、監督上の処分として登録取消し・業務停止命令・役員解任命令（66条の42）、報告徴取・立入検査（66条の45）等の規定が設けられている。

(iv)　金融商品取引業者等の説明義務

改正法では、登録制度の導入に伴い、無登録業者の格付の利用について、金融商品取引業者等に対して説明義務を課している。具体的には、金融商品取引業者等が、無登録業者による格付である旨等を説明することなく無登録業者による格付を提供して、金融商品取引契約の締結の勧誘を行うことを禁止している（38条3号）。

無登録業者の格付は、規制の枠組みの下での格付プロセスを経たものでなく、格付方法、前提等に関する情報開示義務が課されていないことから、格付方法・前提等が明らかにされないまま投資者に提供され、投資者の投資判断を歪めるおそれがあることを踏まえ、本規制を導入している。

④　格付会社規制に関する検討事項

改正法では、情報開示、体制整備等の詳細は内閣府令に委任されており、IOSCOの基本行動規範および欧米の規制の動向等を踏まえ、具体的な規定が整備されることとなる。改正法を踏まえた格付会社規制に関する検討事項として、以下では、格付会社規制の国際的整合性、利益相反回避のための規制、報酬体系、格付のモニタリング、ストラクチャード・ファイナンス商品と社債の格付の区別、格付内容の実質規制の回避について、解説することとしたい。

(i)　格付会社規制の国際的整合性

格付会社に対する規制は、2008年5月に改訂されたIOSCOの基本行動規範と整合的なものとすることが国際的に合意（金融・世界経済に関する首脳会合（2009年4月）等）されており、日米欧の規制は、いずれも基本的には、IOSCOの基本行動規範がベースとなるものと考えられる。

他方で、日米欧の規制では、各国の法制において、さまざまな上乗せの措置が提示されており、この点において、日米欧の規制がまったく同じものとはならない。

欧米における上乗せの措置の具体例として、米国は、規制強化のためのSEC規則改正（2009年2月公表）において、情報開示規制の強化、金融商品のストラクチャー等に関して推奨を行っている場合の格付の禁止などの措置を講じている。欧州議会及び理事会規則では、情報開示規制の強化、格付対象の金融商品の発行者等に対して重要事項に係る相談・助言サービスを提供することの禁止、アナリストのローテーション・ルール、独立委員を含む監視機関の設置などの措置が盛り込まれている。

わが国の改正法では、①投資者保護の観点から、無登録業者の格付利用に際し、金融商品取引業者等に説明義務を課す（38条3号）ほか、②欧米の動向を踏まえ、利益相反行為の防止の徹底を図る観点から、金融商品の発行者等に対し、信用格付に重要な影響を及ぼすべき事項に関し助言を行っている場合には、当該金融商品の格付を禁止すること（66条の35第2号）等が盛り込まれている。さらに、情報開示規制の強化については、改正法に盛り込まれている情報開示の枠組み（格付方針等の公表（66条の36）、説明書類の公衆縦覧（66条の39））の下で、SEC規則改正や欧州議会及び理事会規則等を踏まえた所要の対応が行われることとなる。

(ii)　利益相反回避のための規制

改正法では、格付対象商品の発行者等と格付会社との間の利益相反を回避する観点から、体制整備義務や禁止行為等の規定を整備している（法第3章の3第2節）。利益相反回避については、衆議院財務金融委員会・参議院財政金融委員会において「信用格付業者を含む企業グループの組織形態、融資関係及び有価証券の元引受契約関係等を考慮し、実効的な規制に努めること」との附帯決議（2009年4月・6月。Ⅰの**資料1・2**参照）がなされたことを踏まえ、IOSCOの基本行動規範との整合性を図りながら、体制整備や禁止行為の詳細を内閣府令で規定していくこととなる。

(iii)　報酬体系

格付会社は、金融商品または法人の信用状態に関する評価を行うものであり、評価対象の金融商品の発行者等から報酬を受領するビジネスモデル（Issuer-Paysモデル）自体に、利益相反の可能性が内在しているのではないかとの問題が従前より指摘されている。

このような問題に対応するため、IOSCOの基本行動規範では、①格付プロセスに参加しているアナリスト等の報酬体系が、格付対象の金融商品の発行者等から得られる手数料とは切り離された、格付プロセスの客観性を損なわないものであること、②格付プロセスに直接関与している従業員を発行者等との間の手数料交渉に参加させないこと、③発行者等との間の報酬契約の一般的な性質を開示すること等を要請している。

改正法では、利益相反防止・独立性確保等の観点から、体制整備義務を課すこととし（66条の33）、その具体的要件として、たとえば、アナリスト等の独立性確保のための報酬体系の構築などを内閣府令において規定することが考えられる。また、改正法では、透明性確保の観点から、年１回の説明書類の公衆縦覧を義務づけており（66条の39）、その記載事項として、たとえば、体制整備の状況や、発行者等との報酬の取決めに関する事項などを内閣府令において規定することが考えられる。

以上のような枠組みの下、Issuer-Paysモデルに伴う利益相反回避のための措置が講じられることが考えられる。

(iv)　格付のモニタリング

IOSCOの基本行動規範においては、格付会社に対し、①格付のモニタリング・更新のための人員等を確保すること、②ひとたび格付が公表された場合には、原則として格付の継続的なモニターを行い、格付を更新すべきであること、③過去のデフォルト率等の格付実績に関する比較可能な情報の公表などが求められている。

改正法では、格付会社に対して、①格付プロセスの品質管理等のための体制整備（66条の33）、②格付方針等の公表およびその遵守（66条の36）、③年１回の説明書類の公衆縦覧（66条の39）を義務づけている。

衆議院財務金融委員会・参議院財政金融委員会において「信用格付業者による格付け後のモニタリングの重要性にかんがみ、信用格付業者によるモニタリングの実績の公表の義務化を検討すること」との附帯決議がなされたことを踏まえ（2009年4月・6月。Iの資料1・2参照）、内閣府令では、IOSCOの基本行動規範との整合性を図りながら、体制整備、格付方針等に係る要件、説明書類の記載事項などの詳細を規定していくこととなる。

(v)　ストラクチャード・ファイナンス商品と社債の格付の区別

サブプライム・ローン問題において、投資者がストラクチャード・ファイナンス商品に対する格付の意義・限界を認識していなかった問題が指摘されており、これを踏まえ、IOSCOの基本行動規範の改訂では、「ストラクチャード・ファイナンス商品の格付について、できれば異なる格付符号を用いて、伝統的な社債の格付との区別化を図るべき」との規定が追加され、金融・世界経済に関する首脳会合（2008年11月、2009年4月）においても、ストラクチャード・ファイナンス商品の格付を通常の社債の格付と区別することを確保するための措置をとることについて合意がなされている。

改正法では、格付会社に対して、格付方針等の公表およびその遵守を義務づけており（66条の36）、格付方針等の記載事項等の細目は内閣府令において規定されることとなる。ストラクチャード・ファイナンス商品の格付を通常の社債の格付と区別する方法については、格付方針等の内容として内閣府令において規定していくことが考えられる。

(vi)　格付内容の実質規制の回避

改正法は、格付会社の独立性確保・利益相反回避、格付プロセスの品質と公正性の確保、市場参加者に対する透明性の確保の観点から、格付会社に情報開示や体制整備等の義務を課すものである。

格付は、将来の不確定な信用リスクについて専門的知見に基づき表明される意見であることに鑑み、個々の格付の実質的内容そのものを規制対象とすることは、適切ではないと考えられる。

たとえば、IOSCOの基本行動規範では、格付分類ごとの過去のデフォルト率、デフォルト率の変化の有無に関する情報開示を求めており、改正法に基づく内閣府令において、同様の情報開示が求められることとなる。このような定量的な情報が比較可能な形で開示されることにより、個々の格付会社の格付に関する実績について、市場規律の下において評価が行われていくものと考えられる。

なお、格付方法について、IOSCOの基本行動規範では「厳格かつ体系的であり、また可能であれば、歴史的経験に基づく何らかの形の客観的な検証の対象となり得る格付となるような格付方法を用いるべき」とされている。米国の1934年証券取引所法では、「信用格付、格付手続、格付方法の実質について、当局は規制をしてはいけない」との規定が置かれている。欧州議会及び理事会規則では、「信用格付の内容と方法について、当局は干渉すべきではない」、「格付会社は、厳格、体系的、連続的であり、かつ、バックテストを含めた歴史的経験に基づく検証の対象となり得るような格付手法を用いるべき」とされ、後者については、CESR（欧州証券規制当局委員会）が共通の基準を定めることとされている。

Ⅲ　金融分野における裁判外紛争解決制度（金融ADR制度）の創設

▩1　法改正の意義・経緯等

(1)　金融ADRの意義

金融分野においては、トラブルを未然に防止し利用者保護を図る観点から、たとえば、金商法において説明義務や適合性の原則等の規定が設けられるなど、さまざまな措置が講じられている。

しかし、金融商品・サービスの多様化・複雑化が進む中、金融商品・サービスに係るトラブルも増加する可能性があり、発生したトラブルへの事後的な対応も重要となる。金融商品・サービスに関して発生したトラブルは、民事ルールに基づき、訴訟により解決することは可能であるが、訴訟は利用者にとって負担が大きいケースも少なくなく、より簡易・迅速な形でのトラブルへの対応が、利用者保護の観点から重要な課題となっている。

訴訟と比べると、簡易・迅速な紛争解決の手段である裁判外の紛争解決手続（ADR）が、司法制度改革以降、さまざまな分野に広がりをみせており、金融分野においても、金融商品・サービスの取引状況やトラブルの発生状況等を踏まえつつ、裁判外の簡易・迅速なトラブルの解決のための制度を構築し、利用者にとって納得感のあるトラブル解決を通じ、利用者保護を図るとともに、金融商品・サービスに関する利用者の信頼を向上させることが重要である。

このような観点から、改正法は、金融分野における裁判外紛争解決制度（金融ADR制度）の導入を行っているものである。

（注）ADR（Alternative Dispute Resolution）は、訴訟に代わる、あっせん・調停・仲裁等の当事者の合意に基づく紛争の解決方法であり、事案

◆図表Ⅲ－１　金融トラブルの例◆

○　**銀行分野**
- 仕組預金を中途解約した際の違約金の算定根拠がわからない。
- 住宅ローン減税の証明書を銀行が誤って発行したため減税が受けられなくなった。
- 融資とセットでデリバティブ取引を契約したが解約したい。

○　**保険分野**
- 契約時の保険商品等の説明が誤っていた。本来の内容であれば契約しなかったので解約したい。
- 告知義務違反を理由に死亡保険金が支払われない。
- 約款規定の「入院」には該当しないとの理由で入院給付金が支払われない。
- 火災保険契約について保険料率の誤りがあった。
- ケガで完治まで数か月かかったにもかかわらず、傷害保険の補償日数は数日分しか認められない。

○　**証券分野**
- 投資信託の収益分配金の説明を強調する一方、元本欠損リスク等の重要事項に関する説明が十分に行われなかったことから損害を被った。
- 株式取引等に関してまったく知識のない高齢者に対し、適合性原則を軽視した勧誘が行われたことから損害を被った。
- 有価証券の売却を依頼したところ、担当者の手続が遅延し、売却金額が少なくなった。

（注）各業界団体が公表している紛争解決事例のうち典型的なものを整理したもの

の性質や当事者の事情等に応じた迅速・簡便・柔軟な紛争解決が期待される。

　なお、苦情処理については、一般的にはADRには含まれないが、苦情と紛争は連続するものであり、苦情処理から適切な紛争解決につなげるため、金融ADR制度は、苦情処理と紛争解決の両方を対象とする制度として整備されている。

⑵　金融トラブルの状況

　金融商品・サービスに関しては、さまざまなトラブルが発生している。金融商品・サービスに関するトラブルとしては、金融機関の事務ミスに関するものもあるが、金融商品・サービスは専門性・不可視性があり、仕組みが複雑でリスクを内在するものも多く、説明に関するトラブルも多くみられる（図表Ⅲ－１）。

　金融商品・サービスに関する相談・苦情は、金融機関・業界団体、金融庁の金融サービス利用者相談室、国民生活センター・消費生活センターなどのさまざまな窓口に問合せ・申出がなされている。これらの金融商品・サービスに関する相談・苦情について、それぞれの窓口への問合せ・申出の件数は以下のようになっており、相談をせずに泣き寝入りしている利用者の存在も考慮すると、金融商品・サービスに関して相当な件数のトラブルが発生しているものと考えられる。

- 金融庁の金融サービス利用者相談室への相談等の件数は、平成19年度において約４万6,000件、平成20年度において約５万2,000件
- 全国銀行協会、生命保険協会、日本損害保険協会、日本証券業協会などの業界団体等への相談・苦情の件数は、平成19年度において相談約16万件、苦情約３万件、平成20年度において相談約18万件、苦情約３万件（図表Ⅲ－２）
- 全国の消費生活相談窓口に寄せられた（PIO-NETに集計された）金融・保険サービスに関する相談件数は、平成19年において約17万件（図表Ⅲ－３）

⑶　金融ADRに関するこれまでの経緯等

金融商品・サービスに関する利用者保護の観点から、トラブルへの事後的な対応を図る裁判外の紛争解決手段については、従前より、検討が進められてきた。

金融分野における裁判外の紛争解決手段について初めて大きく取り上げられたのは、平成12年６月の金融審議会答申「21世紀を支える金融の新しい枠組みについて」である。ここでは、いわゆる「日本版金融サービス法」を含む金融サービスのルールに関する新しい枠組みについての検討の一環として、ルールの実効性を確保するための制度として、金融分野における裁判外紛争処理手続について検討が行われた。そして、検討の結果、それまで進められてきた業界団体等による取組みの運用改善などがまずは重要であり、業態を超えた情報交換等の場として金融トラブル連絡調整協議会を設け（平成12年９月設置）、業界団体等による自主的な苦情処理・紛争解決の取組みを進めることとされた。

◆図表Ⅲ－２　平成20年度金融分野の業界団体・自主規制機関における相談、苦情・紛争解決件数◆

（単位：件）

分野	団体名	相談	苦情					紛争				
		件数	申立件数	解決件数等				申立件数	解決件数等			
					解決件数	不調件数	継続中件数			解決件数	不調件数	継続中件数
預貯金	全国銀行協会	41,663	2,590	922	621	128	173	30	27	8	5	14
	信託協会	822	28	30	17	0	13	2	3	2	1	0
	全国信用金庫協会	1,274	10	10	8	2	0	0	0	0	0	0
	全国信用組合中央協会	673	61	64	47	9	8	3	3	1	1	1
	全国労働金庫協会	262	73	76	74	0	2	0	0	0	0	0
	全国ＪＡバンク相談所	1,485	444	497	369	46	82	7	7	5	0	2
	ＪＦマリンバンク相談所	9	14	14	14	0	0	0	0	0	0	0
保険	生命保険協会	10,100	7,616	2,795	1,926	782	87	82	102	51	2	49
	日本損害保険協会	76,193	20,526	1,504	793	424	286	39	20	14	1	5
	外国損害保険協会	1,248	405	－	－	－	－	－	－	－	－	－
	日本少額短期保険協会	19	19	19	15	0	4	0	0	0	0	0
投資商品	日本証券業協会	8,625	966	966	940	0	26	278	332	140	92	100
	投資信託協会	413	23	23	23	0	0	0	0	0	0	0
	金融先物取引業協会	9	307	307	207	82	18	11	11	7	3	1
	日本証券投資顧問業協会	11	35	35	28	6	1	5	7	7	0	0
	不動産証券化協会	12	0	0	0	0	0	0	0	0	0	0
	日本商品投資販売業協会	1	0	0	0	0	0	0	0	0	0	0
その他	日本貸金業協会	42,211	597	600	586	8	6	－	－	－	－	－
	前払式証票発行協会	712	1	1	1	0	0	0	0	0	0	0
合計		185,742	33,715	7,863	5,669	1,487	706	457	512	235	105	172

（出典）第40回金融トラブル連絡調整協議会資料１「平成20年度の苦情・紛争解決支援の取組みについて」
（注）「申立件数」は、業界団体等が申立てを受けた件数、「解決件数等」は当事者（利用者・金融機関）間による話合いの場を設けたり、あっせんを行うなど、苦情処理または紛争解決の手続を行った件数をそれぞれ表す。

◆図表Ⅲ－3　全国の消費生活相談窓口に寄せられた「金融・保険サービス」に関する相談件数◆

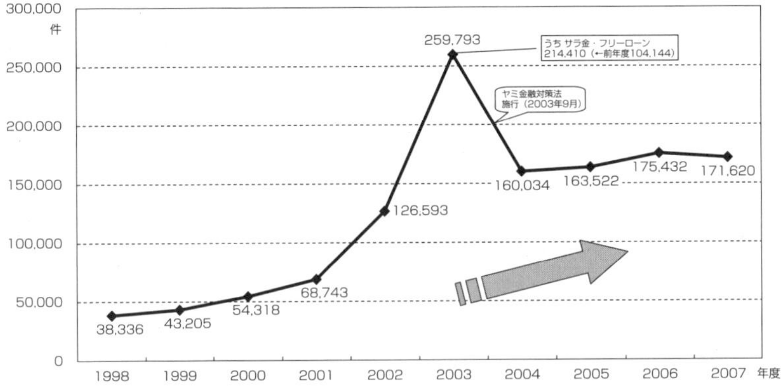

（出典）消費生活年報2008（国民生活センター）
（注）データは、2008年5月末までのPIO-NET（全国消費生活情報ネットワーク・システム）登録分

この金融トラブル連絡調整協議会においては、業界団体等による苦情処理・紛争解決の取組みにおける標準的な手続の目安として、平成14年4月に「金融分野の業界団体・自主規制機関における苦情・紛争解決支援のモデル」を策定するとともに、苦情処理・紛争解決を行う業界団体等の連絡調整などが行われてきた（図表Ⅲ－4）。

このほか、司法制度改革の一環として、平成19年4月から、裁判外紛争解決手続についての基本理念等を定めるとともに、民間紛争解決手続の業務に関し法務大臣による認証の制度を設けるADR促進法（裁判外紛争解決手続の利用の促進に関する法律）が施行された。また、平成19年10月から施行された金商法においては、投資性商品を対象とする苦情処理・あっせんの枠組みとして認定投資者保護団体の制度が設けられるなど、ADRに関するさまざまな取組みが進められてきている。

このような中、平成20年6月、金融トラブル連絡調整協議会（座長：岩原紳作東京大学大学院法学政治学研究科教授）（当時）において、金融ADRの今後の課題について「座長メモ」が取りまとめられた。そこでは、金融分野における業界団体等による苦情処理・紛争解決の取組みは、実施主体の中立性・公正性および実効性の観点から必ずしも万全ではなく、利用者の

◆図表Ⅲ－４　「金融分野の業界団体・自主規制機関における苦情・紛争解決支援のモデル」（平成14年４月25日公表）◆

１　モデルの位置付け

○　このモデルは、金融分野における苦情・紛争解決支援の改善のため、現状において実現可能な範囲の下で理想的と考えられる苦情・紛争解決支援手続を金融トラブル連絡調整協議会として策定したものであり、金融分野における各業界団体・自主規制機関において、このモデルを踏まえた苦情・紛争解決支援手続の整備が期待されるものと位置付けられる。

○　なお、このモデルでは、業界団体・自主規制機関が行なう苦情・紛争の解決について、これまでの「処理」という概念に替えて、当事者による解決を支援するという立場を明確にするため、「解決支援」という概念を導入している。

２　モデルの概要

①　理念的事項

○　金融分野における苦情・紛争解決支援の基本的理念として、「公正中立」、「透明性」、「簡易・迅速・低廉」、「実効性の確保」、「金融市場の健全な発展」を明示。

○　苦情等の発生原因の解明及び会員企業・消費者への周知等を通じた再発防止への取組みを業界団体等が設置する苦情・紛争解決支援機関（以下「機関」という。）の責務として規定。

②　通則的事項

○　苦情・紛争の定義や守秘義務等の苦情解決支援と紛争解決支援に共通する事項を規定。

○　機関の利用を促進するため、機関及び会員企業による機関の消費者への周知やアクセスポイントの拡充等を規定。

○　いわゆる「たらい回し」を防ぐため、機関間連携として行なうべきことを提示。

○　苦情・紛争解決支援実績等の公表や機関に対する外部評価の実施を通じて機関の運営の適正化や規制整備を推進。

③　苦情解決支援規則

○　取扱う苦情や苦情申立人の範囲、標準処理期間、苦情解決支援を行なわない場合を明示することにより、手続の進行に当たっての基準を明確化。

○　苦情受付時の手続の概要の説明や苦情解決支援を行なわない場合の理由の説明、結果の報告、苦情未解決の場合の取扱い等、機関が申立人に対して行なうべきことを規定。

○　苦情の解決の促進や、機関による調査への協力、相対交渉の際の対応等の会員企業が行なうべきことを明示。

○　会員企業に対する措置・勧告等苦情の解決及び再発防止に向けて機関が積極的に行なうべきことを規定。

○　紛争解決支援手続を設けていない機関も想定して、他の紛争解決機関の紹介や苦情解決支援段階での解決案の提示も規定。

④　紛争解決支援規則

○　紛争解決支援委員会（機関の委嘱を受けて紛争解決支援手続を実施する者）の設置や利害関係者の排除、運営委員会の設置等を規定することにより、機関の組織面からも中立性・公正性を担保。

○　取り扱う紛争や紛争申立人・代理人の範囲、あっせん・調停を行なわない場合や手続を打ち切る場合等の手続の進行に当たっての基準を明確化。

○　会員企業に対する事実調査・資料提出要求や措置・勧告等の機関の会員企業に対する権限を明確化するとともに、調査等に対する会員企業の協力義務を規定。

○　提示されたあっせん・調停案について、会員企業による尊重義務を規定するとともに、正当な理由なく受諾しない場合など紛争解決支援委員会が必要と認める場合は、当該企業名を公表することも併せて規定。

信頼感・納得感が十分に得られていないとの指摘や、利用者への周知が不十分であるため、利用者から苦情を十分に吸い上げられていないといった指摘がなされていた（**図表Ⅲ－5**）。また、平成20年の「金融商品取引法等の一部を改正する法律案」を審議した衆議院財務金融委員会および参議院財政金融委員会においては、「金融分野における裁判外紛争処理機能の更なる拡充に向けた検討を進め、広く活用される中立な制度を確立すること。」との附帯決議が付されている。

このような状況の下、利用者保護の充実・利用者利便の向上等の観点から、金融ADRの改善・充実のための具体的方策について金融審議会金融分科会第一部会・第二部会の合同会合において検討が行われ、平成20年12月に取りまとめられた報告書「金融分野における裁判外紛争解決制度（金融ADR）のあり方について」を受け、金融ADRの制度化が図られることとなったものである（**図表Ⅲ－6**）。

⑷　法形式

金融ADR制度は、信頼と活力のある金融・資本市場の構築に資する制度整備であることから、信用格付業者に対する規制や金融商品取引所と商品取引所の相互乗入れ等に関する改正とともに、「金融商品取引法等の一部を改正する法律」として法律化されている。

金融ADRに関して新たに横断法を設けることも考えられるが、新たに導入する金融ADR制度は、これまで業態ごとに行われてきた苦情処理・紛争解決の取組みをベースとするものであり、また、現行の金融関連の各業法の目的に沿うものであることから、銀行法、保険業法、金商法など16の業法において金融ADRに関する規定を新たに設け、金融ADR制度を業法上の枠組みとして整備している（**図表Ⅲ－7**）。

◆図表Ⅲ－５　金融トラブル連絡協議会「金融分野における裁判外の苦情・紛争解決支援制度（金融ADR）の整備にかかる今後の課題について（座長メモ）」（平成20年６月24日）要旨◆

金融ADRのあり方

○　**金融ADRの理念**

金融ADRは、金融トラブルにおける個別の利用者保護だけでなく、金融取引適正化のルールの実効性確保の仕組みであり、その充実は、金融取引への消費者の信頼を高め、金融・資本市場の健全な発展にも資する。

金融ADRは、①業界横断的機能、②苦情・紛争解決の一連の手続、③中立・公正性、透明性、秘密性、迅速性、低廉性という手続の質、の3要素の実現が重要。

○　**運営主体**

金融の専門性の観点から、業界団体等で蓄積する知識・経験や人材を使うべきであり、民間が金融ADRの運営主体となるべきとの意見が多数。

○　**中立性・公正性の確保**

紛争解決支援に従事する者、相談対応や苦情解決支援に従事する者に、中立・公正に権限を行使できる立場が確保されるべきとの意見が、消費者団体、弁護士会、学識経験者委員の大勢。

金融ADRは、独立採算制の委員会による運営とし、組織の手続の透明性を高めるなど、その独立性・透明性が明らかとなるような組織構築が必要であるとの意見が、消費者団体、弁護士会、学識経験者委員の大勢。

他方、業界団体等委員からは、業者に対しても中立・公正であることが必要との意見。

○　**実効性の確保**

・**自主規制機関化**

消費者団体、弁護士会委員から、業法上の自主規制機関化により、柔軟・迅速に拘束力ある自主規制規則を積み上げ、苦情・紛争解決に際し考慮するルールとできる、また、紛争解決を通じ、販売方法等の改善策の検討ができるとの意見。

他方、業法上の自主規制機関化がただちにADR機能の強化につながるか疑問との意見、業法上の自主規制機関化以外に、たとえば、任意団体での申合せや、ADR機能の法制化等により、金融ADRの実効性を確保できるとの意見が、業界団体等委員等の多数であり、弁護士会、学識経験者委員にも同様の意見。

・**金融ADR機関の認定**

金融ADR機関に一定の水準を確保するため、金融庁等の行政が認定することとし、中立性・公正性確保のための体制、金融の専門的知見を有する手続実施者の選任体制、実効性ある解決のための手続規則などを要件としてはどうかとの意見が、消費者団体、弁護士会、学識経験者委員の大勢。

・**金融ADR機関との契約締結義務づけ**

業者に、上記認定金融ADR機関との契約締結を免許等の要件として義務づけ、さらに手続応諾義務、誠実交渉義務、結果尊重義務が課され、また、アクセスの容易性への配慮がされるべきとの意見が、消費者団体、弁護士会、学識経験者委員の大勢。

○　**統一化・包括化**

将来的には統一的・包括的な第三者型機関を設置等することが望ましいが、解決すべき課題も多く、慎重な検討が必要であり、各金融ADRの組織や運営の水準を引き上げるなど標準化を図り、連携を強化しつつ、中長期的に検討していくべきとの意見が多数。

○　**今後の方向性**

金融ADR機関に一定の水準・要件を確保等するための法的整備が必要であるとの意見が、消費者団体、弁護士会、学識経験者委員の大勢。

業者の、一定の水準・要件を満たす金融ADR機関における手続応諾義務、誠実交渉義務、結果尊重義務を、法的に担保することが必要との意見が、消費者団体、弁護士会、学識経験者委員の大勢。

他方、業界団体等委員からは、自主的取組みの結果、金融ADRの公正性・中立性、業者の手続応諾等が確保されてきており、自主的な取組みを強化していくことでよいとの意見が多数。

おわりに

本座長メモが遅滞なく、業界団体等において、今後の金融ADR改善の取組みに活かされるとともに、政府において、今後の金融ADRの改善に向けた具体的な検討に活かされることを期待。

◆図表Ⅲ－6　金融審議会金融分科会第一部会・第二部会合同会合報告書「金融分野における裁判外紛争解決制度（金融ADR）のあり方について」（平成20年12月17日公表）（要旨）◆

○　金融商品・サービスが多様化・複雑化する中、金融トラブルを簡易・迅速に解決する手段として、金融ADRの役割に期待。

○　業界団体等による自主的な苦情・紛争解決の取組みの進展。
しかし、自主的な取組みは中立性・実効性等の観点から万全ではない。

⇩

法的枠組みを設け、利用者の納得感のあるトラブル解決
金融商品・サービスへの利用者の信頼性の向上

〈金融分野における裁判外の紛争解決のあり方〉

○　これまでの業界団体等による自主的な苦情・紛争解決の取組みを活用。（横断的な金融ADR機関の設置は、将来的な課題）

○　まずは、業態ごとに設立される中立・公正な金融ADR機関を行政庁が指定。ただし、窓口の共通化について、実務上検討。

○　金融ADR機関が指定された場合、紛争解決にあたって金融機関は手続応諾、結果尊重などが求められる。（結果尊重については、裁判を受ける権利にも配慮）

○　その他、金融ADRの実効性確保のため、金融ADR機関の連携、行政庁の関与等も必要。

○　金融ADR機関の設立時期については、苦情・紛争解決の取組み状況等の業界の実情を踏まえて、業界が自主的に判断できるものとする必要。
（ただし、金融ADR機関が設立されていない段階でも、金融機関の苦情・紛争への自主的な対応の向上を図る。）

◆図表Ⅲ－７　金融ADR制度を創設する業態一覧◆

<table>
<tr><th>分野</th><th>法律</th><th>業態</th></tr>
<tr><td rowspan="13">預貯金</td><td>銀行法</td><td>銀行</td></tr>
<tr><td>長期信用銀行法</td><td>長期信用銀行</td></tr>
<tr><td>信用金庫法</td><td>信用金庫</td></tr>
<tr><td>労働金庫法</td><td>労働金庫</td></tr>
<tr><td rowspan="3">中小企業等共同組合法</td><td>特定火災共済共同組合等（特定火災共済事業等）</td></tr>
<tr><td>特定共済事業協同組合等（特定共済事業等）</td></tr>
<tr><td>信用協同組合</td></tr>
<tr><td>農業協同組合法</td><td>農業協同組合（信用事業等、共済事業等）</td></tr>
<tr><td rowspan="3">水産業共同組合法</td><td>漁業協同組合（信用事業等、共済事業等）</td></tr>
<tr><td>水産加工業協同組合（信用事業等、共済事業等）</td></tr>
<tr><td>共済水産業協同組合（共済事業等）</td></tr>
<tr><td>農林中央金庫法</td><td>農林中央金庫</td></tr>
<tr><td rowspan="2">信託</td><td>信託業法</td><td>信託会社等</td></tr>
<tr><td>兼営法</td><td>信託業務を行う金融機関</td></tr>
<tr><td rowspan="6">保険</td><td rowspan="6">保険業法</td><td>生命保険会社</td></tr>
<tr><td>損害保険会社</td></tr>
<tr><td>外国生命保険会社等</td></tr>
<tr><td>外国損害保険会社等</td></tr>
<tr><td>少額短期保険業者</td></tr>
<tr><td>保険仲立人</td></tr>
<tr><td rowspan="7">証券</td><td rowspan="6">金融商品取引法</td><td>第一種金融商品取引業者</td></tr>
<tr><td>第二種金融商品取引業者</td></tr>
<tr><td>投資助言・代理業者</td></tr>
<tr><td>投資運用業者</td></tr>
<tr><td>登録金融機関</td></tr>
<tr><td>証券金融会社</td></tr>
<tr><td>抵当証券業規制法</td><td>抵当証券業者</td></tr>
<tr><td rowspan="3">その他</td><td>貸金業法</td><td>貸金業者</td></tr>
<tr><td>資金決済法</td><td>資金移動業者</td></tr>
<tr><td>無尽業法</td><td>無尽業者</td></tr>
</table>

▒ 2　改正の概要

(1)　金融ADR制度の概要・考え方

金融ADR制度の概略は、以下のようなものとなっている（図表Ⅲ－８）。

① 申請に基づき、行政庁が紛争解決機関を指定し、監督する（(2)参照）。

② 金融機関は、指定紛争解決機関との間で手続実施基本契約を締結する（(3)参照）。

◆図表Ⅲ－8　金融ADR制度のイメージ◆

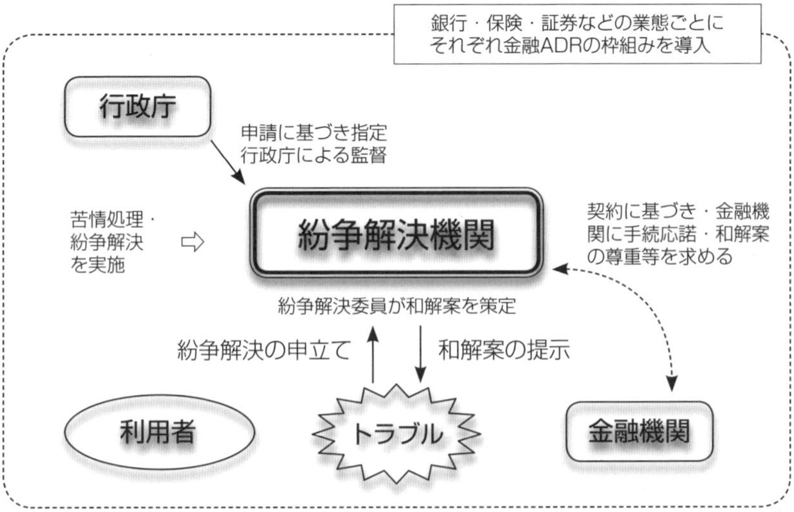

③　金融機関との間で生じたトラブルについて、利用者が指定紛争解決機関に対し紛争解決の申立てを行う（(4)参照）。

④　紛争解決委員が紛争解決手続を実施し、和解案等を提示する（(5)参照）。

⑤　金融機関は和解に基づきトラブルの解決を図る（(6)参照）。

(2)　紛争解決機関の指定・監督

金融ADR制度においては、苦情処理・紛争解決を行う指定紛争解決機関が中心的な役割を担うこととなる。指定要件を備えた法人・団体は、紛争解決機関としての指定を受け、紛争解決等業務を行うことができることとしている。

金融ADR制度は、これまでの業態ごとの苦情処理・紛争解決の取組みをベースとするものであり、業態ごとに枠組みを導入することとしている。また、各業態における苦情処理・紛争解決の取組み状況を踏まえ、指定紛争解決機関の設置は業態ごとに任意とし、申請に基づき指定する枠組みとしている（156条の39第1項）。

複数の法人・団体のグループで業態における苦情処理・紛争解決の全体をカバーし、金融機関との間で手続実施基本契約を締結し、紛争解決等業務を円滑かつ適正に実施することができる場合であれば、これらの法人・団体のグループにおいて紛争解決機関の指定を受けることも可能である。

紛争解決機関の指定の要件としては、次のものを規定している。

- 欠格事由がないこと（１号～４号）
- 経理的基礎・技術的基礎（５号）
- 役職員の公正性（６号）
- 業務規程の内容の十分性（７号）
- 金融機関の異議がないことの確認（８号）

なお、紛争解決機関の指定に当たっては、法務大臣への協議が行われることとなっている（156条の39第３項）。

①　紛争解決等業務の実施能力

指定紛争解決機関は、対象となる金融機関に関する苦情処理・紛争解決を的確に実施する必要があることから、紛争解決等業務を実施する能力として経理的基礎および技術的基礎を求めている。

経理的基礎とは、財産的基礎と異なり、紛争解決等業務の安定的・継続的な提供を可能とする収支計画等が確実なものとして備わっていることである。

技術的基礎とは、紛争解決等業務の的確な実施に関し、組織としての経験および能力が備わっていることである。たとえば、紛争解決の大部分について弁護士会の紛争解決センターなどのADRに委託することとしている場合には、その法人・団体として紛争解決等業務の実施能力がないと考えられ、基本的に指定を受けることはできない。また、指定紛争解決機関の事務所・相談窓口や人員などの業務実施体制については、当該業態における苦情・紛争の発生状況に応じたものとなっている必要がある。

なお、各業法で定められた金融ADRの対象業務（金商法のように、業務の種別が定められているような場合（下記**３**⑶参照）には、当該種別に係る金融ADRの対象業務）の一部のみを対象とする指定紛争解決機関や地域を限定した指定紛争解決機関についても紛争解決等業務の実施能力がないと考えられること等から、基本的に指定を受けることはできない（金融機関の業務の実施状況について指定紛争解決機関や監督当局が必ずしも完全に把握できないことが考えられる中、業務の一部のみを対象とする指定紛争解決機関を認めた場合、契約締結義務の範囲が不明確となり、契約締結義務を基礎とする制度が不安定なものとなってしまうおそれがあるとともに、指定紛争解決機関が細分化されてしまい利用者利便に欠けることとなりかねない。また、紛争解決機関の指定が行われれば、その対象範囲にある金融機関はすべて指定紛争解決機関と手続実施基本契約を締結することとされ、金融ADR制度は、苦情処理・紛争解決に係る業態のインフラとして位置づけられているところであるが、地域を限定する指定紛争解決機関を認めた場合、全国的に発生する苦情・紛争に対応できないおそれがある）。

②　役職員および紛争解決委員の公正性

金融ADRは利用者と金融機関の間の和解によって紛争解決を図るものであり、利用者の納得感が重要になることから、金融ADRの中立性・公正性の確保が重要となる。

このため、金融ADRでは、特に紛争解決手続については、中立性・公正性の確保の要請が高いことから、紛争解決委員のうち少なくとも一人は弁護士・認定司法書士または消費生活相談員等でなければならないこととしている（156条の50第３項）ほか、業務規程において、紛争解決委員の選任の方法や利害関係のある紛争解決委員の排除の方法について規定することとしている（156条の44第４項２号）。これに加え、指定の要件として、役職員の公正性が求められており、紛争解決等業務の中立性・公正性の確保の観点から、役職員の構成や業務実施体制について十分に配慮する必要がある。

③　金融機関の異議がないことの確認

指定紛争解決機関の実施する紛争解決等業務は手続実施基本契約を含む業務規程によってその内容が規定されるが、業務規程には法令において改定することが定められている事項以外の事項も改定することが可能であり、その内容には幅が認められている。

指定紛争解決機関による紛争解決等業務が円滑に実施されるためには、指定に当たって、金融機関に業務規程の内容について説明を行い、この業務規程の内容について金融機関に意見を述べる機会を与え、必要があればその内容の改善を図ることが重要と考えられる。

このため、指定要件として業務規程の内容についての金融機関の異議の確認の規定を設けることとしており、業務規程の内容について異議を述べた金融機関が一定割合以下である場合でなければ指定紛争解決機関の指定を受けられないこととし、金融ADR制度の円滑かつ適切な運営を確保することとしている。

なお、異議を述べた金融機関の割合については、政令で規定することとしている。

④　負担金・料金

金融ADRは、簡易・迅速で、安価な裁判外の紛争解決手段であるものの、苦情処理・紛争解決には一定のコストを要する。これらのコストを利用者と金融機関が折半して負担する場合には、利用者の負担が過大なものとなり、利用者保護のための制度としては適当ではないものとなってしまうおそれがある。

このため、金融機関が負担する負担金と利用者または金融機関が利用に応じて負担する料金の二つの概念を設け、金融ADRの費用について主として金融機関より徴収する負担金により賄う枠組みとしている（利用者からは料金を徴収しない取扱いも可能である）（156条の44第１項４号・５号）。

金融ADR制度が裁判外の紛争解決手段として利用されるためには、利用者が低廉なコストで利用できる必要がある。そのため金融機関から徴収する負担金・料金や利用者から徴収する料金については、業務規程に記載することとしており、指定紛争解決機関の指定・業務規程の変更の認可に当たっては、金融ADRの利用の障害とならないよう、負担金・料金の適切性について十分に確認することが予定されている（156条の44第５項）。

⑤　指定紛争解決機関の監督

指定紛争解決機関の設立・指定後も、指定紛争解決機関の中立性・公正性および実効性を確保していく必要があり、指定紛争解決機関に対する検査・監督規定を設けている（法第5章の5第3節）。また、指定紛争解決機関に対する業務改善命令や指定取消しに当たっては、法務大臣への協議が行われることとなっている。

なお、指定紛争解決機関に対する検査・監督は、個別の苦情処理・紛争解決の内容の適否について行うものではなく、指定紛争解決機関における紛争解決等業務に係る実施態勢の適否について行うものである。

⑥　法務大臣への協議

ADRに関しては、裁判外の紛争解決を行っている民間の団体の業務を認証し、時効の中断効等の効果を付与するなど、裁判外の紛争解決の利便の向上を図る制度としてADR促進法が設けられている。このADR促進法は、多様な紛争の解決を対象としているため、対等な当事者間の平等な取扱いが強く意識された制度となっている。

これに対して、金融ADR制度においては、ADRの手続についてADR促進法と同様の内容をベースとしつつ、それに加えて、指定紛争解決機関が存在している業態において、金融機関に金融ADRの利用を義務づけるとともに、資料提出や結果尊重などの片面的な義務を金融機関に課すなど、金融機関に金融ADRに関する対応を業法上の義務として課し、利用者保護の充実を図ることとしている。

金融ADRは、業法上の枠組みとして金融機関に一定の対応を求め、利用者保護の充実を図る点において、ADR促進法とは異なる制度となっているが、ADRとしての基本となる紛争解決手続および時効中断効に関する部分は共通することから、時効中断効を有するADR制度としての水準を確保するため、指定・監督に当たっての法務大臣の協議規定が設けられている（156条の39第3項、156条の59第2項、156条の61第2項）。

⑶　金融機関の義務

金融ADR制度においては、業法上の枠組みとして、金融機関に対して苦情処理・紛争解決に関する以下の対応を求めている。

①　指定紛争解決機関が存在する場合

金融商品・サービスは多様化・複雑化しており、金融機関と利用者の情報・知識およびトラブル解決能力などの格差を踏まえ、金融機関と利用者の実質的な平等を図り苦情処理・紛争解決の実効性を図るため、指定紛争解決機関が設立・指定されている場合には、金融機関に指定紛争解決機関の利用を義務づけることとしている（37条の７第１項１号イ等）。

金融ADR制度においては、規制の柔軟性および団体の取組みの自主性にも配慮するため、紛争解決における手続応諾や結果尊重等について、行為規制としてではなく、金融機関と指定紛争解決機関との間の契約によって規律することとし、指定紛争解決機関との間で手続実施基本契約を締結することとしている。

業態内で複数の指定紛争解決機関が存在する場合、すべての指定紛争解決機関との間で契約締結を義務づけることも考えられるが、金融機関の負担が大きいことから、金融機関は少なくともいずれか一つの指定紛争解決機関と手続実施基本契約を締結することとし、また、金融機関は、手続実施基本契約の相手方である指定紛争解決機関の名称等を公表することとしている（37条の７第２項）。

手続実施基本契約においては、金融機関による苦情処理手続・紛争解決手続の応諾、手続における説明・資料提出、特別調停案の受諾等について規定することとしており、これにより金融ADRの実効性の確保を図ることとしている（156条の44第２項２号・３号・５号）。

②　指定紛争解決機関が存在しない場合

指定紛争解決機関が設立・指定されない場合においても、金融トラブルに対する利用者保護を図るため、個別金融機関に対して苦情処理・紛争解決のための一定の対応を求めることとしている（37条の７第１項１号ロ等）。

たとえば、苦情処理措置として、苦情処理に従事する従業員に対する助言・指導を消費生活相談員等に行わせること、紛争解決措置として、紛争解決をADR促進法に基づく認証紛争解決手続により図ることを例示している。

このほかの苦情処理措置・紛争解決措置の具体的内容については、内閣府令等において規定することとしている。

(4)　金融ADRの利用について

金融商品・サービスに関して金融機関との間で生じたトラブルについて、利用者は、指定紛争解決機関に紛争解決の申立てを行い、紛争解決を図ることができる。

ただし、金融商品・サービスに関する紛争解決の手段としては、訴訟に加え、国民生活センターのADRや消費生活センターによるあっせん、業界団体による苦情処理・紛争解決などさまざまな手段が設けられている。これらの手段をどのように利用するかは利用者の選択に委ねられている。新たに創設する金融ADRはこれらの紛争解決手段と並ぶ一手段であり、利用者にとってその利用は任意・自由である。金融ADRによる紛争解決手続の申立ては、訴訟と並行して行うことも可能であり、金融ADRと訴訟で進行を調整することを可能とするため、金融機関に訴訟の状況を指定紛争解決機関に報告することを求めるとともに（法156条の44第2項6号～9号）、ADR促進法と同様に、受訴裁判所が訴訟手続を中止することを可能としている（法156条の52）。

また、金融ADRの対象となるトラブル（苦情・紛争）の範囲については以下の規定が設けられている。

①　苦情・紛争の定義

金商法では、紛争について、金融機関の業務に関する紛争で当事者が和解をすることができるものとの定義を設けているのみで、金融商品・サービスに関して発生する幅広い苦情・紛争を対象とし得るよう、苦情・紛争について詳細な定義を設けず広い概念としている（156条の38第9項・10項参照）。

なお、苦情・紛争の定義については金融トラブル連絡調整協議会で取りまとめられた「金融分野の業界団体・自主規制機関における苦情・紛争解決支援のモデル」において次のように規定されており、参考とすることができる。

- 苦情とは、商品、サービスおよび営業活動等に関して、会員企業に対する不満足の表明であるものをいう。
- 紛争とは、苦情のうち当事者間による解決ができず、消費者から各機関が定める紛争解決支援規則に沿った解決の申出があるもの、または各機関が定める紛争解決支援手続規則に基づき解決の申出があったとみなされるものをいう（この紛争の定義については、金融トラブル連絡調整協議会で検討中のもの）。

②　金融機関の業務に関連する苦情・紛争

金融商品・サービスに関して発生する幅広い苦情・紛争を対象とし得るよう、基本的には、金融機関が業法に基づき実施する業務を金融ADRの対象としている（金融機関はさまざまな業務を実施しているが、金融機関が行うすべての業務が金融ADRの対象となるわけではなく、業法に基づき金融機関がその業務について適切に実施する必要があるものを金融ADRの対象としている）。たとえば、他業禁止がかかり、業務が限定されている銀行や保険会社については、法定他業も含め、その行う業務すべてが金融ADRの対象となる業務となっている。これに対して、他の業務を広く実施することができる金融機関、たとえば、第一種金融商品取引業者の行う貸金業や宅地建物取引業については、金融商品取引業法による金融ADRの対象となる業務とはなっていない（銀行法２条18項、法156条の38第２項参照。第一種金融商品取引業者の行う貸金業は、貸金業法における金融ADRの対象となる）。

なお、代理業者や仲介業者などについては、委託元の所属金融機関は管理責任を有し、また、委託元の所属金融機関を通じて苦情処理・紛争解決の対応を求めたほうがより柔軟かつ実効性のある対応が可能になるものと考えられること等から、代理業者や仲介業者などには金融ADR制度に関する義務は課さず、代理業者や仲介業者の行う業務を委託元の所属金融機関の金融ADRの対象とすることとしている（156条の38第２項等）。

③　指定紛争解決機関、紛争解決委員による限定

金融機関の業務に関する苦情・紛争であっても、金融ADRによる苦情処理・紛争解決が適当ではないものも考えられる。このような苦情・紛争についての取扱いを明確にするため、業務規程において苦情処理・紛争解決の申出の要件・方式を規定することとしている（156条の44第４項７号）。

金融ADRによる苦情処理・紛争解決になじまないものとしては、たとえば、反社会的勢力からの脅迫的な苦情、他業態における金融ADRでの解決が適当と考えられる苦情・紛争、金融機関の経営判断に属する紛争、純粋な法律解釈に関する紛争、役職員の個人的な対応（謝罪等）を求める紛争などが考えられる。ただし、金融ADRは訴訟とは異なり、民事上の損害賠償の対象とはならない紛争も幅広く柔軟に対応することがその制度趣旨であることから、苦情処理・紛争解決の申出の要件が過度に厳しく設定され、利用者保護に欠けることのないよう、指定紛争解決機関の指定・業務規程の変更の認可に当たっては十分に確認が行われることが予定されている。

このほか、紛争解決委員の判断で紛争解決手続を実施しないことも可能としている。たとえば、金融機関と事業者間のトラブルについては、事業者においてもトラブルの簡易・迅速な解決のニーズがあることから、事業者からの金融ADRの利用を一律に排除せずに金融ADRの対象としているが、大企業や金融機関が取引先となっている場合など、金融機関との間で大きな情報格差等が存在していない場合については、紛争解決手続を行うことが適当ではないことがあり得ると考えられる。また、紛争解決手続により不当に金融機関から資料を入手することを目的とするような場合やみだりに紛争解決の申出を行う場合なども紛争解決手続を行うのに適当ではないと考えられることから、このような場合には、紛争解決委員の判断で紛争解決手続を実施しないことも可能としている（156条の50第４項ただし書）。

なお、紛争解決委員が提示する和解案・特別調停案の内容については、

法令上特段の制約は設けておらず、金融機関からの金銭の支払いを内容とするものに加え、金融機関からの謝罪を内容とするものや再発防止策の策定を内容とするものなどさまざまなものが考えられ、紛争解決委員が決定することになる。

このように、金融ADR制度においては、苦情処理・紛争解決へのさまざまな対応を可能としているところであるが、金融商品・サービスに関するトラブルの内容は区々であり、金融ADRにおける苦情処理・紛争解決での対応についてはあらかじめ一律に判断できない面もあることから、金融ADRの運用に当たっては、形式的な対応に流れるのではなく、トラブルの内容に応じて利用者保護の観点から柔軟に対応していくことが重要であると考えられる。

⑸　金融ADRにおける苦情処理手続・紛争解決手続

金融ADR制度においては、指定紛争解決機関の自主性を尊重し、金融ADRに関する実務的な取組みの成果を柔軟に反映することを可能とするため、苦情処理・紛争解決の手続については、法律において詳細な手続規定は設けておらず、業務規程や手続実施基本契約等においてその具体的内容を規定することとしている。また、金融機関の金融ADRへの対応については、手続実施基本契約を通じて規律することとしている。

①　苦情処理手続

利用者は、指定紛争解決機関に対して苦情の解決の申立てを行うことができ、指定紛争解決機関は、苦情の解決の申立てを受けた場合には、その相談に応じ、必要な助言や調査をするとともに、金融機関に対して苦情の内容を通知して迅速な処理を求めることになる（156条の49）。

②　紛争解決手続

当事者（利用者または金融機関）は、指定紛争解決機関に対して紛争解決手続の申立てを行うことができ、指定紛争解決機関は、紛争解決手続の申立てを受けた場合には、紛争解決委員を選任し、紛争解決手続に付し、紛争解決委員は、和解案の受諾の勧告、特別調停案の提示を行うことになる

(156条の50)。

なお、利用者との間で生じたトラブルを簡易・迅速に解決するニーズは金融機関側にもあることから、金融機関からの紛争解決の申出については、法律では特段制約を設けていない。

③　紛争解決委員

紛争解決手続を実施する紛争解決委員は、業務規程に基づき選任されることとなるが、弁護士・認定司法書士、金融機関業務の経験者、消費生活相談員等の中から選任することとなる（156条の50第3項)。その他、紛争解決委員の資格について内閣府令で規定することとしている。

ただし、紛争解決手続の中立性・公正性を確保するため、紛争解決委員の少なくとも一人は、弁護士・認定司法書士または消費生活相談員等を含めることとしており（156条の50第3項)、また、紛争解決委員の選任方法や利害関係者を有する者の排除について業務規程において規定することとしている（156条の44第4項2号)。

なお、紛争解決手続を実施する紛争解決委員の人数については、紛争の内容に応じて柔軟に適切な人数を設定することを可能とするため、法律では特段規定を設けていない。

(6)　トラブルの解決

紛争解決委員により提示される和解案または特別調停案に基づき、金融機関と利用者において和解が行われ、それに基づき金融機関が対応することにより、トラブルの解決が図られることになる。

①　特別調停案

一般の和解案が、当事者の受諾の判断に制約はなく、受諾を拒否することも自由であるのに対し、金融ADR制度においては、紛争解決の実効性を確保するため、紛争解決委員は、一定の拘束力のある特別調停案を提示できることとしている。

特別調停案は、憲法上の権利である「裁判を受ける権利」との関係も踏まえ、利用者の側が受諾しない場合、訴訟を提起する場合、提起されている訴訟が取り下げられない場合、その他の和解が成立する場合を除き、金融機関が受諾しなければならない和解案である（156条の44第６項）。紛争解決委員は、金融機関の手続追行の状況や利用者の意向等を踏まえ、特別調停案を提示するかどうか判断することになる。

特別調停案の提示は、必ずしも和解案の提示が前置となるものではない。また、たとえば、紛争の当事者が事業者である場合など金融機関との間で情報等の格差が少ない場合や、金融機関のこれまでの手続追行の状況などを踏まえ、特別調停案の提示ではなく、和解案を提示するとの判断を紛争解決委員が行うことも考えられる。

なお、紛争解決手続の応諾や特別調停案の受諾は、指定紛争解決機関と金融機関との間の契約によるものであり、これらの不履行がただちに行政処分の対象となるものではないが、金融機関の対応について、金融機関の業務の適切な運営を確保するため必要があると認められる場合には、監督上の対応が行われることもあり得ると考えられる。

②　時効中断効

たとえば、保険法に基づき保険給付を請求する権利等については３年の短期消滅時効がかかるなど金融商品・サービスに関して短期消滅時効が設けられている場合がある。この点に関し、金融機関が和解案や特別調停案に応じず金融ADRにおける紛争解決手続が不調となった場合においても、手続の間に時効が完成することなく、訴訟による解決の途を確保しておく必要がある。

このため、金融ADR制度においても、ADR促進法と同様に、時効中断効の法的効果を設けている（金商法156条の51）。

３　金商法特有の論点について

⑴　金融商品取引業協会との関係

認可金融商品取引業協会等は、その業務の一部として苦情処理・紛争解決を実施することとなっている。認可金融商品取引業協会等が指定紛争解決機関としての指定を受けた場合においては、この団体は認可金融商品取引業協会等と指定紛争解決機関の二つの性格を有することになるが、当該指定に係る紛争解決等業務の種別に関する苦情処理・紛争解決の申立てについては、指定紛争解決機関として苦情処理手続・紛争解決手続を行うことと整理している（77条5項、77条の2第9項等）。

⑵　認定投資者保護団体との関係

金商法には、投資性商品を対象とする苦情処理・紛争解決等の利用者保護の制度として、認定投資者保護団体制度が設けられている。

認定投資者保護団体制度は、金融機関の加入は任意の柔軟な利用者保護の枠組みであることから、金融ADR制度創設後も存続することとし、特に、指定紛争解決機関が設立・指定される前段階における業界団体等の苦情処理・紛争解決の枠組みとして利用されることを想定している。

⑶　金商法における紛争解決等業務の種別

金商法は、金融商品取引に関する多様な商品・サービスをカバーしていることから、金融商品取引業者等の分類を踏まえ、指定紛争解決機関が取り扱う紛争解決等業務の種別も細分化している。

金商法においては、紛争解決等業務の種別は、第一種金融商品取引業者、第二種金融商品取引業者、投資助言・代理業者、投資運用業者、登録金融機関、証券金融会社に応じた区分としている（156条の38第12項。金融商品仲介業者の取扱いについては**2**⑷②参照）。

なお、たとえば、第二種金融商品取引業者には多様な属性の業者が含まれ、また、業者数も多いことから、指定紛争解決機関の設立を促す観点から種別をさらに細分化することも考えられるが、業者の区分と異なる種別を設けることにより利用者に混乱を生じる可能性があるほか、指定紛争解決機関の設立・指定に至るまでの間は、認定投資者保護団体等の制度を活用して苦情処理・紛争解決の取組みを進めることも可能であることなどから、種別のさらなる細分化は行わないこととされている。

▩４　今後の課題

附則に金融ADR制度に関する検討条項が設けられており、指定紛争解決機関の指定状況や紛争解決等業務の実施状況、将来的な課題となっている業態横断的な金融ADRおよび消費者庁の所管法律に係る検討状況を踏まえ、法律の施行後３年以内に、消費者庁の関与のあり方や業態横断的かつ包括的な紛争解決体制のあり方も含めた金融ADR制度のあり方についての検討を行い、必要があると認めるときは、所要の措置を講ずることとされている（附則21条１項）。

(1)　消費者庁との関係

消費者庁は、消費者利益の擁護および増進等を任務とする組織として、迅速かつ的確な法執行を行い、また、基本的な政策の企画立案を行うことができるよう、消費者に身近な法律を所管することとされており、ADRに関しては、消費者庁は国民生活センターのADRを所管することとされている。しかし、個別分野のADRについては、各分野の特性を踏まえる必要があるため、その分野の利用者、事業主体、市場等についての知見を有する当該分野の所管大臣の監督に委ねるほうが望ましいと考えられることから、たとえば、住宅品質確保法に基づく指定紛争処理制度や建設業法に基づく建設工事紛争審査会の制度などの個別分野のADRは消費者庁の所管とはされていない。

金融ADRについても、金融商品・サービスに関するトラブルの特性や取引に関する専門性等に鑑み、他の個別分野のADRと同様に、消費者庁の所管とはされていない。

なお、消費者庁の所管法律については、消費者庁発足後、移管された法律の執行の実態や経済社会の変化などを踏まえ、消費者庁関連法の施行後３年以内に検討されることとなっている（消費者庁及び消費者委員会設置法附則３項）ことから、この検討状況も踏まえ、金融ADRに関する消費者庁

◆図表Ⅲ－9　英国金融オンブズマンサービス（FOS）の概要◆

＜沿革＞

英国金融オンブズマンサービス（FOS：Financial Ombudsman Service）は、2000年に金融サービス市場法（FSMA：Financial Services and Markets Act 2000）に基づき、各業界の紛争処理機関8機関を統合して、金融機関と利用者の間の紛争解決を行うために設立された。

＜業務概要＞

英国金融オンブズマンサービス（FOS）は、金融機関と利用者との間に生じた、金融サービスに係る紛争の解決を行う機関。

金融機関の負担金や利用料に基づき運営され、英国金融サービス機構（FSA）による監督を受ける。

＜対象＞

英国金融オンブズマンサービス（FOS）は、業界横断的に、銀行、保険会社、証券会社、消費者信用業者などの金融機関と利用者の間に生じた紛争の解決を行う。

※FOSに紛争解決を申し立てるためには、まず金融機関に対し苦情を申し立て、金融機関の社内の苦情処理手続を経る必要がある。

＜組織関係図＞

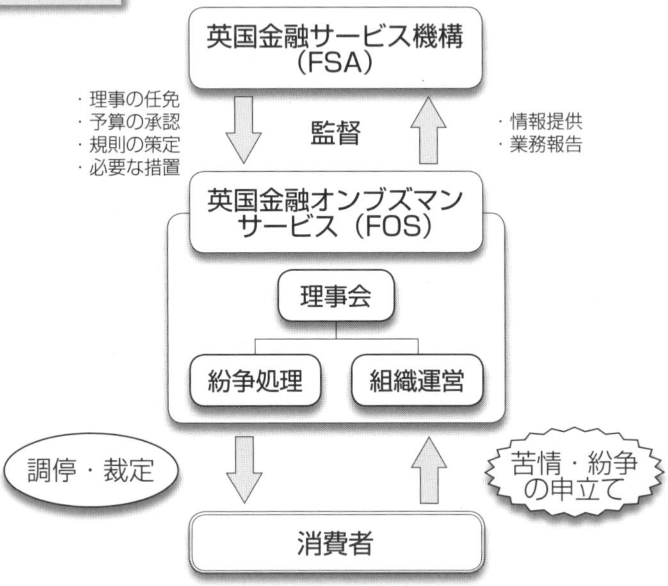

の関与のあり方についても検討を行うこととされている。

⑵　横断的な金融ADR

金融商品・サービスやその販売チャネルが多様化する中、利用者保護・利用者利便の向上のためには、専門性も確保しつつ業態横断的な金融ADRが構築されることが望ましいと考えられる。イギリスにおいては金融オンブズマンサービス（FOS）が業態横断的に紛争解決を実施しており、参考となる（図表Ⅲ－９）。

しかし、今回の金融ADR制度においては、これまで業態団体等ごとにそれぞれ苦情処理・紛争解決の取組みが行われてきている実態や、専門性・迅速性の確保等の観点も踏まえ、各業法ごとに、業態を単位として金融ADR制度を導入することとしている。

今回の金融ADR制度においては、各業法に同様の枠組みを導入するとともに、一つの団体が複数の業態にまたがる指定紛争解決機関となることも可能としているところであり、横断的な金融ADRの構築のために、まずは、それぞれの業態での取組みの向上および指定紛争解決機関の合併などの民間主導の積極的な取組みが期待される。

Ⅳ　金融商品取引所と商品取引所の相互乗入れ

1　はじめに

改正法では、金融商品取引所と商品取引所の相互乗入れを可能とするための制度整備が盛り込まれた。また、この改正法と歩調を合わせる形で行われた商品取引所法の改正においても、商品取引所の規制面から取引所の相互乗入れを可能とするための整備が行われた（注１）。これらによって、金融商品取引所が商品市場を開設することや、金融商品取引所と商品取引所がグループ化することが制度的に可能となり、金融商品取引所は、投資家に対し、株式等の有価証券現物から金融デリバティブ、商品デリバティブまで幅広く投資機会を提供することができることとなる。

本章では、金融商品取引所と商品取引所の相互乗入れを可能とするための制度整備に関し、改正前における状況に触れつつ、法改正に到る議論の経緯および制度整備の概要を解説することとしたい。

（注１）　商品取引所法及び商品投資に係る事業の規制に関する法律の一部を改正する法律（平成21年法律第74号。同年７月10日公布）。商品取引所法の改正（本則部分）は３段階で施行されることとされている。このうち、取引所の相互乗入れに係る規定の改正は、公布の日から起算して１年（一部の規定については１年６月）を超えない範囲内において政令で定める日から施行されることとされている。なお、当該１年６月を超えない範囲内において施行される改正によって、「商品取引所法」は「商品先物取引法」へ法律名が変更される。本書においては、改正前の法律を指す場合には「商品取引所法」と、改正後の法律を指す場合には「商品先物取引法」との名称を使用する。

▩２　取引所をめぐる現状

⑴　わが国取引所の状況

わが国には、金商法に基づき内閣総理大臣の免許を受けて金融商品市場を開設する金融商品取引所と、商品取引所法に基づき経済産業大臣・農林水産大臣の許可を受けて商品市場を開設する商品取引所がある。

金融商品取引所は、株式等の有価証券の売買や金融商品に係るデリバティブ取引を行う市場を開設する取引所であり、わが国には、平成21年７月末現在、八つの取引所がある(注２)。平成19年９月に施行された改正証券取引法（金商法）以前においては、有価証券の売買および有価証券に関連するデリバティブ取引を行う有価証券市場と、金融先物取引を行う金融先物市場を同一の取引所で開設することができなかったが、同改正以降はこれが可能となり、実際に平成21年７月から大阪証券取引所において金融先物取引を行う市場（外国為替証拠金取引市場）が開設されている。

一方、商品取引所については、わが国において、平成21年７月末現在で四つの取引所があり、工業品や穀物等に関する商品先物取引を行う市場の開設業務を行っている(注３)。

（注２）　東京証券取引所、大阪証券取引所、ジャスダック証券取引所、名古屋証券取引所、札幌証券取引所、福岡証券取引所、TOKYO AIM 取引所、東京金融取引所の８取引所。

（注３）　東京工業品取引所、中部大阪商品取引所、東京穀物商品取引所、関西商品取引所の４取引所。

⑵　諸外国の取引所の状況

諸外国では、取引所の競争力の強化に向けた合従連衡が盛んに行われている状況にあり、取引所グループとして取扱商品の多様化が進展している。

図表Ⅳ－１は有価証券の売買代金が多い五つの取引所グループおよび商品先物の出来高が多い五つの取引所グループをまとめたものである。有価

◆図表Ⅳ－1　主要取引所のグループの取扱商品◆

	有価証券の売買代金上位 の取引所グループ		有価証券	証券・金融先物	商品先物
1	NYSE・ユーロネクストグループ	ニューヨーク証券取引所(NYSE)	○		
		ユーロネクスト（パリ・アムステルダム・ブリュッセル・リスボン）	○	○	
		ユーロネクスト・ライフ(Liffe)		○	○
		NYSE Liffe			○
2	ナスダックOMXグループ	ナスダック取引所	○		
3	ロンドン証券取引所グループ	ロンドン証券取引所（LSE）	○		
4	東京証券取引所		○	○	
5	ドイツ取引所グループ	フランクフルト証券取引所	○		
		ユーレックス		○	
		ヨーロピアン・エネルギー取引所			○

	商品先物の出来高上位 の取引所グループ		有価証券	証券・金融先物	商品先物
1	CMEグループ	シカゴマーカンタイル取引所(CME)		○	○
		シカゴ商品取引所（CBOT）		○	○
		ニューヨーク商業取引所(NYMEX)			○
2	大連商品交易所			(注)	○
3	ICE Futuresグループ	欧州インターコンチネンタル取引所			○
		米インターコンチネンタル取引所		○	○
4	鄭州商品交易所			(注)	○
5	ロンドン金属取引所（LME）				○

（※）売買代金、出来高は2007年の統計
（注）上海先物取引所、上海証券取引所、深セン証券取引所との共同出資により、中国金融先物取引所を設立（2009年６月末現在、取引はまだ開始されていない。）
（出所）各取引所ホームページ、WFE資料、FIA資料により作成

証券の売買代金上位のNYSE・ユーロネクストグループやドイツ取引所グループにおいては、グループとして有価証券現物から金融デリバティブ、商品デリバティブまで取り扱っている。また、商品先物の出来高上位の取引所グループにおいても、有価証券現物まで取り扱っているものはないが、デリバティブについては商品から金融商品まで品揃えを多様化している。

さらにアジアの取引所についてみると、シンガポールのシンガポール取

引所グループは、シンガポール取引所本体において、有価証券現物から金融デリバティブ、商品デリバティブまで取り扱うとともに、傘下のシンガポール商品取引所においても商品デリバティブを取り扱っている。また、香港や韓国においても、香港交易所あるいは韓国取引所は、取引所本体において有価証券現物から金融デリバティブ、商品デリバティブまでを取り扱っている状況にある(注4)。

このような状況を踏まえると、わが国においても、取引所の取扱商品の多様化を図ることにより、取引所の経営基盤を強化し、利便性の高い魅力的な市場を作ることを可能とする必要があると考えられる。

（注4）　ただし、これらの取引所における商品デリバティブ取引は、現状では限定的なものにとどまっている。

3　法改正に至る議論の経緯

金融商品取引所と商品取引所の相互乗入れに関する検討は、経済財政諮問会議金融・資本市場ワーキンググループの第一次報告（平成19年4月）を嚆矢としている。改正法案の国会提出に至るまでに以下のような検討が行われてきた（図表Ⅳ－2）。

⑴　経済財政諮問会議金融・資本市場ワーキンググループ第一次報告（平成19年4月20日）

当該報告では、取引所の国際競争力を強化するために、「証券取引所に商品先物、商品先物オプションを上場できるようにするとともに、金融先物、商品先物等も含めた総合取引所の設立を可能とするよう制度整備を行なう」べきとされている。

⑵　経済財政改革の基本方針2007（平成19年6月19日）

経済財政改革の基本方針2007（いわゆる骨太の方針2007）では、上記の報告を踏まえ、金融・資本市場の競争力を強化するための具体的手段の一つ

◆図表Ⅳ－２　金融商品取引所と商品取引所の相互乗入れに関する検討◆

○経済財政諮問会議グローバル化改革専門調査会金融・資本市場ワーキンググループ第一次報告（平成19年４月20日）

１．一層の制度整備を進め、東京市場をオープンでアクセスしやすいアジアの共通プラットフォームにする。

(2)　取引所間競争を促進するための金融商品取引法、商品取引所法等の改正

①　取引所の国際競争力を強化するためには、取引所間の競争を促進するとともに、新しい金融商品の開発やシステム投資を促進するための制度整備を行なうことが必要である。このため、証券取引所に商品先物、商品先物オプションを上場できるようにするとともに、金融先物、商品先物等も含めた総合取引所の設立を可能とするよう制度整備を行なう。また、将来的には、電力市場、排出権市場なども総合的にカバーする取引所の実現を可能とするべきである。

②　この際、柔軟な組織再編が行なえるよう、証券取引所の持株会社の下に商品取引所を設立することを可能とするべきである。また、総合取引所や証券取引所における商品先物取引については、商品取引所法の適用除外とし、金融商品取引法の下で規制を行なうべきである。なお、こうした規制の対象になるのは、市場規制としての共通項を有する事柄であり、上場商品の組成農産物・エネルギー等自体に対する政策的観点の意義と矛盾するものではない。

○「経済財政改革の基本方針2007」（平成19年６月19日閣議決定）

第２章　成長力の強化

２．グローバル化改革

(2)　「金融・資本市場競争力強化プラン」（仮称。以下同じ。）の策定

「金融・資本市場競争力強化プラン」を平成19年内を目途に金融庁が取りまとめ、政府一体として推進する。その際、以下の施策については特に重点的に取り組む。

①　取引所の競争力の強化

取引所において株式、債券、金融先物、商品先物など総合的に幅広い品揃えを可能とするための具体策等を検討し、結論を得る。

○　金融庁「金融・資本市場競争力強化プラン」（平成19年12月21日）

Ⅰ．信頼と活力のある市場の構築

１．多様な資金運用・調達機会の提供

(1)　取引所における取扱商品の多様化

諸外国の取引所では、ETF（上場投資信託等）やデリバティブ取引等について、商品の多様化が急速に進展している。また、取引所間の国際的な競争が進展する中で、海外取引所は、取引所間の提携等により、取引所グループとして、株式、債券や金融デリバティブからコモディティ・デリバティブ（商品デリバティブ）まで、幅広い商品を提供している状況にある。

したがって、我が国取引所又はそのグループ等においても、諸外国の取引所等と同様に総合的で幅広い品揃えを可能とする制度整備等を行い、取引所の競争力を強化するとともに、利用者の利便向上を図っていく必要がある。

②　取引所の相互乗入れのための枠組みの整備

我が国取引所の国際競争力を強化する観点から、取引所間の資本提携を通じたグループ化等によって、株式、債券や金融デリバティブに加え、商品デリバティブまでのフルラインの品揃えを可能とするための制度的土台を整備することが必要である。このため、金融商品及び金融取引は金融商品取引法の規制対象とし、商品デリバティブ取引は商品取引所法の規制対象とするという、両法制の枠組みの下で、金融商品取引所と商品取引所の相互乗入れを可能とするための所要の制度整備について、平成20年中を目途に検討を進め、その後、すみやかな実現を図る。

として、「取引所において株式、債券、金融先物、商品先物など総合的に幅広い品揃えを可能とするための具体策等を検討し、結論を得る」こととされ、当該施策も含めた「金融・資本市場競争力強化プラン」を平成19年内を目途に金融庁がとりまとめ、政府一体として推進することとされた。

⑶　金融審議会金融分科会第一部会報告（平成19年12月18日）

経済財政改革の基本方針2007を受け、取引所の取扱商品の多様化を図るための方策について、金融審議会金融分科会第一部会で検討が行われ、同部会報告として以下の提言が行われた。

(i)　わが国取引所の経営基盤を強化し、国際競争力の強化を図っていくためには、取引所間の資本提携を通じたグループ化等によって、株式、債券や金融デリバティブから商品デリバティブまでのフルラインの品揃えを可能とする制度整備を早急に図っていく必要がある。

(ii)　商品先物市場については、金融商品取引所の子会社等による開設を認めていくことが適当であるとともに、金融商品取引所本体が商品先物市場を開設することについても、選択肢として用意することが適当である。

なお、同時期に経済産業省の産業構造審議会商品取引所分科会においても、商品先物市場のあり方について検討が行われ、平成19年12月７日、取引所間の資本提携や幅広い品揃えのための制度整備について検討を進めるべきとの中間整理が取りまとめられている。

⑷　金融・資本市場競争力強化プラン（市場強化プラン）（平成19年12月21日）

金融庁においては、金融審議会金融分科会第一部会報告等を踏まえ、平成19年12月に市場強化プランを策定している。この中で、「取引所の相互乗入れのための枠組みの整備」について、「平成20年中を目途に検討を進め、その後、すみやかな実現を図る」こととされた。

⑸　金融審議会金融分科会第一部会報告（平成20年12月17日）

その後、取引所の相互乗入れを可能とするための具体案の策定に向け、政府部内で検討が進められたが、金融審議会金融分科会第一部会では、当該具体案の策定に当たっての基本的な考え方として、柔軟な参入形態を可能にすることや、取引所等に対する規制・監督の合理化、金融行政当局と商品行政当局の連携強化について提言が行われている。

なお、産業構造審議会商品取引所分科会においても、平成21年２月23日の報告書の中で同様の趣旨の取りまとめが行われている。

4　相互乗入れに関する制度整備の趣旨

金融商品取引所と商品取引所の相互乗入れについては、上述のような諸外国における取引所の状況等を踏まえ、わが国においても、取引所の経営基盤を強化し、利用者利便の向上を図っていくための方策の一つとして制度整備を行うこととされたものである。

わが国において取引所の相互乗入れが行われれば、たとえば投資家にとっては、同一の取引所またはグループにおいて金融商品の取引と商品の取引を一体的に行うことができるようになるなど、取引の効率化に繋がり得るものと考えられる。また、品揃えの多様化により取引所の市場規模の拡大に繋がれば、取引所の経営基盤の強化に資するとともに、規模の経済が働くといわれる取引所システムの増強等も行いやすくなると考えられる。こうした便益が生じることとなれば、わが国市場での取引や執行の効率性が高まり、利用者に公正・透明で厚みのある市場基盤を提供することに繋がるものと考えられる。

各国の取引所はグローバルな投資資金を呼び込み、市場の流動性を高めるために激しい競争を行っているところであり、わが国においてこのような便益が期待される相互乗入れが可能となることは、わが国取引所が魅力のある市場作りを行っていく上での選択肢の一つとなり得るものと考えられる。

なお、取引所の相互乗入れは、わが国商品市場の活性化にもつながり得ると考えられる。わが国の商品市場は、諸外国の商品市場や店頭取引の取引高が拡大する中で、近年大きく取引高が減少している状況にあり、利用者の期待に応えていないことが課題として指摘されている。

こうした中で、取引所の相互乗入れが可能となることにより、国内の商品市場が価格形成の場として高い機能を発揮することとなれば、わが国において商品の生産・売買等を行う業者を始めとする国内の市場参加者にとって、より身近にアクセスが容易で、店頭取引よりも公正性や透明性に優れた取引の場が確保されることに繋がるものと考えられる。

5　改正の概要

今般の改正前においては、金融商品市場と商品市場を同一の取引所で開設することや、金融商品取引所と商品取引所がグループ化をすることは、金商法あるいは商品取引所法の規制によって認められていなかった。そこで、まず改正前の制度概要について触れた上で、改正内容の解説を行うこととしたい。

⑴　改正前における規制の概要

金融商品取引所は、金融商品市場の運営という公共性の高い業務を行うものであるため、その安定的な運営を確保する観点から、取引所自体の業務範囲、子会社の範囲および親会社となることができる者の範囲が厳格に制限されてきた。これらの規制は、これまでも取引所の競争力を強化する観点から累次の改正が行われてきたところであるが（図表Ⅳ－3）、改正前における規制は以下のようになっていた。

①　取引所自体の業務範囲（87条の2）

金融商品取引所の業務範囲は、改正前において、(i)取引所金融商品市場の開設業務、(ii)(i)に附帯する業務、(iii)算定割当量（いわゆる排出量に係る京都クレジット）に係る取引を行う市場の開設業務、(iv)その他金融商品の取引

◆図表Ⅳ－３　金融商品取引所の業務範囲等に関する規制の変遷◆

	取引所（本体）	取引所子会社	取引所持株会社の子会社
平成15年５月の証取法改正前	①　有価証券市場の開設業務 ②　①に附帯する業務	明文規定なし （取引所の業務範囲に限定されるものと解釈されてきた）	
平成15年５月の証取法改正	（同上）	①　有価証券市場の開設業務 ②　①に附帯する業務 ③　①に関連する業務★	①　有価証券市場の開設業務 ②　①に附帯する業務 ③　①に関連する業務★
平成18年６月の証取法改正	①　金融商品市場の開設業務（※） ②　①に附帯する業務	①　金融商品市場の開設業務（※） ②　①に附帯する業務 ③　①に関連する業務★	①　金融商品市場の開設業務（※） ②　①に附帯する業務 ③　①に関連する業務★
平成20年６月の金商法改正	①・②（同上） ③　算定割当量に係る取引市場の開設業務★ ④　その他金融商品の取引に類似する取引の市場開設業務★ ⑤　③・④に附帯する業務★	（同上）	（同上）
平成21年６月の金商法改正	①～③（同上） ④　商品市場の開設業務★ ⑤　その他金融商品の取引に類似する取引の市場開設業務★ ⑥　③～⑤に附帯する業務★	①～③（同上） ④　商品市場の開設業務★ ⑤　④に附帯する業務★ ⑥　④に関連する業務★	①～③（同上） ④　商品市場の開設業務★ ⑤　④に附帯する業務★ ⑥　④に関連する業務★

（注１）アンダーラインは、法改正により追加された業務。
（注２）（※）によって、有価証券市場に加え、金融先物市場の開設が可能に。
（注３）★は、内閣総理大臣の認可制。このほか、取引所持株会社が金融商品取引所（証券取引所）を子会社とする場合には、持株会社としての認可が必要。

に類似するものとして内閣府令で定める取引を行う市場の開設業務、(v)(iii)、(iv)に附帯する業務に限定されていた（ただし、(iii)～(v)の業務を行う場合には、内閣総理大臣の認可が必要）。

(iv)の内閣府令においては、算定割当量に類似するもの（たとえばEU-ETSなど）に係る取引が定められており（取引所府令９条の２第１項）、当該内閣府令において商品デリバティブ取引を定める余地はあり得るものの、それが法律の委任の範囲内であるか否かは明確ではなかった。

②　取引所および取引所持株会社の子会社の範囲（87条の3、106条の24）

金融商品取引所の子会社や金融商品取引所持株会社の子会社の範囲については、それら子会社の経営が悪化した場合には、取引所からそれらの会社に対する支援が行われること等によって取引所自体の財務の健全性が損なわれるリスクがあることや、子会社の業務内容によっては取引所の運営の公正性・中立性に対する信頼が損なわれるリスクがあることから、一定の範囲に限定されてきた。

具体的には、(i)取引所金融商品市場の開設業務を行う会社、(ii)(i)に附帯する業務を行う会社、(iii)取引所金融商品市場の開設に関連する業務を行う会社に限定されていた（ただし、(iii)の業務を行う会社を子会社とする場合には、内閣総理大臣の認可が必要）。

このうち、(iii)の「取引所金融商品市場の開設に関連する業務を行う会社」については、平成19年12月の金融審議会金融分科会第一部会報告において、「コモディティ・デリバティブ市場の開設は、金融商品取引所の関連業務として整理することが適当」とされており（注5）、金商法上は、金融商品取引所および金融商品取引所持株会社は、商品取引所を子会社とすることが可能と解釈されていた。ただし、後述のとおり、改正前の商品取引所法では、株式会社商品取引所について5％超の議決権の取得・保有が規制されていたため、事実上、金融商品取引所等が商品取引所を子会社化することはできなかった。

（注5）　金融審議会金融分科会第一部会報告（平成19年12月18日）においては、商品市場（コモディティ・デリバティブ市場）の開設業務の位置づけについて、「コモディティ・デリバティブ市場の開設業務は、その公共性や果たすべき機能、リスク管理等の面で、金融商品市場の開設と極めて類似している。また、取引所グループとして、コモディティ・デリバティブを含めた多様な品揃えを可能とすることは、金融商品市場、コモディティ・デリバティブ市場の双方に相乗効果をもたらし得る。このような点を踏まえると、コモディティ・デリバティブ市場の開設は、金融商品取引所の関連業務として整理することが適当であり、金融商品取引所の子会社等による開設を認めていくことが適当」としている。

③　金融商品取引所の子会社化（103条の２）

株式会社金融商品取引所の議決権の取得・保有については、取引所の公正性・中立性を確保する観点から特定の者による不当な影響が及ぶことを防止するため、原則として一律に20％以上の議決権の取得・保有が禁止されていた。その上で、この例外として、それ自体に議決権の取得・保有に関する規制が適用される、他の金融商品取引所や金融商品取引所持株会社、あるいは一般に中立的な存在である金融商品取引業協会については、株式会社金融商品取引所を子会社とすることが可能となっていた。しかしながら、商品取引所についてはこの例外の対象とされておらず、商品取引所が金融商品取引所を子会社とすることはできないこととなっていた。

④　商品取引所に関する規制

商品取引所についても、改正前の商品取引所法においては、商品取引所が金融商品市場を開設することや、金融商品取引所とグループ化することは認められていなかった。

具体的には、商品取引所の業務範囲は、(i)商品先物市場の開設業務、および(ii)上場商品の品質の鑑定、刊行物の発行の業務、(iii)その他商品先物市場の開設業務に附帯する業務に限定されていた（商品取引所法３条）。子会社については、商品取引所法に明文規定が設けられておらず、その対象範囲は限定的に解釈されてきた。また、株式会社商品取引所の議決権の５％超の取得・保有は例外なく禁止され、何人も商品取引所を子会社とすることはできないこととなっていた（商品取引所法86条）（持株会社制度も導入されていなかった）。

(2)　改正による制度整備の概要

①　骨格

制度整備に当たっては、公正かつ適正な市場運営を確保する観点から、金融商品市場の開設業務については金商法の規制を適用し、商品市場の開設業務については商品取引所法の規制を適用するとの基本的な考え方に基づいている（図表Ⅳ－４）。すなわち金商法上は、金融商品取引所は商品市

◆図表Ⅳ－４　相互乗入れの概念図◆

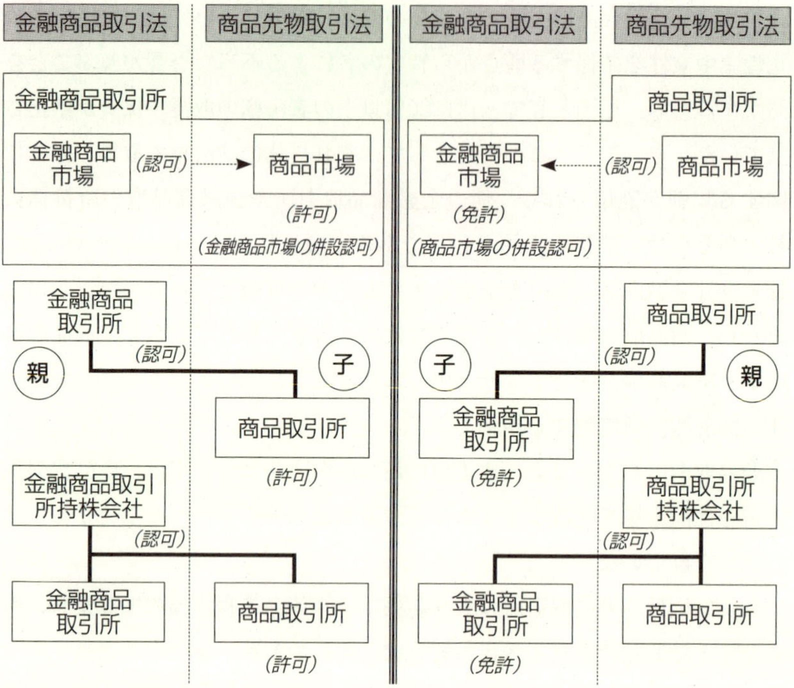

場の開設や商品取引所のグループ化を行うことができることとしつつ、具体的な商品市場の運営やグループ内の商品取引所の運営は、商品市場の公正や委託者保護を図るための法律である商品先物取引法で適切に規制することとしている。その上で金商法は、こうした取扱商品の多様化やグループ化によって金融商品市場の運営に支障が生じることはないかという、いわばネガティブチェックを行うこととしている。以下、相互乗入れの参入形態に即して制度整備の概要を解説する。

② 取引所本体による参入

金融商品取引所は、内閣総理大臣の認可を受けた場合には、商品市場の開設業務およびこれに附帯する業務を行うことができることを明確化している（87条の２第１項）[注６]。上述したとおり、改正前においても内閣府令で規定することにより商品市場の開設業務を金融商品取引所の業務範囲に含める余地があったが、法律上、それに含まれることを明らかにしたものである。

これによって、金商法上、金融商品取引所は、内閣総理大臣の認可を受けて商品市場を併設することが可能となり、一方、商品取引所についても、内閣総理大臣の免許（80条）を受けて（金融商品取引所として）金融商品市場を開設するとともに、商品市場の併設認可を受けることにより、両市場の開設が可能となる。

商品市場の開設について内閣総理大臣の認可制としているのは、その業務内容によっては金融商品市場の健全かつ適切な運営に支障が生じるおそれ等があるため、金融商品市場に与える影響の観点からネガティブチェックを行うこととするものである。

なお、商品取引所法においても、同法の改正により、商品取引所は、主務大臣の認可を受けた場合には、金融商品市場の開設業務およびこれに附帯する業務を行うことができることとなっている（商品先物取引法３条）。このため、金融商品取引所は、商品先物取引法上、商品取引所としての許可（同法78条）を受けるとともに、金融商品市場の併設認可を受けることによって、両市場の開設が可能になる。

（注６）　ただし、会員取引所については、金融商品取引について専門性のある会員の自治による相互監視によって健全かつ適切な市場運営を確保しようとするものであり、会員取引所が商品市場を運営することは、こうした機能の適切な発揮が必ずしも期待できない。このため、商品市場の開設業務を行うことができる金融商品取引所については株式会社組織に限定している。

③　親子会社形態による参入

金融商品取引所が子会社とすることができる対象に商品取引所が含まれることを明確化している（87条の３第１項）。金融商品取引所の孫会社も子会社規制の対象とされており（同条３項）、子会社の商品取引所が、さらにその子会社として商品市場の開設業務に附帯・関連する業務を行う会社を保有する場合もあり得ることから、金融商品取引所の子会社の範囲に、商品市場の開設業務に附帯・関連する業務を行う会社が含まれることも明確化している。内閣総理大臣の認可制としているのは、上記②と同趣旨である。

なお、すでに内閣総理大臣の認可を受けて商品市場を開設する金融商品取引所が、他の商品取引所や商品市場の開設に附帯する業務を行う会社を子会社とする場合には、あらためて内閣総理大臣の認可を得ることを不要としている（同条２項)。これは、取引所本体で商品市場を適切に運営し得ることについてすでに認可を受けているものであれば、子会社としてこれらの者を保有したとしても、基本的に支障が生じるおそれは低いと考えられること、および商品先物取引法では、主務大臣の許可を受けた商品取引所が、その子会社として商品取引所や商品市場の開設に附帯する業務を行う会社を子会社とする場合には認可が不要とされていること等を踏まえ、規制の合理化を図ったものである。

一方、商品取引所が金融商品取引所を子会社化することによる相互乗入れも可能となるよう、金融商品取引所を子会社とすることができる者に商品取引所を加えている（103条の２第１項ただし書）[(注７)]。

商品取引所法においても親子会社形態による相互乗入れが可能となるよう、同様の改正が行われている。具体的には、子会社の範囲に関する規定を新設した上で、金融商品取引所を子会社とすることを可能とするための所要の手当てが行われる（商品先物取引法３条の２、81条の２）とともに、これまで一律に５％超の議決権の取得・保有が禁止されていた商品取引所の規制について、金商法に類似した規制に改正しつつ、金融商品取引所が商品取引所を子会社とすることを可能としている（商品先物取引法86条)。

（注７）　商品取引所については、一般的に、商品市場を開設する者として取引所業務の公共性に対する十分な理解を有していると考えられ、また、金商法と同様に、商品先物取引法に基づく厳格な規制に服していることから、商品取引所が金融商品取引所を子会社としたとしても、基本的には金融商品取引所の業務運営に支障が生じるおそれは低いと考えられる。このため、商品取引所が金融商品取引所を子会社とする場合には、金商法上の認可を不要としている（商品取引所持株会社についても同様。106条の10第１項ただし書)。ただし、仮に商品取引所や商品取引所持株会社の業

務の状況等によって金融商品取引所の業務の健全性・適切性に支障が生じるような事態が生じた場合に適切に対処できるよう、金融商品取引所を子会社とする商品取引所や商品取引所持株会社に対して報告の徴取や検査、監督上の処分を行うことができることとしている（109条）。

④　持株会社を通じた参入

金融商品取引所持株会社の子会社の対象について、上記③と同様の改正を行い、商品取引所が含まれることを明確化している（106条の24第１項）。また、商品取引所持株会社が金融商品取引所を子会社とすることも可能としており（103条の２第１項ただし書）、これらによって、取引所持株会社を通じた金融商品取引所と商品取引所のグループ化が可能となっている。

商品取引所法においても、商品取引所持株会社制度を新設した上で、金融商品取引所を子会社とすることを可能とするとともに（商品先物取引法96条の37）、金融商品取引所持株会社が商品取引所を子会社とすることを可能としている（同法86条１項ただし書）。

⑤　取引所・グループの業務の多様化を踏まえた規定の整備

改正法では、今後、金融商品取引所またはそのグループにおいて業務の多様化が進展する可能性があることを踏まえ、それに対応した規定を整備している。

改正前においては、金融商品取引所持株会社は、その業務運営に当たって、子会社である金融商品取引所の業務の健全性・適切性の確保に努めなければならないこととされていたが、当該規定は基本的に子会社である金融商品取引所に対する経営管理について努力義務を課すものであり、その他の子会社に対する経営管理を直接に求めるものではなかった（旧106条の23第２項）。今般の改正では、金融商品取引所持株会社を中心にグループ化が進展した場合に対応するため、金融商品取引所持株会社は、子会社である金融商品取引所の業務の公共性に対する信頼、およびその健全かつ適切な運営を損なうことのないよう、金融商品取引所以外の子会社も含め、子会社全般の適切な経営管理に努めなければならないこととし、経営管理に関する努力義務の対象を拡大している（改正法106条の23第２項）。当該規定は、

109条において、金融商品取引所を子会社とする商品取引所や商品取引所持株会社に対しても準用することとしており、商品取引所グループの傘下に金融商品取引所がある場合には、商品取引所や商品取引所持株会社に対し同様に子会社全般の経営管理に関する努力義務を課している。

また、金融商品取引所が本体あるいはグループにおいて多様な業務を行うこととなると、その業務運営の状況によっては、当該金融商品取引所あるいはグループ内の金融商品取引所の業務の公共性に対する信頼を損うおそれや、その健全性・適切性に支障が生じるおそれが生じる可能性がある。このため、改正法では、金融商品取引所本体での兼業業務の認可（87条の2第1項ただし書）やその子会社保有の認可（87条の3第1項ただし書）、金融商品取引所持株会社の子会社保有の認可（106条の24第1項ただし書）について、必要かつ適当な場合には取消処分を行うことができることとしている（106条の28第1項、152条1項3号・4号）。

⑥　清算機関の相互乗入れ

取引所取引を行う上で清算機関（いわゆるクリアリングハウス）は重要な役割を果たしている。市場参加者が取引の相手方の信用力を考慮することなく安心して取引できるようにするために、清算機関は取引相手に代わって債務を引き受けることによって、取引の確実な決済を可能としている。

今般の改正法では、取引所の相互乗入れに合わせ、金融商品取引清算機関と商品取引清算機関の相互乗入れが可能となるよう手当てを行っている。改正前においても、金融商品取引清算機関は、内閣総理大臣の承認を受けた場合には、金融商品債務引受業に関連する業務を行うことができることとされていたが、今般の改正により、当該承認業務として商品デリバティブに関する債務引受業を行うことができることを明確化している（156条の6第2項ただし書）。商品取引所法の改正においても同様の手当てがなされている（商品先物取引法170条1項ただし書）。

これに加え、金融商品取引清算機関の清算参加者に破産手続等が開始された場合の手続として、商品デリバティブに係る取引も含めた未決済債務等に関する決済の方法については、当該金融商品取引清算機関の業務方法書の定めに従って行われることとしている（156条の11の２。商品先物取引法181条においても同様の改正が行われている）。

これにより、清算機関が業務方法書において、金融商品取引に係る債権債務と商品デリバティブ取引に係る債権債務の一括清算ネッティング条項（注８）を定めた場合の法的な有効性が明確になり、清算参加者は、清算機関に拠出する証拠金所要額がネットベースでのエクスポージャーに応じたものでよいこととなるため、別々の清算機関で金融商品取引と商品デリバティブ取引のクリアリングを行う場合よりも、効率的に取引を行うことが制度上可能となる。

（注８）　清算参加者が破綻した場合に、すべてのポジションを解消し、当該全ポジションから生じるグロスベースの債権債務をネッティングの上、一本の債権債務に置き換える旨の条項をいう。

V　開示ルールの見直し

金融商品取引法に基づく開示ルールは、投資者の投資判断に資する情報の開示を有価証券の発行者に義務づけることにより、投資者の保護を図ろうとするものである。

したがって、発行者により開示される情報は、正確であることはもちろんのこと、投資者が投資判断を行うために真に必要な情報が、必要なときに、かつ、利用しやすい方法により提供される必要がある。こうした観点から、開示ルールは絶えずその見直しが行われてきている。たとえば最近では、平成19年の金融商品取引法の施行に伴い、上場会社を対象とした四半期報告制度、財務報告に係る内部統制報告制度が導入されるなど、継続開示を中心に情報開示の充実、信頼性の向上に着目した整備が行われた。他方、有価証券取引のクロスボーダー化、複雑化、多様化に伴い、有価証券の販売勧誘時など、投資者が必要とするときに、必要な投資情報が提供されないとの指摘や、有価証券の取引実務を踏まえ、発行者・投資者双方にとって利用しやすい情報開示制度とすべきとの指摘がなされており、こうした指摘等を踏まえ、発行開示に係る制度整備を行うこととしたものである。

1　「有価証券の売出し」に係る開示ルールの見直し

(1)　見直しの背景とねらい

改正法による改正前の「有価証券の売出し」は、すでに発行された有価証券（以下「既発行有価証券」という）の売付けの申込みまたはその買付けの申込みの勧誘のうち、「均一の条件」で、「多数の者」（政令で50名以上と規定している（令1条の8））を相手方として行うものと定義され（注1）（注2）、当該有価証券の発行者が内閣総理大臣に届出（有価証券届出書の提出）を行っていなければすることができないこととされていた。

しかしながら、有価証券取引の実務においては、「有価証券の売出し」の要件である「均一の条件」が、次のような弊害をもたらしているとの指摘がなされていた。

① 売出しを行う証券化商品等の外国有価証券について、日本国内にもその発行国内にも流通市場が存せず、また、一般投資者がその外国有価証券に関する投資リスク等の投資情報を入手することが困難な場合には、本来、法定開示により一般投資者に投資リスク等の投資情報が開示される必要がある。しかしながら、「均一の条件」という形式的な要件を満たさなければ法定開示を逃れることができるという解釈により、勧誘する相手方49名ごとに売出価格をわずかに変えて勧誘を行い、「有価証券の売出し」には該当しないものとして、法定開示を免れるという運用ができるとの指摘がある。

② 他方、外国有価証券についての投資者の買い注文に応じるために、証券会社が、時差の関係で、海外の市場から自己の勘定でいったん仕切った外国有価証券を、その後投資家に販売するような場合については、当該証券会社は、単に、取次ぎを行ったものとも考えられる。しかしながら、その相手方の投資家が形式的に50名以上である場合には、「有価証券の売出し」に該当することとなり、本来必要ではない法定開示が要求されるということがあり得る。

これらについては、実務において、「均一の条件」という形式的な要件が機能していないことが原因であると考えられる。

このため、「有価証券の売出し」に係る開示規制については、「均一の条件」といった形式的な基準で判断するのではなく、経済実態としてプライマリー的な販売勧誘（販売勧誘される有価証券や発行体に関する情報等に関し、一度に大量の有価証券が売りさばかれて販売圧力が生じ得る場合のように、販売サイドと投資者との間の情報格差の是正のために発行開示を要する状況）には法定開示を求め、セカンダリー的な販売勧誘（市場においてすでに流通しており、その有価証券や発行体に関する情報が広く提供されている有価証券について、流通市場と顧客との間を取り次いでいるとみることが実態に即していると考えられる販売勧誘）の場合には法定開示を求めないという、実態に即したものに整備することとし、「有価証券の売出し」定義を見直すものである(注３)。

（注１）　平成４年の証券取引法（現行の金商法）改正において、有価証券の「募集」の定義から「均一の条件」が削除された。一方、有価証券の「売出し」については、「均一の条件」の要件を削除することにより、証券会社が日常的に行う金融商品取引所を通じて行う取引まで既発行有価証券の多数の投資者への取得等の勧誘として開示規制の対象となり、流通市場における証券の円滑な流通が阻害されることになる可能性があるという理由から、削除されなかった。

（注２）　米国またはEUにおける「有価証券の売出し」に相当する行為については、「均一の条件」は要件となっていない。

（注３）　金融審議会金融分科会第一部会報告として平成20年12月17日に公表されたディスクロージャー・ワーキング・グループ報告「開示諸制度の見直しについて」（以下「ディスクロージャー・ワーキング・グループ報告」という）において、「本来必要とも思われる開示がされず、本来不要とも思われる開示が求められる可能性があるという問題は、「売出し」に係る法定発行開示規制を「50人以上」と「均一の条件」という２つの要件によって規制していることに由来していると考えられる。有価証券のクロスボーダー取引や複雑な取引が日常的に行われている実務の現状に照らし、「売出し」に係る２つの要件を今日的な形に見直す必要があると考えられる。その際、「売出し」に該当すると法定開示が必要となり、該当しなければ原則として情報提供は不要という、現在の二者択一的な情報開示のあり方についても、今日の取引実務に照らし、併せて見直すことが適当である」と提言された。

⑵　見直しの方向性

「有価証券の売出し」に係る開示規制については、前述のとおり、「均一の条件」という形式的な基準ではなく、その販売勧誘が、発行者や有価証券等に係る情報が周知されていないこと、流通市場が不十分であることなどから販売勧誘に当たり販売サイドと投資者の間に情報格差があり、その是正が必要とされる、いわばプライマリー的な経済実態を有するものか、流通市場と顧客との間の取次ぎ的な経済実態を有する、いわばセカンダリー的なものかによって判断することとする。

具体的には、「有価証券の売出し」の定義から「均一の条件」の要件を削除した上で、「有価証券の売出し」に該当する販売勧誘について、金商法に基づく開示制度の趣旨に鑑み、その有価証券の流通市場の有無、その有価証券に関する情報の周知性、投資者によるその情報の取得容易性等を考慮しつつ、きめ細かく法定開示の免除となる場合を規定するとともに、中間的な形態として、法定開示は免除されることとした上で、簡素な情報提供（「外国証券情報」の提供・公表）を求める制度を整備するという規制の柔構造化を行っている。

なお、外国有価証券について、その概略を記述すれば以下のとおりである。

① 外国有価証券について、国内外において厚い流通市場があり、価格情報や発行者情報の入手が容易であって、その有価証券取引が流通市場との関係でセカンダリー的取引に該当する場合には、基本的に法定開示義務は免除され、簡易な情報提供が求められる。

② ①により法定開示義務が免除される外国有価証券のうち外国国債について、日本に十分な流通市場があり、簡易な情報提供として提供されるような内容の情報が日本において十分に周知されている場合には、簡易な情報提供についても免除する。

③ ①・②に該当しない場合（たとえば、その有価証券に関する投資情報が乏しく、周知されていない場合、引受人が大量の有価証券を売りさばく場合等）には、法定開示（「有価証券届出書」の提出）を求める。

これとは別に、いわゆる「適格機関投資家私売出し」（適格機関投資家のみを売付け勧誘等の相手方とする場合で、当該有価証券が適格機関投資家以外の者に譲渡されるおそれが少ないもの）および「少人数私売出し」（少数の者（50名未満）を相手方とする場合で、当該有価証券が多数の者に所有されるおそれが少ないもの））の制度を創設し、法定開示を免除するものである。

他方、この見直しの考え方を国内有価証券に当てはめると、その有価証券について流通市場があり、その有価証券に関する情報が周知されていると認められるものは、すでに法定開示が行われている有価証券ということになり、このような場合は、従来より、有価証券届出書の提出義務が免除される（法４条１項３号）。さらに、今般の改正によって、その売出しが当該国内有価証券の発行者、発行者の関係者または引受人以外の者によって行われる場合には、目論見書の作成・交付義務は免除されることになる（法13条１項）（(9)において詳述）。また、外国有価証券と同様、新たに「適格機関投資家私売出し」および「少人数私売出し」制度が利用できることとなる。

(3)　改正規定の全体像

「有価証券の売出し」に係る開示規制の見直しに伴う規定の改正および新設の全体像は次のとおりである。

①　「有価証券の売出し」定義の見直し（「均一の条件」の削除）（法２条４項）

法２条４項に規定する「有価証券の売出し」の定義において、第一項有価証券[注４]の売付け勧誘等[注５]が「有価証券の売出し」に該当することとなる要件の一つである「均一の条件」を削除する。

（注４）「第一項有価証券」は、法２条１項に掲げる有価証券または同条２項の規定により有価証券とみなされる有価証券表示権利もしくは特定電子記録債権をいう（法２条３項柱書）。

（注５）「売付け勧誘等」については、「(4)①「売付け勧誘等」に該当しない勧誘等」を参照。

②　「有価証券の売出し」定義の見直しに伴う技術的な改正

「有価証券の売出し」の定義の見直しと同時に、またはこれに伴い、次の技術的な改正を行うこととする。

(i)「有価証券の募集」と「有価証券の売出し」の境界の見直し（法2条3項柱書、4項柱書）

「有価証券の売出し」の定義の見直しと同時に、すでに発行された有価証券の勧誘行為であっても、「有価証券の売出し」ではなく「有価証券の募集」として開示規制を適用することが適切であるもの（「取得勧誘類似行為」と定義している（法2条3項柱書））については、「有価証券の募集」に含めることとする（(4)①(i)において詳述）。

(ii)　人数通算規定の新設（法2条4項2号ハ）

「有価証券の売出し」の定義から「均一の条件」の要件を削除することに伴い、もう一つの要件である「多数の者」に該当するか否かを判断するため、一定期間内に行われた売付け勧誘等の勧誘者数を合計して判断する旨の規定を新設することとする（(4)②において詳述）。

③ 「有価証券の売出し」定義の見直しに伴う法定開示の免除範囲の新設・拡大

「有価証券の売出し」の定義から「均一の条件」の要件を削除することに伴い、「有価証券の売出し」に該当することとなる勧誘行為であっても、法定開示の対象とする必要性の低いものとして次の(i)〜(iii)のカテゴリーに含まれるものは、結果的に法定開示が免除される。

(i)「有価証券の売出し」に該当しない勧誘等（法2条4項柱書）

次の勧誘行為・取引は、そもそも「有価証券の売出し」に該当しないこととするため、法定開示は免除される。

(a)「売付け勧誘等」に該当しない勧誘行為（具体的には、一定の有価証券の売り気配の公表等を内閣府令で定める）（(4)①において詳述）

(b)「有価証券の売出し」から除外される取引（具体的には、取引所金融商品市場取引等を政令で定める）（(4)③において詳述）

(ii)「有価証券の売出し」に該当するが、法定開示を免除する勧誘等（法4条1項4号）

一定の要件を満たす外国有価証券の売出し（「外国証券売出し」と定義している（法27条の32の2））について、法定開示を免除する規定を新設することとする（(5)において詳述）。

(iii)「私売出し」に該当する勧誘等（法2条4項2号イ・ロ）

「適格機関投資家私売出し」、「少人数私売出し」制度を新設することとする（(8)において詳述）。

④　**簡易の情報提供制度の新設**（法27条の32の2）

法定開示が免除された外国証券売出し（前述③(ii)参照）を行う金融商品取引業者等に対し、簡易な情報提供として「外国証券情報」の提供または公表を義務づけることとする（(6)において詳述）。

⑤　**簡易な情報提供義務の免除規定の新設**（法27条の32の2第1項ただし書）

一定の要件を満たす外国国債の売出しについて、「外国証券情報」に提供または公表義務を免除することとする（(7)において詳述）。

(4)「有価証券の売出し」定義の見直し

第一項有価証券に係る「有価証券の売出し」の定義については、前述のとおり、従来の「均一の条件」という要件を削除し、基本的には、「売付け勧誘等のうち、「多数の者」を相手方として行う場合」とする（法2条4項）。「多数の者」は、政令において「50名以上の者」と規定しているが（令1条の8）、基本的には従来どおりとする。

①　**「売付け勧誘等」に該当しない勧誘等**

「売付け勧誘等」は、既発行有価証券の売付けの申込みまたはその買付けの申込みの勧誘から「取得勧誘類似行為その他内閣府令で定めるもの」を除いたものとされている（法2条4項柱書）。

(i)「取得勧誘類似行為」

「取得勧誘類似行為」は、「新たに発行される有価証券の取得の申込みの勧誘に類似するものとして内閣府令で定めるもの」と規定され（法2条3項柱書）、「既発行有価証券の売付けの申込み又はその買付けの申込みの勧誘」であるものの、「有価証券の売出し」としてではなく、「有価証券の募集」として開示規制を適用することが、投資者保護の観点から適切であると考えられるものである。

これに該当する具体的な勧誘行為は内閣府令で定めることとなるが、その一つとして、発行されて間もない有価証券についての売付け勧誘等が考えられる。発行に近接して販売勧誘が行われる場合には、

(a)　当該有価証券の価格に関する情報や発行者に関する情報が投資家に十分に伝わっているとは考えられず、発行者、勧誘を行う者および投資者との間で情報の非対称性が存在する可能性がある

(b)　発行後、すぐに販売勧誘を行うのであれば、そもそも発行に係る法定開示を行い、または私募要件に則って発行することが開示規制の趣旨に沿うものである

と考えられることから、発行後一定期間内に行われる売出しを新規発行に係る開示規制の対象とするものである。

一方で、有価証券の性質、流通量、取引形態等によっては一律に新規発行に係る開示規制を適用することが適当でない場合も考えられる。たとえば、流通市場で豊富に流通している株式を投資家に取り次ぐ場合において、たまたま、流通している株数よりも相当少ない新株が発行されたときなどは、発行後一定期間内の新株とすでに流通している旧株を区別することが困難であり、実態としてセカンダリー取引として扱うべき場合がある一方で、すでに流通している株数に比較して大量の新株を発行され、これらの新株の売出しが行われる場合には、実態として新規発行に係る開示を求めるべきとも考えられる。このため、具体的な検討に当たっては、ディスクロージャー・ワーキング・グループ報告において提言された「発行後3か月以内といった発行に近接して行われる売出し」を一つの目安としつつ、有価証券の性質、流通量、取引形態等を勘案して、実質的にプライマリー取引といえるものを「取得勧誘類似取引」の一形態として内閣府令において規定することになる。

(ii)　売り気配等の公表

有価証券の売り気配の公表等のうち、当該有価証券について流通性を付与することを目的として行うもの、社会一般に対し当該有価証券に係る財

産評価の基準を提供することを目的として行うもの等については、当該有価証券の売出しを目的としたものではないと認められ、一律に発行開示規制の対象とすることは適当ではないと考えられることから、売付け勧誘等には該当しないものとして内閣府令で規定する（法２条４項柱書）。

内閣府令では、法令上の義務の履行として行う気配の通知・公表（たとえば、法67条の18および67条の19による申込み価格の通知・公表）であって、売付け勧誘等の積極的・能動的な行為を伴わないもの等を規定する予定である。なお、その他の気配を表示する行為（情報提供メディア、ウェブサイト、新聞等への気配情報の掲載等）については、当該表示の目的、表示の内容等を考慮し、各行為の態様に応じて個別具体的に判断する必要があるが、当該行為の前後の諸状況をも総合勘案し、その実態が単なる情報の提供にすぎないと認められるものは、売付け勧誘等には当たらないと考えられる。

②　通算規定の新設

「有価証券の売出し」から「均一の条件」という要件を削除することにより、

(i)　取引の場面、形態等が異なる場合であっても、その取引対象が同一種類の既発行有価証券であるときには、これらの売付け勧誘等の全体を一つの「有価証券の売出し」と捉えられることとなるものの、開示規制の趣旨に鑑みれば、これらを一つの「有価証券の売出し」として規制の対象とする必要性は低いものと考えられることから、開示規制の適用対象となる取引の範囲を画する必要があり、

(ii)　他方、大量の同一種類の既発行有価証券の売付けを行う場合において、勧誘の相手方の人数を49名ごとに分けて行うことにより、開示規制を潜脱することが可能であるため、これを防止する必要がある。

このため、「有価証券の募集」と同様、一定期間内に行われた売付け勧誘等における勧誘者数を通算して「有価証券の売出し」に該当するか否かを判断するという通算規定を新設することとした。その要件については、「当該有価証券と種類を同じくする有価証券の発行及び勧誘の状況等を勘案して政令で定める要件」（法２条４項２号ハ）とし、政令で定めることとなる

が、ディスクロージャー・ワーキング・グループ報告では、通算期間については「１か月程度」と提言されている。

③ 「有価証券の売出し」から除外される取引

改正前においては、「有価証券の売出し」に該当するものであっても、取引所金融商品市場における有価証券の売買および金融商品取引所に上場されている銘柄に係るPTS取引については、「有価証券の売出し」から除外し、開示規制の適用除外とされていた（改正前の法２条４項柱書、令１条の７の３）。

取引所金融商品市場における取引は、従来、売出し規制の趣旨に照らし、解釈上、「有価証券の売出し」には該当しないものと取り扱われていたが、平成18年証券取引法改正において、明確化の観点から、法律および政令において「有価証券の売出し」から除外された。今般の改正において、「有価証券の売出し」に係る開示ルールの大幅な見直しが行われたものの、取引所金融商品市場における取引に対し、引き続き、開示規制を適用する必要はないと考えられることから、開示規制の適用除外とするものである。一方、店頭売買有価証券市場における有価証券の売買については、従来、開示規制の適用除外とされていなかったが、取引所金融商品市場における売買と同様に考え、「有価証券の売出し」に該当しないものとして政令で規定し、開示規制の適用除外とする予定である。

また、PTSにおける有価証券の売買については、投資家が基本的に十分な投資情報が入手可能であるか否かの観点から、金融商品取引所に上場されている銘柄に係る取引のみ「有価証券の売出し」に該当しないものとして、開示規制の適用除外としている。これと同様の考えから、店頭売買有価証券のPTSにおける売買についても、「有価証券の売出し」に該当しないものとして政令で規定し、開示規制の適用除外とする予定である。

⑸　法定開示義務の免除

「有価証券の売出し」は、発行者が当該「有価証券の売出し」に関して法定開示（有価証券届出書の提出）を行っていなければすることができないこととされている（法4条1項柱書）。

しかしながら、前述したように、その外国有価証券に関し、国内外において十分に投資情報が周知されている流通市場があり、その有価証券取引が流通市場との関係でセカンダリー的取引に該当する場合には、投資者は投資判断に必要な情報を入手することが可能であり、発行者に法定開示（有価証券届出書の提出）を求める必要性は低いと考えられることから、基本的には法定開示義務を免除し、簡易な情報提供として「外国証券情報」の提供・公表（(6)において詳述する）を義務づけることとされた（注6）。

法律では、このことを明確にするため、法4条1項4号において、外国ですでに発行された有価証券またはこれに準ずるものとして政令で定める有価証券の売出しで、

①　金融商品取引業者等が行うものであり、

②　国内における当該有価証券に係る売買価格に関する情報を容易に取得することができることその他の政令で定める要件を満たすもの

について、法定開示を免除することとしている。

（注6）　基本的な考え方は、国内発行有価証券についても、外国発行有価証券についても同様であるが、国内発行有価証券については、現行、すでに金商法に基づく開示が行われている有価証券が届出義務を免除されている（法4条1項3号）。

①　免除対象となる有価証券

法4条1項4号の既定により法定開示が免除される有価証券は、「外国で既に発行された有価証券」または「これに準ずるものとして政令で定める有価証券」とされ、政令では、日本国内で発行され、外国のみで取得勧誘が行われた有価証券等を定める予定である。

②　売出しを行う者

法定開示が免除される要件の一つとして、売出しを行う者を金融商品取引業者等に限定している。これは、当該有価証券に関する価格情報や「外国証券情報」の提供・公表が投資家に確実に行われることを確保するとともに、当該有価証券の売買が円滑に行われることを確保するためである。

ただし、当該有価証券の引受人等に該当する金融商品取引業者等が行う場合については除外することとしている。これは、引受人は発行者に関する未公表の情報を保有し、または容易に取得することが可能な立場にあるため、投資者との間で情報の非対称性の問題があると考えられたからである。なお、この場合における「引受け」の概念は、(i)引受審査などを通じて発行者等に関する未公表の情報を知り得た金融商品取引業者等とその情報を知らない一般投資家との間の情報格差を是正する必要があること、(ii)引受人は、大量の引受けリスクを負いつつ、大量の有価証券を売りさばくことにより高額の引受手数料を得るものであることから、投資者に対していわゆる「販売圧力」が生じやすく、こういった「販売圧力」から一般投資者を保護するものであることなどの観点から、経済実態に即して総合的に判断する必要があり、限界的には金融商品取引業規制上の「引受け」とは異なる場面もあり得ると考えられる。

③　要件の細目

「国内外において十分に投資情報が周知されている流通市場があり、その有価証券取引が流通市場との関係でセカンダリー的取引に該当する」場合は法定開示を免除するという考え方は、条文上、「国内における当該有価証券に係る売買価格に関する情報を容易に取得することができること」と規定されている。この要件をより明確化するため、具体的な細目を政令で定めることとしている。

政令では、有価証券の種類ごとに細目を定める予定であるが、法定開示が免除される要件についての主な有価証券の種類ごとの考え方は次のとおりである。

(i)　外国会社株式

海外の主要な金融商品取引所市場に上場されている外国会社株式の場合、国際的な会計基準により作成され、国際的なレベルの監査証明を受けている財務報告が開示されており、日本国内の投資者がその財務報告にインターネット等で容易にアクセスできる場合には、日本国内における売買価格情報や十分な発行者情報（投資情報）の入手容易性という点では足りると考えられる。ただし、具体的に海外の金融商品取引所市場でどのようなルール（会計基準等）で開示がなされているか、売買取引の状況がどうなっているかを検証する必要がある（注７）。

（注７）　たとえば、ニューヨーク証券取引所市場に株式を上場している外国会社の財務報告には、米国会計基準で作成された財務諸表についてPCAOBの監督下にある監査人が米国監査基準に準拠して行った監査証明がついており、また、ロンドン証券取引所市場に株式を上場している外国会社の財務報告には、国際会計基準で作成された財務諸表に対してEU第８次指令で求められる公的監督の下にある監査人により英国監査基準に準拠して実施された監査証明がついており、その点の開示レベルは高いと考えられる。さらに、いずれの市場も取引量が多く流動性の高いマーケットであり、個々の業者と顧客との間で行う取引や販売勧誘の量がマーケットの取引量からみて過大ではなく、また、その価格がマーケットの売買価格などにおおむね追従しているような場合には、基本的にセカンダリー的な取引とみることが適当であると考えられる。

(ii)　外国国債

シンプルな外国国債である場合で、その発行国においてコンスタントに相当量の国債発行が行われて、十分な国債流通市場が存在し、かつ、発行国に関する信頼性ある情報（財政状況等）および価格に関する情報がインターネット等を通じて容易に入手可能である場合には、法定開示は免除されるものと考えられる（「外国証券情報」の提供・公表は必要である）。

(iii)　外国政府保証債

シンプルな外国政府保証債である場合で、正式の政府保証が付されているものであれば、投資情報として開示されるべき発行体に関する情報は外国国債と異なるものの、原則として外国国債に準じて考えることができる。ただし、その外国政府保証債について、発行地において流動性がない場合、デリバティブが組み込まれたものである場合、商品性が元本保証型ではない場合（たとえば、株価、為替、クレジット・インデックスその他の指標の変動により償還金額が増減するようなものである場合）等については、外国国債に準じて取り扱うことはできないものと考えられる。

(iv)　外国政府機関債

外国政府機関債についても、法定開示の免除に関しては同様な基準（インターネットを通じて投資家が十分に情報を入手し得る、本国市場に厚い流通市場がある、取引実態がセカンダリー取引であることなど）により判断することになるが、外国政府による保証が付されていないため、一般の民間企業の社債と同様の考え方となる（注８）。

（注８）　日本の加盟する条約により設立された機関が発行する債券で、当該条約により国内における募集または売出しについて日本国政府の同意を要することとされているものは、金商法の開示規制は適用除外となる（法３条５号、令２条の11）。

(v)　仕組み債・証券化商品

仕組み債や証券化商品については、原則として法定開示が必要である。

ただし、「私売出し」（(8)において詳述する）により売付け勧誘等を行うことにより、法定開示は免除される。

(6)　「外国証券情報」の提供・公表義務

①　「外国証券売出し」を行う場合

法４条１項４号に該当し、法定開示が免除される有価証券の売出し（「外国証券売出し」）により有価証券を売り付ける場合には、簡易な情報提供として、当該有価証券および発行者に関する情報として内閣府令で定める情報（「外国証券情報」）を、当該有価証券を売り付ける時までに、その相手方に提供し、または公表しなければならないこととしている（法27条の32の２第１項）。

これは、外国証券売出しについては、海外ですでに十分な情報開示が行われており、国内において投資判断上必要な情報の入手が容易であること等の要件を満たすことによって法定開示が免除されることとなるが、海外で開示されている情報が国内の投資者に周知されているとは考えられないこと等から、当該金融商品取引業者等に対し、外国証券情報の提供または公表を義務づけることとしたものである。なお、外国証券情報の提供または公表は、法定開示が免除される外国証券売出しに該当するための要件として規定するのではなく、外国証券売出しを行う金融商品取引業者等の義務としており、この義務を履行しない金融商品取引業者等に対する罰則規定が設けられている（法205条６号の３）。

外国証券情報の内容は、「当該有価証券及び当該有価証券の発行者に関する情報として内閣府令で定める情報」とされ（法27条の32の２第１項）、具体的な内容は、現在、海外発行証券の少人数向け勧誘において提供されている「外国証券内容説明書」（日本証券業協会の「外国証券の取引に関する規則」に基づき作成される）の記載事項や東証のプロ向け市場における簡素な情報提供の仕組みを参考としつつ内閣府令で定めることとなる。

なお、外国証券情報について、たとえば、外国証券売出しに係る有価証券が主要な外国金融商品取引所に上場されている株式のように、当該外国の法定開示制度等により当該発行者等に関する信頼性の高い情報が日本語または英語でそのホームページで開示されており、日本の投資家がインターネットを通じてアクセス可能である場合には、当該金融商品取引業者等は、投資家に対し、当該情報のリンク先に関する情報を提供し、または公表することにより、外国証券情報の提供または公表として足りるものと考えられる（注８）。

外国証券情報は、「自ら若しくは他の者に委託して提供し、又はインターネットの利用その他の方法により公表しなければならない」（法27条の32の２第３項）とされており、具体的な方法は内閣府令で定めることとなる。

（注８）　この場合、当該投資家にとってアクセスできる情報が英語だけで足りるかどうかというのは、各金融商品取引業者等の個別取引における適合性判断、説明義務の問題として整理することとなる。

②　投資家から請求があった場合

外国証券売出しを行った金融商品取引業者等に対し、「当該外国証券売出しにより有価証券を取得し、かつ、当該金融商品取引業者等に当該有価証券の保管を委託している者その他これに準ずる者として内閣府令で定める者から請求があつた場合又は投資者の投資判断に重要な影響を及ぼす事実が発生した場合として内閣府令で定める場合」には、当該投資者に外国証券情報の提供または公表をすることを義務づけることとした（法27条の32の２第２項）。

これは、外国証券売出しを行った金融商品取引業者等に対し、継続開示に対応した継続的な情報の提供・公表義務を課すものである。

外国証券情報の提供または公表を求めることができる顧客は、原則として、当該金融商品取引業者等による外国証券売出しにより当該有価証券を取得した者に限ることとしている。これは、当該有価証券を他の金融商品取引業者等から取得した者まで範囲を広げてしまうと、金融商品取引業者等に過度の義務を負わせることとなるためである。また、外国証券情報の提供・公表を請求できる「その他これに準ずる者として内閣府令で定める者」としては、たとえば、外国証券売出しを行った金融商品取引業者等の事業が他の金融商品取引業者等に譲渡・承継され、当該外国証券売出しより取得した有価証券にかかる投資者の口座が移管された場合における当該投資者等を内閣府令で規定する予定である。無券面化された有価証券について、「保管を委託」することはないため、このような場合における当該有価証券を取得した投資者についても、内閣府令で定める予定である。

また、外国証券情報を提供し、または公表しなければならない場合として「投資者の投資判断に重要な影響を及ぼす事実が発生した場合として内閣府令で定める場合」とされているが、内閣府令では、一定の合併や倒産等、投資判断に重要な影響を及ぼす決定または事実の発生があった場合等を規定する予定である。

なお、この場合における外国証券情報の内容については、外国証券売出し時に提供または公表する外国証券情報と同じである。

③　「外国証券情報」に関する民事責任

新設された外国証券情報に係る民事責任に関する規定（法27条の34の２）は、民法709条の不法行為責任の枠組みに則り、いわゆる厳格責任（strict liability）を定めるものではまったくなく、あくまで、民法709条の過失責任の枠内で過失の挙証責任を原告側から業者側に転換する旨を定めるものである。したがって、権利侵害または違法性の認定に当たっては、従来からの金融商品取引業者等の説明責任を中心に形成されてきた判例等に何ら変更を加えるものではない。また、原告側に金融商品取引と損害発生の因果関係の立証が求められている点も従来と変わりはない。

なお、金融商品取引業者等は、発行体に対するデューデリジェンスを行わずに、発行者が公開している情報に投資者がアクセスすることができる状態にすることで、「外国証券情報」の提供または公表を行ったこととすることが考えられる。このような場合でも、金融商品取引業者等は、賠償責任を免れるため、「情報が虚偽であり、又は欠けていることを知らず、かつ、相当な注意を用いたにもかかわらず知ることができなかったこと」を立証しなければならないが、金融商品取引業者は、具体的な対応について、立法趣旨に照らして検討することになるものと考えられる(注9)。

(注9)　たとえば、ニューヨークやロンドンの証券取引所に上場している外国会社株式のように、海外で信頼性の高い開示が行われている有価証券について、これらのマーケットからセカンダリー的な取引を行う場合に法定開示を免除するという立法趣旨から考えれば、金融商品取引業者等として、発行者や監査人などの責任ある行為に依拠できる部分があるものと考える。他方、このような高品質な会計基準・監査が見込まれない状況や、たとえば海外の流通国において粉飾の報道や情報が流布されているなど金融商品取引業者等であれば当然気づいて調査・検討すべき問題や状況があるにもかかわらず放置したような場合には免責されないのではないかと考えられる。

⑺　「簡易な情報提供」義務の免除

法27条の32の2第1項本文では、法定開示が免除される外国証券については、簡素な情報提供として外国証券情報の提供または公表を行うことを義務づける一方、そのただし書では、この簡易な情報提供としての外国証券情報によって提供されるような内容の情報が国内においてすでに十分に周知されている場合には、外国証券情報の提供・公表義務も免除される旨が規定されている。

つまり、売出しを行おうとする外国証券について、その発行国において十分な流通市場が存在し、かつ、その当該発行者についての信頼性のある情報にインターネット等で容易にアクセスできる場合には、法4条1項4号において法定開示が免除され、次に、法27条の32の2第1項本文の規定による簡易な情報提供義務を満たすものと考えられる。さらに、そのただし書で、外国証券について、特定証券情報（いわゆる「特定投資家私売出し」を行う際に勧誘先の特定投資家に提供・公表する情報）が公表されていることその他の一定の要件を満たす場合は、外国証券情報の提供・公表義務も免除されるということになる。

この具体的な要件は内閣府令で定めることとなるが、外国証券情報の提供・公表義務が免除されるものとしては、基本的には、シンプルな外国国債で、前述した条件（発行国に関する信頼性のある情報にインターネット等を通じて容易にアクセスできること）を満たし、かつ、日本国内においても十分な流通市場があるものが該当すると考えられる。具体的には、

① 発行国や発行案件等に関する信頼性のある情報がインターネット等で容易に入手可能であり、かつ、発行国でコンスタントに相当量の国債発行が行われ、十分な国債流通市場があり、そこでの売買価格等に関する情報が日本から容易に入手可能であること

② 日本国内で十分な流通市場があり、投資家は国内での売却可能額が信頼性の高い形でわかり、かつ、実際いつでも売却可能であること

といった要件を満たす外国国債であれば、その発行国がOECD加盟国かどうか、発行国の格付如何を問わず、法定開示のみならず、簡素な情報提供義務も免除される。

このように、法定開示の免除については、形式的、機械的な基準に当てはめるのではなく、セカンダリー的な取引を法定開示の対象外とする趣旨に照らした取引の実質面に着目した判断が必要である。具体的には、法定開示の免除のためには、発行国などの海外で十分な流通市場があり、そことの取次ぎ的な取引であること、それらの取引の売買価格に関する情報が国内で入手が容易であることが必要である。さらに、簡易な情報提供も免除されるためには、国内において十分に投資情報が周知されており、かつ

国内において十分な流通市場（価格情報が入手でき、かつ流動性が高いこと）が必要となる。

なお、これ以外の外国証券情報の提供・公表義務が免除される場合としては、その有価証券に係る特定証券情報または発行者情報が公表されており、その有価証券に関する情報が別途提供または公表される場合、その有価証券以外の有価証券に係る有価証券報告書が提出されており、その有価証券に関する情報が別途提供または公表される場合等が考えられる。

⑻ 「私売出し」の新設

有価証券を新たに発行する場面では、取得勧誘の相手方の属性や人数を基準とする、いわゆる「適格機関投資家私募」および「少人数私募」の制度が設けられ、法定開示が免除されている（なお、これに先立ち、平成20年改正により、特定投資家のみを対象とする「プロ向け市場」に関する制度整備の一環として、いわゆる「特定投資家私募」が創設されている）。

一方、既発行有価証券については、従来、新規発行有価証券と異なり、流通段階において、有価証券に私法上転売制限を付すことが困難であるとの考えにより、勧誘の相手方が適格機関投資家のみである場合または少数（50名未満）である場合であっても、法定開示を免除する制度は設けられていなかった（ただし、「特定投資家私募」と同時に「特定投資家私売出し」が創設されている）。

しかしながら、既発行有価証券についても、その相手方となる投資家の情報収集能力、分析能力等は代わるものではなく、また、「特定投資家私売出し」を創設したように、流通段階であっても（公法上、強制力のある）転売制限を付すことは可能であると考えられることから、「私売出し」制度を設けるものである（法２条４項２号イ・ロ）(注10)。

(注10)「有価証券の私売出し」の制度は導入するが、法文上、「有価証券の私売出し」とは定義されていない。

① 「適格機関投資家私売出し」

適格機関投資家に限定して既発行有価証券の販売勧誘を行う場合には、

適格機関投資家の情報収集・分析能力に照らし、適格機関投資家私募と同様、発行開示を免除することとされた（いわゆる「適格機関投資家私売出し」）。

適格機関投資家私売出しについての基本的な考え方は、現行の適格機関投資家私募と同様であり、投資者保護の観点から、適格機関投資家私売出しにより譲渡された有価証券が適格機関投資家以外の者に譲渡されることを防ぐため、適格機関投資家以外の者への譲渡を禁止する転売制限を付すとともに、譲渡の際、その相手方である適格機関投資家に対し、転売制限が付されている旨を告知することを義務づけることとしたものである（注11）。具体的な要件としては、適格機関投資家以外の者への譲渡を禁止する旨の譲渡制限契約の締結を条件とした勧誘を行うこと、商品説明書等に転売制限が付されている旨の記載をすること等が考えられる。

なお、適格機関投資家私売出しの対象となる有価証券は、当然、開示が行われていないものとなるが、この中には、海外発行有価証券に加え、少人数私募により国内で発行された有価証券（適格機関投資家以外の者が保有しているもの）も含めることができると考えられる。この場合には、発行段階で付された少人数私募に係る転売制限を消滅させ、新たに適格機関投資家以外の者への譲渡を防止する転売制限を付すこととなる。ただし、少人数私募により発行された有価証券（発行後、開示されたものを除く）が適格機関投資家以外の者に譲渡できなくなることにより、当該有価証券の既存の所有者に不測の不利益を与えることを防止する観点から、その所有者については、少人数私募に係る転売制限に従った譲渡の機会も認めることが適当であると考えられる。

（注11）　特定投資家私売出しは、その有価証券全体（銘柄全体）がプロ向け市場において流通することを意図し、その発行者が当該有価証券に係る特定証券情報の提供・公表を行った上で行われるものである。このため、特定投資家私売出しに係る有価証券については、特定投資家以外の者への譲渡を制限する転売制限がその有価証券全体に及ぶ必要がある（法4条3項）。これに対し、適格機関投資家私売出しに係る有価証券は、当該有価証券に関して開示が行われていない中で、当該有価証券のみに適格

機関投資家以外の者への譲渡を禁止する転売制限が付されていればよいことから、当該有価証券全体（銘柄全体）に転売制限を及ぼす必要はないと考えられる。

②「少人数私売出し」

既発行有価証券の販売勧誘を少数（50名未満）の者を相手方として行う場合には、少人数私募と同様、発行開示を免除することとしたものである（いわゆる「少人数私売出し」）。

少人数私売出しについては、少人数私募と同様、勧誘の相手方が少人数であれば、相対で勧誘を行う者から投資判断に必要な情報を直接入手することが可能であり、法定開示を免除しても投資者保護上、問題はないとの考えによるものである。

なお、勧誘の相手方の人数の数え方については、前述したように（⑷②）、一定期間内（具体的な期間は政令で規定する）に勧誘を行った相手方の数を通算することになる。また、「有価証券の募集」と同様、売付け勧誘等の相手方に適格機関投資家が含まれている場合には、適格機関投資家私売出しと同様の転売制限（①参照）が付されることにより、その相手方の人数から当該適格機関投資家の人数を控除することができることとなる。

少人数私売出しの要件としては、少人数私募と同様に、少人数売出しにより譲渡された有価証券が多数の者に譲渡されることを防ぐため、一括譲渡以外の譲渡を禁止等の転売制限を付すとともに、譲渡の際、その相手方に対して転売制限が付されている旨を告知することを義務づけることとした。具体的な要件としては、少人数私募の要件と同様のものになるものと考えられる。

勧誘者数について、発行者が勧誘者数を把握することができる発行段階と異なり、流通段階では、複数の金融商品取引業者等が別々に独立して同一の有価証券を販売することになるため、各金融商品取引業者等は全体の勧誘者数を把握することができない。このため、勧誘者全体で50名以上の多数となっても、法定開示がされないまま一般投資家に転売されることが考えられるため、これを防止するための工夫が必要となる。ディスクロージャー・ワーキング・グループ報告では、この具体的な工夫として、日本証券業協会に少人数私売出しに係る銘柄の登録・公示制度を設け、海外で発行され、海外で上場され広く流通している証券を国内に持ち込む金融商品取引業者等に当該銘柄に係る国内の所有者数についての通知義務を課し、当該銘柄の国内の所有者数が、たとえば1,000人に達した時点で、当該銘柄のさらなる国内への持込みを禁じることを提言している。政令では、有価証券取引や決済の実務を踏まえ、検討することになる。

一方、外国の既発行有価証券については、現在、一括譲渡以外の譲渡を行わないことを約することを条件とし、またはその他の要件を満たす場合において、50名未満の者に対して売付けを行うことで法定開示が免除されている。しかしながら、このような勧誘は、少人数私売出しまたは外国証券売出しに該当することなるため、これらの規定が適用されることとなる（改正前の金商法23条の14は削除された）。

⑼　既開示有価証券の売出しの取扱い

すでに法定開示がなされている既発行有価証券の売出しについては、現在、目論見書の交付が義務づけられているが、EDINETを通じた情報開示が普及しており、国内において法定開示が行われている有価証券について個々の投資家による法定開示情報へのアクセスは容易であるため、引受人等以外の者が売出しを行う場合は、目論見書の交付および有価証券通知書の提出を免除することとした（法13条１項に規定する「その他内閣府令で定めるもの」として内閣府令において規定する予定）。

一方、発行者、発行者の関係者および引受人（注12）は、発行者に関する未公表の情報を保有し、または容易に取得することが可能な立場にあるため、情報の非対称性の問題等を勘案し、引き続き目論見書の交付を求めることとした。

（注12）「引受人」についての考え方は、前述⑸②と同様である。

▩ 2 「発行登録書制度」の見直し

(1) 見直しの背景とねらい

発行登録書には、有価証券の「募集又は売出しを予定している期間」、「有価証券の種類」、「発行予定額」等を記載することになる。このうち、「発行予定額」については、当該発行登録に係る募集または売出しにより発行または売付けを予定する有価証券の発行価額または売出価額の総額を記載するものであり、有価証券を発行すれば、その発行額だけ発行可能額は減少することとなる。

一方、有価証券取引の実務において、発行登録制度による機動的な資金調達をより利用しやすいものとする観点から、プログラム・アマウント方式（発行登録書に「発行残高の上限」を記載し、償還等により発行残高が減少した場合には、その償還額だけ発行可能額が増額するという方式）を利用して、有価証券の発行を発行残高で管理することができるよう強い要望が出されていた。

(2) 「発行残高の上限」の記載

プログラム・アマウント方式を利用することにより、発行会社は、有利子負債の残高を把握・管理することが可能となり、また、こうした情報は投資者の投資判断に有益であると考えられる。

このため、発行登録書の記載事項のうち、「発行予定額」に代えて、「発行残高の上限」を記載することができるよう、改正することとしたものである。

具体的には、発行登録書に記載することになる「発行予定額」については、従来、発行した有価証券について発行総額で管理しており、有価証券を発行すればその発行額だけ発行可能額が減少することになり、仮に発行済みの有価証券が償還されたとしても発行可能額はそのままとなっていたが、「発行残高の上限」の記載を可能とし、償還等により発行残高が減少した場合には発行可能額の増減を認めることとしたものである（法23条の３第１項）。

⑶　発行予定額の計算方法

発行予定額の下限（１億円）の計算に当たり、募集または売出しを予定している有価証券が新株予約権証券である場合に、発行予定額に新株予約権の行使に際して払い込むべき金額の合計額を合算するか否か、従来は明示されていなかったため、これを明示することとしている（法23条の３第１項）。

Ⅵ　販売ルールの見直し

改正法においては、利用者が安心して取引できる環境を整備するため、利用者保護をより充実させる観点から、販売ルールの見直しを行っている。

具体的には、

・特定投資家（プロ）と一般投資家（アマ）の移行手続の見直し

・有価証券店頭デリバティブ取引への分別管理義務の導入

の二つの措置を講じている。

▩１　特定投資家（プロ）と一般投資家（アマ）の移行手続の見直し

⑴　プロ・アマ制度の概要

金融商品取引法では、投資家を特定投資家（いわゆるプロ）と一般投資家（いわゆるアマ）に区分し、この区分に応じて金融商品取引業者等の行為規制の適用を行うことにより、規制の柔軟化を図ることとしている（図表Ⅵ－１）。

すなわち、

①　業者が一般投資家との間で取引を行う場合には、投資家保護の観点から十分な行為規制を適用し、

②　その知識・経験・財産の状況から金融取引にかかる適切なリスク管理を行うことが可能と考えられる者を「特定投資家」と位置づけた上で、特定投資家との間で取引を行う場合には、特定投資家は、一般にその知識・経験・財産の状況から金融取引にかかる適切なリスク管理を行うことが可能と考えられる者であることから、損失補てんの禁止等市場の公正確保を目的とする規制を除き、業者と顧客との間での情報格差の是正

◆図表Ⅵ－1　金融商品取引法におけるプロ・アマ規制の概要◆

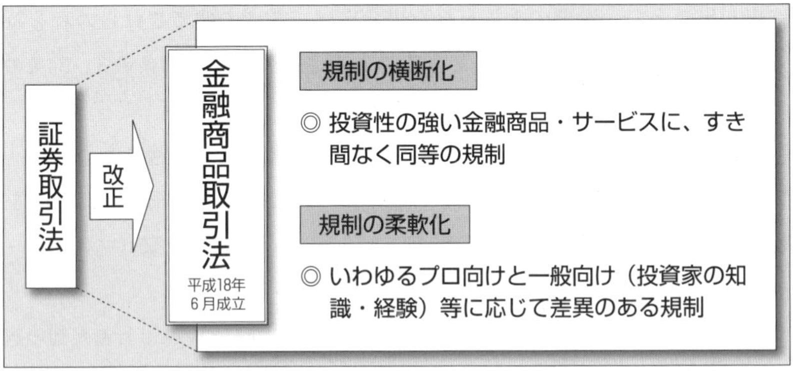

	行為規制の例	一般投資家（アマ）向け	特定投資家（プロ）向け
共通	・顧客に対する誠実義務	適用	適用
	・営業所または事務所ごとに標識を掲示する義務	適用	適用
販売・勧誘	・広告規制	適用	不適用
	・書面交付義務	適用	不適用
	・虚偽の説明の禁止	適用	適用
	・損失補てんの禁止	適用	適用
	・適合性の原則	適用	不適用
	・不招請勧誘、再勧誘の禁止	適用	不適用
運用・助言	・忠実義務、善管注意義務	適用	適用
	・利益相反行為の禁止	適用	適用
	・運用報告書の交付義務	適用	不適用

を目的とする行為規制の適用を除外することとし、規制の柔軟化を図っている（2条31項、34条～34条の5、45条）(注1)。

この「特定投資家」について、金融商品取引法においては、適格機関投資家、国、日本銀行および投資者保護基金その他の内閣府令で定める法人とされている（2条31項）。

ここで、特定投資家のうち、適格機関投資家、国および日本銀行以外の内閣府令で定める法人(注2)については、金融商品取引業者に対して自己を一般投資家として取り扱うように申し出た上で、所要の手続を経た場合には、一般投資家とみなされることが可能となっている（34条の2）。

また、特定投資家以外の法人および知識・経験・財産の状況に照らして特定投資家に相当する者として一定の要件をみたす個人(注3)については、本人が金融商品取引業者等に対して自己を特定投資家として取り扱うように申し出た上で、所要の手続を経た場合には、業者の側でこれらの者を特定投資家として取り扱うことできることとされている（34条の３、34条の４）。

改正法においては、金融商品取引法施行後の実施状況を踏まえ、プロ・アマ制度の基本は維持しつつ、その適用についてよりきめ細やかな対応を行うことにより、投資者保護の徹底を図るべく、特定投資家（プロ）と一般投資家（アマ）の移行手続の見直しを行っている。

（注１）　特定投資家との間で取引を行う場合、以下について、行為規制の適用が除外されている。

①　業者が行う取引の勧誘の相手方が特定投資家である場合には、広告等の規制（37条）、不招請勧誘の禁止（38条３号）、勧誘受諾意思の確認義務（同条４号）、再勧誘の禁止（同条5号）および適合性の原則（40条１号）。

②　業者の取引の申込みを受け、また取引を行う相手方が特定投資家である場合には、取引態様の事前説明義務（37条の２）、契約締結前の書面交付義務（37条の３）、契約締結時の書面交付義務（37条の４）、保証金の受領にかかる書面交付義務（37条の５）、書面による解除（37条の６）、最良執行方針等記載書面の事前交付義務（40条の２第４項）、顧客の有価証券を担保に供する行為等の制限（43条の４）。

③　業者が締結した投資顧問契約の相手方が特定投資家である場合には、金銭・有価証券の貸付け等の禁止（41条の５）。

④　業者が締結した投資一任契約の相手方が特定投資家である場合には、金銭・有価証券の買付け等の禁止（42条の６）および運用報告書の交付義務（42条の７）。

（注２）　地方公共団体、政府系機関、上場会社、資本金５億円以上と見込まれる株式会社等（金融商品取引法第二条に規定する定義に関する内閣府令23条）

（注３）　金融商品取引業者と１年以上の取引経験があり、

- 純資産額３億円以上
- 投資性のある金融資産３億円以上

と見込まれる個人（金融商品取引業等に関する内閣府令62条）

◆図表Ⅵ－２　特定投資家（プロ）と一般投資家（アマ）の移行手続の見直し◆

特定投資家		一般投資家	
①一般投資家へ移行不可	②一般投資家へ移行可能	③特定投資家へ移行可能	④特定投資家へ移行不可
・適格機関投資家 （○金融機関（銀行、証券会社等） ○法人（有価証券残高10億円以上で、届出を行ったもの） など） ・国 ・日本銀行	・地方公共団体 ・政府系機関 ・上場会社 ・資本金５億円以上と見込まれる株式会社 など	・①、②以外の法人 ・一定要件を満たす個人 （○金融商品取引業者と１年以上の取引経験があり、 ・純資産額３億円以上 ・投資性のある金融資産３億円以上 と見込まれる個人）	・③以外の個人

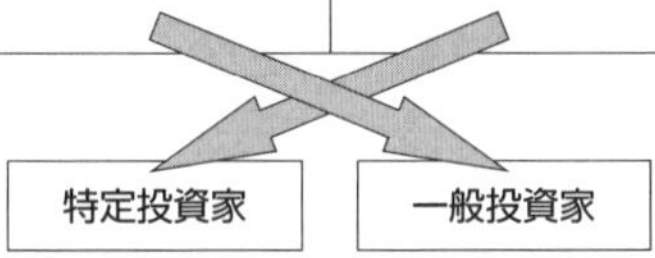

【改正前】　移行の効果は１年のみ

⇩

【改正後】
- プロからアマへの移行については、顧客の申出があるまで有効に
- アマからプロへの移行については、引き続き１年とするが、それ以前でも申出によりアマに戻ることを可能に。

⑵　改正のねらいと要点（図表Ⅵ－２）

①　特定投資家（プロ）から一般投資家（アマ）への移行

改正前において、特定投資家と一般投資家の間の移行手続については、プロからアマへ移行した顧客が、アマ扱いの継続を希望していたとしても、期限日（移行から１年）経過後に、再び申出を行わなかった場合には、特定投資家に戻ることとされていた。

この点について、金融審議会金融分科会第一部会報告「信頼と活力ある市場の構築に向けて」（平成20年12月17日公表）においては、「顧客の意思の確認の徹底や迅速な取引の妨げになりかねないことから、顧客から申出があるまで、原則として、移行の効果が持続することを検討することが適当である」とされた。

これを踏まえて、改正法においては、特定投資家から一般投資家への移行の効果を顧客の申出があるまで有効とすることとしている（34条の２）。

すなわち、アマ成りした顧客は期限日後もアマとして扱われたいという意思を通常有していると考えられることから、かかる顧客意思の尊重等や手続の円滑化（迅速な取引を可能とする）の観点から、アマ成りの移行の効果の期限を無期限とし、顧客の申出・業者の承諾により、随時プロに復帰できることとしている（34条の２第10項）。

また、プロへの復帰の手続については、顧客にとって、自分がプロに戻ったことを明確に認識できる必要がある。そこで、業者にプロ復帰の承諾の際に、書面による同意の取得を義務づけることとしている（34条の２第11項）。

なお、かかる書面による同意について、利便性の観点から電磁的方法によることができるものとしている（34条の２第12項）。

②　一般投資家（アマ）から特定投資家（プロ）への移行

また、改正前において、いったん、一般投資家から特定投資家への変更を選択した場合、期限日までの１年間、元の属性への変更はできないこととされていた。

この点について、投資家保護の徹底を図る観点から、改正法においては、一般投資家から特定投資家への移行の効果は引き続き１年とするが、それ以前でも申出により一般投資家に戻ることができることとしている（34条の３、34条の４）。

（参考）　金融審議会金融分科会第一部会報告「信頼と活力ある市場の構築に向けて」（平成20年12月17日公表）において、「期限日を待たずに属性の変更を認めることを検討することが考えられるが、その場合には、実務上の円滑に留意しつつ、顧客の意思が確実に確認されるように留意すべきである。」とされている。

なお、改正前において、アマのプロ成りの更新申出に対する業者の承諾は、アマのプロ成りの効果が切れる期限日前にはすることができないとされていた。

これに関しては、事務手続の円滑から一定の限度で事前の更新の承諾を認めるべきと考えられる一方で、投資家保護に欠けることにならないようにするため、顧客の意思確認を適切なタイミングで行う必要があり、事前の申請を無制限に認めることは適切でないと考えられる。

そこで、改正法においては、アマのプロ成りについて、期限日前の一定の期間内でなければ、更新申出をすることができないこととされている(34条の3第7項、34条の4第6項)。

この申請の具体的な詳細については、政令および内閣府令で確定されることになるが、たとえば期限日の1か月前からプロ継続の申出を可能とすることが検討されよう。

▩2　有価証券店頭デリバティブ取引への分別管理義務の導入

改正前において、現物の有価証券取引については、顧客から預託を受けた金銭等の分別管理が金融商品取引業者に対して義務づけられていたが、有価証券店頭デリバティブ取引については、主に金融機関の間で行われる取引であったこと等を踏まえ、顧客から預託を受けた金銭等の分別管理は義務づけられていなかった。

もっとも、近年、有価証券店頭デリバティブ取引の中には、証券CFD取引(注4)等、主に個人の顧客を相手とする取引がみられるようになってきているところ、顧客が金融商品取引業者に預託した金銭等について分別管理がなされない場合には、有価証券店頭デリバティブ取引を扱う業者の経営破綻時等において顧客資産の適切かつ円滑な返還が確保されないおそれがある。

そこで、改正法では、有価証券店頭デリバティブ取引に関して、金融機関間の取引など投資家保護に支障がないと認められるものを除き、顧客から預託を受けた金銭等について分別管理を義務づけることとしている(43条の2)(**図表Ⅵ－3**)。

本措置については、現時点において、必ずしも証券CFD等において顧客被害等が発生している状況ではないが、フォワード・ルッキングなアプローチとして投資家保護が図られたものである。

◆図表Ⅵ－３　有価証券店頭デリバティブ取引への分別管理義務の導入の概要◆

- 従来、有価証券店頭デリバティブ取引については、主として金融機関の間で行われる取引であったこと等を踏まえ、顧客の証拠金に係る分別管理義務が課されていない。
- 最近、有価証券店頭デリバティブ取引の中には、証券CFD取引（差金決済取引）等、個人の顧客を相手とする取引もみられるように。

（注）証券CFD取引（Contract for Difference）とは、少額の証拠金の預託を受け、有価証券や有価証券指数を対象資産として、差金決済により行う取引をいう。

⇨ 金融機関間の取引など投資家保護に支障がないと認められるものを除き、分別管理義務の対象に。

		有価証券取引（現物）	有価証券関連デリバティブ取引
分別管理義務	取引所	○	○
	店　頭	○	【改正前】　【改正後】 ×　→　原則 ○

なお、分別管理義務の例外とする取引の具体的な範囲は、相手方が金融機関である場合など投資家保護に支障がないと認められる取引を例外とすることが考えられるが、その具体的範囲については、投資家保護の観点と資金効率を阻害しない観点を踏まえ、政令・内閣府令で確定されることとなる。

（注４）　証券CFD取引（Contract for Difference）とは、少額の証拠金の預託を受け、有価証券や有価証券指数を対象資産として、差金決済により行う取引をいう。

Ⅶ　施行日

国際的な金融・資本市場の混乱への対応と利用者保護の充実、わが国金融・資本市場の機能強化のため、公正・透明で利便性の高い市場基盤を整備することによって、信頼と活力ある金融・資本市場を構築することが喫緊の課題となっている。今般の改正は、こうした観点から行われるものであり、改正法に盛り込まれた措置は速やかに実施されることが求められている。

一方、改正法の施行に当たっては、関係する政令・内閣府令の制定が必要であり、これらの規定の整備にはパブリック・コメントの実施など一定の事務手続が必要とされる。これらを踏まえ、改正法の施行日は、以下を除き、公布の日（平成21年６月24日）から１年を超えない範囲内において政令で定める日とされている。

⑴　信用格付業者に対する規制の導入に関する規定のうち、金融商品取引業者等に対して新たに課す行為規制（無登録業者による格付を利用した勧誘の制限（無登録である旨、格付の前提・限界等の説明義務））については、対象業者等への周知期間を設ける必要や、当該規定の遵守のための準備期間を設ける必要があることに鑑み、改正法の公布の日から１年６か月を超えない範囲内において政令で定める日から施行することとしている。

⑵　金融分野における裁判外紛争解決制度（金融ADR制度）の創設に関する規定のうち、個別金融機関に対する苦情処理・紛争解決に係る行為規制（たとえば、指定紛争解決機関の利用義務づけなど）については、指定紛争解決機関との契約の準備、あるいは苦情処理・紛争解決への対応の態勢整備に相応の期間を要することに鑑み、⑴と同様に、改正法の公布の日から１年６か月を超えない範囲内において政令で定める

日から施行することとしている。

(3)　金融商品取引所と商品取引所の相互乗入れに関する規定のうち、改正商品取引所法の施行と合わせて施行する必要のあるものについては、上記の原則となる施行日と改正商品取引所法の施行の日のいずれか遅い日から施行することとしている。

具体的には、①取引所の相互乗入れ自体に関する規定については、上記の原則となる施行日と、改正商品取引所法の当該部分に係る施行日である、改正商品取引所法の公布の日（平成21年７月10日）から１年を超えない範囲内において政令で定める日のいずれか遅い日から施行することとなり、②清算機関の相互乗入れのための規定については、上記の原則となる施行日と、改正商品取引所法の当該部分に係る施行日である、改正商品取引所法の公布の日（平成21年７月10日）から１年６か月を超えない範囲内において政令で定める日のいずれか遅い日から施行することとなる。

第2部

逐条解説編

Ⅰ　改正法の構成

「金融商品取引法等の一部を改正する法律」（平成21年法律第58号）は、17条の本則と21条の附則から構成されている。本則改正については、以下のとおりとなっている。

第１条　金融商品取引法
第２条　無尽業法
第３条　金融機関の信託業務の兼営等に関する法律
第４条　農業協同組合法
第５条　水産業協同組合法
第６条　中小企業等協同組合法
第７条　信用金庫法
第８条　長期信用銀行法
第９条　労働金庫法
第10条　銀行法
第11条　貸金業法
第12条　保険業法
第13条　農林中央金庫法
第14条　信託業法
第15条　株式会社商工組合中央金庫法
第16条　資金決済に関する法律
第17条　証券取引法等の一部を改正する法律の施行に伴う関係法律の整備等に関する法律第五十七条第二項の規定によりなお効力を有するものとされる同法第一条の規定による廃止前の抵当証券業の規制等に関する法律

附則改正については、以下のとおりとなっている。

附則第１条　施行日

附則第２条〜第５条　経過措置

附則第６条・第７条　他の法律の一部改正に伴う調整規定

附則第８条〜第18条　本則改正に伴い機械的な改正が生じる他の法律の一部改正

附則第19条　罰則の適用に関する経過措置

附則第20条　政令への委任

附則第21条　検討規定

第２部のⅢにおいては、これらのうち、本則１条改正、すなわち、金商法の一部改正について逐条で解説を行う。

Ⅱ　改正条項の概観

逐条解説に入る前に、各制度の見直しの柱ごとに、どのような改正条項が置かれているかを概観しておく。

▩ 1　開示規制の見直し

(1)　「有価証券の売出し」に係る開示規制の見直し等

①　「有価証券の売出し」定義の見直し（「均一の条件」の削除）（法2条4項関係）

法2条4項に規定する「有価証券の売出し」の定義において、第一項有価証券の売付け勧誘等が「有価証券の売出し」に該当することとなる要件の一つである「均一の条件」を削除する。

②　「有価証券の売出し」定義の見直しに伴う技術的な改正

「有価証券の売出し」の定義の見直しと同時に、またはこれに伴い、次の技術的な改正を行うこととする。

(i)　「有価証券の募集」と「有価証券の売出し」の境界の見直し（法2条3項柱書、4項柱書関係）

「有価証券の売出し」の定義の見直しと同時に、すでに発行された有価証券の勧誘行為であっても、「有価証券の売出し」ではなく「有価証券の募集」として開示規制を適用することが適切であるもの（「取得勧誘類似行為」と定義している（法2条3項柱書））については、「有価証券の募集」に含めることとする。

(ii)　人数通算規定の新設（法2条4項2号ハ関係）

「有価証券の売出し」の定義から「均一の条件」の要件を削除することに伴い、もう一つの要件である「多数の者」に該当するか否かを判断するため、一定期間内に行われた売付け勧誘等の勧誘者数を合計して判断する旨の規定を新設することとする。

③　「有価証券の売出し」定義の見直しに伴う法定開示の免除範囲の新設・拡大

「有価証券の売出し」の定義から「均一の条件」の要件を削除することに伴い、「有価証券の売出し」に該当することとなる勧誘行為であっても、法定開示の対象とする必要性の低いものとして次の三つのカテゴリーに含まれるものは、結果的に法定開示が免除される。

(i)　「有価証券の売出し」に該当しない勧誘等（法２条４項柱書関係）

次の勧誘行為・取引は、そもそも「有価証券の売出し」に該当しないこととするため、法定開示は免除される。

(a)　「売付け勧誘等」に該当しない勧誘行為（具体的には、一定の有価証券の売り気配の公表等を内閣府令で定める）

(b)　「有価証券の売出し」から除外される取引（具体的には、取引所金融商品市場取引等を政令で定める）

(ii)　「有価証券の売出し」に該当するが、法定開示を免除する勧誘等（法４条１項４号）

一定の要件を満たす外国有価証券の売出し（「外国証券売出し」と定義している（法27条の32の２））について、法定開示を免除する規定を新設することとする。

(iii)　「私売出し」に該当する勧誘等（法２条４項２号イ・ロ関係）

「適格機関投資家私売出し」、「少人数私売出し」制度を新設することとする。

④　簡易の情報提供制度の新設（法27条の32の２関係）

法定開示が免除された外国証券売出し（③(ii)参照）を行う金融商品取引業者等に対し、簡易な情報提供として「外国証券情報」の提供または公表を義務づけることとする。

⑤　簡易な情報提供義務の免除規定の新設（法27条の32の２関係）

一定の要件を満たす外国国債の売出しについて、「外国証券情報」に提供または公表義務を免除することとする。

⑵　「発行登録制度」の見直し

「発行登録制度」における発行登録書の記載事項として、「発行予定額」の記載に代えて、「発行残高の上限」を記載することができることとする（法23条の３、23条の４関係）。

▩２　特定投資家（プロ）と一般投資家（アマ）の移行手続の見直し

①　特定投資家から一般投資家への移行の効果（現行は１年）を、顧客の申出があるまで有効にすることとする（法34条の２関係）。

②　一般投資家から特定投資家への移行の効果は、引き続き１年とするが、それ以前でも申出により一般投資家に戻ることができることとする（法34条の３、34条の４関係）。

▩３　有価証券店頭デリバティブ取引への分別管理義務の導入

有価証券店頭デリバティブ取引について、有価証券関連業を行う第一種金融商品取引業者を相手方として行う取引等を除き、分別管理の対象とすることとする（法43条の２関係）。

▩４　格付会社に対する規制の導入

⑴　信用格付業者に対する登録制の導入

①　信用格付業を行う法人等は、登録を受けることができることとする（登録を受けた法人等を信用格付業者という）。

②　登録拒否事由として、信用格付業を公正かつ的確に遂行するための必要な体制が整備されていると認められない法人等を規定し、登録手続等について所要の規定を整備する（法66条の27～66条の31関係）。

(2) 信用格付業者の業務に関する規定の整備

①　信用格付業者ならびにその役員及び使用人は、独立した立場において公正かつ誠実にその業務を遂行しなければならないこととする（法66条の32関係）。

②　信用格付業者について、信用格付業を公正かつ的確に遂行するため、利益相反防止等の業務の執行の適正を確保するための措置を含む業務管理体制の整備を義務づけることとする（法66条の33関係）。

③　信用格付業者は、自己の名義をもって、他人に信用格付業を行わせてはならないこととする（法66条の34関係）。

④　信用格付業者またはその役員もしくは使用人について、信用格付の対象となる事項に関し一定の利害を有する者と一定の密接な関係を有する場合には、当該信用格付を提供し、または閲覧に供する行為を禁止する等の禁止行為の規定を整備する（法66条の35関係）。

⑤　信用格付業者は、信用格付を付与し、かつ、提供しまたは閲覧に供するための方針および方法（格付方針等）を定めて公表し、格付方針等に従い、信用格付業の業務を行わなければならないこととする（法66条の36関係）。

(3) 信用格付業者に関する監督規定等の整備

①　信用格付業者は、事業年度ごとに、事業報告書を作成し、内閣総理大臣に提出しなければならないこととする（法66条の38関係）。

②　信用格付業者は、事業年度ごとに、業務の状況に関する事項を記載した説明書類を作成し、すべての営業所または事務所に備え置き、公衆の縦覧に供するとともに、インターネットの利用その他の方法により公表しなければならないこととする（法66条の39関係）。

③　信用格付業者に対する報告徴取・立入検査、業務改善命令、業務停止命令、登録の取消し等の監督に関する所要の規定を整備することとする（法66条の40～66条の45関係）。

⑷　無登録業者による格付を利用した勧誘の制限

金融商品取引業者等またはその役員もしくは使用人は、顧客に対し、登録を受けた信用格付業者以外の信用格付業を行う者の付与した信用格付について、登録を受けていない旨等を告げることなく提供して、金融商品取引契約の締結の勧誘をする行為をしてはならないこととする（法38条関係）。

※５　金融商品取引所と商品取引所の相互乗入れ

⑴　金融商品取引所による商品市場の開設

株式会社金融商品取引所は、認可を受けて商品市場の開設を行うことができることを明確化することとする（法87条の２第１項関係）。

⑵　金融商品取引所と商品取引所のグループ化

①　金融商品取引所または金融商品取引所持株会社は、認可を受けて商品取引所を子会社として保有できることを明確化することとする（法87条の３第１項、106条の24第１項関係）。

②　上記⑴により認可を受けて商品市場を開設する金融商品取引所は、商品市場の開設およびこれに附帯する業務を行う会社を認可を受けることなく子会社として保有できることとする（法87条の３第２項関係）。

③　商品取引所および商品取引所持株会社は、金融商品取引所を金融商品取引法上の認可を受けることなく子会社として保有できることとし、監督上の処分等の所要の規定を整備することとする（法103条の２、106条の６、106条の７、106条の10、109条関係）。

④　金融商品取引所を子会社とする商品取引所および商品取引所持株会社は、金融商品取引所の業務の公共性に対する信頼および健全かつ適切な運営を損なうことのないよう、その子会社全般の適切な経営管理に努めなければならないこととする（法106条の23、109条関係）。

⑶　金融商品取引清算機関による商品取引債務引受業の実施

金融商品取引清算機関は、承認を受けて商品取引債務引受業を行うことができることを明確化することとする（法156条の６関係）。

▩６　指定紛争解決制度の創設

⑴　指定紛争解決機関との契約締結義務等

第一種金融商品取引業者、第二種金融商品取引業者、投資助言・代理業もしくは投資運用業を行う者、登録金融機関または証券金融会社は、指定紛争解決機関が存在する場合には、指定紛争解決機関との間で手続実施基本契約を締結する措置を、指定紛争解決機関が存在しない場合には、苦情処理措置および紛争解決措置を講じなければならないこととする（法37条の７、156条の31の２関係）。

⑵　紛争解決機関に対する指定制の導入

内閣総理大臣による紛争解決機関の指定制度を設けるとともに、次に掲げる事項を含む指定要件、指定に当たっての法務大臣への協議その他の所要の規定を整備することとする（法156条の38～156条の41関係）。

①　紛争解決等業務を的確に実施するに足りる経理的および技術的な基礎を有すること。

②　役員または職員の構成が紛争解決等業務の公正な実施に支障を及ぼすおそれがないこと。

③　業務規程が法令に適合し、かつ、この法律の定めるところにより紛争解決等業務を公正かつ的確に実施するために十分であると認められること。

④　業務規程の内容について異議を述べた金融商品取引業者等の数の金融商品取引業者等の総数に占める割合が政令で定める割合以下の割合となったこと。

⑶　**指定紛争解決機関の業務に関する規定の整備**（法156条の42 ～ 156条の54関係）

①　指定紛争解決機関は、紛争解決等業務に係る業務規程を定めることとし、業務規程の変更には内閣総理大臣の認可を受けることとする。

②　指定紛争解決機関が金融商品取引業者等と締結する手続実施基本契約は、次に掲げる事項等を内容とするものとする。

(i)　指定紛争解決機関は、加入金融商品取引業者等に苦情処理手続または紛争解決手続に応じるよう求めることができ、当該金融商品取引業者等は、正当な理由なくこれを拒んではならないこと。

(ii)　指定紛争解決機関は、苦情処理手続または紛争解決手続において、加入金融商品取引業者等に対し、報告または帳簿書類その他物件の提出を求めることができ、当該加入金融商品取引業者等は、正当な理由なくこれを拒んではならないこと。

(iii)　紛争解決委員は、紛争解決手続において、和解案の受諾の勧告によっては当事者間に和解が成立する見込みがない場合において、相当であると認めるときは、紛争解決のために必要な特別調停案を作成し、理由を付して当事者に提示することができ、加入金融商品取引業者等は、訴えを提起した場合その他の場合を除いて特別調停案を受諾すること。

③　指定紛争解決機関は、手続実施基本契約により加入金融商品取引業者等が負担する義務の不履行が生じた場合において、正当な理由がないと認めるときは、遅滞なく、当該加入金融商品取引業者等の商号および当該不履行の事実を公表しなければならないこととする。

④　指定紛争解決機関は、加入金融商品取引業者等の顧客から苦情の解決の申立てがあったときは、その相談に応じ、当該顧客に必要な助言をし、事情を調査するとともに、当該金融商品取引業者等に対し、苦情の内容を通知してその迅速な処理を求めなければならないこととする。

⑤　指定紛争解決機関は、当事者より紛争の解決の申立てを受けたとき

は、紛争解決委員を選任するものとし、当該紛争解決委員は、和解案を作成し、その受諾を勧告し、または特別調停をすることができることとする。

⑥　紛争解決委員が紛争解決手続を終了した場合において、当該紛争解決手続の申立てをした当事者がその旨の通知を受けた日から一月以内に当該紛争解決手続の目的となった請求について訴えを提起したときは、時効の中断に関しては、当該紛争解決手続における請求のときに、訴えの提起があったものとみなすこととする。

⑷　指定紛争解決機関の監督に関する規定の整備

内閣総理大臣による指定紛争解決機関に対する報告徴取、立入検査、業務改善命令、業務の休廃止に係る認可、指定の取消しおよび業務改善命令等に当たっての法務大臣への協議その他の監督に関する所要の規定を整備することとする（法156条の55～156条の61関係）。

7　その他

その他所要の規定の整備を行うこととする。

Ⅲ　金融商品取引法の一部改正に係る逐条解説

第1章　総則

第2条　定義

●第3項●　有価証券の募集

改　正　後	改　正　前
3　この法律において、「有価証券の募集」とは、新たに発行される有価証券の取得の申込みの勧誘（これに類するものとして内閣府令で定めるもの（次項において「取得勧誘類似行為」という。）を含む。以下「取得勧誘」という。）のうち、当該取得勧誘が第一項に掲げる有価証券又は前項の規定により有価証券とみなされる有価証券表示権利若しくは特定電子記録債権（次項及び第六項、次条第四項及び第五項並びに第二十三条の十三第四項において「第一項有価証券」という。）に係るものである場合にあつては第一号及び第二号に掲げる場合、当該取得勧誘が前項の規定により有価証券とみなされる同項各号に掲げる権利（次項、次条第四項及び第五項並びに第二十三条の十三第四項において「第二項有価証券」という。）に係るものである場合にあつては第三号に掲げる場合に該当するものをいい、「有価証券の私募」とは、取得勧誘であつて有価証券の募集に該当しないものをいう。 一　（略） 二　前号に掲げる場合のほか、次に掲げる場合のいずれにも該当しない場	3　この法律において、「有価証券の募集」とは、新たに発行される有価証券の取得の申込みの勧誘（これに類するものとして内閣府令で定めるものを含む。以下「取得勧誘」という。）のうち、当該取得勧誘が第一項に掲げる有価証券又は前項の規定により有価証券とみなされる有価証券表示権利若しくは特定電子記録債権（次項第一号及び第六項、次条第四項及び第五項並びに第二十三条の十三第四項において「第一項有価証券」という。）に係るものである場合にあつては第一号及び第二号に掲げる場合、当該取得勧誘が前項の規定により有価証券とみなされる同項各号に掲げる権利（次項第二号、次条第四項及び第五項並びに第二十三条の十三第四項において「第二項有価証券」という。）に係るものである場合にあつては第三号に掲げる場合に該当するものをいい、「有価証券の私募」とは、取得勧誘であつて有価証券の募集に該当しないものをいう。 一　（略） 二　前号に掲げる場合のほか、次に掲げる場合のいずれにも該当しない場

合 イ　（略） ロ　特定投資家のみを相手方として行う場合であつて、次に掲げる要件のすべてに該当するとき（イに掲げる場合を除く。）。 ⑴　当該取得勧誘の相手方が国、日本銀行及び適格機関投資家以外の者である場合にあつては、金融商品取引業者等（第三十四条に規定する金融商品取引業者等をいう。次項、第四条第一項第四号及び第三項、第二十七条の三十二の二並びに第二十七条の三十四の二において同じ。）が顧客からの委託により又は自己のために当該取得勧誘を行うこと。 ⑵　（略） ハ　前号に掲げる場合並びにイ及びロに掲げる場合以外の場合（当該有価証券と種類を同じくする有価証券の発行及び勧誘の状況等を勘案して政令で定める要件に該当する場合を除く。）であつて、当該有価証券が多数の者に所有されるおそれが少ないものとして政令で定める場合 三　（略）	合 イ　（略） ロ　特定投資家のみを相手方として行う場合であつて、次に掲げる要件のすべてに該当するとき（イに掲げる場合を除く。）。 ⑴　当該取得勧誘の相手方が国、日本銀行及び適格機関投資家以外の者である場合にあつては、金融商品取引業者等（第三十四条に規定する金融商品取引業者等をいう。次項及び第四条第三項において同じ。）が顧客からの委託により又は自己のために当該取得勧誘を行うこと。 ⑵　（略） ハ　前号に掲げる場合並びにイ及びロに掲げる場合以外の場合（政令で定める要件に該当する場合を除く。）であつて、当該有価証券がその取得者から多数の者に譲渡されるおそれが少ないものとして政令で定める場合 三　（略）

概要

「有価証券の募集」の定義の見直しは行っていないが、「取得勧誘」の範囲の見直しを行うとともに、規定の整備を行うこととする。

解説

改正前においても、「新たに発行される有価証券の取得の申込みの勧誘」に「これに類するものとして内閣府令で定めるもの」を含めて「取得勧誘」と定義していた。

今回の改正においては、「これに類するものとして内閣府令で定めるもの」の範囲を見直すこととし、その上で「取得勧誘類似行為」と定義して

「取得勧誘」の範囲に含めることとした。そして、その一方で、「有価証券の売出し」の定義を定める本条4項において、「既に発行された有価証券の売付けの申込み又はその買付けの申込みの勧誘」から「取得勧誘類似行為」を除外することとしている（本条4項の 解説 参照）。

なお、「内閣府令で定めるもの」については、従来、特定目的信託の受益証券に係る信託の原委託者が当該受益証券を譲渡するために行う当該受益証券の売付けの申込みまたはその買付けの申込みの勧誘等を規定している（定義府令9条）。今回の改正では、有価証券取引の実務を踏まえ、「新たに発行される有価証券の取得の申込みの勧誘」に該当しない行為であっても、「有価証券の募集」として開示規制の対象とすることが適当であると考えられる行為（具体的な内容については、本条4項の 解説 参照）を追加して規定する予定である（定義府令9条）。

本項2号ロについては、このロにおいて定義した「金融商品取引業者等」を用いる規定の新設および条ずれ等に伴う規定の整備を行うものである。

また、いわゆる「少人数私募」について規定する2号ハにおいては、括弧書部分の政令委任事項（「政令で定める要件」（令1条の6））の内容（6か月以内に行った同一種類の有価証券に係る取得勧誘の相手方の合計が50名以上となること（人数通算））について、法律においてある程度明らかにするため、「当該有価証券と種類を同じくする有価証券の発行及び勧誘の状況等を勘案」する旨を明記することとした。

なお、「50名以上の特定投資家のみを相手方とする取得勧誘」であっても、「少人数私募」の要件に該当する場合には「少人数私募」となってしまう。このため、従来は、令1条の6において、「少人数私募」に該当しない要件として、「50名以上の特定投資家のみを相手方とする場合に該当すること」と規定しているが、改正後は、「少人数私募」に該当する要件を規定する政令1条の7において、当該要件の1つとして、「50名以上の特定投資家のみを相手方とする取得勧誘に該当しないこと」と規定する予定である。

●第4項●　有価証券の売出し

改　正　後	改　正　前
4　この法律において「有価証券の売出し」とは、既に発行された有価証券の売付けの申込み又はその買付けの申込みの勧誘（取得勧誘類似行為に該当するものその他内閣府令で定めるものを除く。以下「売付け勧誘等」という。）のうち、当該売付け勧誘等が第一項有価証券に係るものである場合にあつては第一号及び第二号に掲げる場合、当該売付け勧誘等が第二項有価証券に係るものである場合にあつては第三号に掲げる場合に該当するもの（取引所金融商品市場における有価証券の売買及びこれに準ずる取引その他の政令で定める有価証券の取引に係るものを除く。）をいう。 一　多数の者（適格機関投資家が含まれる場合であつて、当該有価証券がその取得者である適格機関投資家から適格機関投資家以外の者に譲渡されるおそれが少ないものとして政令で定める場合に該当するときは、当該適格機関投資家を除く。）を相手方として行う場合として政令で定める場合（特定投資家のみを相手方とする場合を除く。） 二　前号に掲げる場合のほか、次に掲げる場合のいずれにも該当しない場合 イ　適格機関投資家のみを相手方として行う場合であつて、当該有価証券がその取得者から適格機関投資家以外の者に譲渡されるおそれが少ないものとして政令で定める場合 ロ　特定投資家のみを相手方として行う場合であつて、次に掲げる要件のすべてに該当するとき（イに掲げる場合を除く。）。	4　この法律において「有価証券の売出し」とは、既に発行された有価証券の売付けの申込み又はその買付けの申込みの勧誘（以下「売付け勧誘等」という。）のうち、次の各号に掲げる有価証券の区分に応じ、当該各号に定める場合に該当するもの（取引所金融商品市場における有価証券の売買及びこれに準ずる取引その他の政令で定める有価証券の取引に係るものを除く。）をいう。 一　第一項有価証券　均一の条件で、多数の者を相手方として行う場合として政令で定める場合（次に掲げる要件のすべてに該当する場合を除く。） イ　当該売付け勧誘等が特定投資家のみを相手方として行われること。 ロ　当該売付け勧誘等の相手方が国、日本銀行及び適格機関投資家以外の者である場合にあつては、金融商品取引業者等が顧客からの委託により又は自己のために当該売付け勧誘等を行うこと。 ハ　当該有価証券がその取得者から特定投資家等以外の者に譲渡されるおそれが少ないものとして政令で定める場合に該当すること。 二　第二項有価証券　その売付け勧誘等に応じることにより、当該売付け勧誘等に係る有価証券を相当程度多数の者が所有することとなる場合として政令で定める場合

⑴　当該売付け勧誘等の相手方が国、日本銀行及び適格機関投資家以外の者である場合にあつては、金融商品取引業者等が顧客からの委託により又は自己のために当該売付け勧誘等を行うこと。 ⑵　当該有価証券がその取得者から特定投資家等以外の者に譲渡されるおそれが少ないものとして政令で定める場合に該当すること。 ハ　前号に掲げる場合並びにイ及びロに掲げる場合以外の場合（当該有価証券と種類を同じくする有価証券の発行及び勧誘の状況等を勘案して政令で定める要件に該当する場合を除く。）であつて、当該有価証券が多数の者に所有されるおそれが少ないものとして政令で定める場合 三　その売付け勧誘等に応じることにより相当程度多数の者が当該売付け勧誘等に係る有価証券を所有することとなる場合として政令で定める場合	

概要

「有価証券の売出し」に係る開示規制については、「均一の条件」といった形式的な基準で判断するのではなく、経済実態としてプライマリー的な販売勧誘（販売勧誘される有価証券や発行体に関する情報等に関し、一度に大量の有価証券が売りさばかれて販売圧力が生じ得る場合のように、販売サイドと投資者との間の情報格差の是正のために発行開示を要する状況）には法定開示を求め、セカンダリー的な販売勧誘（市場においてすでに流通しており、その有価証券や発行体に関する情報が広く提供されている有価証券について、流通市場と顧客との間を取り次いでいるとみることが実態に即していると考えられる販売勧誘）の場合には法定開示を求めないという、実態に即したものに整備することとし、「有価証券の売出し」定義を見直すものである。

解説

第一項有価証券に係る「有価証券の売出し」の定義については、前述のとおり、従来の「均一の条件」という要件を削除し、基本的には、「売付け勧誘等のうち、「多数の者」を相手方として行う場合」とする。

「多数の者」は、政令において「50名以上の者」と規定しているが（令1条の8）、基本的には従来どおりとする。

(1) 「売付け勧誘等」に該当しない勧誘等

「売付け勧誘等」は、既発行有価証券の売付けの申込みまたはその買付けの申込みの勧誘から「取得勧誘類似行為その他内閣府令で定めるもの」を除いたものとされている（法2条4項柱書）。

① 「取得勧誘類似行為」

「取得勧誘類似行為」は、「新たに発行される有価証券の取得の申込みの勧誘……に類するものとして内閣府令で定めるもの」と規定され（法2条3項柱書）、「既発行有価証券の売付けの申込み又はその買付けの申込みの勧誘」であるものの、「有価証券の売出し」としてではなく、「有価証券の募集」として開示規制を適用することが、投資者保護の観点から適切であると考えられるものである。

これに該当する具体的な勧誘行為は内閣府令で定めることとなるが、その一つとして、発行されて間もない有価証券についての売付け勧誘等が考えられる。発行に近接して販売勧誘が行われる場合には、

(i) 当該有価証券の価格に関する情報や発行者に関する情報が投資家に十分に伝わっているとは考えられず、発行者、勧誘を行う者および投資者との間で情報の非対称性が存在する可能性がある

(ii) 発行後、すぐに販売勧誘を行うのであれば、そもそも発行に係る法定開示を行い、または私募要件に則って発行することが開示規制の趣旨に沿うものである

と考えられることから、発行後一定期間内に行われる売出しを新規発行に係る開示規制の対象とするものである。

一方で、有価証券の性質、流通量、取引形態等によっては一律に新

規発行に係る開示規制を適用することが適当でない場合も考えられる。たとえば、流通市場で豊富に流通している株式を投資家に取り次ぐ場合において、たまたま、流通している株数よりも相当少ない新株が発行されたときなどは、発行後一定期間内の新株とすでに流通している旧株を区別することが困難であり、実態としてセカンダリー取引として扱うべき場合がある一方で、すでに流通している株数に比較して大量の新株を発行され、これらの新株の売出しが行われる場合には、実態として新規発行に係る開示を求めるべきとも考えられる。このため、具体的な検討に当たっては、ディスクロージャー・ワーキング・グループ報告において提言された「発行後3か月以内といった発行に近接して行われる売出し」を一つの目安としつつ、有価証券の性質、流通量、取引形態等を勘案して、実質的にプライマリー取引といえるものを「取得勧誘類似取引」の一形態として内閣府令において規定することになる。

② 売り気配等の公表

有価証券の売り気配の公表等のうち、当該有価証券について流通性を付与することを目的として行うもの、社会一般に対し当該有価証券に係る財産評価の基準を提供することを目的として行うもの等については、当該有価証券の売出しを目的としたものではないと認められ、一律に発行開示規制の対象とすることは適当ではないと考えられることから、売付け勧誘等には該当しないものとして内閣府令で規定する(法2条4項柱書)。

内閣府令では、法令上の義務の履行として行う気配の通知・公表(たとえば、法67条の18および67条の19による申込み価格の通知・公表)であって、売付け勧誘等の積極的・能動的な行為を伴わないもの等を規定する予定である。なお、その他の気配を表示する行為(情報提供メディア、ウェブサイト、新聞等への気配情報の掲載等)については、当該表示の目的、表示の内容等を考慮し、各行為の態様に応じて個別具体的に判断する必要があるが、当該行為の前後の諸状況をも総合勘案し、その実態が単なる情報の提供にすぎないと認められるものは、売付け勧誘等には当たらないと考えられる。

⑵　通算規定の新設

「有価証券の売出し」から「均一の条件」という要件を削除することにより、

①　取引の場面、形態等が異なる場合であっても、その取引対象が同一種類の既発行有価証券であるときには、これらの売付け勧誘等の全体を一つの「有価証券の売出し」と捉えられることとなるものの、開示規制の趣旨に鑑みれば、これらを一つの「有価証券の売出し」として規制の対象とする必要性は低いものと考えられることから、開示規制の適用対象となる取引の範囲を画する必要があり、

②　他方、大量の同一種類の既発行有価証券の売付けを行う場合において、勧誘の相手方の人数を49名ごとに分けて行うことにより、開示規制を潜脱することが可能であるため、これを防止する必要がある。

このため、「有価証券の募集」と同様、一定期間内に行われた売付け勧誘等における勧誘者数を通算して「有価証券の売出し」に該当するか否かを判断するという通算規定を新設することとした。その要件については、「当該有価証券と種類を同じくする有価証券の発行及び勧誘の状況等を勘案して政令で定める要件」（法２条４項２号ハ）とし、具体的には政令で定めることとなるが、ディスクロージャー・ワーキング・グループ報告では、通算期間については「１か月程度」と提言されている。

⑶　「有価証券の売出し」から除外される取引

改正前においては、「有価証券の売出し」に該当するものであっても、取引所金融商品市場における有価証券の売買および金融商品取引所に上場されている銘柄に係るPTS取引については、「有価証券の売出し」から除外し、開示規制の適用除外とされていた（改正前の法２条４項柱書、令１条の７の３）。

取引所金融商品市場における取引は、従来、売出し規制の趣旨に照らし、解釈上、「有価証券の売出し」には該当しないものと取り扱われていたが、

平成18年証券取引法改正において、明確化の観点から、法律および政令において「有価証券の売出し」から除外された。今回の改正では、「有価証券の売出し」に係る開示ルールが見直されるが、取引所金融商品市場における取引に対し、引き続き、開示規制を適用する必要はないと考えられることから、開示規制の適用除外とするものである。一方、店頭売買有価証券市場における有価証券の売買については、従来、開示規制の適用除外とされていなかったが、取引所金融商品市場における売買と同様に考え、「有価証券の売出し」に該当しないものとして政令で規定し、開示規制の適用除外とする予定である。

また、PTSにおける有価証券の売買については、投資家が基本的に十分な投資情報が入手可能であるか否かの観点から、金融商品取引所に上場されている銘柄に係る取引のみ「有価証券の売出し」に該当しないものとして、開示規制の適用除外としている。これと同様の考えから、店頭売買有価証券のPTSにおける売買についても、「有価証券の売出し」に該当しないものとして政令で規定し、開示規制の適用除外とする予定である。

⑷「私売出し」の新設（4項2号イ～ロ）

有価証券を新たに発行する場面では、取得勧誘の相手方の属性や人数を基準とする、いわゆる「適格機関投資家私募」および「少人数私募」の制度が設けられ、法定開示が免除されている（なお、これに先立ち、平成20年改正により、特定投資家のみを対象とする「プロ向け市場」に関する制度整備の一環として、いわゆる「特定投資家私募」が創設されている）。

一方、既発行有価証券については、従来、新規発行有価証券と異なり、流通段階において、有価証券に私法上転売制限を付すことが困難であるとの考えにより、勧誘の相手方が適格機関投資家のみである場合または少数（50名未満）である場合であっても、法定開示を免除する制度は設けられていなかった（ただし、「特定投資家私募」と　同時に「特定投資家私売出し」が創設されている）。

しかしながら、既発行有価証券についても、その相手方となる投資家の情報収集能力、分析能力等は変わるものではなく、また、「特定投資家私売出し」を創設したように、流通段階でもあっても（公法上、強制力のある）転売制限を付すことは可能である考えられることから、「私売出し」制度を設けるものである。

① **「適格機関投資家私売出し」**（2号イ）

適格機関投資家に限定して既発行有価証券の販売勧誘を行う場合には、適格機関投資家の情報収集・分析能力に照らし、適格機関投資家私募と同様、発行開示を免除することとされた（いわゆる「適格機関投資家私売出し」）。

適格機関投資家私売出しについての基本的な考え方は、現行の適格機関投資家私募と同様であり、投資者保護の観点から、適格機関投資家私売出しにより譲渡された有価証券が適格機関投資家以外の者に譲渡されることを防ぐため、適格機関投資家以外の者への譲渡を禁止する転売制限を付すとともに、譲渡の際、その相手方である適格機関投資家に対し、転売制限が付されている旨を告知することを義務づけることとしたものである。具体的な要件としては、適格機関投資家以外の者への譲渡を禁止する旨の譲渡制限契約の締結を条件とした勧誘を行うこと、商品説明書等に転売制限が付されている旨の記載をすること等が考えられる。

なお、適格機関投資家私売出しの対象となる有価証券は、当然、開示が行われていないものとなるが、この中には、海外発行有価証券に加え、少人数私募により国内で発行された有価証券（適格機関投資家以外の者が保有しているもの）も含めることができると考えられる。この場合には、発行段階で付された少人数私募に係る転売制限を消滅させ、新たに適格機関投資家以外の者への譲渡を防止する転売制限を付すこととなる。ただし、少人数私募により発行された有価証券（発行後、開示されたものを除く）が適格機関投資家以外の者に譲渡できなくなることにより、当該有価証券の既存の所有者に不測の不利益を与えることを防止する観点から、その所有者については、少人数私募に係る転売制限に従った譲渡の機会も認めることが適当であると考えられる。

② 「特定投資家私売出し」（２号ロ）

「特定投資家私売出し」は、特定投資家のみを相手方として、原則、金融商品取引業者等が行う売付け勧誘等であって、当該有価証券がその取得者から特定投資家以外の者に譲渡されるおそれが少ないものとして政令で定める場合に該当するものである。この制度は、平成20年改正により設けられたものであり、基本的には、従来の制度が維持される。

ただし、改正前の「特定投資家私売出し」は、多数（50名以上）の者を相手方とする売付け勧誘等（改正前の「売付け勧誘等」である）のうち、特定投資家のみを相手方とするもので特定投資家以外の者に譲渡されるおそれが少ない場合に該当するものとされており、50名以上の特定投資家が相手方であることを前提としていた（改正前の法２条４項１号）。このため、相手方が特定投資家のみであっても、その特定投資家が49名以下である場合は、「特定投資家私売出し」には該当せず、単に「『有価証券の売出し』に該当しないもの」ということになる。これに対して、改正後は、「特定投資家私募」と同様、売付け勧誘等の相手方が50名以上であるか否かにかかわらず、その相手方が特定投資家のみであって特定投資家以外の者に譲渡されるおそれが少ない場合に該当するものであるときには、「特定投資家私売出し」に該当することになる（法２条４項１号後段かっこ書、２号ロ）。一方、その相手方が49名以下の特定投資家のみであって、③の少人数私売出しの要件を満たす場合には、「少人数私売出し」に該当することとなる。

なお、「特定投資家以外の者に譲渡されるおそれが少ないものとして政令で定める場合」は、「特定投資家私募」に係る転売制限等を参考に、特定投資家以外の者への譲渡を防止するための制限を規定する予定である。

③ 「少人数私売出し」

既発行有価証券の販売勧誘を少数（50名未満）の者を相手方として

行う場合には、少人数私募と同様、発行開示を免除することとしたものである（いわゆる「少人数私売出し」)。

少人数私売出しについては、少人数私募と同様、勧誘の相手方が少人数であれば、相対で勧誘を行う者から投資判断に必要な情報を直接入手することが可能であり、法定開示を免除しても投資者保護上、問題はないとの考えによるものである。

なお、勧誘の相手方の人数の数え方については、前述したように((3)①)、一定期間内（具体的な期間は政令で規定する）に勧誘を行った相手方の数を通算することになる。また、「有価証券の募集」と同様、売付け勧誘等の相手方に適格機関投資家が含まれている場合には、適格機関投資家私売出しと同様の転売制限（①参照）が付されることにより、その相手方の人数から当該適格機関投資家の人数を控除することができることとなる。

少人数私売出しの要件としては、少人数私募と同様に、少人数私売出しにより譲渡された有価証券が多数の者に譲渡されることを防ぐため、一括譲渡以外の譲渡を禁止等の転売制限を付すとともに、譲渡の際、その相手方に対して転売制限が付されている旨を告知することを義務づけることとした。具体的な要件としては、少人数私募の要件と同様のものになるものと考えられる。

勧誘者数について、発行者が勧誘者数を把握することができる発行段階と異なり、流通段階では、複数の金融商品取引業者等が別々に独立して同一の有価証券を販売することになるため、各金融商品取引業者等は全体の勧誘者数を把握することができない。このため、勧誘者全体で50名以上の多数となっても、法定開示がされないまま一般投資家に転売されることが考えられるため、これを防止するための工夫が必要となる。ディスクロージャー・ワーキング・グループ報告では、この具体的な工夫として、日本証券業協会に少人数私売出しに係る銘柄の登録・公示制度を設け、海外で発行され、海外で上場され広く流通している証券を国内に持ち込む金融商品取引業者等に当該銘柄に係る国内の所有者数についての通知義務を課し、当該銘柄の国内の所有者数が、たとえば1,000人に達した時点で、当該銘柄のさらなる国内への持込みを禁じることを提言している。政令では、有価証券取引や決済の実務を踏まえ、検討することになる。

一方、外国の既発行有価証券については、現在、一括譲渡以外の譲渡を行わないことを約することを条件とし、またはその他の要件を満たす場合において、50名未満の者に対して売付けを行うことで法定開示が免除されている。しかしながら、このような勧誘は、少人数私売出しまたは外国証券売出しに該当することなるため、これらの規定が適用されることとなる（改正前の金商法23条の14は削除された）。

●第６項●　引受人

改　正　後	改　正　前
６　この法律（第五章を除く。）において「引受人」とは、有価証券の募集若しくは売出し又は私募若しくは特定投資家向け売付け勧誘等（第一項有価証券に係る売付け勧誘等であつて、第四項第二号ロに掲げる場合に該当するもの（取引所金融商品市場における有価証券の売買及びこれに準ずる取引その他の政令で定める有価証券の取引に係るものを除く。）をいう。以下同じ。）に際し、次の各号のいずれかを行う者をいう。 一・二　（略）	６　この法律（第五章を除く。）において「引受人」とは、有価証券の募集若しくは売出し又は私募若しくは特定投資家向け売付け勧誘等（均一の条件で多数の者を相手方として行う場合として政令で定める場合に該当する第一項有価証券に係る売付け勧誘等であつて、第四項第一号イからハまでに掲げる要件のすべてに該当するもの（取引所金融商品市場における有価証券の売買及びこれに準ずる取引その他の政令で定める有価証券の取引に係るものを除く。）をいう。以下同じ。）に際し、次の各号のいずれかを行う者をいう。 一・二　（略）

概要

４項２号ロに規定する特定投資家私売出しは、２条６項において「特定投資家向け売付け勧誘等」として、「均一の条件で多数の者を相手方として行う場合として政令で定める場合に該当する第一項有価証券に係る売付け勧誘等であつて……」と定義されていた。改正後は、均一の条件で多数の者を相手方として行う場合という限定は付されない。特定投資家私売出しの範囲は拡大することになる。

●第10項●　目論見書

改　正　後	改　正　前
10　この法律において「目論見書」とは、有価証券の募集若しくは売出し、第四条第二項に規定する適格機関投資家取得有価証券一般勧誘（有価証券の売出しに該当するものを除く。）又は同条第三項に規定する特定投資家等取得有価証券一般勧誘（有価証券の売出しに該当するものを除く。）のために当該有価証券の発行者の事業その他の事項に関する説明を記載する文書であつて、相手方に交付し、又は相手方からの交付の請求があつた場合に交付するものをいう。	10　この法律において「目論見書」とは、有価証券の募集若しくは売出し（第四条第一項第四号に掲げるものを除く。）、同条第二項に規定する適格機関投資家取得有価証券一般勧誘（有価証券の売出しに該当するものを除く。）又は同条第三項に規定する特定投資家等取得有価証券一般勧誘（有価証券の売出しに該当するものを除く。）のために当該有価証券の発行者の事業その他の事項に関する説明を記載する文書であつて、相手方に交付し、又は相手方からの交付の請求があつた場合に交付するものをいう。

概要

４条１項４号の全部を改正することから、同号の引用を削除するほか、技術的な修正を加えている。

●第18項●　金融商品取引所持株会社

改　正　後	改　正　前
18　この法律において「金融商品取引所持株会社」とは、取引所金融商品市場を開設する株式会社（以下「株式会社金融商品取引所」という。）を子会社（第八十七条の三第三項に規定する子会社をいう。）とする株式会社であつて、第百六条の十第一項の規定により内閣総理大臣の認可を受けて設立され、又は同項若しくは同条第三項ただ	18　この法律において「金融商品取引所持株会社」とは、第八十七条の六第二項に規定する株式会社金融商品取引所を子会社（第百五条の十六第四項に規定する子会社をいう。）とする株式会社であつて、第百六条の十第一項の規定により内閣総理大臣の認可を受けて設立され、又は同項若しくは同条第三項ただし書の規定により内閣総理大臣

し書の規定により内閣総理大臣の認可を受けているものをいう。	の認可を受けているものをいう。

概要

改正前においては、「株式会社金融商品取引所」の定義は87条の６第２項に設けられていたが、取引所の相互乗入れに係る改正に伴い、同条より前の規定において「株式会社金融商品取引所」の用語が頻出することから、定義を本項に移行させている。

また、取引所に関する「子会社」の定義を統一することに伴い、引用先の条項を変更している。

●第29項●　金融商品取引清算機関

改　正　後	改　正　前
29　この法律において「金融商品取引清算機関」とは、第百五十六条の二又は第百五十六条の十九第一項の規定により内閣総理大臣の免許又は承認を受けた者をいう。	29　この法律において「金融商品取引清算機関」とは、第百五十六条の二又は第百五十六条の十九の規定により内閣総理大臣の免許又は承認を受けた者をいう。

概要

156条の19に２項～４項を追加することに伴う修正を行っている。

●第34項●　信用格付の定義　新設

改　正　後
34　この法律において「信用格付」とは、金融商品又は法人（これに類するものとして内閣府令で定めるものを含む。）の信用状態に関する評価（以下この項において「信用評価」という。）の結果について、記号又は数字（これらに類するものとして内閣府令で定めるものを含む。）を用いて表示した等級（主として信用評価以外の事項を勘案して定められる等級として内閣府令で定めるものを除く。）をいう。

概要

信用格付の定義として、⑴金融商品または法人の信用状態に関する評価

（信用評価）の結果について、⑵記号または数字を用いて表示した等級を規定している。ただし、⑶主として信用評価以外の事項を勘案して定められる等級として内閣府令で定めるものは、信用格付からは除外される。

解説

信用格付の定義は、信用格付業者に対する規制（法第３章の３）の対象範囲を画する重要な要素であり、国際的な整合性の確保が求められる。また、信用格付業者に対する規制の導入に伴い新たに導入される金融商品取引業者等の禁止行為（法38条３号）において、追加的な説明が求められる対象範囲（＝信用格付業者以外の信用格付業を行う者の付与した信用格付）を確定するためにも重要である。

IOSCOの基本行動規範では、信用格付とは、「事業体、信用コミットメント、負債・負債類似証券又はこれらの債務の発行体の信用力に関する意見であって、確立した明確なランク付けシステムを用いて表現されるものをいう」ものとされている。欧米においても、おおむね同様の定義が採用されている。

以下では、信用格付の定義について、概要に示した⑴～⑶に従い、各々の考え方を解説することとしたい。

参考

◆欧米における「信用格付」の定義

① 米国1934年証券取引所法　Sec.3. (a)(60)

「信用格付」とは、債務者の事業体としての、又は個別の証券若しくは短期金融市場商品に関する信用力の評価をいう。

② 欧州議会及び理事会規則　Article 3 (1)(a)(h)

「信用格付」とは、(a)事業体、(b)負債、金融債務、負債類似証券、優先株式その他の金融商品、(c)これらの負債、債務、金融商品の発行者の信用力に関する意見であって、格付カテゴリーについての確立した明確なランク付けシステムを用いて表現されるものをいう。

「格付カテゴリー」とは、格付対象となる事業体、発行者、金融商品その他の資産の種類に応じた異なるリスク特性を区別するための相対的なリスク尺度として信用格付において用いられる文字記号、数字記号（付加的な識別文字が伴う場合もある）などの格付記号をいう。

⑴　金融商品または法人の信用状態に関する評価（信用評価）

信用格付の定義における評価の対象として、「金融商品の信用状態」および「法人の信用状態」を規定している。

「法人の信用状態」とは、信用事由（破産、支払不履行、期限の利益喪失など）がどの程度起こり得るかについての状態を意味するものとされている。なお、発行体格付については、法人以外の組織形態のものが対象となることが考えられることから、「金融商品又は法人（これに類するものとして内閣府令で定めるものを含む。）」と規定し、法人に類するものを内閣府令において規定することを予定している。

「金融商品の信用状態」については、実務上、金融商品についても信用事由（支払不履行、元本毀損、期限の利益喪失、リストラクチャリングなど）がクレジット・デフォルト・スワップ契約における支払事由として利用されている例もあり、「法人の信用状態」と同様、金融商品の信用事由がどの程度起こり得るかについての状態として観念されるものと解される。

⑵　記号または数字を用いて表示した等級

⑴の金融商品または法人の信用状態の評価（信用評価）の結果を表示する方法としてさまざまなものが考えられるが、信用格付の定義としては、「記号又は数字を用いて表示した等級」に限定している。

サブプライム・ローン問題において、投資者が格付に過度に依存し、投資判断が歪められたとの指摘があるが、その要因の一つとして、格付は単純な記号または数字で表示されるため、記号または数字を頼りに安易な投資判断をしやすいことが挙げられる。このような問題意識を踏まえ、規制の対象範囲を必要かつ合理的なものとする観点から、信用格付の定義としては、「記号又は数字」（これらに類するものとして内閣府令で定めるものを含み、たとえば、記号または数字に類する簡易な文字列を内閣府令において規定する予定である）を用いて表示した「等級」（上下・優劣の順位を表す段階（大辞泉））が規定されている。

これは、IOSCOの基本行動規範において「確立した明確なランク付けシステムを用いて表現されるもの」とされていること等とも整合的と考えられる。

(3) 主として信用評価以外の事項を勘案して定められる等級の除外

信用格付は、信用評価以外の事項（例：経営者の資質等の定性的事項）についても、一定程度勘案した上で決定されることが通例であり、「信用格付」を信用評価の結果のみに限定し、信用評価以外の事項を少しでも勘案したものについて「信用格付」の定義から除外することは適当ではないと考えられる。

他方で、信用評価以外の事項（例：金利リスク、ファンド・マネージャーの能力など）が結果に及ぼす影響が大きいもの（市場リスク格付、ファンド格付など）については、実務上、信用格付とは取り扱われておらず、これらを明示的に信用格付の定義から除外しておくことが必要と考えられる。

特に、サブプライム・ローン問題においては、「格付会社の格付は、債務者や発行体が期限通りに契約上の金銭債務を支払うかどうかを示すものであり、証券の売買を推奨するものではなく、市場における流動性リスクやボラティリティ・リスクを表すものではない」にもかかわらず、その意義が混同されたことが問題視されたこと（IOSCO「ストラクチャード・ファイナンス市場における信用格付機関の役割に関する報告書」(2008年5月)）を踏まえ、信用格付の定義においては、「信用格付の決定は、信用評価に関連する要因によってのみ影響されるべき」(IOSCOの基本行動規範2.3）との原則の下で明確化を図ることが必要と考えられる。

以上の観点から、主として信用状態以外の事由を勘案して定められる等級については、内閣府令で規定することにより、信用格付から除外することとしている。

●第35項● 信用格付業の定義 新設

改　正　後
35 この法律において「信用格付業」とは、信用格付を付与し、かつ、提供し又は閲覧に供する行為（行為の相手方の範囲その他行為の態様に照らして投資者の保護に欠けるおそれが少ないと認められるものとして内閣府令で定めるものを除

く。）を業として行うことをいう。

概要

信用格付業の定義として、(1)信用格付を付与し、かつ、提供しまたは閲覧に供する行為を業として行うことを規定している。ただし、(2)行為の相手方の範囲その他行為の態様に照らして投資者の保護に欠けるおそれが少ないと認められるものとして内閣府令で定めるものについては、信用格付業の定義からは除外される。

解説

信用格付業の定義は、信用格付業を行う法人等は、内閣総理大臣の登録を受けることができる（法66条の27）とされており、登録の対象範囲を確定するものである。また、金融商品取引業者等の禁止行為（法38条3号）において、追加的な説明が求められる対象範囲（＝信用格付業者以外の信用格付業を行う者の付与した信用格付）を確定するためにも重要である。

(1)　信用格付を付与し、かつ、提供しまたは閲覧に供する行為を業として行うこと

信用格付業者に対する規制は、その付与する信用格付が投資者による投資判断の際の信用リスク評価の参考として利用されていることを踏まえて導入されるものである。このため、規制対象となる信用格付業者は、信用格付の決定のみならず、決定した信用格付が第三者に対して提供されるものであることが前提となる。

このような観点から、信用格付業の定義として、「信用格付を付与し、かつ、提供し又は閲覧に供する行為を業として行うこと」をいうものと規定している。

なお、「付与」とは、信用格付を自らの権限において決定することをいうものと解される。

また、「業として行う」とは、金融商品取引業と同様、対公衆性のある行為を、反復継続性をもって行うかどうかにより判断されるものと考えられる。

⑵ 信用格付業の定義から除外される行為

「信用格付を付与し、かつ、提供し又は閲覧に供する行為」であっても、「行為の相手方の範囲その他行為の態様に照らして投資者の保護に欠けるおそれが少ないと認められるものとして内閣府令で定めるもの」については、当該行為を業として行う場合であっても信用格付業には該当しないこととされている。

これは、付与した信用格付を提供する相手方が当該信用格付の評価の対象となる金融商品の発行者等に限定されている等の場合においては、規制対象から除外しても投資者保護に欠けるおそれが少ないと考えられることなどを踏まえ、規制の適用対象を必要かつ合理的な範囲に限定する観点から、一定の行為については、内閣府令において信用格付業の定義から除外することとしている。

参考

◆欧米における定義

1．米国1934年証券取引所法において、Credit Rating Agency（格付会社）とは、以下のすべての要件を満たすものとして定義されている（Sec.3.(a)(61)）。

⒜ インターネット又は容易にアクセスできる手段を通じて、無料又は合理的な手数料で、格付を発行する事業に従事していること（民間信用調査会社は含まない）

⒝ 格付を決定するために、定量的モデル、定性的モデル又はその両方を使用していること

⒞ 発行者、投資者、その他の市場参加者又はその組合せから手数料を得ていること

2．欧州議会及び理事会規則において、以下の信用格付は規制の対象外とされている（Article 2(2)）。

⒜ 個別の要求により付与され、要求した者に対してのみ提供され、購読による配付又は公表を予定していない私的格付

⒝ 消費者、商業上・産業上の関係により発生した債務に関するクレジット・スコア、クレジット・スコアリング・システム又はこれに類する評価

⒞ バーゼル規制上の輸出信用機関により付与された信用格付

(d)　一定の要件を満たす中央銀行が付与した信用格付

●第36項●　信用格付業者の定義 新設

改　正　後
36　この法律において「信用格付業者」とは、第六十六条の二十七の規定により内閣総理大臣の登録を受けた者をいう。

概要

信用格付業者の定義として、66条の27の規定により内閣総理大臣の登録を受けた者をいうことを定めている。

解説

信用格付業を行う法人等は、66条の27の規定に基づき内閣総理大臣の登録を受けることにより「信用格付業者」となる。

改正法では、信用格付業を行う者は内閣総理大臣の登録を受けなければならないとの参入規制は設けられておらず、金融商品取引法上、何人も信用格付業を行うことは可能である。登録を受けて信用格付業者となることにより、第３章の３（信用格付業者）の規制の対象となるとともに、その付与した信用格付について、金融商品取引業者等が追加的な説明義務を負うことなく、顧客に提供することが可能となる（38条３号）との枠組みを採用している。

▶参考◀

米国1934年証券取引所法では、以下の要件を満たす Credit Rating Agency（格付会社）を Nationally Recognized Statistical Rating Organization（NRSRO：全国的に認知された統計格付機関）と定義している（Sec.3.(a)(62)）。

(A)　登録申請日の直前３年間連続で格付会社としての業務を営んでいること

(B)　以下のいずれか（又はその組合せ）に関して適格機関購入者（qualified institutional buyers）から認証された信用格付を付与していること

①　金融機関、ブローカー・ディーラー

②　保険会社

③ 証券発行事業会社
④ 資産担保証券の発行者
⑤ 国債、地方債、外国債の発行者

(C) Section 15E に基づいて SEC に登録されていること

●第37項● 商品市場開設金融商品取引所 新設

改　正　後
37 この法律において「商品市場開設金融商品取引所」とは、第八十七条の二第一項ただし書の認可を受けて商品先物取引（商品先物取引法第二条第三項に規定する先物取引をいう。以下同じ。）をするために必要な市場を開設する株式会社金融商品取引所をいう。

概要

今般の改正により、株式会社金融商品取引所は内閣総理大臣の認可を受けて商品市場を開設することが可能となることから、当該商品市場を開設する金融商品取引所を「商品市場開設金融商品取引所」として定義することとしている。

（注）「商品先物取引法」は、金融商品取引所と商品取引所の相互乗入れを可能とするための制度整備を含む「商品取引所法及び商品投資に係る事業の規制に関する法律の一部を改正する法律」（平成21年法律74号）により、「商品取引所法」から名称変更されたものである。

●第38項● 商品取引所 新設

改　正　後
38 この法律において「商品取引所」とは、会員商品取引所（商品先物取引法第二条第五項に規定する会員商品取引所をいう。）及び株式会社商品取引所（同条第六項に規定する株式会社商品取引所をいい、株式会社金融商品取引所に関する規制と同等の水準にあると認められる規制を受ける者として政令で定める者に限る。）をいう。

概要

今般の改正により、株式会社金融商品取引所および金融商品取引所持株会社の議決権保有制限規制から商品取引所を適用除外するため（103条の２、106条の14）、「商品取引所」の定義を追加することとしている。

「株式会社商品取引所」については、商品先物取引法に規定する株式会社商品取引所のうち、「株式会社金融商品取引所に関する規制と同等の水準にあると認められる規制を受ける者として政令で定める者」に限定することとしている。その趣旨については、39項の 解説 を参照。

●第39項●　商品取引所持株会社　新設

改　正　後
39 この法律において「商品取引所持株会社」とは、商品先物取引法第二条第十一項に規定する商品取引所持株会社（金融商品取引所持株会社に関する規制と同等の水準にあると認められる規制を受ける者として政令で定める者に限る。）をいう。

概要

今般の改正により、株式会社金融商品取引所の議決権保有制限規制から商品取引所持株会社を適用除外するため（103条の２）、「商品取引所持株会社」の定義を追加することとしている。

「商品取引所持株会社」については、商品先物取引法に規定する商品取引所持株会社のうち、「金融商品取引所持株会社に関する規制と同等の水準にあると認められる規制を受ける者として政令で定める者」に限定することとしている。

解説

「株式会社商品取引所」および「商品取引所持株会社」について、一定の範囲に限定する趣旨は以下のとおりである。

(1)　今般の改正では、金融商品取引所と商品取引所の相互乗入れを可能とするため、株式会社金融商品取引所および金融商品取引所持株会社（「金融商品取引所等」）の議決権保有制限（金融商品取引所等の20％以上の議決権の取得・保有を規制）の例外として、商品取引所および商品取引所持株会社（「商品取引所等」）を追加し、商品取引所等が金融商品取引所等の大口株主や親会社となること（その際、内閣総理大臣の認可は不要）を可能としている。

これは、商品取引所等は、商品先物取引法に基づき、金融商品取引所等と基本的に同等の規制が課せられていること等から、金融商品取引所等の親会社または大口株主となることについての一般的な適格性を有していると考えられるためである（詳細は103条の2の 解説 参照）。

(2) ただし、今般の商品先物取引法に係る改正では、株式会社商品取引所および商品取引所持株会社（「株式会社商品取引所等」）について、金商法と同様に議決権保有制限規制を導入しているが、一部の事項については商品先物取引法の委任に基づき政省令で定めることとされている。

金融商品取引所等の議決権保有制限規制は、特定の者による不当な影響力が金融商品取引所に及ぶことを防止するものであり、株式会社商品取引所等をその例外として定めるに当たっては、株式会社商品取引所等を通じた不当な影響力が金融商品取引所に及ぶことのないよう、株式会社商品取引所等に適用される議決権保有制限規制の詳細を踏まえる必要がある。このため、金融商品取引所等の議決権保有制限規制の例外とすることが適当な株式会社商品取引所等の具体的範囲を政令で指定することとするものである。

なお、会員金融商品取引所については、特定の者に支配されること等は基本的に想定されないため、このような限定は設けていない。

▩第2章　企業内容等の開示

第2条の2　組織再編成等

●第2項●　組織再編成発行手続

改　正　後	改　正　前
2　この章において「組織再編成発行手続」とは、組織再編成により新たに有価証券が発行される場合（これに類する場合として内閣府令で定める場合（次項において「組織再編成発行手続に類似する場合」という。）を含む。）における当該組織再編成に係る書面等の備置き（会社法（平成十七年法律第八十六号）第七百八十二条第一項の規定による書面若しくは電磁的記録の備置き又は同法第八百三条第一項の規定による書面若しくは電磁的記録の備置きをいう。次項において同じ。）その他政令で定める行為をいう。	2　この章において「組織再編成発行手続」とは、組織再編成により新たに有価証券が発行される場合における当該組織再編成に係る書面等の備置き（会社法（平成十七年法律第八十六号）第七百八十二条第一項の規定による書面若しくは電磁的記録の備置き又は同法第八百三条第一項の規定による書面若しくは電磁的記録の備置きをいう。次項において同じ。）その他政令で定める行為をいう。

概要

「取得勧誘」（2条3項）と同様に、「組織再編成により新たに有価証券が発行される場合」に該当しない場合であっても、「組織再編成発行手続」として開示規制の対象とすることが適当であると考えられる「組織再編成により新たに有価証券が発行される場合」に「類する場合として内閣府令で定める場合」（「組織再編成発行手続に類似する場合」と定義する）を含めることとした。内閣府令において規定する具体的な場合については、今後、検討する。

●第3項●　組織再編成交付手続

改　正　後	改　正　前
3　この章において「組織再編成交付手続」とは、組織再編成により既に発行	3　この章において「組織再編成交付手続」とは、組織再編成により既に発行

された有価証券が交付される場合（組織再編成発行手続に類似する場合に該当する場合を除く。）における当該組織再編成に係る書面等の備置きその他政令で定める行為をいう。	された有価証券が交付される場合における当該組織再編成に係る書面等の備置きその他政令で定める行為をいう。

概要

2項において「組織再編成発行手続」に含めた「組織再編成発行手続に類似する場合」を「組織再編成交付手続」から除外するものである。

●第4項●　特定組織再編成発行手続

改　正　後	改　正　前
4　この章において「特定組織再編成発行手続」とは、組織再編成発行手続のうち、当該組織再編成発行手続が第一項有価証券に係るものである場合にあつては第一号及び第二号に掲げる場合、当該組織再編成発行手続が第二項有価証券に係るものである場合にあつては第三号に掲げる場合に該当するものをいう。 一　（略） 二　前号に掲げる場合のほか、次に掲げる場合のいずれにも該当しない場合 イ　（略） ロ　前号に掲げる場合及びイに掲げる場合以外の場合（当該組織再編成発行手続に係る有価証券と種類を同じくする有価証券の発行及び交付の状況等を勘案して政令で定める要件に該当する場合を除く。）であつて、当該組織再編成発行手続に係る有価証券が多数の者に所有されるおそれが少ないものとして政令で定める場合 三　（略）	**4**　この章において「特定組織再編成発行手続」とは、組織再編成発行手続のうち、当該組織再編成発行手続が第一項有価証券に係るものである場合にあつては第一号及び第二号に掲げる場合、当該組織再編成発行手続が第二項有価証券に係るものである場合にあつては第三号に掲げる場合に該当するものをいう。 一　（略） 二　前号に掲げる場合のほか、次に掲げる場合のいずれにも該当しない場合 イ　（略） ロ　前号に掲げる場合及びイに掲げる場合以外の場合（政令で定める要件に該当する場合を除く。）であつて、当該組織再編成発行手続に係る有価証券がその取得者から多数の者に譲渡されるおそれが少ないものとして政令で定める場合 三　（略）

概要

2条3項2号ハと同様に、4項2号ロの括弧書部分の政令委任事項（「政令で定める要件」）の内容について、法律においてある程度明らかにするため、「当該組織再編成発行手続に係る有価証券と種類を同じくする有価証券の発行及び交付の状況等を勘案」する旨を明記することとした。ただし、政令で定める具体的な内容については、今後、検討する予定である。

なお、従来は、令2条の4の2において、組織再編成対象会社株主等が50名以上の適格機関投資家のみである場合が「特定組織再編成発行手続」に該当しないことにならないよう規定してきたが、改正後は、「特定組織再編成発行手続に該当せず、開示規制が適用されないもの」に該当する要件として、「特定組織再編成対象会社株主等が50名以上の適格機関投資家のみである場合に該当しないこと」と規定する予定である。

●第5項●　特定組織再編成交付手続

改　正　後	改　正　前
5　この章において「特定組織再編成交付手続」とは、組織再編成交付手続のうち、当該組織再編成交付手続が第一項有価証券に係るものである場合にあつては第一号及び第二号に掲げる場合、当該組織再編成交付手続が第二項有価証券に係るものである場合にあつては第三号に掲げる場合に該当するものをいう。	5　この章において「特定組織再編成交付手続」とは、次の各号に掲げる有価証券の区分に応じ、当該各号に定める場合に該当する組織再編成交付手続をいう。
一　組織再編成対象会社株主等が多数の者である場合として政令で定める場合（組織再編成対象会社株主等が適格機関投資家のみである場合を除く。）	一　第一項有価証券　組織再編成対象会社株主等が多数の者である場合として政令で定める場合
二　前号に掲げる場合のほか、次に掲げる場合のいずれにも該当しない場合 イ　組織再編成対象会社株主等が適格機関投資家のみである場合であつて、当該組織再編成交付手続に	二　第二項有価証券　組織再編成対象会社株主等が相当程度多数の者である場合として政令で定める場合

係る有価証券がその取得者から適格機関投資家以外の者に譲渡されるおそれが少ないものとして政令で定める場合 ロ　前号に掲げる場合及びイに掲げる場合以外の場合（当該組織再編成交付手続に係る有価証券と種類を同じくする有価証券の発行及び交付の状況等を勘案して政令で定める要件に該当する場合を除く。）であつて、当該組織再編成交付手続に係る有価証券が多数の者に所有されるおそれが少ないものとして政令で定める場合 三　組織再編成対象会社株主等が相当程度多数の者である場合として政令で定める場合	

概要

改正前においては、「特定組織再編成交付手続」は、「組織再編成対象会社株主等が多数の者である場合として政令で定める場合」（現行政令2条の4では、組織再編成対象会社株主等が50名以上である場合と規定）とされていたが、「有価証券の売出し」と同様、組織再編成交付手続であって、「組織再編成対象会社株主等が適格機関投資家のみである場合」または「組織再編成対象会社株主等が少人数である場合」を「特定組織再編成交付手続」から除外するものである。

(1)　「組織再編成対象会社株主等が適格機関投資家のみである場合」（2号イ）

組織再編成対象会社株主等が適格機関投資家のみである場合であって、当該有価証券がその取得者から適格機関投資家以外の者に譲渡されるおそれが少ないものとして政令で定める場合に該当するものをいう。

「政令で定める場合」は、組織再編成発行手続における転売制限を参考に、適格機関投資家以外の者への譲渡を防止するための制限を規定する予定である。

この場合について情報開示を不要とする理由は、「適格機関投資家私売出し」と同様である。

(2)　組織再編成対象会社株主等が少人数である場合（2号ロ）

「組織再編成対象会社株主等が多数の者である場合」および(1)の「組織再編成対象会社株主等が適格機関投資家のみである場合」以外の場合（当該有価証券と種類を同じくする有価証券の発行および交付の状況等を勘案して政令で定める要件に該当する場合を除く）であって、当該有価証券が多数の者に所有されるおそれが少ないものとして政令で定める場合に該当するものである。政令委任事項は、2条4項2号ハと同旨である。

「多数の者に所有されるおそれが少ないものとして政令で定める場合」は、発行段階の「少人数私募」に係る転売制限を参考に、多数の者への譲渡を防止するための制限を規定する。また、組織再編成対象会社株主等が適格機関投資家のみであってその人数が50名以上である場合であっても、「特定組織再編成交付手続」に該当せず、開示規制が適用されないことにならないよう、多数の者への譲渡を防止するための制限に加えて、「組織再編成対象会社株主等が適格機関投資家のみであってその人数が50名以上である場合に該当しないこと」を要件とする予定である。

この場合について情報開示を不要とする理由は、「少人数私売出し」と同様である。

第4条　募集又は売出しの届出

●第1項●

改　正　後	改　正　前
第四条　有価証券の募集（特定組織再編成発行手続を含む。第十三条及び第十五条第二項から第六項までを除き、以下この章及び次章において同じ。）又は有価証券の売出し（次項に規定する適格機関投資家取得有価証券一般勧誘及び第三項に規定する特定投資家等取得有価証券一般勧誘に該当するものを除き、特定組織再編成交付手続を含	**第四条**　有価証券の募集（特定組織再編成発行手続を含む。第十三条及び第十五条第二項から第六項までを除き、以下この章及び次章において同じ。）又は有価証券の売出し（次項に規定する適格機関投資家取得有価証券一般勧誘及び第三項に規定する特定投資家等取得有価証券一般勧誘に該当するものを除き、特定組織再編成交付手続を含

む。以下この項において同じ。）は、発行者が当該有価証券の募集又は売出しに関し内閣総理大臣に届出をしているものでなければ、することができない。ただし、次の各号のいずれかに該当するものについては、この限りでない。 一～三　（略） 四　外国で既に発行された有価証券又はこれに準ずるものとして政令で定める有価証券の売出し（金融商品取引業者等が行うものに限る。）のうち、国内における当該有価証券に係る売買価格に関する情報を容易に取得することができることその他の政令で定める要件を満たすもの（前三号に掲げるものを除く。） 五　（略）	む。以下この項において同じ。）は、発行者が当該有価証券の募集又は売出しに関し内閣総理大臣に届出をしているものでなければ、することができない。ただし、次の各号のいずれかに該当するものについては、この限りでない。 一～三　（略） 四　その有価証券発行勧誘等（取得勧誘及び組織再編成発行手続をいう。以下同じ。）が次に掲げる場合に該当するものであつた有価証券（イに掲げる場合にあつては、第二条第三項第一号の規定により当該有価証券発行勧誘等の相手方から除かれた適格機関投資家が取得した有価証券に限る。）の売出しで、適格機関投資家のみを相手方とするもの（前三号に掲げるものを除く。） イ　第二条第三項第一号に掲げる場合 ロ　第二条第三項第二号イに掲げる場合 ハ　第二条の二第四項第二号イに掲げる場合 五　（略）

概要

「有価証券の売出し」は、発行者が当該「有価証券の売出し」に関して法定開示（有価証券届出書の提出）を行っていなければすることができないこととされている（法4条1項柱書）。

しかしながら、前述したように、その外国有価証券に関し、国内外において十分に投資情報が周知されている流通市場があり、その有価証券取引が流通市場との関係でセカンダリー的取引に該当する場合には、投資者は投資判断に必要な情報を入手することが可能であり、発行者に法定開示（有価証券届出書の提出）を求める必要性は低いと考えられることから、基本的には法定開示義務を免除し、簡易な情報提供として「外国証券情報」の提供・公表を義務づけることとされた（法27条の32の2第1項の 解説 参照)(注)。

法律では、このことを明確にするため、金商法4条1項4号において、外国ですでに発行された有価証券またはこれに準ずるものとして政令で定める有価証券の売出しで、①金融商品取引業者等が行うものであり、②国内における当該有価証券に係る売買価格に関する情報を容易に取得することができることその他の政令で定める要件を満たすものについて、法定開示を免除することとしている。

（注）基本的な考え方は、国内発行有価証券についても、外国発行有価証券についても同様であるが、国内発行有価証券については、現行、「すでに金商法に基づく開示が行われている有価証券」が届出義務を免除されている（法4条1項3号）。

解説

⑴　免除対象となる有価証券

法4条1項4号の規定により法定開示が免除される有価証券は、既発行の有価証券または「これに準ずるものとして政令で定める有価証券」とされ、政令では、日本国内で発行され、外国のみで取得勧誘が行われた有価証券等を定める予定である。

⑵　売出しを行う者

法定開示が免除される要件の一つとして、売出しを行う者を金融商品取引業者等に限定している。これは、当該有価証券に関する価格情報や「外国証券情報」の提供・公表が投資家に確実に行われることを確保するとともに、当該有価証券の売買が円滑に行われることを確保するためである。

ただし、当該有価証券の引受人等に該当する金融商品取引業者等については除外することとしている。これは、引受人は発行者に関する未公表の情報を保有し、または容易に取得することが可能な立場にあるため、投資者との間で情報の非対称性の問題があると考えられたからである。なお、この場合における「引受け」の概念は、①引受審査などを通じて発行者等に関する未公表の情報を知り得た金融商品取引業者とその情報を知らない一般投資家との間の情報格差を是正する必要があること、②引受人は、大量の引受けリスクを負いつつ、大量の有価証券を売りさばくことにより高額の引受手数料を得るものであることから、投資者に対していわゆる「販売圧力」が生じやすく、こういった「販売圧力」から一般投資者を保護するものであることなどの観点から、経済実態に即して総合的に判断する必要があり、限界的には金融商品取引業規制上の「引受け」とは異なる場面もあり得ると考えられる。

(3) 要件の細目

「国内外において十分に投資情報が周知されている流通市場があり、その有価証券取引が流通市場との関係でセカンダリー的取引に該当する」場合は法定開示を免除するという考え方は、条文上、「国内における当該有価証券に係る売買価格に関する情報を容易に取得することができること」と規定している。この要件をより明確化するため、具体的な細目を政令で定めることとしている。

政令では、有価証券の種類ごとに細目を定める予定であるが、法定開示が免除される要件についての主な有価証券の種類ごとの考え方は次のとおりである。

① 外国会社株式

海外の主要な金融商品取引所市場に上場されている外国会社株式の場合、国際的な会計基準により作成され、国際的なレベルの監査証明を受けている財務報告が開示されており、日本国内の投資者がその財務報告にインターネット等で容易にアクセスできる場合には、日本国内における売買価格情報や十分な発行者情報（投資情報）の入手容易性という点では足りると考えられる。ただし、具体的に海外の金融商品取引所市場でどのようなルール（会計基準等）で開示がなされているか、売買取引の状況がどうなっているかを検証する必要がある。

② 外国国債

シンプルな外国国債である場合で、その発行国においてコンスタントに相当量の国債発行が行われて、十分な国債流通市場が存在し、かつ、発行国に関する信頼性ある情報（財政状況等）および価格に関する情報がインターネット等を通じて容易に入手可能である場合には、法定開示は免除されるものと考えられる（「外国証券情報」の提供・公表は必要である）。

③　外国政府保証債

シンプルな外国政府保証債である場合で、正式の政府保証が付されているものであれば、投資情報として開示されるべき発行体に関する情報は外国国債と異なるものの、原則として外国国債に準じて考えることができる。ただし、その外国政府保証債について、発行地において流動性がない場合、デリバティブが組み込まれたものである場合、商品性が元本保証型ではない場合（たとえば、株価、為替、クレジット・インデックスその他の指標の変動により償還金額が増減するようなものである場合）等については、外国国債に準じて取り扱うことはできないものと考えられる。

④　外国政府機関債

外国政府機関債についても、法定開示の免除に関しては同様な基準（インターネットを通じて投資家は十分に情報が入手し得る、本国市場に厚い流通市場がある、取引実態がセカンダリー取引であることなど）により判断することになるが、外国政府による保証が付されていないため、一般の民間企業の社債と同様の考え方となる(注)。

（注）　日本の加盟する条約により設立された機関が発行する債券で、当該条約により国内における募集または売出しについて日本国政府の同意を要することとされているものは、金商法の開示規制は適用除外となる（法3条5号、令2条の11）。

⑤　仕組み債・証券化商品

仕組み債や証券化商品については、原則として法定開示が必要である。ただし、「私売出し」により売付け勧誘等を行うことにより、法定開示は免除される。

●第2項●

改　正　後	改　正　前
2　その有価証券発行勧誘等（取得勧誘及び組織再編成発行手続をいう。以下同じ。）又は有価証券交付勧誘等（売付け勧誘等及び組織再編成交付手続をいう。以下同じ。）が次に掲げる場合に該当するものであつた有価証券（第二号に掲げる場合にあつては第二条第三項第一号の規定により多数の者から除かれた適格機関投資家が取得した有価証券に限り、第四号に掲げる場合にあつては同条第四項第一号の規定により多数の者から除かれた適格機関投資家が取得した有価証券に限る。）の有価証券交付勧誘等で、適格機関投資家が適格機関投資家以外の者に対して行うもの（以下「適格機関投資家取得有価証券一般勧誘」という。）は、発行者が当該適格機関投資家取得有価証券一般勧誘に関し内閣総理大臣に届出をしているものでなければ、することができない。ただし、当該有価証券に関して開示が行われている場合及び内閣府令で定めるやむを得ない理由により行われることその他の内閣府令で定める要件を満たす場合は、この限りでない。	2　その有価証券発行勧誘等が次に掲げる場合に該当するものであつた有価証券（第一号に掲げる場合にあつては、第二条第三項第一号の規定により当該有価証券発行勧誘等の相手方から除かれた適格機関投資家が取得した有価証券に限る。）の有価証券交付勧誘等（売付け勧誘等及び組織再編成交付手続をいう。以下同じ。）で、適格機関投資家が適格機関投資家以外の者に対して行うもの（以下「適格機関投資家取得有価証券一般勧誘」という。）は、発行者が当該適格機関投資家取得有価証券一般勧誘に関し内閣総理大臣に届出をしているものでなければ、することができない。ただし、当該有価証券に関して開示が行われている場合及び内閣府令で定めるやむを得ない理由により行われることその他の内閣府令で定める要件を満たす場合は、この限りでない。
一　第二条第三項第二号イに掲げる場合 二　第二条第三項第二号ハに掲げる場合（同項第一号の規定により多数の者から適格機関投資家を除くことにより同号に掲げる場合に該当しないこととなる場合に限る。） 三　第二条第四項第二号イに掲げる場合 四　第二条第四項第二号ハに掲げる場合（同項第一号の規定により多数の者から適格機関投資家を除くことにより同号に掲げる場合に該当しない	一　第二条第三項第一号に掲げる場合 二　第二条第三項第二号イに掲げる場合 三　第二条の二第四項第二号イに掲げる場合

こととなる場合に限る。) 五　第二条の二第四項第二号イに掲げる場合 六　第二条の二第五項第二号イに掲げる場合	

概要

(1)　従来4条1項4号の規定の全部を改正することにより、同号において規定されていた「有価証券発行勧誘等」の定義が削除されることとなったため、本項において「有価証券発行勧誘等」を定義するものである(柱書)。

(2)　新たに導入された「適格機関投資家私売出し」に係る有価証券には、適格機関投資家以外の者に対する販売勧誘を禁止する転売制限が付されることになる(2条4項の 解説 (4)参照)。このため、従来の「適格機関投資家私募」に係る有価証券と同様、「適格機関投資家私売出し」により取得した有価証券の適格機関投資家以外の者に対する販売勧誘は、当該有価証券の発行者が当該販売勧誘(「適格機関投資家取得有価証券一般勧誘」という(4条2項柱書))に係る有価証券届出書を提出していなければ、行うことができないこととするものである(柱書、3号、4号、6号)。

(3)「有価証券の募集」に該当するか否かの判定に当たり、取得勧誘の相手方の者数から適格機関投資家の数を除外したことによって「少人数私募」に該当することとなった場合において、当該相手方の者数から除外された適格機関投資家が当該取得勧誘によって取得した有価証券については、従来より、「適格機関投資家私募」により取得した有価証券と同様、適格機関投資家以外の者に対する販売勧誘は禁止される。従来の規定(改正前の本項柱書、1号)では、この点が不明確であったため、これを明確にするための改正を行っている(本項柱書、2号)。

●第4項●

改　正　後	改　正　前
4　有価証券の募集又は売出し（適格機関投資家取得有価証券一般勧誘（有価証券の売出しに該当するものを除く。）、特定投資家等取得有価証券一般勧誘（有価証券の売出しに該当するものを除く。）及び特定組織再編成交付手続を含む。次項及び第六項、第十三条並びに第十五条第二項から第六項までを除き、以下この章及び次章において同じ。）が一定の日において株主名簿（優先出資法に規定する優先出資者名簿を含む。）に記載され、又は記録されている株主（優先出資法に規定する優先出資者を含む。）に対し行われる場合には、当該募集又は売出しに関する前三項の規定による届出は、その日の二十五日前までにしなければならない。ただし、有価証券の発行価格又は売出価格その他の事情を勘案して内閣府令で定める場合は、この限りでない。	4　有価証券の募集又は売出し（第一項第四号に掲げる有価証券の売出しを除くものとし、適格機関投資家取得有価証券一般勧誘（有価証券の売出しに該当するものを除く。）、特定投資家等取得有価証券一般勧誘（有価証券の売出しに該当するものを除く。）及び特定組織再編成交付手続を含む。次項及び第六項、第十三条並びに第十五条第二項から第六項までを除き、以下この章及び次章において同じ。）が一定の日において株主名簿（優先出資法に規定する優先出資者名簿を含む。）に記載され、又は記録されている株主（優先出資法に規定する優先出資者を含む。）に対し行われる場合には、当該募集又は売出しに関する前三項の規定による届出は、その日の二十五日前までにしなければならない。ただし、有価証券の発行価格又は売出価格その他の事情を勘案して内閣府令で定める場合は、この限りでない。

概要

従来の4条1項4号の規定の全部を改正することにより、同号の引用を削除する。

●第5項●

改　正　後	改　正　前
5　第一項第五号に掲げる有価証券の募集若しくは売出し若しくは第二項ただし書の規定により同項本文の規定の適用を受けない適格機関投資家取得有価証券一般勧誘若しくは第三項ただし書の規定により同項本文の規定の適用を	5　第一項第三号若しくは第五号に掲げる有価証券の募集若しくは売出し若しくは第二項ただし書の規定により同項本文の規定の適用を受けない適格機関投資家取得有価証券一般勧誘若しくは第三項ただし書の規定により同項本文

受けない特定投資家等取得有価証券一般勧誘のうち、有価証券の売出しに該当するもの若しくは有価証券の売出しに該当せず、かつ、開示が行われている場合に該当しないもの（以下この項及び次項において「特定募集」という。）をし、又は当該特定募集に係る有価証券を取得させ若しくは売り付ける場合に使用する資料には、当該特定募集が第一項本文、第二項本文又は第三項本文の規定の適用を受けないものである旨を表示しなければならない。	の規定の適用を受けない特定投資家等取得有価証券一般勧誘のうち、有価証券の売出しに該当するもの若しくは有価証券の売出しに該当せず、かつ、開示が行われている場合に該当しないもの（以下この項及び次項において「特定募集等」という。）をし、又は当該特定募集等に係る有価証券を取得させ若しくは売り付ける場合に使用する資料には、当該特定募集等が第一項本文、第二項本文又は第三項本文の規定の適用を受けないものである旨を表示しなければならない。

概要

4条1項3号に該当する有価証券の売出しを本項の適用対象から除外し、同項に定義する「特定募集等」を「特定募集」に改める。

解説

従来、「特定募集等」（既開示有価証券の売出し、少額の有価証券の募集または売出し等）については、有価証券届出書の提出を免除するものの、その募集または売出しについて資料を使用する場合には、当該資料に有価証券届出書が提出されていない旨を表示することが義務づけられている。

これは、資料を使用して募集または売出しを行う場合は、一般的に、大量の有価証券を多数の投資者に販売しようとする局面が想定され、このような局面では、投資者側に販売圧力がかかり、投資者は投資情報を十分に取得しないまま投資判断を行う可能性があると考えられる。このため、当該資料に有価証券届出書が提出されていない旨の表示を求めることにより、投資者の注意喚起を図ろうとするものである。

しかしながら、既開示有価証券の売出しについては、販売圧力がかかり得る局面であっても、EDINETが導入されたことにより、投資者の開示情報へのアクセスは迅速かつ容易になっており、投資者はこれらの開示情報に基づいて投資判断を行うことが可能である。このため、当該売出しについて使用される資料において、あえて有価証券届出書が提出されていない旨の表示を義務づける必要性は低いものと考えられることから、既開示有価証券の売出しについては、表示義務の対象から除外するものである。

●第6項●

改　正　後	改　正　前
6　特定募集又は第一項第三号に掲げる有価証券の売出し（以下この項において「特定募集等」という。）が行われる場合においては、当該特定募集等に係る有価証券の発行者は、当該特定募集等が開始される日の前日までに、内閣府令で定めるところにより、当該特定募集等に関する通知書を内閣総理大臣に提出しなければならない。ただし、開示が行われている場合における第四項に規定する有価証券の売出しでその売出価額の総額が一億円未満のもの、第一項第三号に掲げる有価証券の売出しで当該有価証券の発行者その他の内閣府令で定める者以外の者が行うもの及び同項第五号に掲げる有価証券の募集又は売出しでその発行価額又は売出価額の総額が内閣府令で定める金額以下のものについては、この限りでない。	6　特定募集等が行われる場合においては、当該特定募集等に係る有価証券の発行者は、当該特定募集等が開始される日の前日までに、内閣府令で定めるところにより、当該特定募集等に関する通知書を内閣総理大臣に提出しなければならない。ただし、開示が行われている場合における第四項に規定する有価証券の売出しでその売出価額の総額が一億円未満のもの及び第一項第五号に掲げる有価証券の募集又は売出しでその発行価額又は売出価額の総額が内閣府令で定める金額以下のものについては、この限りでない。

概要

5項で定義する特定募集に既開示有価証券の売出しを追加したものを「特定募集等」と定義し、特定募集等を行う場合には前日までに通知書（「有価証券通知書」）を提出しなければならないこととする（従来どおり）。通知書の提出が不要となる場合として、既開示証券の売出しで当該有価証券の発行者その他の内閣府令で定める者以外の者が行うものをただし書に追加する。この場合については、目論見書の作成・交付義務も免除されることになる（13条1項の 解説 参照）。

内閣府令においては、発行者、発行者の関係者、当該有価証券の引受人等を規定する予定である。

解説

既開示有価証券の売出しであって、引受人等により行われるものについては、開示が行われていてもなお情報の非対称性の問題があると考えられるため、投資者保護の観点から、①当該売出しに係る有価証券についてすでに行われた募集または売出しに係る有価証券届出書、定期的に提出される有価証券報告書等について、適正に開示が行われているかのチェック、②当該売出しについて投資者に交付される目論見書の内容と①の開示書類の内容を比較・分析し、虚偽記載等の有無のチェックを行う必要がある。

したがって内閣総理大臣は、このような売出しが行われることを把握するため、有価証券通知書の提出を求める必要がある。

第５条　有価証券届出書の提出

●第１項●

改　正　後	改　正　前
第五条　前条第一項から第三項までの規定による有価証券の募集又は売出し（特定有価証券（その投資者の投資判断に重要な影響を及ぼす情報がその発行者が行う資産の運用その他これに類似する事業に関する情報である有価証券として政令で定めるものをいう。以下この項及び第五項並びに第二十四条において同じ。）に係る有価証券の募集及び売出しを除く。以下この項及び次項において同じ。）に係る届出をしようとする発行者は、その者が会社（外国会社を含む。第五十条の二第九項、第六十六条の四十第五項及び第百五十六条の三第二項第三号を除き、以下同じ。）である場合（当該有価証券（特定有価証券を除く。以下この項から第四項までにおいて同じ。）の発行により会社を設立する場合を含む。）においては、内閣府令で定めるところ	**第五条**　前条第一項から第三項までの規定による有価証券の募集又は売出し（特定有価証券（その投資者の投資判断に重要な影響を及ぼす情報がその発行者が行う資産の運用その他これに類似する事業に関する情報である有価証券として政令で定めるものをいう。以下この項及び第五項並びに第二十四条において同じ。）に係る有価証券の募集及び売出しを除く。以下この項及び次項において同じ。）に係る届出をしようとする発行者は、その者が会社（外国会社を含む。第五十条の二第九項及び第百五十六条の三第二項第三号を除き、以下同じ。）である場合（当該有価証券（特定有価証券を除く。以下この項から第四項までにおいて同じ。）の発行により会社を設立する場合を含む。）においては、内閣府令で定めるところにより、次に掲げる事項

により、次に掲げる事項を記載した届出書を内閣総理大臣に提出しなければならない。ただし、当該有価証券の発行価格の決定前に募集をする必要がある場合その他の内閣府令で定める場合には、第一号のうち発行価格その他の内閣府令で定める事項を記載しないで提出することができる。 一・二 （略）	を記載した届出書を内閣総理大臣に提出しなければならない。ただし、当該有価証券の発行価格の決定前に募集をする必要がある場合その他の内閣府令で定める場合には、第一号のうち発行価格その他の内閣府令で定める事項を記載しないで提出することができる。 一・二 （略）

概要

1項で、「会社」には外国会社も含むと用語を定義しているところ、66条の40第5項は、国内の会社について会社法の準用を認めた規定であって、同項の「会社」に外国会社は含まれないので（外国会社の電子公告については同条6項に規定）、用語を整理したものである。

第13条 目論見書の作成及び虚偽記載のある目論見書等の使用禁止

●第1項●

改　正　後	改　正　前
第十三条　その募集又は売出し（適格機関投資家取得有価証券一般勧誘（有価証券の売出しに該当するものを除く。）及び特定投資家等取得有価証券一般勧誘（有価証券の売出しに該当するものを除く。）を含む。以下この条並びに第十五条第二項から第四項まで及び第六項において同じ。）につき第四条第一項本文、第二項本文又は第三項本文の規定の適用を受ける有価証券の発行者は、当該募集又は売出しに際し、目論見書を作成しなければならない。開示が行われている場合（同条第七項に規定する開示が行われている場合をいう。以下この章において同じ。）における有価証券の売出し（その売出価額の総額が一億円未満であるものその他内閣府令で定めるものを除く。）に係	**第十三条**　その募集又は売出し（第四条第一項第四号に掲げる有価証券の売出しを除くものとし、適格機関投資家取得有価証券一般勧誘（有価証券の売出しに該当するものを除く。）及び特定投資家等取得有価証券一般勧誘（有価証券の売出しに該当するものを除く。）を含む。以下この条並びに第十五条第二項から第四項まで及び第六項において同じ。）につき第四条第一項本文、第二項本文又は第三項本文の規定の適用を受ける有価証券の発行者は、当該募集又は売出しに際し、目論見書を作成しなければならない。開示が行われている場合（同条第七項に規定する開示が行われている場合をいう。以下この章において同じ。）における有価証券の売出し（その売出価額の総額が

る有価証券（以下この章において「既に開示された有価証券」という。）の発行者についても、同様とする。	一億円未満であるものその他内閣府令で定めるものを除く。）に係る有価証券（以下この章において「既に開示された有価証券」という。）の発行者についても、同様とする。

概要

従来の4条1項4号の規定の全部を改正することから、同号の引用を削除している。

解説

前述したとおり（第1部Vの1(9)および4条6項の 概要 参照）、すでに法定開示がなされている既発行有価証券の売出しについて、引受人等以外の者が売出しを行う場合は、目論見書の作成および有価証券通知書の提出を免除することとされた。このため、本項後段に規定する「その他内閣府令で定めるもの」として、その旨を規定する予定である。

第23条の3　発行登録書の提出

●第1項●

改　正　後	改　正　前
第二十三条の三　有価証券の募集又は売出しを予定している当該有価証券の発行者で、第五条第四項に規定する者に該当するものは、当該募集又は売出しを予定している有価証券の発行価額又は売出価額の総額（以下「発行予定額」という。）が一億円以上の場合（募集又は売出しを予定している有価証券が新株予約権証券である場合にあつては、発行予定額に当該新株予約権証券に係る新株予約権の行使に際して払い込むべき金額の合計額を合算した金額が一億円以上となる場合を含む。）においては、内閣府令で定めるところにより、当該募集又は売出しを予定している期間（以下「発行予定期間」という。）、当該有価証券の種類及び発行予	**第二十三条の三**　有価証券の募集又は売出しを予定している当該有価証券の発行者で、第五条第四項に規定する者に該当するものは、当該募集又は売出しを予定している有価証券の発行価額又は売出価額の総額（以下「発行予定額」という。）が一億円以上の場合においては、内閣府令で定めるところにより、当該募集又は売出しを予定している期間（以下「発行予定期間」という。）、当該有価証券の種類及び発行予定額又は発行若しくは売出しの限度額、当該有価証券について引受けを予定する金融商品取引業者又は登録金融機関のうち主たるものの名称その他の事項で公益又は投資者保護のため必要かつ適当なものとして内閣府令で定め

定額又は発行残高の上限、当該有価証券について引受けを予定する金融商品取引業者又は登録金融機関のうち主たるものの名称その他の事項で公益又は投資者保護のため必要かつ適当なものとして内閣府令で定めるものを記載した書類（以下「発行登録書」という。）を内閣総理大臣に提出して、当該有価証券の募集又は売出しを登録することができる。ただし、その有価証券発行勧誘等又は有価証券交付勧誘等が第二十三条の十三第一項に規定する適格機関投資家向け勧誘（同項本文の規定の適用を受けるものに限る。）に該当するものであつた有価証券の売出し（当該有価証券に関して開示が行われている場合を除く。）、特定投資家向け有価証券の売出し（当該有価証券に関して開示が行われている場合を除く。）及びその有価証券発行勧誘等又は有価証券交付勧誘等が同条第四項に規定する少人数向け勧誘（同項本文の規定の適用を受けるものに限る。）に該当するものであつた有価証券の売出し（当該有価証券に関して開示が行われている場合を除く。）を予定している場合は、この限りでない。	るものを記載した書類（以下「発行登録書」という。）を内閣総理大臣に提出して、当該有価証券の募集又は売出しを登録することができる。ただし、その有価証券発行勧誘等が第二十三条の十三第一項に規定する適格機関投資家向け勧誘（同項本文の規定の適用を受けるものに限る。）に該当するものであつた有価証券の売出し（当該有価証券に関して開示が行われている場合を除く。）、その取得勧誘又は売付け勧誘等が特定投資家向け取得勧誘又は特定投資家向け売付け勧誘等（同条第三項本文の規定の適用を受けるものに限る。）に該当するものであつた有価証券の売出し（当該有価証券に関して開示が行われている場合を除く。）及びその有価証券発行勧誘等が同条第四項に規定する少人数向け勧誘（同項本文の規定の適用を受けるものに限る。）に該当するものであつた有価証券の売出し（当該有価証券に関して開示が行われている場合を除く。）を予定している場合は、この限りでない。

概要

⑴　限度額等に関する記載

発行登録書に記載すべき「発行予定額」については、これまで、当該発行登録に係る募集または売出しにより発行または交付を予定する有価証券の発行価額または売出価額の総額を記載することとされていた。このため、有価証券の発行可能額については発行総額で管理しており、有価証券を発行すればその発行額だけ発行可能高が減少することになり（当初登録した発行予定額－実際の発行総額＝発行可能額）、仮に発行済みの有価証券が償還されたとしても、発行可能額はそのままとなっていた。

しかしながら、発行登録制度による機動的な資金調達をより利用しやすいものとする観点から、海外のMTNプログラムと同様に「プログラム・アマウント方式（発行登録書に「発行残高の上限」を記載し、償還等により発行残高が減少した場合には発行可能額の増額を認める方式）」を利用して発行残高で管理する方法の選択を認めることとしたものである。

具体的には、発行登録書の記載事項として、「発行予定額」に代えて「発行残高の上限」を記載することができるようにしたものである。

参考

発行登録制度は、届出の効力発生後1年または2年の期間内に予定する有価証券の募集または売出しについて、あらかじめ発行登録書を提出し、その効力を発生させておけば、その期間内は、いつでも発行登録追補書類を提出して、ただちにその募集または売出しに係る有価証券を取得させ、または売り付けることができる制度であり、有価証券の募集または売出しごとに有価証券届出書を提出し、その効力発生を待つ必要がないことから、有価証券の機動的な発行を可能にするものである。

(2) 発行予定額の計算方法

発行予定額の下限（1億円）の計算に当たり、募集または売出しを予定している有価証券が新株予約権証券である場合に、発行予定額に新株予約権の行使に際して払い込むべき金額の合計額を合算するか否か、従来は明示されていなかったため、合算することを明示することとしたものである。

(3) 規定の整備

本項ただし書は、平成4年6月の証券取引法改正（金融制度及び証券取引制度の改革のための関係法律の整備等に関する法律（平成4年法律第87号））により導入されたものであるが、その趣旨は、転売制限が付されている有価証券については、当該転売制限に違反して売出しに該当する勧誘行為が行われるべきではなく、そのような有価証券の売出しのための発行登録は認めないとするものであった。このただし書には、平成20年改正（いわゆるプロ向け市場制度の導入）において「特定投資家向け取得勧誘」または「特定投資家向け売付け勧誘等」に該当するものであった有価証券の売出しを追加する改正がなされた。しかし、特定投資家向け私募・私売出しがなされた有価証券に限らず、特定投資家向け有価証券（４条３項）に該当する有価証券であれば転売制限が付されることになるから、平成20年改正による追加は、ただし書の趣旨に照らして不十分と考えられる。そこで、平成20年改正で追加した部分を、「特定投資家向け有価証券の売出し」に改めるものである。

解説

プログラム・アマウント方式を利用することにより、現時点で会社としてどれだけの負債（社債等）を負っているかを把握することが可能となり、有利子負債の残高管理に関する発行体のポリシーを知ることができるなど、投資家にとっても有益であると考えられる。

参考

会社法においてもプログラム・アマウント方式は導入済みである。会社法362条４項では、取締役会が取締役に委任できない事項について規定しており、同項５号を受けた会社法施行規則99条において、会社がその発行する社債を引き受ける者の募集を行おうとする場合に際して取締役会が定めるべき事項を具体的に列挙している。その中で、取締役会は、２回以上の募集を行うことを決定するときは、社債の種類ごとまたは募集ごとの募集社債の総額を定める必要はなく、募集社債の総額の上限の合計額を定めれば足り、その上限の合計額として、たとえばプログラム・アマウント方式（償還された社債の額を再度枠に組み込むという形）でも差し支えないとされている（相澤哲＝葉玉匡美＝郡谷大輔『論点解説　新・会社法』（商事法務、2006）624頁）。

第23条の４　訂正発行登録書の提出

改　正　後	改　正　前
第二十三条の四　発行登録を行つた日以後当該発行登録がその効力を失うこととなる日前において、発行登録書において前条第二項の規定により参照すべき旨記載されている参照書類と同種の	**第二十三条の四**　発行登録を行つた日以後当該発行登録がその効力を失うこととなる日前において、発行登録書において前条第二項の規定により参照すべき旨記載されている参照書類と同種の

書類が新たに提出されたときその他当該発行登録に係る発行登録書及びその添付書類（以下この条において「発行登録書類」という。）に記載された事項につき公益又は投資者保護のためその内容を訂正する必要があるものとして内閣府令で定める事情があるときは、当該発行登録をした者（以下「発行登録者」という。）は、内閣府令で定めるところにより訂正発行登録書を内閣総理大臣に提出しなければならない。当該事情がない場合において、発行登録者が当該発行登録書類のうちに訂正を必要とするものがあると認めたときも、同様とする。この場合においては、発行予定額又は発行残高の上限の増額、発行予定期間の変更その他の内閣府令で定める事項を変更するための訂正を行うことはできない。	書類が新たに提出されたときその他当該発行登録に係る発行登録書及びその添付書類（以下この条において「発行登録書類」という。）に記載された事項につき公益又は投資者保護のためその内容を訂正する必要があるものとして内閣府令で定める事情があるときは、当該発行登録をした者（以下「発行登録者」という。）は、内閣府令で定めるところにより訂正発行登録書を内閣総理大臣に提出しなければならない。当該事情がない場合において、発行登録者が当該発行登録書類のうちに訂正を必要とするものがあると認めたときも、同様とする。この場合においては、発行予定額の増額、発行予定期間の変更その他の内閣府令で定める事項を変更するための訂正を行うことはできない。

概要

発行登録を行った者は、次のような場合には、発行登録の記載を訂正するため、訂正発行登録書を提出しなければならない。

① 発行登録書に参照書類とされている書類と同種の書類が新たに提出された場合

② 発行予定額のうちの未発行部分の一部を発行予定期間内に発行する見込みがなくなった場合

③ 引受けを予定する証券会社のうちの主たるものに異動があった場合

④ 発行登録の効力発生予定日に変更があった場合

⑤ このほか、発行登録書または添付書類のうちに訂正を必要とするものがあると認めた場合

ただし、発行予定額の増額、発行予定期間の変更または有価証券の種類の変更については行うことができない。

解説

発行登録制度にプログラム・アマウント方式の選択を認めたことに伴

い、プログラム・アマウント方式を選択した場合には、従来の発行予定額の場合と同様に「発行残高の上限」の増額の変更も行うことができない旨を規定したものである。

第23条の８　発行登録追補書類の提出

●第４項●

改　正　後	改　正　前
４　第四条第五項及び第六項の規定は、第一項ただし書の規定の適用を受ける有価証券の募集又は売出しが行われる場合について準用する。この場合において、同条第五項中「当該特定募集に係る」とあるのは「当該募集若しくは売出しに係る」と、「当該特定募集が」とあるのは「当該募集又は売出しが」と、同条第六項中「当該特定募集等に係る」とあるのは「当該」と、「当該特定募集等が」とあるのは「当該募集又は売出しが」と、「当該特定募集等に関する」とあるのは「当該募集又は売出しに関する」と、「開示が行われている場合における第四項に規定する有価証券の売出しでその売出価額の総額が一億円未満のもの、第一項第三号に掲げる有価証券の売出しで当該有価証券の発行者その他の内閣府令で定める者以外の者が行うもの及び同項第五号に掲げる有価証券の募集又は売出しでその発行価額」とあるのは「発行価額」と、「以下のもの」とあるのは「以下の有価証券の募集又は売出し」と読み替えるものとする。	４　第四条第五項及び第六項の規定は、第一項ただし書の規定の適用を受ける有価証券の募集又は売出しが行われる場合について準用する。この場合において、同条第五項中「当該特定募集等に係る」とあるのは「当該募集若しくは売出しに係る」と、「当該特定募集等が」とあるのは「当該募集又は売出しが」と、同条第六項中「当該特定募集等に係る」とあるのは「当該」と、「当該特定募集等が」とあるのは「当該募集又は売出しが」と、「当該特定募集等に関する」とあるのは「当該募集又は売出しに関する」と、「開示が行われている場合における第四項に規定する有価証券の売出しでその売出価額の総額が一億円未満のもの及び第一項第五号に掲げる有価証券の募集又は売出しでその発行価額」とあるのは「発行価額」と、「以下のもの」とあるのは「以下の有価証券の募集又は売出し」と読み替えるものとする。

概要

４条５項・６項の改正により、これらの項を読替え・準用している部分について併せて改正するものである。

第23条の13　適格機関投資家向け勧誘の告知等

●第1項●

改　正　後	改　正　前
第二十三条の十三　有価証券発行勧誘等又は有価証券交付勧誘等のうち、次の各号に掲げる場合に該当するもの（第二号に掲げる場合にあつては第二条第三項第一号の規定により多数の者から除かれる適格機関投資家を相手方とするものに限り、第四号に掲げる場合にあつては同条第四項第一号の規定により多数の者から除かれる適格機関投資家を相手方とするものに限る。以下この条において「適格機関投資家向け勧誘」という。）を行う者は、当該適格機関投資家向け勧誘が当該各号に掲げる場合のいずれかに該当することにより当該適格機関投資家向け勧誘に関し第四条第一項の規定による届出が行われていないことその他の内閣府令で定める事項を、その相手方に対して告知しなければならない。ただし、当該適格機関投資家向け勧誘に係る有価証券に関して開示が行われている場合及び発行価額又は譲渡価額の総額が一億円未満の適格機関投資家向け勧誘で内閣府令で定める場合に該当するときは、この限りでない。 一　第二条第三項第二号イに掲げる場合 二　第二条第三項第二号ハに掲げる場合（同項第一号の規定により多数の者から適格機関投資家を除くことにより同号に掲げる場合に該当しないこととなる場合に限る。） 三　第二条第四項第二号イに掲げる場合 四　第二条第四項第二号ハに掲げる場合（同項第一号の規定により多数の者から適格機関投資家を除くことにより同号に掲げる場合に該当しない	**第二十三条の十三**　適格機関投資家向け勧誘（有価証券発行勧誘等のうち、第二条第三項第一号に掲げる場合に該当する場合における同号の規定により当該有価証券発行勧誘等の相手方から除かれる適格機関投資家を相手方として行うもの又は同項第二号イ若しくは第二条の二第四項第二号イに掲げる場合に該当するものをいう。以下この項において同じ。）又はこれに係る有価証券の有価証券交付勧誘等で第四条第二項本文の規定の適用を受けないもの（次項において「適格機関投資家向け勧誘等」という。）を行う者（内閣府令で定める者に限る。）は、当該有価証券の有価証券発行勧誘等が次に掲げる場合に該当するものであつた有価証券（第一号に掲げる場合にあつては、第二条第三項第一号の規定により当該有価証券発行勧誘等の相手方から除かれた適格機関投資家が取得した有価証券に限る。）の有価証券発行勧誘等に該当することにより当該有価証券発行勧誘等に関し第四条第一項の規定による届出が行われていないことその他の内閣府令で定める事項を、その相手方に対して告知しなければならない。ただし、当該有価証券に関して開示が行われている場合及び発行価額の総額が一億円を超えない範囲内で内閣府令で定める金額未満である適格機関投資家向け勧誘に係る有価証券について行う場合は、この限りでない。 一　第二条第三項第一号に掲げる場合 二　第二条第三項第二号イに掲げる場合 三　第二条の二第四項第二号イに掲げる場合

こととなる場合に限る。） 五　第二条の二第四項第二号イに掲げる場合 六　第二条の二第五項第二号イに掲げる場合	

概要

改正前においては、適格機関投資家私募をする場合または適格機関投資家私募で発行された有価証券を転売する目的で勧誘行為を行う場合に、当該有価証券が適格機関投資家私募で発行されたために届出がされていないことや転売制限が付されていることを告知することとされていた。改正後は、適格機関投資家向け勧誘（転売制限を付して適格機関投資家向けにする発行勧誘または交付勧誘）をする場合に、当該適格機関投資家向け勧誘について届出がされていないことや転売制限が付されていることを告知しなければならないこととする。

ただし書については、改正前は適用除外の基準を発行価額の総額が１億円未満の有価証券としていたが、改正後は発行価額または譲渡価額の総額が１億円未満の勧誘としている。

なお、従来「有価証券発行勧誘等のうち、第二条第三項第一号に掲げる場合に該当する場合における同号の規定により当該有価証券発行勧誘等の相手方から除かれる適格機関投資家を相手方として行うもの……」としていた部分等については、４条２項の改正と同様の趣旨により改正を行っている。

解説

改正前においては、適格機関投資家私募で発行された有価証券に発行時に付された転売制限は、その後も存続するのが原則であるから、発行時にどのような転売制限が付されていたかを告知すれば十分であった。しかし、今般の改正により、私売出し制度が本格的に導入され、ある有価証券に発行時に付された転売制限の内容が私売出しにより変更される場面がある。その場合には、発行時にどのような転売制限が付されていたかは重要ではなく、当該発行勧誘または交付勧誘によりどのような転売制限が付されるのかが重要となる。そこで、告知すべき転売制限等の内容を、発行時のものから当該勧誘行為に係るものに変更するものである。

ただし書についても、改正前は発行価額の総額を基準としていたが、改正後は、ある有価証券のうちの一部分だけについて私売出しを行うこと等も考えられることから、発行価額を基準としても意味がない。そこで、当該勧誘行為により発行または譲渡される有価証券の価額を基準とする。その際、同一の所有者が同一の有価証券を、9,900万円ずつに分割して複数回の売付け勧誘を行い、告知義務を潜脱すること等を防止する必要があるため、内閣府令において通算規定を設ける予定である。なお、改正前の「総額が一億円を超えない範囲内で内閣府令で定める金額未満」という文言では、通算規定を設けることが困難である可能性があるため、より通算規定を設けやすい文言（「総額が一億円未満の適格機関投資家向け勧誘で内閣府令で定める場合」）に改めている（当該文言は、４条１項５号を参考としている。同号に係る通算規定は企業内容開示府令２条３項）。

●第２項●

改　正　後	改　正　前
２　前項本文の規定の適用を受ける適格機関投資家向け勧誘を行う者は、当該適格機関投資家向け勧誘により有価証券を取得させ、又は売り付ける場合には、あらかじめ又は同時にその相手方に対し、同項の規定により告知すべき事項を記載した書面を交付しなければならない。	２　前項本文の規定の適用を受ける適格機関投資家向け勧誘等を行う者は、同項本文に規定する有価証券を当該適格機関投資家向け勧誘等により取得させ、又は売り付ける場合には、あらかじめ又は同時にその相手方に対し、同項の規定により告知すべき事項を記載した書面を交付しなければならない。

概要

１項で「適格機関投資家向け勧誘」に交付勧誘の場合を含め、「適格機関投資家向け勧誘等」の定義を削除したことに伴う修正である。

●第４項●

改　正　後	改　正　前
４　有価証券発行勧誘等又は有価証券交付勧誘等のうち次の各号に掲げる有価証券の区分に応じ、当該各号に定める場合に該当するもの（第二条第一項第九号に掲げる有価証券の有価証券発行勧誘等又は有価証券交付勧誘等その他政令で定めるものを除き、第一号イ又はロに掲げる場合にあつては適格機関投資家向け勧誘に該当するものを除く。以下この条において「少人数向け勧誘」という。）を行う者は、当該少人数向け勧誘が次の各号に掲げる有価証券の区分に応じ、当該各号に定める場合（第一号イ又はロに掲げる場合にあつては適格機関投資家向け勧誘に該当する場合を除く。）のいずれかに該当することにより当該少人数向け勧誘に関し第四条第一項の規定による届出が行われていないことその他の内閣府令で定める事項を、その相手方に対して告知しなければならない。ただし、当該少人数向け勧誘に係る有価証券に関して開示が行われている場合及び発行価額又は譲渡価額の総額が一億円未満の少人数向け勧誘で内閣府令で定める場合に該当するときは、この限りでない。 一　第一項有価証券　次のいずれかの場合 イ　第二条第三項第二号ハに該当する場合 ロ　第二条第四項第二号ハに該当する場合 ハ　第二条の二第四項第二号ロに該当する場合 ニ　第二条の二第五項第二号ロに該当する場合 二　第二項有価証券　次のいずれかの場合	４　少人数向け勧誘（有価証券発行勧誘等のうち次の各号に掲げる有価証券の区分に応じ、当該各号に定める場合に該当するもの（政令で定めるものを除く。）をいう。以下この項において同じ。）又はこれに係る有価証券の有価証券交付勧誘等で第四条第一項本文の規定の適用を受けないもの（次項において「少人数向け勧誘等」という。）を行う者は、当該有価証券の有価証券発行勧誘等が次の各号に掲げる有価証券の区分に応じ、当該各号に定める場合に該当することにより当該有価証券発行勧誘等に関し同条第一項の規定による届出が行われていないことその他の内閣府令で定める事項を、その相手方に対して告知しなければならない。ただし、当該有価証券に関して開示が行われている場合及び発行価額の総額が一億円を超えない範囲内で内閣府令で定める金額未満である少人数向け勧誘に係る有価証券について行う場合は、この限りでない。 一　第一項有価証券　次のいずれかの場合 イ　第二条第三項第二号ハに該当する場合 ロ　第二条の二第四項第二号ロに該当する場合 二　第二項有価証券　次のいずれかの場合 イ　第二条第三項第三号に掲げる場合に該当しない場合 ロ　第二条の二第四項第三号に掲げる場合に該当しない場合

イ　第二条第三項第三号に掲げる場合に該当しない場合 ロ　第二条の二第四項第三号に掲げる場合に該当しない場合	

概要

1項と同様に、私売出し制度が整備されることから、告知事項を当該有価証券発行時に付された転売制限等ではなく、当該勧誘行為に係る転売制限等に改める。また、1項と同様に、ただし書の適用除外の基準を発行時の発行価額の総額から当該勧誘行為に係る発行価額または譲渡価額の総額に改め、かつ、通算規定を設ける予定である。さらに、少人数私募・私売出しの場合であっても、2条3項1号・4項1号の規定により人数計算から除かれる適格機関投資家については、4項ではなく1項の告知義務を課すべきであるから、4項からはこれを除外する旨を明示している。

●第5項●

改　正　後	改　正　前
5　前項本文の規定の適用を受ける少人数向け勧誘を行う者は、当該少人数向け勧誘により有価証券を取得させ、又は売り付ける場合には、あらかじめ又は同時にその相手方に対し、同項の規定により告知すべき事項を記載した書面を交付しなければならない。	5　前項本文の規定の適用を受ける少人数向け勧誘等を行う者は、同項本文に規定する有価証券を当該少人数向け勧誘等により取得させ、又は売り付ける場合には、あらかじめ又は同時にその相手方に対し、同項の規定により告知すべき事項を記載した書面を交付しなければならない。

概要

4項で「少人数向け勧誘」に交付勧誘の場合を含め、「少人数向け勧誘等」の定義を削除したことに伴う修正である。

※ 第２章の４　開示用電子情報処理組織による手続の特例等

第27条の30の９　電子情報処理組織を使用する方法等による目論見書記載事項の提供等

●第２項●

改　正　後	改　正　前
２　前項の規定は、第二十三条の十三第二項又は第五項の規定により交付しなければならない書面、第二十七条の九第二項又は第三項（これらの規定を第二十七条の二十二の二第二項において準用する場合を含む。）の規定により交付しなければならない公開買付説明書（第二十七条の九第一項（第二十七条の二十二の二第二項において準用する場合を含む。）に規定する公開買付説明書をいい、その訂正した公開買付説明書を含む。）及び第二十七条の二十四の規定により交付しなければならない通知書について準用する。	２　前項の規定は、第二十三条の十三第二項又は第五項の規定により交付しなければならない書面、第二十三条の十四第二項の規定により交付しなければならない書面、第二十七条の九第二項又は第三項（これらの規定を第二十七条の二十二の二第二項において準用する場合を含む。）の規定により交付しなければならない公開買付説明書（第二十七条の九第一項（第二十七条の二十二の二第二項において準用する場合を含む。）に規定する公開買付説明書をいい、その訂正した公開買付説明書を含む。）及び第二十七条の二十四の規定により交付しなければならない通知書について準用する。

概要

23条の14を削除することから、同条の引用を削除する。

※ 第２章の５　特定証券情報の提供又は公表

第27条の31　特定証券情報の提供又は公表

●第１項●

改　正　後	改　正　前
第二十七条の三十一　特定投資家向け取得勧誘その他第四条第一項本文の規定	**第二十七条の三十一**　特定投資家向け取得勧誘その他第四条第一項本文の規定

の適用を受けない有価証券発行勧誘等のうち政令で定めるもの（以下この条及び第六章の二において「特定取得勧誘」という。）又は特定投資家向け売付け勧誘等（当該特定投資家向け売付け勧誘等に係る有価証券が特定投資家向け有価証券に該当する場合であつて、少数の者を相手方として行う場合として政令で定める場合に該当するものを除く。）その他第四条第一項本文、第二項本文若しくは第三項本文の規定の適用を受けない有価証券交付勧誘等のうち政令で定めるもの（以下この条及び第六章の二において「特定売付け勧誘等」という。）は、当該特定取得勧誘又は特定売付け勧誘等（以下「特定勧誘等」という。）に係る有価証券の発行者が、当該有価証券及び当該発行者に関して投資者に明らかにされるべき基本的な情報として内閣府令で定める情報（以下「特定証券情報」という。）を、次項に定めるところにより、当該特定勧誘等が行われる時までに、その相手方に提供し、又は公表しているものでなければ、することができない。	の適用を受けない有価証券発行勧誘等のうち政令で定めるもの（以下この条及び第六章の二において「特定取得勧誘」という。）又は特定投資家向け売付け勧誘等その他第四条第一項本文、第二項本文若しくは第三項本文の規定の適用を受けない有価証券交付勧誘等のうち政令で定めるもの（以下この条及び第六章の二において「特定売付け勧誘等」という。）は、当該特定取得勧誘又は特定売付け勧誘等（以下「特定勧誘等」という。）に係る有価証券の発行者が、当該有価証券及び当該発行者に関して投資者に明らかにされるべき基本的な情報として内閣府令で定める情報（以下「特定証券情報」という。）を、次項に定めるところにより、当該特定勧誘等が行われる時までに、その相手方に提供し、又は公表しているものでなければ、することができない。

概要

特定証券情報の提供または公表を要する特定投資家向け売付け勧誘等の範囲を、政令により調整する。特定投資家向け有価証券の特定投資家向け売付け勧誘等であって、相手方が少数である場合を除外するものである。政令では、すでに特定投資家向け有価証券になっている有価証券について、50名未満の者を相手方として特定投資家向け売付け勧誘等をする場合を規定する予定である。

解説

特定投資家向け売付け勧誘等は、有価証券の発行者が特定証券情報を提供し、または公表しているものでなければ、することができないとされている。改正前においては、特定投資家向け有価証券の売付け勧誘等は、その相手方である特定投資家が50名以上でなければ「特定投資家向け売付け勧誘等」には該当しなかった。しかし今般の改正により、49名以下である特定投資家を相手方とする場合も「特定投資家向け売付け勧誘等」に該当し得ることとなる。その結果、たとえば、特定投資家向け有価証券を特定取引所金融商品市場外で転売するために、1名の者に対して勧誘する場合であっても、文理上は特定投資家向け売付け勧誘等に該当するから、事前に発行者による特定証券情報の提供または公表が必要ということになる。しかし、このような結果は規制の趣旨に照らして適当でないことから、勧誘の相手方が少数である特定投資家向け有価証券の特定投資家向け売付け勧誘等については、原則として特定証券情報の提供または公表を不要とするものである。

第27条の32の 2　外国証券情報の提供又は公表

●第 1 項●　新設

改　正　後
第二十七条の三十二の二　金融商品取引業者等は、第四条第一項第四号に該当する有価証券の売出し（以下「外国証券売出し」という。）により有価証券を売り付ける場合には、当該有価証券及び当該有価証券の発行者に関する情報として内閣府令で定める情報（以下「外国証券情報」という。）をあらかじめ又は同時に、その相手方に提供し、又は公表しなければならない。ただし、当該有価証券の発行者が既に当該有価証券に係る特定証券情報を公表している場合その他の内閣府令で定める場合は、この限りでない。

概要

(1)　「外国証券情報」の提供・公表義務

法 4 条 1 項 4 号に該当し、法定開示が免除される有価証券の売出し（「外国証券売出し」）により有価証券を売り付ける場合には、簡易な情報提供として、当該有価証券および発行者に関する情報として内閣府令で定める情報（「外国証券情報」）を、当該有価証券を売り付ける時までに、その相手方に提供し、または公表しなければならないこととしている。

これは、外国証券売出しについては、海外ですでに十分な情報開示が行われており、国内において投資判断上必要な情報の入手が容易であること等の要件を満たすことによって法定開示が免除されることとなるが、海外で開示されている情報が国内の投資者に周知されているとは考えられないこと等から、当該金融商品取引業者等に対し、外国証券情報の提供・公表を義務づけることとしたものである。なお、外国証券情報の提供または公表は、法定開示が免除される外国証券売出しに該当するための要件として規定するのではなく、外国証券売出しを行う金融商品取引業者等の義務としており、この義務を履行しない金融商品取引業者等に対する罰則規定が設けられている（法205条6号の3）。

外国証券情報の内容は、「当該有価証券及び当該有価証券の発行者に関する情報として内閣府令で定める情報」とされ（法27条の32の2第1項）、具体的な内容は、現在、海外発行証券の少人数向け勧誘において提供されている「外国証券内容説明書」（日本証券業協会の「外国証券の取引に関する規則」に基づき作成される）の記載事項や東証のプロ向け市場における簡素な情報提供の仕組みを参考としつつ内閣府令で定めることとなる。

なお、外国証券情報について、たとえば、外国証券売出しに係る有価証券が主要な外国金融商品取引所に上場されている株式のように、当該外国の法定開示制度等により当該発行者等に関する信頼性の高い情報が日本語または英語でそのホームページで開示されており、日本の投資家がインターネットを通じてアクセス可能である場合には、当該金融商品取引業者等は、投資家に対し、当該情報のリンク先に関する情報を提供し、または公表することにより、外国証券情報の提供または公表として足りるものと考えられる（注）。

外国証券情報は、「自ら若しくは他の者に委託して提供し、又はインターネットの利用その他の方法により公表しなければならない」（本条3項）とされており、具体的な方法は内閣府令で定めることとなる。

（注）　この場合、当該投資家にとってアクセスできる情報が英語だけで足りるかどうかというのは、各金融商品取引業者等の個別取引における適合性判断、説明義務の問題として整理することとなる。

⑵ 「外国証券情報」の提供・公表義務の免除

法27条の32の２第１項本文では、法定開示が免除される外国証券については、簡素な情報提供として外国証券情報の提供または公表を行うことを義務づける一方、そのただし書では、この簡易な情報提供としての外国証券情報によって提供されるような内容の情報が国内においてすでに十分に周知されている場合には、外国証券情報の提供・公表義務も免除される旨が規定されている。

つまり、売出しを行おうとする外国証券について、その発行国において十分な流通市場が存在し、かつ、その当該発行者についての信頼性のある情報にインターネット等で容易にアクセスできる場合には、法４条１項４号において法定開示が免除され、次に、法27条の32の２第１項本文の規定による簡易な情報提供義務を満たすものと考えられる。さらに、そのただし書で、外国証券について、特定証券情報（いわゆる「特定投資家私売出し」を行う際に勧誘先の特定投資家に提供・公表する情報）が公表されていることその他の一定の要件を満たす場合は、外国証券情報の提供・公表義務も免除されるということになる。

この具合的な要件は内閣府令で定めることとなるが、外国証券情報の提供・公表義務が免除されるものとしては、基本的には、シンプルな外国国債で、前述した条件（発行国に関する信頼性のある情報にインターネット等を通じて容易にアクセスできること）を満たし、かつ、日本国内においても十分な流通市場があるものが該当すると考えられる。具体的には、

① 発行国や発行案件等に関する信頼性のある情報がインターネット等で容易に入手可能であり、かつ、発行国でコンスタントに相当量の国債発行が行われ、十分な国債流通市場があり、そこでの売買価格等に関する情報が日本から容易に入手可能であること

② 日本国内で十分な流通市場があり、投資家は国内での売却可能額が信頼性の高い形でわかり、かつ、実際いつでも売却可能である

といった要件を満たす外国国債であれば、その発行国が OECD 加盟国かどうか、発行国の格付如何を問わず、法定開示のみならず、簡素な情報提

供義務も免除される。

このように、法定開示の免除については、形式的、機械的な基準に当てはめるのではなく、セカンダリー的な取引を法定開示の対象外とする本条の趣旨に照らして判断する必要がある。具体的には、法定開示の免除のためには、発行国などの海外で十分な流通市場があり、そことの取次ぎ的な取引であること、それらの取引の売買価格に関する情報が国内で入手が容易であることが必要である。さらに、簡易な情報提供も免除されるためには、国内において十分に投資情報が周知されており、かつ国内において十分な流通市場（価格情報が入手でき、かつ流動性が高いこと）が必要となる。

なお、これ以外の外国証券情報の提供・公表義務が免除される場合としては、その有価証券に係る特定証券情報または発行者情報が公表されており、その有価証券に関する情報が別途提供または公表される場合、その有価証券以外の有価証券に係る有価証券報告書が提出されており、その有価証券に関する情報が別途提供または公表される場合等が考えられる。

●第２項●　新設

改　正　後
2　外国証券売出しを行つた金融商品取引業者等は、当該外国証券売出しにより有価証券を取得し、かつ、当該金融商品取引業者等に当該有価証券の保管を委託している者その他これに準ずる者として内閣府令で定める者から請求があつた場合又は投資者の投資判断に重要な影響を及ぼす事実が発生した場合として内閣府令で定める場合には、外国証券情報を提供し、又は公表しなければならない。ただし、当該有価証券に関する情報の取得の容易性、当該有価証券の保有の状況等に照らして公益又は投資者保護に欠けることがないものと認められる場合として内閣府令で定める場合は、この限りでない。

概要

外国証券売出しを行った金融商品取引業者等に対し、「当該外国証券売出しにより有価証券を取得し、かつ、当該金融商品取引業者等に当該有価証券の保管を委託している者その他これに準ずる者として内閣府令で定める者から請求があつた場合又は投資者の投資判断に重要な影響を及ぼす事実が発生した場合として内閣府令で定める場合」には、当該投資者に外国証券情報の提供または公表をすることを義務づけることとした。

これは、外国証券売出しを行った金融商品取引業者等に対し、継続開示に対応した継続的な情報の提供・公表義務を課すものである。

外国証券情報の提供または公表を求めることができる顧客は、原則として、当該金融商品取引業者による外国証券売出しにより当該有価証券を取得した者に限ることとしている。これは、当該有価証券を他の金融商品取引業者等から取得した者まで範囲を広げてしまうと、金融商品取引業者等に過度の義務を負わせることとなるためである。また、外国証券情報の提供・公表を請求できる「その他これに準ずる者として内閣府令で定める者」としては、たとえば、外国証券売出しを行った金融商品取引業者等の事業が他の金融商品取引業者等に譲渡・承継され、当該外国証券売出しより取得した有価証券にかかる投資者の口座が移管された場合における当該投資者等を内閣府令で規定する予定である。無券面化された有価証券について、「保管を委託」することはないため、このような場合における当該有価証券を取得した投資者についても内閣府令で定める予定である。

また、外国証券情報を提供し、または公表しなければならない場合として「投資者の投資判断に重要な影響を及ぼす事実が発生した場合として内閣府令で定める場合」とされているが、内閣府令では、一定の合併や倒産等、投資判断に重要な影響を及ぼす決定または事実の発生があった場合等を規定する予定である。

なお、この場合における外国証券情報の内容については、外国証券売出し時に提供または公表する外国証券情報と同じである。

●第３項● 新設

改　正　後
3　前二項の規定により外国証券情報の提供又は公表をしようとする金融商品取引業者等は、当該外国証券情報を、内閣府令で定めるところにより、自ら若しくは他の者に委託して提供し、又はインターネットの利用その他の方法により公表し

なければならない。

概要

提供または公表の具体的方法を内閣府令で規定する。27条の31第２項と同旨の規定である。

第27条の34　虚偽の特定情報に係る賠償責任

改　正　後	改　正　前
第二十七条の三十四　第二十一条の二から第二十二条までの規定は、特定情報（特定証券等情報又は発行者等情報（発行者情報又は訂正発行者情報をいう。以下同じ。）をいう。第二十七条の三十五において同じ。）について準用する。この場合において、第二十一条の二第一項中「第二十五条第一項各号（第五号及び第九号を除く。）に掲げる書類（以下この条において「書類」という。）」とあるのは「特定情報（第二十七条の三十四に規定する特定情報をいう。以下同じ。）であつて第二十七条の三十一第二項、第四項若しくは第五項又は第二十七条の三十二の規定により公表されたもの（以下「公表情報」という。）」と、「虚偽の記載」とあるのは「虚偽の情報」と、「記載すべき」とあるのは「提供し、若しくは公表すべき」と、「事実の記載」とあるのは「事実に関する情報」と、「書類の提出者」とあるのは「公表情報を公表した発行者」と、「書類が同項の規定により公衆の縦覧に供されている間に当該書類（同項第十二号に掲げる書類を除く。）の提出者又は当該書類（同号に掲げる書類に限る。）の提出者を親会社等（第二十四条の七第一項に規定する親会社等をいう。）とする者が発行者である」とあるのは「公表情	**第二十七条の三十四**　第二十一条の二から第二十二条までの規定は、特定情報（特定証券等情報又は発行者等情報（発行者情報又は訂正発行者情報をいう。以下同じ。）をいう。次条において同じ。）について準用する。この場合において、第二十一条の二第一項中「第二十五条第一項各号（第五号及び第九号を除く。）に掲げる書類（以下この条において「書類」という。）」とあるのは「特定情報（第二十七条の三十四に規定する特定情報をいう。以下同じ。）であつて第二十七条の三十一第二項、第四項若しくは第五項又は第二十七条の三十二の規定により公表されたもの（以下「公表情報」という。）」と、「虚偽の記載」とあるのは「虚偽の情報」と、「記載すべき」とあるのは「提供し、若しくは公表すべき」と、「事実の記載」とあるのは「事実に関する情報」と、「書類の提出者」とあるのは「公表情報を公表した発行者」と、「書類が同項の規定により公衆の縦覧に供されている間に当該書類（同項第十二号に掲げる書類を除く。）の提出者又は当該書類（同号に掲げる書類に限る。）の提出者を親会社等（第二十四条の七第一項に規定する親会社等をいう。）とする者が発行者である」とあるのは「公表情報がこ

報がこれらの規定により公表されている間に当該発行者の」と、「又は売出し」とあるのは「若しくは売出し又は特定勧誘等（第二十七条の三十一第一項に規定する特定勧誘等をいう。以下同じ。）」と、「記載が虚偽」とあるのは「情報が虚偽」と、「虚偽記載等」とあるのは「虚偽情報等」と、同条第二項中「書類の虚偽記載等」とあるのは「公表情報に係る虚偽情報等」と、「当該虚偽記載等」とあるのは「当該虚偽情報等」と、同条第三項中「虚偽記載等の」とあるのは「虚偽情報等の」と、「書類の提出者」とあるのは「公表情報を公表した発行者」と、「当該提出者」とあるのは「当該発行者」と、「書類の虚偽記載等」とあるのは「公表情報に係る虚偽情報等」と、「記載すべき」とあるのは「提供し、若しくは公表すべき」と、「第二十五条第一項の規定による公衆の縦覧その他の手段により」とあるのは「内閣府令で定めるところにより」と、同条第四項及び第五項中「書類の虚偽記載等」とあるのは「公表情報に係る虚偽情報等」と、第二十一条の三中「第二十一条の二」とあるのは「第二十七条の三十四において読み替えて準用する第二十一条の二」と、「第二十五条第一項各号（第五号及び第九号を除く。）に掲げる書類」とあるのは「公表情報（第二十七条の三十四において読み替えて準用する第二十一条の二第一項に規定する公表情報をいう。以下同じ。）」と、「「三年間」とあるのは「二年間」と」とあるのは「「虚偽の記載」とあるのは「虚偽の情報」と、「記載すべき」とあるのは「提供し、若しくは公表すべき」と、「事実の記載」とあるのは「事実に関する情報」と、「三年間」とあるのは「二年間」と」と、「当該書類が提出された時から五年間」とあるのは「当該公表情報が公表された日から五

報がこれらの規定により公表されている間に当該発行者の」と、「又は売出し」とあるのは「若しくは売出し又は特定勧誘等（第二十七条の三十一第一項に規定する特定勧誘等をいう。以下同じ。）」と、「記載が虚偽」とあるのは「情報が虚偽」と、「虚偽記載等」とあるのは「虚偽情報等」と、同条第二項中「書類の虚偽記載等」とあるのは「公表情報に係る虚偽情報等」と、「当該虚偽記載等」とあるのは「当該虚偽情報等」と、同条第三項中「虚偽記載等の」とあるのは「虚偽情報等の」と、「書類の提出者」とあるのは「公表情報を公表した発行者」と、「当該提出者」とあるのは「当該発行者」と、「書類の虚偽記載等」とあるのは「公表情報に係る虚偽情報等」と、「記載すべき」とあるのは「提供し、若しくは公表すべき」と、「第二十五条第一項の規定による公衆の縦覧その他の手段により」とあるのは「内閣府令で定めるところにより」と、同条第四項及び第五項中「書類の虚偽記載等」とあるのは「公表情報に係る虚偽情報等」と、第二十一条の三中「第二十一条の二」とあるのは「第二十七条の三十四において読み替えて準用する第二十一条の二」と、「第二十五条第一項各号（第五号及び第九号を除く。）に掲げる書類」とあるのは「公表情報（第二十七条の三十四において読み替えて準用する第二十一条の二第一項に規定する公表情報をいう。以下同じ。）」と、「「三年間」とあるのは「二年間」と」とあるのは「「虚偽の記載」とあるのは「虚偽の情報」と、「記載すべき」とあるのは「提供し、若しくは公表すべき」と、「事実の記載」とあるのは「事実に関する情報」と、「三年間」とあるのは「二年間」と」と、「当該書類が提出された時から五年間」とあるのは「当該公表情報が公表された日か

ら五年間」と、第二十二条第一項中「有価証券届出書のうちに」とあるのは「特定情報のうちに」と、「虚偽の記載」とあるのは「虚偽の情報」と、「記載すべき」とあるのは「提供し、若しくは公表すべき」と、「事実の記載」とあるのは「事実に関する情報」と、「第二十一条第一項第一号及び第三号に掲げる者」とあるのは「当該特定情報を提供し、若しくは公表した発行者の、その提供若しくは公表の時における役員（第二十一条第一項第一号に規定する役員をいう。）又は当該発行者の発起人その他これに準ずる者（その提供又は公表が発行者の成立又は発足前にされたときに限る。）」と、「記載が虚偽」とあるのは「情報が虚偽」と、「有価証券届出書の届出者が発行者である」とあるのは「特定情報を提供し、若しくは公表した発行者の」と、「募集又は売出しによらないで取得した者」とあるのは「取得した者（当該特定情報が公表されていない場合にあつては、当該特定情報の提供を受けた者に限り、当該特定情報が特定証券等情報（第二十七条の三十三に規定する特定証券等情報をいう。）である場合にあつては、募集若しくは売出し又は特定勧誘等によらないで取得した者に限る。）」と、同条第二項中「及び第二号の規定」とあるのは「の規定」と読み替えるものとするほか、必要な技術的読替えは、政令で定める。	年間」と、第二十二条第一項中「有価証券届出書のうちに」とあるのは「特定情報のうちに」と、「虚偽の記載」とあるのは「虚偽の情報」と、「記載すべき」とあるのは「提供し、若しくは公表すべき」と、「事実の記載」とあるのは「事実に関する情報」と、「第二十一条第一項第一号及び第三号に掲げる者」とあるのは「当該特定情報を提供し、若しくは公表した発行者の、その提供若しくは公表の時における役員（第二十一条第一項第一号に規定する役員をいう。）又は当該発行者の発起人その他これに準ずる者（その提供又は公表が発行者の成立又は発足前にされたときに限る。）」と、「記載が虚偽」とあるのは「情報が虚偽」と、「有価証券届出書の届出者が発行者である」とあるのは「特定情報を提供し、若しくは公表した発行者の」と、「募集又は売出しによらないで取得した者」とあるのは「取得した者（当該特定情報が公表されていない場合にあつては、当該特定情報の提供を受けた者に限り、当該特定情報が特定証券等情報（第二十七条の三十三に規定する特定証券等情報をいう。）である場合にあつては、募集若しくは売出し又は特定勧誘等によらないで取得した者に限る。）」と、同条第二項中「及び第二号の規定」とあるのは「の規定」と読み替えるものとするほか、必要な技術的読替えは、政令で定める。

概要

同条中、27条の35を「次条」としていた箇所について、27条の34の2が追加されることから、「第二十七条の三十五」と改める。

第27条の34の２　外国証券情報に係る違反行為者の賠償責任　新設

改　正　後
第二十七条の三十四の二　第二十七条の三十二の二第一項の規定に違反して有価証券を売り付けた金融商品取引業者等は、これを買い付けた者に対し当該違反行為により生じた損害を賠償する責めに任ずる。 ２　外国証券売出しについて、重要な事項について虚偽の情報があり、又は提供し、若しくは公表すべき重要な事項若しくは誤解を生じさせないために必要な事実に関する情報が欠けている外国証券情報を使用して有価証券を売り付けた金融商品取引業者等は、情報が虚偽であり、又は欠けていることを知らないで当該有価証券を買い付けた者が受けた損害を賠償する責めに任ずる。ただし、賠償の責めに任ずべき金融商品取引業者等が、情報が虚偽であり、又は欠けていることを知らず、かつ、相当な注意を用いたにもかかわらず知ることができなかつたことを証明したときは、この限りでない。 ３　外国証券情報であつて第二十七条の三十二の二第三項の規定により公表されたもの（以下この項において「公表情報」という。）のうちに、重要な事項について虚偽の情報があり、又は提供し、若しくは公表すべき重要な事項若しくは誤解を生じさせないために必要な重要な事実に関する情報が欠けているときは、当該公表情報を公表した金融商品取引業者等は、当該公表情報が同条第三項の規定により公表されている間に情報が虚偽であり、又は欠けていることを知らないで当該金融商品取引業者等から当該公表情報に係る有価証券を募集若しくは売出し又は特定勧誘等によらないで取得した者に対し、情報が虚偽であり、又は欠けていることにより生じた損害を賠償する責めに任ずる。ただし、賠償の責めに任ずべき金融商品取引業者等が、情報が虚偽であり、又は欠けていることを知らず、かつ、相当な注意を用いたにもかかわらず知ることができなかつたことを証明したときは、この限りでない。

概要

新設された外国証券情報に係る民事責任に関する規定は、民法709条の不法行為責任の枠組みに則り、いわゆる厳格責任（strict liability）を定めるものでは全くなく、あくまで、民法709条の過失責任の枠内で過失の挙証責任を原告側から業者側に転換する旨を定めるものである。したがって、権利侵害または違法性の認定に当たっては、従来からの金融商品取引法業者等の説明責任を中心に形成されてきた判例等に何ら変更を加えるものではない。また、原告側に金融商品取引と損害発生の因果関係の立証が求められている点も従来と変わりはない。

なお、金融商品取引業者等は、発行体に対するデューデリジェンスを行わずに、発行者が公開している情報に投資者がアクセスすることができる状態にすることで、「外国証券情報」の提供または公表を行ったこととすることが考えられる。このような場合でも、金融商品取引業者等は、賠償責任を免れるため、「情報が虚偽であり、又は欠けていることを知らず、かつ、相当な注意を用いたにもかかわらず知ることができなかつたこと」を立証しなければならないが、金融商品取引業者は、具体的な対応について、立法趣旨に照らして検討することになるものと考えられる(注)。

(注)　たとえば、ニューヨークやロンドンの証券取引所に上場している外国会社株式のように、海外で信頼性の高い開示が行われている有価証券について、これらのマーケットからセカンダリー的な取引を行う場合に法定開示を免除するという立法趣旨から考えれば、金融商品取引業者等として、発行者や監査人などの責任ある行為に依拠できる部分があるものと考える。他方、このような高品質な会計基準・監査が見込まれない状況や、たとえば海外の流通国において粉飾の報道や情報が流布されているなど金融商品取引業者等であれば当然気づいて調査・検討すべき問題や状況があるにもかかわらず放置したような場合には免責されないのではないかと考えられる。

第3章　金融商品取引業者等

第29条の2　登録の申請

●第1項●

改　正　後	改　正　前
第二十九条の二　前条の登録を受けようとする者は、次に掲げる事項を記載した登録申請書を内閣総理大臣に提出しなければならない。この場合において、第一種金融商品取引業を行おうとする外国法人は、国内における代表者（当該外国法人が第一種金融商品取引業を行うため国内に設けるすべての営業所又は事務所の業務を担当するものに限る。）を定めて当該登録申請書を提出しなければならない。	**第二十九条の二**　前条の登録を受けようとする者は、次に掲げる事項を記載した登録申請書を内閣総理大臣に提出しなければならない。この場合において、第一種金融商品取引業を行おうとする外国法人は、国内における代表者（当該外国法人が第一種金融商品取引業を行うため国内に設けるすべての営業所又は事務所の業務を担当するものに限る。）を定めて当該登録申請書を提出しなければならない。

一・二　（略） 三　法人であるときは、役員（外国法人にあつては、国内における代表者を含む。以下この章（第二十九条の四第一項第五号ホ⑶及び第五節を除く。）から第三章の三までにおいて同じ。）の氏名又は名称 四〜八　（略）	一・二　（略） 三　法人であるときは、役員（外国法人にあつては、国内における代表者を含む。以下この章（第二十九条の四第一項第五号ホ⑶及び第五節を除く。）及び次章において同じ。）の氏名又は名称 四〜八　（略）

概要

本項３号の規定につき、第３章の３（信用格付業者）の新設に伴い、同章に規定する「役員」についても、外国法人にあっては国内における代表者を含むものとするため、所要の手当てを行うものである。

第29条の４　登録の拒否

●第１項●

改　正　後	改　正　前
第二十九条の四　内閣総理大臣は、登録申請者が次の各号のいずれかに該当するとき、又は登録申請書若しくはこれに添付すべき書類若しくは電磁的記録のうちに虚偽の記載若しくは記録があり、若しくは重要な事実の記載若しくは記録が欠けているときは、その登録を拒否しなければならない。 一　次のいずれかに該当する者 イ　第五十二条第一項若しくは第五十三条第三項の規定により第二十九条の登録を取り消され、第六十条の八第一項の規定により第六十条第一項の許可を取り消され、第六十六条の二十第一項の規定により第六十六条の登録を取り消され、若しくは第六十六条の四十二第一項の規定により第六十六条の二十七の登録を取り消され、その取消しの日から五年を経過しない者又はこの法律に相当	**第二十九条の四**　内閣総理大臣は、登録申請者が次の各号のいずれかに該当するとき、又は登録申請書若しくはこれに添付すべき書類若しくは電磁的記録のうちに虚偽の記載若しくは記録があり、若しくは重要な事実の記載若しくは記録が欠けているときは、その登録を拒否しなければならない。 一　次のいずれかに該当する者 イ　第五十二条第一項若しくは第五十三条第三項の規定により第二十九条の登録を取り消され、第六十条の八第一項の規定により第六十条第一項の許可を取り消され、若しくは第六十六条の二十第一項の規定により第六十六条の登録を取り消され、その取消しの日から五年を経過しない者又はこの法律に相当する外国の法令の規定により当該外国において受けている同種類の登録若しくは許可（当

する外国の法令の規定により当該外国において受けている同種類の登録若しくは許可（当該登録又は許可に類する認可その他の行政処分を含む。）を取り消され、その取消しの日から五年を経過しない者

ロ～ニ　（略）

二　法人である場合においては、役員（相談役、顧問その他いかなる名称を有する者であるかを問わず、当該法人に対し取締役、執行役又はこれらに準ずる者と同等以上の支配力を有するものと認められる者を含む。以下この号、第五十二条第二項及び第五十二条の二第二項において同じ。）又は政令で定める使用人のうちに次のいずれかに該当する者のある者

イ～ハ　（略）

ニ　金融商品取引業者であつた法人が第五十二条第一項若しくは第五十三条第三項の規定により第二十九条の登録を取り消されたことがある場合、第六十条の四第一項に規定する取引所取引許可業者であつた法人が第六十条の八第一項の規定により第六十条第一項の許可を取り消されたことがある場合、金融商品仲介業者であつた法人が第六十六条の二十第一項の規定により第六十六条の登録を取り消されたことがある場合若しくは信用格付業者であつた法人が第六十六条の四十二第一項の規定により第六十六条の二十七の登録を取り消されたことがある場合又はこの法律に相当する外国の法令の規定により当該外国において受けていた同種類の登録若しくは許可（当該登録又は許可に類する認可その他の行政処分を含む。）を取り消されたことがある場合においい

該登録又は許可に類する認可その他の行政処分を含む。）を取り消され、その取消しの日から五年を経過しない者

ロ～ニ　（略）

二　法人である場合においては、役員（相談役、顧問その他いかなる名称を有する者であるかを問わず、当該法人に対し取締役、執行役又はこれらに準ずる者と同等以上の支配力を有するものと認められる者を含む。以下この号、第五十二条第二項及び第五十二条の二第二項において同じ。）又は政令で定める使用人のうちに次のいずれかに該当する者のある者

イ～ハ　（略）

ニ　金融商品取引業者であつた法人が第五十二条第一項若しくは第五十三条第三項の規定により第二十九条の登録を取り消されたことがある場合、第六十条の四第一項に規定する取引所取引許可業者であつた法人が第六十条の八第一項の規定により第六十条第一項の許可を取り消されたことがある場合若しくは金融商品仲介業者であつた法人が第六十六条の二十第一項の規定により第六十六条の登録を取り消されたことがある場合又はこの法律に相当する外国の法令の規定により当該外国において受けていた同種類の登録若しくは許可（当該登録又は許可に類する認可その他の行政処分を含む。）を取り消されたことがある場合において、その取消しの日前三十日以内にこれらの法人の役員であつた者でその取消しの日から五年を経過しない者

て、その取消しの日前三十日以内にこれらの法人の役員であつた者でその取消しの日から五年を経過しない者 ホ　（略） ヘ　第五十二条第二項、第六十条の八第二項、第六十六条の二十第二項若しくは第六十六条の四十二第二項の規定により解任若しくは解職を命ぜられた役員又はこの法律に相当する外国の法令の規定により当該外国において解任を命ぜられた役員でその処分を受けた日から五年を経過しない者 ト　（略） 三～六　（略）	ホ　（略） ヘ　第五十二条第二項、第六十条の八第二項若しくは第六十六条の二十第二項の規定により解任若しくは解職を命ぜられた役員又はこの法律に相当する外国の法令の規定により当該外国において解任を命ぜられた役員でその処分を受けた日から五年を経過しない者 ト　（略） 三～六　（略）

概要

第３章の３（信用格付業者）の新設に伴い、信用格付業者についての登録取消し等を金融商品取引業者の登録拒否事由に追加している。

第33条　金融機関の有価証券関連業の禁止等

●第１項・第３項●

改　正　後	改　正　前
第三十三条　銀行、協同組織金融機関その他政令で定める金融機関（以下この条、次条及び第二百一条において「金融機関」という。）は、有価証券関連業又は投資運用業を行つてはならない。ただし、有価証券関連業については、金融機関が他の法律の定めるところにより投資の目的をもつて、又は信託契約に基づいて信託をする者の計算において有価証券の売買若しくは有価証券関連デリバティブ取引を行う場合は、この限りでない。 **2**　（後掲） **3**　第二十九条の規定は、金融機関が、	**第三十三条**　銀行、協同組織金融機関その他政令で定める金融機関は、有価証券関連業又は投資運用業を行つてはならない。ただし、有価証券関連業については、銀行、協同組織金融機関その他政令で定める金融機関が他の法律の定めるところにより投資の目的をもつて、又は信託契約に基づいて信託をする者の計算において有価証券の売買若しくは有価証券関連デリバティブ取引を行う場合は、この限りでない。 **2**　（後掲） **3**　第二十九条の規定は、銀行、協同組

次に掲げる行為（以下「デリバティブ取引等」という。）のうち第二十八条第八項第三号から第六号までに掲げるもの（以下「有価証券関連デリバティブ取引等」という。）以外のものを業として行う場合、第二条第八項第五号に掲げる行為のうち第二十八条第八項第七号に掲げるもの以外のものを業として行う場合、第二条第八項第七号に掲げる行為を業として行う場合又は投資助言・代理業若しくは有価証券等管理業務を行う場合には、適用しない。 一～三　（略）	織金融機関その他政令で定める金融機関が、次に掲げる行為（以下「デリバティブ取引等」という。）のうち第二十八条第八項第三号から第六号までに掲げるもの（以下「有価証券関連デリバティブ取引等」という。）以外のものを業として行う場合、第二条第八項第五号に掲げる行為のうち第二十八条第八項第七号に掲げるもの以外のものを業として行う場合、第二条第八項第七号に掲げる行為を業として行う場合又は投資助言・代理業若しくは有価証券等管理業務を行う場合には、適用しない。 一～三　（略）

概要

用語の整理のため、「銀行、協同組織金融機関その他政令で定める金融機関」の定義（「金融機関」）を設けている。

●第2項●

改　正　後	改　正　前
2　前項本文の規定は、金融機関が、書面取次ぎ行為（顧客の書面による注文を受けてその計算において有価証券の売買又は有価証券関連デリバティブ取引を行うことをいい、当該注文に関する顧客に対する勧誘に基づき行われるもの及び当該金融機関が行う投資助言業務に関しその顧客から注文を受けて行われるものを除く。次条第一号において同じ。）又は次の各号に掲げる有価証券若しくは取引について、当該各号に定める行為を行う場合には、適用しない。 一～四　（略） 五　次に掲げる取引　第二条第八項第四号に掲げる行為（ロに掲げる取引	2　前項本文の規定は、銀行、協同組織金融機関その他政令で定める金融機関が、書面取次ぎ行為（顧客の書面による注文を受けてその計算において有価証券の売買又は有価証券関連デリバティブ取引を行うことをいい、当該注文に関する顧客に対する勧誘に基づき行われるもの及び当該金融機関が行う投資助言業務に関しその顧客から注文を受けて行われるものを除く。次条第一号において同じ。）又は次の各号に掲げる有価証券若しくは取引について、当該各号に定める行為を行う場合には、適用しない。 一～四　（略） 五　次に掲げる取引　第二条第八項第四号に掲げる行為（ロに掲げる取引

については、多数の者を相手方として行う場合として政令で定める場合に該当するものを除く。） イ・ロ　（略） 六　（略）	については、均一の条件で、多数の者を相手方として行う場合として政令で定める場合に該当するものを除く。） イ・ロ　（略） 六　（略）

概要

売出し概念の見直しにおいて、「均一の条件」を削除することとの整合性の観点から、５号の「均一の条件」を削除している。

第33条の２　金融機関の登録

改　正　後	改　正　前
第三十三条の二　金融機関は、次に掲げる行為のいずれかを業として行おうとするとき、又は投資助言・代理業若しくは有価証券等管理業務を行おうとするときは、内閣総理大臣の登録を受けなければならない。 一～四　（略）	**第三十三条の二**　銀行、協同組織金融機関その他政令で定める金融機関は、次に掲げる行為のいずれかを業として行おうとするとき、又は投資助言・代理業若しくは有価証券等管理業務を行おうとするときは、内閣総理大臣の登録を受けなければならない。 一～四　（略）

概要

33条において、「銀行、協同組織金融機関その他政令で定める金融機関」を「金融機関」と定義したことに伴う改正である。

第33条の５　金融機関の登録の拒否等

●第１項●

改　正　後	改　正　前
第三十三条の五　内閣総理大臣は、登録申請者が次の各号のいずれかに該当するとき（第三号にあつてはその行おうとする業務が投資助言・代理業のみであるときを除く。）、又は登録申請書若	**第三十三条の五**　内閣総理大臣は、登録申請者が次の各号のいずれかに該当するとき（第三号にあつてはその行おうとする業務が投資助言・代理業のみであるときを除く。）、又は登録申請書若

しくはこれに添付すべき書類若しくは電磁的記録のうちに虚偽の記載若しくは記録があり、若しくは重要な事実の記載若しくは記録が欠けているときは、その登録を拒否しなければならない。 一　第五十二条の二第一項の規定により第三十三条の二の登録を取り消され、第六十六条の二十第一項の規定により第六十六条の登録を取り消され、若しくは第六十六条の四十二第一項の規定により第六十六条の二十七の登録を取り消され、その取消しの日から五年を経過しない者又はこの法律に相当する外国の法令の規定により当該外国において受けている同種類の登録（当該登録に類する許可その他の行政処分を含む。）を取り消され、その取消しの日から五年を経過しない者 二・三　（略）	しくはこれに添付すべき書類若しくは電磁的記録のうちに虚偽の記載若しくは記録があり、若しくは重要な事実の記載若しくは記録が欠けているときは、その登録を拒否しなければならない。 一　第五十二条の二第一項の規定により第三十三条の二の登録を取り消され、若しくは第六十六条の二十第一項の規定により第六十六条の登録を取り消され、その取消しの日から五年を経過しない者又はこの法律に相当する外国の法令の規定により当該外国において受けている同種類の登録（当該登録に類する許可その他の行政処分を含む。）を取り消され、その取消しの日から五年を経過しない者 二・三　（略）

概要

本項１号において、第３章の３（信用格付業者）の新設に伴い、信用格付業者の登録取消しを登録金融機関の登録拒否事由に追加している。

第34条の２　特定投資家が特定投資家以外の顧客とみなされる場合

●第２項●

改　正　後	改　正　前
２　金融商品取引業者等は、前項の規定による申出を受けた後最初に当該申出に係る契約の種類に属する金融商品取引契約（以下この条において「対象契約」という。）の締結の勧誘又は締結のいずれかを行うまでに、当該申出を承諾しなければならない。	２　金融商品取引業者等は、第十項の規定の適用がある場合その他正当な理由がある場合を除き、前項の規定による申出を受けた後最初に当該申出に係る契約の種類に属する金融商品取引契約（以下この条において「対象契約」という。）の締結の勧誘又は締結のいずれかを行うまでに、当該申出を承諾しなければならない。

概要

本項は、特定投資家（プロ）が、特定投資家以外の顧客（アマ）への移行（アマ成り）申出を行った場合に、業者に当該申出を承諾する義務を定める規定である。

解説

アマ成りの移行の効果を無期限とし、旧10項を削除することに伴う改正である。

●第３項●

改　正　後	改　正　前
３　金融商品取引業者等は、前項の規定により承諾する場合には、第一項の規定による申出をした特定投資家（以下この条において「申出者」という。）に対し、あらかじめ、次に掲げる事項を記載した書面を交付しなければならない。	３　金融商品取引業者等は、前項の規定により承諾する場合には、第一項の規定による申出をした特定投資家（以下この条において「申出者」という。）に対し、あらかじめ、次に掲げる事項を記載した書面を交付しなければならない。この場合において、第二号に規定する期限日は、第一号に規定する承諾日から起算して一年を経過する日（内閣府令で定める場合にあつては、当該経過する日前で内閣府令で定める日）としなければならない。
一　前項の規定により承諾する日（以下この条において「承諾日」という。）	一　前項の規定により承諾する日（第五項各号及び第九項において「承諾日」という。）
（削る）	二　対象契約の締結の勧誘又は締結をする場合において、当該申出者を特定投資家以外の顧客として取り扱う期間の末日（以下この条において「期限日」という。）
二　（略）	三　（略）
三　承諾日以後に対象契約の締結の勧誘又は締結をする場合において、当該申出者を特定投資家以外の顧客として取り扱う旨	四　期限日以前に対象契約の締結の勧誘又は締結をする場合において、当該申出者を特定投資家以外の顧客として取り扱う旨
（削る）	五　期限日後に対象契約の締結の勧誘又は締結をする場合において、当該

四（略）	申出者を特定投資家として取り扱う旨 六（略）

概要

本項は、特定投資家以外の顧客（アマ）への移行（アマ成り）を承諾する場合に、業者が顧客に交付する書面の記載事項を定める規定である。

アマ成りの移行の効果を無期限とすることとし、それに伴い、期限日に関係する記載事項を削除している。

解説

改正前は、特定投資家（プロ）がアマ成りした場合は、期限日経過後（原則1年後）、プロへ自動的に戻ることとされていた。法律上は、プロへ戻った後の最初の取引の際に、業者が当該顧客にプロとして扱う旨を告知することにより一定の顧客保護が図られていたが、アマ成りした顧客は期限日後もアマとして扱われたいという意思を通常有していると考えられるため、かかる顧客意思の尊重や手続の円滑化の観点から、アマ成りの移行の効果の期限を無期限にしている。

これに伴い、アマ成りを承諾する場合に交付する書面の記載事項のうち、①期限日、②期限日経過後はプロとして取り扱われる旨を削除している。

●第5項●

改　正　後	改　正　前
5　金融商品取引業者等が第二項の規定による承諾及び第三項の規定による書面の交付をした場合であつて、申出者が次に掲げる者である場合におけるこの法律（この款を除く。）の規定の適用については、当該申出者は、特定投資家以外の顧客とみなす。 一　当該金融商品取引業者等が承諾日以後に行う対象契約の締結の勧誘の	5　金融商品取引業者等が第二項の規定による承諾及び第三項の規定による書面の交付をした場合であつて、申出者が次に掲げる者である場合におけるこの法律（この款を除く。）の規定の適用については、当該申出者は、特定投資家以外の顧客とみなす。 一　当該金融商品取引業者等が承諾日から期限日までに行う対象契約の締

相手方 二　当該金融商品取引業者等が承諾日以後に締結する対象契約の相手方	結の勧誘の相手方 二　当該金融商品取引業者等が承諾日から期限日までに締結する対象契約の相手方

概要

アマ成りの移行の効果を無期限とすることに伴う改正である。

●第６項●

改　正　後	改　正　前
６　金融商品取引業者等は、対象契約（第二条第八項第二号から第四号まで、第十号及び第十三号に規定する代理を行うことを内容とするものに限る。以下この項及び第八項において「特定対象契約」という。）の締結に関して申出者が前項の規定の適用を受ける場合において、当該特定対象契約に基づき当該申出者を代理して金融商品取引契約を締結するときは、当該金融商品取引契約の相手方である他の金融商品取引業者等（次項及び第八項において「相手方金融商品取引業者等」という。）に対し、あらかじめ、当該金融商品取引契約に関して申出者が特定投資家以外の顧客とみなされる旨を告知しなければならない。	６　金融商品取引業者等は、対象契約（第二条第八項第二号から第四号まで、第十号及び第十三号に規定する代理を行うことを内容とするものに限る。以下この項及び第八項において「特定対象契約」という。）の締結に関して申出者が前項の規定の適用を受ける場合において、当該特定対象契約に基づき当該申出者を代理して期限日以前に金融商品取引契約を締結するときは、当該金融商品取引契約の相手方である他の金融商品取引業者等（次項及び第八項において「相手方金融商品取引業者等」という。）に対し、あらかじめ、当該金融商品取引契約に関して申出者が特定投資家以外の顧客とみなされる旨を告知しなければならない。

概要

アマ成りの移行の効果を無期限とすることに伴う改正である。

●第８項●

改　正　後	改　正　前
８　特定対象契約を締結した金融商品取引業者等が第六項の規定による告知を	８　特定対象契約を締結した金融商品取引業者等が第六項の規定による告知を

した場合には、当該金融商品取引業者等が当該特定対象契約に基づき申出者を代理して相手方金融商品取引業者等との間で締結する金融商品取引契約については、当該申出者を特定投資家以外の顧客とみなして、この法律（この款を除く。）の規定を適用する。	した場合には、当該金融商品取引業者等が当該特定対象契約に基づき申出者を代理して相手方金融商品取引業者等との間で締結する金融商品取引契約（期限日以前に締結するものに限る。）については、当該申出者を特定投資家以外の顧客とみなして、この法律（この款を除く。）の規定を適用する。

概要

アマ成りの移行の効果を無期限とすることに伴う改正である。

●第９項●　旧第11項

改　正　後	改　正　前
9　承諾日以後に申出者が新たに適格機関投資家となつた場合には、当該申出者が適格機関投資家となつた日以後は、第五項から前項までの規定は、適用しない。	**11**　期限日以前に申出者が新たに適格機関投資家となつた場合には、当該申出者が適格機関投資家となつた日以後は、第五項から第九項までの規定は、適用しない。

概要

アマ成りの移行の効果を無期限とすることに伴う改正である。

●第10項●　新設

改　正　後
10　申出者は、承諾日以後いつでも、金融商品取引業者等に対し、対象契約に関して自己を再び特定投資家として取り扱うよう申し出ることができる。

概要

アマ成りした顧客が、随時プロに復帰するよう申し出ることができることとしている。

解説

アマ成りの移行の効果を無期限とすることに伴い、顧客の申出・業者の承諾により、随時プロに復帰できることとする必要がある。

●第11項● 新設

改　正　後
11　金融商品取引業者等は、前項の規定による申出を承諾する場合には、あらかじめ、この項の規定による承諾をする日その他の内閣府令で定める事項を記載した書面により、当該申出をした者（次項において「復帰申出者」という。）の同意を得なければならない。

概要

プロ復帰の申出を業者が承諾する場合には、書面による同意を得なければならないこととする。

解説

プロ復帰については、プロ成り（34条の3の規定による特定投資家への移行）と同様、顧客にとって、自分がプロに戻ったことを明確に認識できるよう、業者に、書面による同意の取得を義務づけることとする。同意書面の記載事項は内閣府令に委任することとしており、プロ成りの場合の同意書面（34条の3第2項）に準じる事項が内閣府令で定められる予定である。

●第12項● 新設

改　正　後
12　金融商品取引業者等は、前項の規定による書面による同意に代えて、政令で定めるところにより、復帰申出者の承諾を得て、当該書面による同意を電子情報処理組織を使用する方法その他の情報通信の技術を利用する方法であつて内閣府令で定めるものにより得ることができる。この場合において、当該金融商品取引業者等は、当該書面による同意を得たものとみなす。

概要

前項の書面による同意について、電磁的方法による同意を得ることができることとしている。

解説

旧34条の3第3項の規定と同内容の規定である。なお本項は、34条の3第3項により準用される。

●第13項● 新設

改　正　後
13　金融商品取引業者等が第十一項の規定による承諾をした場合には、同項の規定による承諾をした日以後新たに第二項の規定により承諾する日の前日までの間は、第五項、第六項及び第八項の規定は、適用しない。

概要

本項は、業者が11項の規定による承諾（プロ復帰の承諾）を行った場合の効果を定める規定である。

解説

アマ成りの効果のうち、①アマとみなされること（5項）、②業者が顧客を代理する場合、相手方業者に対し当該顧客がアマとみなされる旨を告知しなければならないこと（6項）、③かかる告知をした場合には当該顧客は相手方業者との関係でもアマとみなされること（8項）については、プロ復帰承諾後は適用されないことになり、プロに対する規定の適用を受けることになる。

第34条の3　特定投資家以外の顧客である法人が特定投資家とみなされる場合

●第2項●

改　正　後	改　正　前
2　金融商品取引業者等は、前項の規定による申出を承諾する場合には、あらかじめ、次に掲げる事項を記載した書面により、当該申出をした法人（以下この条において「申出者」という。）の同意を得なければならない。この場合において、第二号に規定する期限日は、第一号に規定する承諾日から起算	2　金融商品取引業者等は、前項の規定による申出を承諾する場合には、あらかじめ、次に掲げる事項を記載した書面により、当該申出をした法人（以下この条において「申出者」という。）の同意を得なければならない。この場合において、第二号に規定する期限日は、第一号に規定する承諾日から起算

して一年を経過する日（内閣府令で定める場合にあつては、当該経過する日前で内閣府令で定める日）としなければならない。 一　この項の規定による承諾をする日（以下この条において「承諾日」という。） 二～七　（略）	して一年を経過する日（内閣府令で定める場合にあつては、当該経過する日前で内閣府令で定める日）としなければならない。 一　この項の規定による承諾をする日（第四項各号において「承諾日」という。） 二～七　（略）

概要

「承諾日」に関する技術的改正である。

●第3項●

改　正　後	改　正　前
3　前条第十二項の規定は、前項の規定による書面による同意について準用する。	**3**　金融商品取引業者等は、前項の規定による書面による同意に代えて、政令で定めるところにより、申出者の承諾を得て、当該書面による同意を電子情報処理組織を使用する方法その他の情報通信の技術を利用する方法であつて内閣府令で定めるものにより得ることができる。この場合において、当該金融商品取引業者等は、当該書面による同意を得たものとみなす。

概要

プロ成りにおける書面による同意について、34条の2第12項の規定を準用する。

解説

旧34条の3第3項と同内容の規定が34条の2第12項に設けられたため、これを準用する。

●第７項●

改　正　後	改　正　前
7　申出者は、期限日以前に対象契約の属する契約の種類に係る第一項の規定による申出（次項において「更新申出」という。）をする場合には、承諾日から起算して内閣府令で定める期間を経過する日以後にしなければならない。	7　金融商品取引業者等は、期限日以前に対象契約の属する契約の種類に係る第一項の規定による申出（以下この項において「更新申出」という。）を申出者から受けた場合には、期限日以前に当該更新申出に係る第二項の規定による承諾をしてはならない。

概要

本項は、プロ成りの更新申出（期限日前に行うプロ成り申出）を行う場合についての規定である。

プロ成りの更新申出を行うことができる時期を一定の日以降に限定することとする。

解説

８項において、プロ成りの更新手続をスムーズにすることを可能とするため、期限日前の承認を可能としている。

もっとも、投資家保護に欠けることにならないよう、顧客の意思確認を適切なタイミングで行う必要があり、事前の申請を無制限に認めることは適切でないと考えられる。

そこで、承諾日から期限日の間隔が１年を大きく超過しないよう、期限日前の一定の期間内でなければ、更新申出をすることはできないこととしている。

具体的な期間については、顧客や業者が更新手続に要する時間等を勘案して、内閣府令で定められる予定であり、期限日の１か月前から、更新申出を行うことができることとすることが検討されよう。

●第8項● 新設

改　正　後
8　申出者が更新申出をする場合における第二項及び前項の規定の適用については、第二項中「第一号に規定する承諾日」とあるのは「前回の期限日の翌日」と、前項中「承諾日」とあるのは「前回の期限日の翌日」とする。

概要

期限日前に更新申出を承諾する場合、当該承諾に係る期限日が前回の期限日の翌日の1年後となることとする。

解説

改正前は、期限日前に顧客がプロ成り継続の申出を行っても、業者は期限日前の承諾ができなかった（旧34条の3第7項）ため、事務手続等による期限日から承諾までのタイムラグの間、顧客はアマに戻ってしまうこととなっていた。

そこで、プロ成りの更新手続をスムーズに行うことを可能とするため、期限日前の承諾を可能とする。

そして、期限日前に承諾がなされた場合は、前回の期限日の翌日の1年後が新たな期限日となることを規定している。

●第9項● 新設

改　正　後
9　申出者は、承諾日以後いつでも、金融商品取引業者等に対し、対象契約に関して自己を再び特定投資家以外の顧客として取り扱うよう申し出ることができる。

概要

プロ成りした法人は、期限日前であっても、随時アマ復帰の申出ができることとする。

解説

改正前は、一度プロになると1年間は（期限日前には）アマに戻ることができなかったが、投資家保護の徹底の観点から、顧客の申出により、随時アマに戻ることを可能とする。

●第10項●　新設

改　正　後
10　金融商品取引業者等は、前項の規定による申出を受けた後最初に対象契約の締結の勧誘又は締結のいずれかを行うまでに、当該申出を承諾しなければならない。

概要

前項の規定によるアマ復帰の申出がなされた場合には、業者は、契約の締結の勧誘または締結のいずれかを行うまでに、承諾しなければならないこととする。

解説

改正前のアマ成りと同様、投資家保護の徹底の観点から、業者に対し、アマ復帰の申出後、最初の契約または勧誘までに承諾する義務を課している。

●第11項●　新設

改　正　後
11　金融商品取引業者等は、前項の規定により承諾する場合には、第九項の規定による申出をした法人に対し、あらかじめ、前項の規定による承諾をする日その他の内閣府令で定める事項を記載した書面を交付しなければならない。

概要

アマへの復帰を承諾する場合には、業者は、顧客に対し書面の交付をしなければならないこととしている。

解説

アマへの復帰の手続においては、アマに復帰したことを顧客が明確に認識できるよう、業者に対し、承諾書面の交付を義務づける。承諾書面の記載事項は内閣府令に委任することとしており、アマ成りの場合の承諾書面（34条の２第３項）に準じる事項が内閣府令で定められる予定である。

●第12項● 新設

改　正　後
12　前条第四項の規定は、前項の規定による書面の交付について準用する。

概要

前項の書面交付を電磁的方法により行うことを可能としている。

解説

アマ成りの規定（34条の２第４項）を準用している。

●第13項● 新設

改　正　後
13　金融商品取引業者等が第十項の規定による承諾をした場合には、同項の規定による承諾をした日以後新たに第二項の規定による承諾をする日の前日までの間は、第四項から第九項までの規定は、適用しない。

概要

本項は、業者が10項の規定による承諾（アマ復帰の承諾）を行った場合の効果を定める規定である。

解説

プロ成りによって適用されることとなる以下の規定は、アマ復帰承諾後は、適用されないこととなる。

①　プロとみなされること（４項）

②　業者が顧客を代理する場合、相手方業者に対し当該顧客がプロとみなされる旨を告知しなければならないこと（５項）

③　かかる告知をした場合には当該顧客は相手方業者との関係でもプロとみなされること（６項）

④　期限日前に更新申出をすることができること（７項）

⑤　更新申出が承諾された場合、期限日が１年延びること（８項）

⑥　アマ復帰の申出ができること（９項）

第34条の4　特定投資家以外の顧客である個人が特定投資家とみなされる場合

●第4項●　新設

改　正　後
4　申出者は、金融商品取引業者等が第六項において準用する前条第二項の規定による承諾をする日以後いつでも、当該金融商品取引業者等に対し、第一項の規定による申出に係る契約の種類に属する金融商品取引契約に関して自己を再び特定投資家以外の顧客として取り扱うよう申し出ることができる。

概要

法人の場合（34条の3）と同様に、プロ成りした個人は、随時アマ復帰の申出ができることとする。

解説

法人の場合と同じである。

●第5項●　新設

改　正　後
5　金融商品取引業者等は、前項の規定による申出を受けた後最初に当該申出に係る契約の種類に属する金融商品取引契約の締結の勧誘又は締結のいずれかを行うまでに、当該申出を承諾しなければならない。

概要

法人の場合（34条の3）と同様に、プロ成りした個人がアマへ復帰の申出を行った場合に、業者に承諾義務を課すこととする。

解説

法人の場合と同じである。

●第6項●　旧第4項

改　正　後	改　正　前
6　前条第二項から第八項までの規定は第一項の規定による申出を承諾する場合について、同条第十一項から第十三	4　前条第二項から第七項までの規定は、金融商品取引業者等が第一項の規定による申出を承諾する場合について

項までの規定は第四項の規定による申出を承諾する場合について、それぞれ準用する。この場合において、同条第二項中「当該申出をした法人」とあるのは「次条第二項に規定する申出者」と、同条第四項中「第二項の規定による承諾」とあるのは「次条第二項の規定による書面の交付及び確認並びに第二項の規定による承諾」と、同条第七項中「第一項」とあるのは「次条第一項」と、同条第十一項中「前項」とあるのは「次条第五項」と、「第九項の規定による申出をした法人」とあるのは「同条第四項の規定による申出をした個人」と、同条第十三項中「第十項」とあるのは「次条第五項」と、「第二項の規定による承諾」とあるのは「同条第二項の規定による書面の交付及び確認並びに第二項の規定による承諾」と、「第九項まで」とあるのは「第八項まで及び次条第四項」と読み替えるものとするほか、必要な技術的読替えは、政令で定める。	準用する。この場合において、同条第二項中「当該申出をした法人」とあるのは「次条第二項に規定する申出者」と、同条第四項中「第二項の規定による承諾」とあるのは「次条第二項の規定による書面の交付及び確認並びに第二項の規定による承諾」と、同条第七項中「第一項」とあるのは「次条第一項」と読み替えるものとする。

概要

本項は、個人のプロ成り・個人のプロ復帰の場合について、法人に関する規定を準用する規定である。

プロ成りについては、実質的な改正はない。

プロ復帰については、法人のプロ復帰に関する規定（34条の3第11項～13項）を準用する。

第36条 顧客に対する誠実義務

●第3項●

改　正　後	改　正　前
3　この条において「特定金融商品取引業者等」とは、金融商品取引業者等のうち、有価証券関連業を行う金融商品	**3**　この条において「特定金融商品取引業者等」とは、金融商品取引業を行う者のうち、有価証券関連業を行う金融

取引業者（第一種金融商品取引業を行うことにつき第二十九条の登録を受けた者に限る。）その他の政令で定める者をいう。	商品取引業者（第一種金融商品取引業を行うことにつき第二十九条の登録を受けた者に限る。）その他の政令で定める者をいう。

概要

36条２項により利益相反管理体制の構築が求められる「特定金融商品取引業者等」に、登録金融機関が含まれることが明確となるよう、規定を修正するものである。

第37条の７　指定紛争解決機関との契約締結義務等

●第１項●　新設

改　正　後
第三十七条の七　金融商品取引業者等は、次の各号に掲げる場合の区分に応じ、当該各号に定める措置を講じなければならない。 一　当該金融商品取引業者等（登録金融機関を除く。次号から第四号までにおいて同じ。）が第一種金融商品取引業を行う者である場合　次のイ又はロに掲げる場合の区分に応じ、当該イ又はロに定める措置 イ　指定第一種紛争解決機関（指定紛争解決機関（第百五十六条の三十八第一項に規定する指定紛争解決機関をいう。以下この章及び第五章の四において同じ。）であつてその紛争解決等業務の種別（同条第十二項に規定する紛争解決等業務の種別をいう。以下この章及び第五章の四において同じ。）が特定第一種金融商品取引業務（同条第二項に規定する特定第一種金融商品取引業務をいう。以下この号において同じ。）であるものをいう。以下この号及び第三項第二号において同じ。）が存在する場合　一の指定第一種紛争解決機関との間で特定第一種金融商品取引業務に係る手続実施基本契約（同条第十三項に規定する手続実施基本契約をいう。以下この章及び第五章の四において同じ。）を締結する措置 ロ　指定第一種紛争解決機関が存在しない場合　特定第一種金融商品取引業務に関する苦情処理措置（顧客（顧客以外の第四十二条第一項に規定する権利者を含む。ロにおいて同じ。）からの苦情の処理の業務に従事する使用人その他の従業者に対する助言若しくは指導を第百五十六条の五十第三項第三号に掲げる者に行わせること又はこれに準ずるものとして内閣府令で定める措置をいう。以下この章及び第五章の四において同じ。）及び紛争解決措置（顧客との紛争の解決を認証紛争解決手続（裁判外紛争解決手続の利用の促進に関する法律（平成十六年法律第百五十一号）第二条第三号に規定する認証紛争解決手続をいう。）により図ること又はこれに準ずるものとして内閣府令

で定める措置をいう。以下この章及び第五章の四において同じ。）
二　当該金融商品取引業者等が第二種金融商品取引業を行う者である場合　次のイ又はロに掲げる場合の区分に応じ、当該イ又はロに定める措置
イ　指定第二種紛争解決機関（指定紛争解決機関であつてその紛争解決等業務の種別が特定第二種金融商品取引業務（第百五十六条の三十八第三項に規定する特定第二種金融商品取引業務をいう。以下この号において同じ。）であるものをいう。以下この号及び第三項第二号において同じ。）が存在する場合　一の指定第二種紛争解決機関との間で特定第二種金融商品取引業務に係る手続実施基本契約を締結する措置
ロ　指定第二種紛争解決機関が存在しない場合　特定第二種金融商品取引業務に関する苦情処理措置及び紛争解決措置
三　当該金融商品取引業者等が投資助言・代理業を行う者である場合　次のイ又はロに掲げる場合の区分に応じ、当該イ又はロに定める措置
イ　指定投資助言・代理紛争解決機関（指定紛争解決機関であつてその紛争解決等業務の種別が特定投資助言・代理業務（第百五十六条の三十八第四項に規定する特定投資助言・代理業務をいう。以下この号において同じ。）であるものをいう。以下この号及び第三項第二号において同じ。）が存在する場合　一の指定投資助言・代理紛争解決機関との間で特定投資助言・代理業務に係る手続実施基本契約を締結する措置
ロ　指定投資助言・代理紛争解決機関が存在しない場合　特定投資助言・代理業務に関する苦情処理措置及び紛争解決措置
四　当該金融商品取引業者等が投資運用業を行う者である場合　次のイ又はロに掲げる場合の区分に応じ、当該イ又はロに定める措置
イ　指定投資運用紛争解決機関（指定紛争解決機関であつてその紛争解決等業務の種別が特定投資運用業務（第百五十六条の三十八第五項に規定する特定投資運用業務をいう。以下この号において同じ。）であるものをいう。以下この号及び第三項第二号において同じ。）が存在する場合　一の指定投資運用紛争解決機関との間で特定投資運用業務に係る手続実施基本契約を締結する措置
ロ　指定投資運用紛争解決機関が存在しない場合　特定投資運用業務に関する苦情処理措置及び紛争解決措置
五　当該金融商品取引業者等が登録金融機関である場合　次のイ又はロに掲げる場合の区分に応じ、当該イ又はロに定める措置
イ　指定登録金融機関紛争解決機関（指定紛争解決機関であつてその紛争解決等業務の種別が特定登録金融機関業務（第百五十六条の三十八第六項に規定する特定登録金融機関業務をいう。以下この号において同じ。）であるものをいう。以下この号及び第三項第二号において同じ。）が存在する場合　一の指定登録金融機関紛争解決機関との間で特定登録金融機関業務に係る手続実施基本契約を締結する措置
ロ　指定登録金融機関紛争解決機関が存在しない場合　特定登録金融機関業務に関する苦情処理措置及び紛争解決措置

概要

本条は、金融商品取引業者等に対して、苦情処理・紛争解決に関する行為規制を設けるものである。

1項では、紛争解決等業務の種別（156条の38第12項）に対応して、金融商品取引業者等を、第一種金融商品取引業者、第二種金融商品取引業者、投資助言・代理業者、投資運用業者および登録金融機関に区分して、指定紛争解決機関との契約締結義務等を定めている。

1項1号イ、2号イ、3号イ、4号イおよび5号イは、指定紛争解決機関が存在する場合の契約締結措置を定めている。金融商品取引業者等に対応する紛争解決等業務の種別の指定紛争解決機関が存在する場合には、少なくともいずれか一つの指定紛争解決機関との間で手続実施基本契約を締結する措置を講じなければならないとしている。

1号ロ、2号ロ、3号ロ、4号ロおよび5号ロは、指定紛争解決機関が存在しない場合の苦情処理措置および紛争解決措置を定めている。指定紛争解決機関が存在しない場合には、当該金融商品取引業者等の金融商品取引業等業務に関する苦情処理措置および紛争解決措置を講じなければならないこととしている。

苦情処理措置の条文上の例示としては、顧客からの苦情の処理の業務に従事する使用人その他の従業者に対する助言もしくは指導を、156条の50第3項3号に掲げる者（消費生活相談員等の資格及び経験を有する者）に行わせることを定めている。

苦情処理措置に係る内閣府令の内容としては、一般的には、①他の業法上の指定紛争解決機関と手続実施基本契約に相当する契約を締結すること、②金融商品取引法上の認可協会、認定協会もしくは認定投資者保護団体の協会員等となること等が想定される。

紛争解決措置の条文上の例示としては、顧客との紛争の解決を裁判外紛争解決手続の利用の促進に関する法律2条3号に規定する認証紛争解決手続により図ることを定めている。

紛争解決措置に係る内閣府令の内容としては、①他の業法上の指定紛争解決機関と手続実施基本契約に相当する契約を締結すること、②金融商品取引法上の認可協会、認定協会または認定投資者保護団体の協会員等となること、③顧客との紛争解決を一定の要件を満たす裁判外の紛争解決手続（業界団体、弁護士会の紛争解決センターまたは消費生活センターによる紛争解決手続）により図ること等が想定される。

解説

(1) 金融商品取引業者に関する紛争解決等業務の種別（156条の38第12項）について

金融商品取引法は、金融商品取引に関する多様な商品・サービスをカバーしていることから、金融商品取引業者等の分類を踏まえ、指定紛争解決機関が取り扱う紛争解決等業務の種別も細分化している。

金融商品取引業者に関する紛争解決等業務の種別については、特定第一種金融商品取引業務、特定第二種金融商品取引業務、特定投資助言・代理業務、特定投資運用業務に分類している。

① 特定第一種金融商品取引業務

下記参考(1)に掲げる第一種金融商品取引業者の以下のすべての業務の種別を含むものである。

(i) 28条１項１号に掲げる行為に係る業務を行う者
(ii) 28条１項２号に掲げる行為に係る業務を行う者
(iii) 28条１項３号イに掲げる行為に係る業務を行う者
(iv) 28条１項３号ロに掲げる行為に係る業務を行う者
(v) 28条１項３号ハに掲げる行為に係る業務を行う者
(vi) 28条１項４号に掲げる行為に係る業務（PTS）を行う者
(vii) 有価証券等管理業務を行う者

② 特定第二種金融商品取引業務

下記参考(2)に掲げる第二種金融商品取引業者に係る紛争解決等業務の種別である。

③ 特定投資助言・代理業務

下記参考(3)に掲げる投資助言・代理業に係る紛争解決等業務の種別で

ある。

④　特定投資運用業務

下記参考(4)に掲げる投資運用業に係る紛争解決等業務の種別である。

▶ 参考 ◀

◆金融商品取引業者の分類

金融商品取引法上、金融商品取引業者は、業務の種別（29条の2第1項5号）および登録の別によって、以下のように分類されている。

(1)　**第一種金融商品取引業者**

第一種金融商品取引業者の登録は、以下のとおりに分類される。

①　28条1項1号に掲げる行為に係る業務を行う者

業務の内容は、(i)第一項有価証券についての売買、市場デリバティブ取引もしくは外国市場デリバティブ、その媒介もしくは代理、その委託の媒介、取次ぎもしくは代理、(ii)有価証券等精算取次ぎ、(iii)有価証券の売出し、(iv)有価証券の募集もしくは売出しの取扱いもしくは私募の取扱いである。

②　28条1項2号に掲げる行為に係る業務を行う者

業務の内容は、店頭デリバティブ取引またはその媒介、取次ぎもしくは代理である。

③　28条1項3号イに掲げる行為に係る業務を行う者

業務の内容は、幹事会社による有価証券の元引受けである。

④　28条1項3号ロに掲げる行為に係る業務を行う者

業務の内容は、有価証券の元引受けであって、幹事会社による有価証券の元引受け以外のものである。

⑤　28条1項3号ハに掲げる行為に係る業務を行う者

業務の内容は、有価証券の引受けであって、有価証券の元引受け以外のものである。

⑥　28条1項4号に掲げる行為に係る業務を行う者

業務の内容は、PTS（有価証券の売買またはその媒介、取次ぎもしくは代理であって、電子情報処理組織を使用して同時に多数の者を一方の当事者または各当事者として一定の売買価格の決定方法により有価証券の売買等を行うこと）である。

⑦　有価証券等管理業務を行う者

業務の内容は、有価証券の売買等に関して、顧客から証券や証書の預託を受けること、社債等の振替を行うために口座の開設を受けて社債等の振替を行うことである。

(2) 第二種金融商品取引業者

業務の内容は以下のとおりである。なお、登録は細分化されていない。

① 集団投資スキーム（ベンチャー・ファンド等）の自己募集等

② 第二項有価証券についての売買、市場デリバティブ取引もしくは外国市場デリバティブその媒介もしくは代理、その委託の媒介、取次ぎもしくは代理

③ 有価証券等精算取次ぎ

④ 有価証券の売出し

⑤ 有価証券の募集もしくは売出しの取扱いもしくは私募の取扱い

⑥ 有価証券等に関連しない市場デリバティブ取引（天候／地震デリバティブ等）等

⑦ 類するものとして政令で定める行為

(3) 投資助言・代理業

業務の内容は以下のとおりである。なお、登録は細分化されていない。

① 投資顧問契約を締結し当該契約に基づき助言を業として行うこと

② 投資顧問契約又は投資一任契約の締結の代理又は媒介を業として行うこと

(4) 投資運用業

業務の内容は以下のとおりである。なお、登録は細分化されていない。

① 投資法人資産運用業（投資法人と資産運用委託契約を締結し、当該契約に基づき、金融商品の価値等の分析に基づく判断に基づいて有価証券またはデリバティブ取引に係る権利に対する投資として、金銭その他の財産の運用を行うこと）

② 投資一任契約を締結し、当該契約に基づき、金融商品の価値等の分析に基づく判断に基づいて有価証券またはデリバティブ取引に係る権利に対する投資として、金銭その他の財産の運用を行うこと

③ 投資信託委託業（投資信託受益証券等を有する者から拠出を受けた金銭その他の財産を、金融商品の価値等の分析に基づく判断に基づいて有価証券またはデリバティブ取引に係る権利に対する投資として運用を行うこと）

④ 自己運用（信託受益権または集団投資スキーム持分等を有する者から出資または拠出を受けた金銭その他の財産を、金融商品の価値等の分析に基づく判断に基づいて主として有価証券またはデリバティブ取引に係る権利に対する投資として運用を行うこと）

⑵　金融商品取引仲介業者について

金融商品取引仲介業者が営む金融商品仲介業に関しては、その法的効果は業務の委託元の所属金融商品取引業者等に帰属し、また、所属金融商品取引業者等が金融商品仲介業者の管理責任を負い、その観点から所属金融商品取引業者等に対して行政上も民事上も責任が追及され得ることとなっている。

また、金融商品仲介業者は小規模な事業者や個人事業者であることが多く、所属金融商品取引業者等を通じて苦情処理・紛争解決の対応を求めたほうが、より柔軟かつ実効性のある対応が可能になるものと考えられる。

そのため、金融商品仲介業者の業務に関する苦情・紛争については、所属金融商品取引業者等に対して手続実施基本契約の締結や苦情処理措置および紛争解決措置等の行為規制を課すこととし、金融商品仲介業者自身には行為規制を課していない。

⑶　指定紛争解決機関が存在しない場合の苦情処理措置および紛争解決措置（1号ロ、2号ロ、3号ロ、4号ロおよび5号ロ）

苦情処理措置および紛争解決措置を講ずる義務について、指定紛争解決機関の指定は、申請に基づくものであるため、指定紛争解決機関が存在しないことも想定される。

指定紛争解決機関が存在する場合には金融商品取引業者等が契約締結義務を負うこととの均衡を図り、利用者保護の充実を図るため、指定紛争解決機関が存在しない場合は、金融商品取引業者等が個社として一定の苦情処理措置および紛争解決措置を講ずる義務を負うものとしている。

●第2項●　手続実施基本契約の締結に伴う公表措置　新設

改　正　後
2　金融商品取引業者等は、前項の規定により手続実施基本契約を締結する措置を講じた場合には、当該手続実施基本契約の相手方である指定紛争解決機関の商号又は名称を公表しなければならない。

概要

指定紛争解決機関は複数存在し得るものであることから、手続実施基本契約を締結する措置を講じた場合には手続実施基本契約の相手方である指定紛争解決機関の商号等を公表することを義務づけるものである。

●第３項●　契約締結措置又は苦情処理措置及び紛争解決措置の免除　新設

改　正　後
3　第一項の規定は、次の各号に掲げる場合の区分に応じ、当該各号に定める期間においては、適用しない。 一　第一項第一号イ、第二号イ、第三号イ、第四号イ又は第五号イに掲げる場合に該当していた場合において、同項第一号ロ、第二号ロ、第三号ロ、第四号ロ又は第五号ロに掲げる場合に該当することとなつたとき　第百五十六条の六十第一項の規定による紛争解決等業務の廃止の認可又は第百五十六条の六十一第一項の規定による指定の取消しの時に、第一項第一号ロ、第二号ロ、第三号ロ、第四号ロ又は第五号ロに定める措置を講ずるために必要な期間として内閣総理大臣が定める期間 二　第一項第一号イ、第二号イ、第三号イ、第四号イ又は第五号イに掲げる場合に該当していた場合において、同項第一号イの一の指定第一種紛争解決機関、同項第二号イの一の指定第二種紛争解決機関、同項第三号イの一の指定投資助言・代理紛争解決機関、同項第四号イの一の指定投資運用紛争解決機関若しくは同項第五号イの一の指定登録金融機関紛争解決機関（以下この号において「指定種別紛争解決機関」と総称する。）の紛争解決等業務の廃止が第百五十六条の六十第一項の規定により認可されたとき、又は指定種別紛争解決機関の第百五十六条の三十九第一項の規定による指定が第百五十六条の六十一第一項の規定により取り消されたとき（前号に掲げる場合を除く。）　その認可又は取消しの時に、第一項第一号イ、第二号イ、第三号イ、第四号イ又は第五号イに定める措置を講ずるために必要な期間として内閣総理大臣が定める期間 三　第一項第一号ロ、第二号ロ、第三号ロ、第四号ロ又は第五号ロに掲げる場合に該当していた場合において、同項第一号イ、第二号イ、第三号イ、第四号イ又は第五号イに掲げる場合に該当することとなつたとき　第百五十六条の三十九第一項の規定による指定の時に、第一項第一号イ、第二号イ、第三号イ、第四号イ又は第五号イに定める措置を講ずるために必要な期間として内閣総理大臣が定める期間

概要

一般的に、１項１号イ、２号イ、３号イ、４号イもしくは５号イまたは同項１号ロ、２号ロ、３号ロ、４号ロもしくは５号ロに定める措置を新たに講じる必要がある場合につき、内閣総理大臣が、指定紛争解決機関の指定、紛争解決等業務の廃止の認可または指定の取消しの時に定める期間の間、各号に定める措置を講じる行為規制を適用しないものとすることを定めている。

１号に掲げる場合としては、唯一の指定紛争解決機関の指定が取り消された場合が想定される。

２号に掲げる場合としては、複数の指定紛争解決機関が存在する場合において、そのうちの一つの指定紛争解決機関の指定が取り消されたときが想定される。

３号に掲げる場合としては、指定紛争解決機関が存在しなかった場合において、指定紛争解決機関の指定が行われたときが想定される。

第38条　禁止行為

改　正　後	改　正　前
第三十八条　金融商品取引業者等又はその役員若しくは使用人は、次に掲げる行為をしてはならない。ただし、第四号から第六号までに掲げる行為にあつては、投資者の保護に欠け、取引の公正を害し、又は金融商品取引業の信用を失墜させるおそれのないものとして内閣府令で定めるものを除く。 一・二　（略） 三　顧客に対し、信用格付業者以外の信用格付業を行う者の付与した信用格付（投資者の保護に欠けるおそれが少ないと認められるものとして内閣府令で定めるものを除く。）について、当該信用格付を付与した者が第六十六条の二十七の登録を受けていない者である旨及び当該登録の意義その他の事項として内閣府令で定める事項を告げることなく提供して、金融商品取引契約の締結の勧誘をする行為	**第三十八条**　金融商品取引業者等又はその役員若しくは使用人は、次に掲げる行為をしてはならない。ただし、第三号から第五号までに掲げる行為にあつては、投資者の保護に欠け、取引の公正を害し、又は金融商品取引業の信用を失墜させるおそれのないものとして内閣府令で定めるものを除く。 一・二　（略） （新設）

四~七 （略）	三~六 （略）

概要

3号に、金融商品取引業者等（役員・使用人を含む）の禁止行為として、顧客に対し、信用格付業者以外の信用格付業を行う者（無登録業者）の付与した信用格付について、①当該信用格付を付与した者が登録を受けていない旨、および②当該登録の意義その他の事項として内閣府令で定める事項を告げることなく提供して、金融商品取引契約の締結の勧誘をする行為を新たに規定するものである。

解説

(1) 趣旨

信用格付業を行う者に対して登録制度に基づく規制を導入し、登録を受けた信用格付業者に対して、誠実義務、体制整備義務、禁止行為、情報開示義務等を課すこととしている。他方、無登録業者の付与する信用格付は、規制の枠組みの下での格付プロセスを経たものではなく、格付方法・前提等に関する情報開示義務が課されていないことから、格付方法・前提等が明らかにされないまま投資者に提供され、投資者の投資判断を歪めるおそれがある。

このため、多数の投資者の利益に重大な影響を及ぼし得る立場にある金融商品取引業者等に対し、無登録業者の信用格付について追加的な説明義務を課し、投資者が当該信用格付の格付方法・前提・意義・限界等を明確に認識することを確保することにより、投資者保護を図ることとしている。

参考

◆金融審議会金融分科会第一部会報告（平成20年12月17日）

(2) 登録を受けることによる効果

「登録できる」との制度を導入する場合には、登録を受けた格付会社の付与する格付と、その他の格付について、前述のような格付プロセスの公正性、中立性、独立性の確保や、格付手法、前提、格付の限界等について、投資者の適切な理解を確保する観点から、法律上適切な枠組みを整備していくことが必要である。

この点、登録制度による公的規制の導入に伴い、これらの規制を受けていない者（登録を受けていない未登録者）による格付が、規制の枠組みの下での格付プロセスを経たものであるか否か、格付手法、前提、格付の限界などについて明らかにされないまま投資者に提供され、投資者の投資判断を歪めるなど、公的規制の導入の意義が損なわれないよう、一定の工夫が必要である。

このため、格付の意義や限界等を投資者に明確に認識させることを促す観点から、多数の投資者の利益に重大な影響を及ぼし得る立場にある金融商品取引業者や登録金融機関等が、金融商品の契約の締結の勧誘において、未登録者の付与する格付を利用するに当たり、それが公的規制において定める格付プロセス等の枠組みに則っていないことや、格付手法、前提、データ、格付の限界等について、具体的に説明しない限り、当該格付を利用してはならないこととすることが適当である。

⑵　説明義務の対象となる信用格付

金融商品取引業者等の説明義務の対象となる信用格付は、①「信用格付業者以外の信用格付業を行う者の付与した信用格付」であり、かつ、②「金融商品取引契約の締結の勧誘」に際して提供されるものであることとの要件を満たすものとされている。

①については、

(ⅰ)「信用格付業」の定義において、信用格付の付与・提供等の「行為の相手方の範囲その他行為の態様に照らして投資者の保護に欠けるおそれが少ないと認められるものとして内閣府令で定めるもの」を業として行うことは、信用格付業には該当しないこと（２条35項）

(ⅱ)「信用格付業者以外の信用格付業を行う者の付与した信用格付」であっても、投資者の保護に欠けるおそれが少ないと認められるものとして内閣府令で定める信用格付については、説明義務の対象外とすること（38条３号括弧書）

とされており、投資者保護の観点から、説明義務を課さなくとも特段問題がないと認められるものについては、内閣府令において除外することとされている。

なお、信用格付業者の付与した信用格付については、信用格付業者が自らその意義・限界の周知について義務を負うとの枠組みを採用することとしており、本規定において、金融商品取引業者等に対して課される説明義務の対象とはされていない。具体的には、信用格付業者は、内閣府令で定めるところにより、信用格付の付与・提供等の方針および方法（格付方針等）を定めて公表し、これに従い、信用格付業の業務を行わなければならない（66条の36）。格付方針等に記載すべき事項は、IOSCO の基本行動規範を踏まえ内閣府令において細目が規定されるが、信用格付業者に、自ら信用格付の意義・限界を公表し、投資者に伝えることを義務づけることが予定されている。

⑶　説明の内容

金融商品取引業者等が無登録業者の信用格付を提供して金融商品取引契約の締結の勧誘を行う際に説明しなければならない事項として、①当該信用格付を付与した者が信用格付業者の登録を受けていない者である旨、②当該登録の意義その他の事項として内閣府令で定める事項が規定されている。

②について、「登録の意義」とは、登録を受けていないことに伴い課されていない規制の概要を意味するものと考えられる。内閣府令で定める事項としては、格付手法、前提、データ、格付の限界等が考えられる。

⑷　適用対象範囲

無登録業者が付与した信用格付を提供する際の説明義務の適用関係を整理すると、以下のようになる。

①　特定投資家を勧誘の相手方とする場合：適用対象

無登録業者が付与した信用格付を提供する際の追加的な説明義務は、金融商品取引業者等の勧誘の相手方が特定投資家（プロ）である場合にも原則として適用され、45条１号に規定する特定投資家に対する適用対象外の規制とはされていない。

無登録業者については、格付方針等の公表（66条の36）や説明書類の公衆縦覧等（66条の39）の情報開示義務が課されないことから、プロとアマとにかかわらず、投資者は、無登録業者の格付手法、前提、データ、格付の限界等について、自ら情報収集することが困難である。このような点を踏まえると、プロ・アマを問わず、金融商品取引業者等に説明義務を課すことが投資者保護を図る観点から必要と考えられる。

② 適格機関投資家等特例業務：適用対象外

適格機関投資家等特例業務については、利用者保護を前提とした上で、金融イノベーションの促進にも配慮して、行為規制について特例が設けられている。具体的には、金融商品取引業者に適用される契約締結前の書面交付義務等の行為規制は適用対象外とされ、取引の公正性等を確保するための限定的な規制（虚偽告知の禁止（38条１号）および損失補てん等の禁止（39条））のみが適用される（63条４項、63条の３第３項１号、株式会社日本政策金融公庫法63条４項）。

この点、38条３号については、適格機関投資家等特例業務の対象業務である集団投資スキームの私募または自己運用においては、サブプライム・ローン問題で問題視された証券化商品の取引とは異なり信用格付の利用は限定的と考えられることなどを踏まえ、適格機関投資家等特例業務については適用対象外とされている。

③ その他

上記①②以外の適用関係を整理すると、以下のとおりである。

(i) 外国証券業者の引受業務：適用対象（59条の６）。

(ii) 取引所取引許可業者の取引所取引業務：適用対象外（60条の13）。

(iii) 信託会社・外国信託会社等が信託受益権の売買等を業として行う場合：適用対象（65条の５第２項）。

(iv) 住宅金融支援機構が信託受益権の販売を行う場合：適用対象（65条の５第４項）。

(v) 金融商品仲介業者：適用対象（66条の14）。

第40条の5 特定投資家向け有価証券に関する告知義務

●第2項●

改　正　後	改　正　前
2　金融商品取引業者等は、特定投資家等（第二条第三十一項第一号から第三号までに掲げる者を除く。）から特定投資家向け有価証券取引契約（特定投資家向け有価証券に係る同条第八項第一号から第四号まで又は第十号に掲げる行為を行うことを内容とする契約（同号に掲げる行為による特定投資家向け有価証券の売買（当該行為を行う金融商品取引業者による媒介、取次ぎ又は代理によるものに限る。）を行うことを内容とする契約その他の契約の内容又は相手方の特性を勘案して内閣府令で定めるものを除く。）をいう。以下この項において同じ。）の申込みを初めて受けた場合には、当該申込みに係る特定投資家向け有価証券取引契約を締結するまでに、当該特定投資家等に対し、次に掲げる事項を告知し、かつ、当該事項を記載した書面を交付しなければならない。 一・二　（略）	2　金融商品取引業者等は、特定投資家等（第二条第三十一項第一号から第三号までに掲げる者を除く。）から特定投資家向け有価証券取引契約（特定投資家向け有価証券に係る同条第八項第一号から第四号まで又は第十号に掲げる行為を行うことを内容とする契約をいう。以下この項において同じ。）の申込みを初めて受けた場合には、当該申込みに係る特定投資家向け有価証券取引契約を締結するまでに、当該特定投資家等に対し、次に掲げる事項を告知し、かつ、当該事項を記載した書面を交付しなければならない。 一・二　（略）

概要

金融商品取引業者等が特定投資家等から特定投資家向け有価証券の取引に係る契約の申込みを初めて受けた場合の告知義務につき、他の金商業者が開設したPTSにより売買を行うことを内容とする契約その他の契約については、告知義務の対象となる特定投資家向け有価証券取引契約に含まれないこととする。

解説

今般の改正前は、告知義務の対象となる特定投資家向け有価証券取引契約について除外規定が設けられていなかったため、投資者保護に問題のない範囲で円滑な有価証券取引に支障が生じることのないよう、除外規定を設けることとする。

他の金商業者が開設したPTS（2条8項10号）において行う売買については、基本的にPTSを開設する他の金商業者が、当該PTSにおいて特定投資家向け有価証券の売買を行おうとする特定投資家等に対し、当該PTSによる取引の媒介、取次ぎまたは代理を行うに当たって、あるいはそれ以前において、本条項に基づく告知・書面交付をすでに行っているものと考えられる。このため、当該ケースにおいては、すでに特定投資家等に対する特定投資家向け有価証券に係る制度の周知が行われていることから、売買の相手方となる金商業者等から改めて本条項に基づく告知・書面交付が行われなくとも投資者保護上の問題は少ないと考えられ、取引の相手方が特定されない有価証券市場における取引の円滑を図る観点を踏まえて、告知義務の対象となる契約から除外している。

なお、当該PTSで売買を行った金商業者と特定投資家等が、初めて特定投資家向け有価証券取引契約に当たる別の契約を別途締結しようとするときは、当該金商業者はあらためて本条項に従い告知・書面交付を行う必要がある。

内閣府令に規定する内容については、今後、詳細が検討されていくこととなるが、当該ケースに加え、金商業者等が外国証券業者である取引所取引許可業者（いわゆるリモートメンバー）との間で取引所取引を行うことを内容とする契約等が規定される予定である。

第43条の2　分別管理

●第1項●

改　正　後	改　正　前
第四十三条の二　金融商品取引業者等は、次に掲げる有価証券（次項の規定により管理する有価証券を除く。）を、確実にかつ整然と管理する方法として内閣府令で定める方法により、自己の固有財産と分別して管理しなければな	**第四十三条の二**　金融商品取引業者等は、次に掲げる有価証券（次項の規定により管理する有価証券を除く。）を、確実にかつ整然と管理する方法として内閣府令で定める方法により、自己の固有財産と分別して管理しなければな

らない。 一　（略） 二　有価証券関連業又は有価証券関連業に付随する業務として内閣府令で定めるものに係る取引（店頭デリバティブ取引に該当するもの（有価証券関連業を行う金融商品取引業者であつて第一種金融商品取引業を行うことにつき第二十九条の登録を受けた者を相手方として行う取引その他の取引の相手方の特性を勘案して内閣府令で定めるものに限る。）その他政令で定める取引を除く。次項第二号及び第七十九条の二十において「対象有価証券関連取引」という。）に関し、顧客の計算において金融商品取引業者等が占有する有価証券又は金融商品取引業者等が顧客から預託を受けた有価証券（前号に掲げる有価証券、契約により金融商品取引業者等が消費できる有価証券その他政令で定める有価証券を除く。）	らない。 一　（略） 二　有価証券関連業又は有価証券関連業に付随する業務として内閣府令で定めるものに係る取引（店頭デリバティブ取引に該当するものその他政令で定める取引を除く。次項第二号及び第七十九条の二十において「対象有価証券関連取引」という。）に関し、顧客の計算において金融商品取引業者等が占有する有価証券又は金融商品取引業者等が顧客から預託を受けた有価証券（前号に掲げる有価証券、契約により金融商品取引業者等が消費できる有価証券その他政令で定める有価証券を除く。）

概要

(1)　有価証券店頭デリバティブ取引については、これまで、主に機関投資家等のプロを相手としており、①顧客が証券会社に対して預託する金銭または有価証券は、おおむね顧客との契約において証券会社が自由に使用できることになっていること、②通常、相手方がデフォルトした場合には、お互いのポジションを一括清算することになっており、一括清算に加え、分別管理義務を課すことは、証券会社が過剰な負担を負うことにもなりかねず、また、顧客に対して本来期待すべきでない保護を与えることにもなりかねないことを踏まえ、分別管理義務の対象から除いていたところである。

(2)　しかしながら、最近、証券会社において、個人の顧客を相手とする有価証券店頭デリバティブ取引を行っている例もみられ、投資家保護の観点から、原則、分別管理を義務づけることとし、金融機関間の取引その他の投資家保護に支障がないと認められる取引については、内閣府令で適用除外とすることとするものである。

第43条の４　顧客の有価証券を担保に供する行為等の制限

●第２項●

改　正　後	改　正　前
２　第三十四条の二第十二項の規定は、前項の規定による書面による同意について準用する。	２　第三十四条の三第三項の規定は、前項の規定による書面による同意について準用する。

概要

被準用条項の条文番号の変更（内容は変更なし）に伴う改正であり、実質改正はない。

第45条

改　正　後	改　正　前
第四十五条　次の各号に掲げる規定は、当該各号に定める者が特定投資家である場合には、適用しない。ただし、公益又は特定投資家の保護のため支障を生ずるおそれがあるものとして内閣府令で定める場合は、この限りでない。 一　第三十七条、第三十八条第四号から第六号まで及び第四十条第一号　金融商品取引業者等が行う金融商品取引契約の締結の勧誘の相手方 二～四　（略）	**第四十五条**　次の各号に掲げる規定は、当該各号に定める者が特定投資家である場合には、適用しない。ただし、公益又は特定投資家の保護のため支障を生ずるおそれがあるものとして内閣府令で定める場合は、この限りでない。 一　第三十七条、第三十八条第三号から第五号まで及び第四十条第一号　金融商品取引業者等が行う金融商品取引契約の締結の勧誘の相手方 二～四　（略）

概要

38条３号が創設され、改正前の38条３号～６号が１号ずつ繰り下がることに伴う修正を行っている。

解説

本条は、金融商品取引業者等が特定投資家を相手方として取引を行う場合に、行為規制の適用除外を定めているところ、新設の38条３号（無登録業者が付与した信用格付に係る説明義務）については、適用除外とはされないことを規定するものである。

特定投資家を相手方とする勧誘に38条３号の説明義務を課す趣旨は、無登録業者には情報開示義務が課されないことから、プロとアマとにかかわらず、投資者は、無登録業者の格付手法、前提、データ、格付の限界等について自ら情報収集することが困難であり、プロ・アマを問わず、金融商品取引業者等に説明義務を課すことが投資者保護を図る観点から必要との考え方を踏まえたものである。

第52条　金融商品取引業者に対する監督上の処分

●第１項●

改　正　後	改　正　前
第五十二条　内閣総理大臣は、金融商品取引業者が次の各号のいずれかに該当する場合においては、当該金融商品取引業者の第二十九条の登録を取り消し、第三十条第一項の認可を取り消し、又は六月以内の期間を定めて業務の全部若しくは一部の停止を命ずることができる。 一　第二十九条の四第一項第一号、第二号又は第三号に該当することとなつたとき。 二～十一　（略）	**第五十二条**　内閣総理大臣は、金融商品取引業者が次の各号のいずれかに該当する場合においては、当該金融商品取引業者の第二十九条の登録を取り消し、第三十条第一項の認可を取り消し、又は六月以内の期間を定めて業務の全部若しくは一部の停止を命ずることができる。 一　第二十九条の四第一項第一号（イにあつては、この法律に相当する外国の法令の規定に係る部分に限る。）、第二号又は第三号に該当することとなつたとき。 二～十一　（略）

概要

改正前においては、金融商品取引業者に対する登録取消し・業務停止を命じることができる場合として、金融商品取引業者としての登録拒否事由に該当する事項が掲げられているが、このうち登録・許可の取消し（金融商品取引業の登録・取引所取引業務の許可・金融商品仲介業の登録・外国において受けている同種類の登録もしくは許可）については、登録拒否事由には掲げられているものの、処分事由においては「外国の法令の規定に係る部分」に限定されている。

上記の「外国の法令の規定に係る部分」の限定文言を削除し、日本法である金商法上の金融商品取引業の登録・取引所取引業務の許可・金融商品仲介業の登録・信用格付業者の登録の取消しを受けた場合にも、金融商品取引業者に対する登録取消し・業務停止命令を命じることができる旨の修正を行っている。

解説

法29条の4第1項1号イにおいては、金融商品取引業に関する登録拒否事由として、登録・許可の取消し（金融商品取引業の登録・取引所取引業務の許可・金融商品仲介業の登録・外国において受けている同種類の登録もしくは許可）について、国内法である金商法上の登録・許可および外国法上の同種類の登録・許可のいずれも含まれている。これに対し、法52条1項1号に規定される処分事由としては、国内法である金商法上の各種登録・許可の取消しはその対象とならず、外国法における同種類の登録・許可の取消しを受けた場合に限定されている。

上記のような取扱いが生じている理由として、改正前の法52条1項1号、29条の4第1項1号は、旧証券取引法56条1項1号、28条の4第6号の文言を引き継いで規定されたものと考えられるところ、旧証券取引法28の4第6号においては、証券会社、証券仲介業者および外国の法令における同種の登録を取り消された者について証券会社の登録拒否事由としていたものの、旧証券取引法上、証券会社と証券仲介業者の兼業が認められなかったことから（同法66条の5第6号参照）、旧証券取引法56条1項1号においては処分対象を外国の法令における同種の登録を取り消された者に限定したものと考えられる。

（注）　なお、旧証券取引法の証券仲介業者に関する規定（66条の18）に関して、「第二号イにあっては、第二十八条の四第一項第十一号イのうちこの法律に相当する外国の法令の規定に係る部分に限る」とされるのは、「外

国証券会社は証券仲介業者の登録を受けることができず、証券仲介業者が外証法上の登録等の取り消しを受けることがあり得ないことから、外国の法令についても証取法の登録に相当するものが取り消された場合のみが規定されたものである。」とされている（高橋康文編『詳解証券取引法の証券仲介業者、主要株主制度等―平成15年における証券取引法等の改正』（大蔵財務協会、2004）144頁）。

この点、金商法においては、第一種金融商品取引業の登録と金融商品仲介業の登録の両方を受けることは認められていないものの（66条の4第6号、66条の19第2項）、異なる種類の金融商品取引業の登録や、第二種金融商品取引業者、投資助言・代理業者、投資運用業者の登録と金融商品仲介業者の登録は認められているため、上記の配慮は妥当しないものと考えられる。

さらに、金商法の制定当時は、金融商品取引業者の登録と金融商品仲介業者の登録の双方を受けることを前提に複数の登録をリンクさせた処分規定を措置する必要性が乏しかったことも、考え得るところである。しかしながら、現状においては、①ビジネスモデルの多様化に伴い、現に複数の登録を受ける者が存在するようになっていること、②今般の信用格付業者の登録制の導入に伴い、金融商品取引業（投資助言・代理業）の登録を受けた者が信用格付業者の登録を受けるケースも想定されることなども踏まえると、複数の登録を受けている者について、いずれかの登録の取消処分を受けた場合に、他の登録についても取消し等の適切な措置を講じることができるよう、所要の整備を行う必要があることから、修正を行ったものである。

参照条文

◆旧証券取引法◆

（登録の拒否）

第二十八条の四　内閣総理大臣は、登録申請者が次の各号のいずれかに該当するとき、又は登録申請者若しくはこれに添付すべき書類若しくは電磁的記録のうちに虚偽の記載若しくは記録があり、若しくは重要な事実の記載若しくは記録が欠けているときは、その登録を拒否しなければならない。

一～五　(略)

六　第五十六条第一項若しくは第五十六条の二第三項の規定により第二十八条の登録を取り消され、若しくは第六十六条の十八第一項の規定により第六十六条の二の登録を取り消され、その取り消しの日から五年を経過しない株式会社又はこの法律に相当する外国の法令の規定により当該外国において受けている同種類の登録（当該登録に関する今日かその他の行政処分を含む。）を取り消され、その取消しの日から五年を経過しない株式会社

七～十　(略)

十一　法人である主要株主のうちに次のいずれかに該当する者のある株式会社

イ　第五十六条第一項若しくは第五十六条の二第三項の規定により第二十八条の登録を取り消され、第六十六条の十八第一項の規定により第二十八条の登録を取り消され、第六十六条の十八第一項の規定により第六十六条の二の登録を取り消され、外国証券業者に関する法律第二十四条第一項若しくは同法第二十五条において準用する第五十六条の二第三項の規定により同法第三条第一項の登録を取り消され、若しくは同法第二十四条第四項において準用する同条第一項の規定により同法第十三条の二第一項の許可を取り消され、若しくは同法第二十四条第四項において準用する同条第一項の規定により同法第十三条の二第一項の許可を取り消され、又はこの法律に相当する外国の法令の規定により当該外国において受けている第二十八条若しくは第六十六条の二の登録と同種類の登録（当該登録に類する許可その他の行政処分を含む。）を取り消され、その取消しの日から五年を経過しない者

ロ・ハ　(略)

十二　(略)

２～５　(略)

(監督上の処分)

第五十六条　内閣総理大臣は、証券会社が次の各号のいずれかに該当する場合においては、当該証券の第二十八条の登録を取り消し、第二十九条第一項の認可を取り消し、六月以内の期間を定めて業務の全部又は一部又は一部の停止を命じ、業務の方法の変更を命じ、その他監督上必要な事項を命じることができる。

一　第二十八条の四第一項第一号から第三号まで、第五号、第六号（この法律に相当する外国の法令の規定に係る部分に限る。）、第七号又は第

十二号に該当することとなったとき。

二～六　(略)

2・3　(略)

(登録金融機関)

第六十五条の二　銀行、協同組織金融機関、信託会社その他政令で定める金融機関は、前条第二項各号に掲げる有価証券又は取引について、同項各号に定める行為(同条第一項ただし書に該当するものを除く)のいずれかを営業として行おうとするときは、内閣総理大臣の登録を受けなければならない。

2～4　(略)

5　第三十条、第三十七条から第四十一条まで、第四十三条、第四十七条、第四十七条の二、第四十九条、第五十四条第一項(第一号、第二号、第七号及び第八号に限る。)、第五十五条、第五十六条第一項(第一号(第二十八条の四第一項第六号及び第七号に係る部分に限る。)、第二号、第三号、第五号及び第六号(第二十九条の四第一号に係る部分に限る。)に限る。)及び第三項、第五十六条の三、第五十六条の四(第二号を除く。)、第五十七条、第五十八条、第六十一条、第六十二条第二項及び第三項並びに第六十三条から第六十四条の九までの規定は登録金融機関について、第三十三条、第四十二条及び第四十四条第一号の規定は登録金融機関又はその役員若しくは使用人について準用する。

6～12　(略)

(証券仲介業者の内閣総理大臣への登録)

第六十六条の二　銀行、協同組織金融機関、信託会社その他政令で定める金融機関以外の者(証券会社、外国証券会社及び登録金融機関の役員(外国証券会社にあっては、外国証券業者に関する法律第二条第九号に規定する国内における代表者を含む。)及び使用人を除く。)は、第二十八条の規定にかかわらず、内閣総理大臣の登録を受けて、証券仲介業を営むことができる。

(登録申請書等の不備による登録の拒否)

第六十六条の五　内閣総理大臣は、登録申請者が次の各号のいずれかに該当するとき、又は登録申請書若しくはこれに添付すべき書類若しくは電磁的記録のうちに虚偽の記載若しくは記録があり、若しくは重要な事実の記載若しくは記録が欠けているときは、その登録を拒否しなければならない。

一　(略)

二　登録申請者が法人であるときは、次のいずれかに該当する者

イ　第二十八条の四第一項第十一号イ又はロに該当する者
ロ　役員のうちに第二十八条の四第一項第九号イからトまでのいずれかに該当する者のある者

三～六　（略）

（証券仲介業者の登録の取り消し、業務の停止等）

第六十六条の十八　内閣総理大臣は、証券仲介業者が次の各号のいずれかに該当する場合においては、当該証券仲介業者の第六十六条の二の登録を取り消し、六月以内の期間を定めて業務の全部又は一部の停止を命じ、その他監督上必要な事項を命ずることができる。

一　第六十六条の五第一号から第五号まで（第二号イにあつては、第二十八条の四第一項第十一号イのうちこの法律に相当する外国の法令の規定に係る部分に限り、第二号ロを除く。）に該当することとなつたとき。

二・三　（略）

2　（略）

◆外国証券業者に関する法律◆（平成18年法律第65号により廃止）

（登録の拒否要件）

第六条　内閣総理大臣は、登録申請者が次の各号のいずれかに該当するとき、又は登録申請書若しくはその添付書類のうちに虚偽の記載があり、若しくは重要な事実の記載が欠けているときは、その登録を拒否しなければならない。

一～六　（略）

七　第二十四条第一項の規定若しくは第二十五条において準用する証券取引法第五十六条の二第三項（自己資本規制比率悪化の場合の処分）の規定により第三条第一項の登録を取り消され、第二十四条第四項において準用する同条第一項の規定により第十三条の二第一項の許可を取り消され、若しくは同法第六十六条の十八第一項（証券仲介業者の処分）の規定により同法第六十六条の二（証券仲介業の登録）の登録を取り消され、又はその本店の所在する国において受けている同法第二十八条（証券業の登録）若しくは第六十六条の二の登録と同種類の登録（当該登録に類する許可その他の行政処分を含む。第十三条において「登録等」という。）が外国証券法令（証券取引法又はこの法律に相当する外国の法令をいう。第十三条の四において同じ。）の規定により取り消され、その取り消しの日から五年を経過するまでの者であるとき。

八～十二　（略）

2　（略）

（取引所取引の許可）

第十三条の二　外国証券業者（外国証券会社を除く。）は、第三条第二項及び証券取引法第二十八条（証券業の登録）の規定にかかわらず、内閣総理大臣の許可を受けて、同法第二条第十七項（定義）に規定する取引所有価証券市場における有価証券の売買、有価証券指数等先物取引又は有価証券オプション取引（有価証券等清算取次ぎ（同条第二十九項に規定する有価証券等清算取次ぎ（同項第一号に係るものに限る。）をいう。以下この項において同じ。）の委託者として当該有価証券等清算取次ぎを行う者を代理してこれらの取引を行う場合を含む。以下「取引所取引」という。）を業として営むことができる。

2　第七条第三項の規定は、前項の許可について準用する。

（許可の拒否要件）

第十三条の四　内閣総理大臣は、前条第一項の規定による許可の申請が次の各号のいずれかに該当するときは、その許可を拒否しなければならない。

一　許可申請者が次のいずれかに該当するとき。

イ～ヘ　（略）

ト　第二十四条第一項の規定若しくは第二十五条において準用する証券取引法第五十六条の二第三項（自己資本規制比率悪化の場合の処分）の規定により第三条第一項の登録を取り消され、第二十四条第四項において準用する同条第一項の規定により第十三条の二第一項の許可を取り消され、若しくは、同法第六十六条の十八第一項（証券仲介業者の処分）の規定により同法第六十六条の二の登録を取り消され、又は本店若しくは取引所取引店が所在する国において受けている登録等が外国証券法令の規定により取り消され、その取消しの日から五年を経過するまでの者であるとき。

チ～ル　（略）

二～四　（略）

（監督上の処分）

第二十四条　内閣総理大臣は、外国証券会社が次の各号のいずれかに該当するときは、当該外国証券会社の第三条第一項の登録を取り消し、第七条第一項の認可を取り消し、六月以内の期間を定めて支店の業務の全部又は一部の停止を命じ、業務の方法の変更を命じ、その他監督上必要な事項を命ずることができる。

一　第六条第一項第一号、第三号から第六号まで、第七号（外国証券法令の規定に係る部分に限る。）、第八号又は第十二号に該当することとなつたとき。

二〜六　（略）

2・3　（略）

4　第一項（第六号を除く。）の規定は許可外国証券業者の取引所取引業務について、第二項の規定は許可外国証券業者の国内における代表者（国内に事務所その他の施設がある場合にあつては、当該施設に駐在する役員を含む。）について、それぞれ準用する。この場合において、第一項各号列記以外の部分中「第三条第一項の登録を取り消し、第七条第一項の認可」とあるのは「第十三条の二第一項の許可」と、同項第一号中「第六条第一項第一号、第三号から第六号まで、第七号」とあるのは「第十三条の四第一項第一号イ、ロ、ニからヘまで、ト」と、「第八号又は第十二号」とあるのは「チ、リ、若しくはル、第二号又は第三号」と、同項第二号中「第三条第一項の登録」とあるのは「第十三条の二第一項の許可」と、同項第五号中「第七条第一項の認可」とあるのは「第十三条の二第一項の許可」と読み替えるものとする。

第52条の2　登録金融機関に対する監督上の処分

●第1項●

改　正　後	改　正　前
第五十二条の二　内閣総理大臣は、登録金融機関が次の各号のいずれかに該当する場合においては、当該登録金融機関の第三十三条の二の登録を取り消し、又は六月以内の期間を定めて業務の全部若しくは一部の停止を命ずることができる。 一　第三十三条の五第一項第一号、第二号又は第三号に該当することとなつたとき。 二〜五　（略）	**第五十二条の二**　内閣総理大臣は、登録金融機関が次の各号のいずれかに該当する場合においては、当該登録金融機関の第三十三条の二の登録を取り消し、又は六月以内の期間を定めて業務の全部若しくは一部の停止を命ずることができる。 一　第三十三条の五第一項第一号（この法律に相当する外国の法令の規定に係る部分に限る。）、第二号又は第三号に該当することとなつたとき。 二〜五　（略）

概要

改正前においては、登録金融機関に対する登録取消し・業務停止を命じることができる場合として、登録金融機関としての登録拒否事由に該当する事項が掲げられているが、このうち登録・許可の取消し（登録金融機関・金融商品仲介業者の登録・外国において受けている同種類の登録）については、登録拒否事由には掲げられているものの、処分事由においては「外国の法令の規定に係る部分」に限定されている。

上記の「外国の法令の規定に係る部分」の限定文言を削除し、日本法である金商法上の金融商品仲介業者の登録・信用格付業者の登録の取消しを受けた場合にも、登録金融機関に対する登録取消し・業務停止命令を命じることができる旨の修正を行っている。

解説

52条の 解説 参照。

第59条の 4　引受業務の一部の許可の拒否要件

●第１項●

改　正　後	改　正　前
第五十九条の四　内閣総理大臣は、許可申請者が次の各号のいずれかに該当するとき、又は許可申請書若しくはその添付書類のうちに虚偽の記載があり、若しくは重大な事実の記載が欠けているときは、許可を拒否しなければならない。 一　第五十三条第三項の規定により第二十九条の登録を取り消され、次条第一項の規定により第五十九条第一項の許可を取り消され、第六十六条の二十第一項の規定により第六十六条の登録を取り消され、若しくは第六十六条の四十二第一項の規定により第六十六条の二十七の登録を取り消され、又はその本店の所在する国において受けている第二十九条、第六十六条若しくは第六十六条の二十七の登録と同種類の登録（当該登録に類する許可その他の行政処分を含む。）がこの法律に相当する外	**第五十九条の四**　内閣総理大臣は、許可申請者が次の各号のいずれかに該当するとき、又は許可申請書若しくはその添付書類のうちに虚偽の記載があり、若しくは重大な事実の記載が欠けているときは、許可を拒否しなければならない。 一　第五十三条第三項の規定により第二十九条の登録を取り消され、次条第一項の規定により第五十九条第一項の許可を取り消され、若しくは第六十六条の二十第一項の規定により第六十六条の登録を取り消され、又はその本店の所在する国において受けている第二十九条若しくは第六十六条の登録と同種類の登録（当該登録に類する許可その他の行政処分を含む。）がこの法律に相当する外国の法令の規定により取り消され、その取消しの日から五年を経過するまでの者であるとき。

国の法令の規定により取り消され、その取消しの日から五年を経過するまでの者であるとき。 二・三（略）	二・三（略）

概要

第3章の3（信用格付業者）の新設に伴い、信用格付業者についての登録取消しを外国業者の引受業務の一部許可に関する拒否事由に追加している。

第59条の6　引受業務の規則

改　正　後	改　正　前
第五十九条の六　第三十六条第一項、第三十六条の三、第三十六条の四第一項、第三十八条（第一号から第三号まで及び第七号に係る部分に限る。）及び第四十四条の四の規定は、第五十九条第一項の許可を受けた外国証券業者の引受業務について準用する。	**第五十九条の六**　第三十六条第一項、第三十六条の三、第三十六条の四第一項、第三十八条（第一号、第二号及び第六号に係る部分に限る。）及び第四十四条の四の規定は、第五十九条第一項の許可を受けた外国証券業者の引受業務について準用する。

概要

38条3号が創設され、改正前の38条3号～6号が1号ずつ繰り下がることに伴う修正を行っている。

第60条の3　取引所取引業務の許可の拒否要件

●第1項●

改　正　後	改　正　前
第六十条の三　内閣総理大臣は、前条第一項の規定による許可の申請が次の各号のいずれかに該当するときは、その許可を拒否しなければならない。 一　許可申請者が次のいずれかに該当するとき。	**第六十条の三**　内閣総理大臣は、前条第一項の規定による許可の申請が次の各号のいずれかに該当するときは、その許可を拒否しなければならない。 一　許可申請者が次のいずれかに該当するとき。

イ～ヘ　(略) ト　第五十二条第一項若しくは第五十二条の二第一項の規定により第二十九条若しくは第三十三条の二の登録を取り消され、第六十条の八の規定により第六十条第一項の許可を取り消され、第六十六条の二十第一項の規定により第六十六条の登録を取り消され、若しくは第六十六条の四十二第一項の規定により第六十六条の二十七の登録を取り消され、又は本店若しくは取引所取引店が所在する国において受けている登録等がこの法律に相当する外国の法令の規定により取り消され、その取消しの日から五年を経過するまでの者であるとき。 チ～ル　(略) 二～四　(略)	イ～ヘ　(略) ト　第五十二条第一項若しくは第五十二条の二第一項の規定により第二十九条若しくは第三十三条の二の登録を取り消され、第六十条の八の規定により第六十条第一項の許可を取り消され、若しくは第六十六条の二十第一項の規定により第六十六条の登録を取り消され、又は本店若しくは取引所取引店が所在する国において受けている登録等がこの法律に相当する外国の法令の規定により取り消され、その取消しの日から五年を経過するまでの者であるとき。 チ～ル　(略) 二～四　(略)

概要

1号トにおいて、第3章の3（信用格付業者）の新設に伴い、信用格付業者の登録取消しについて、取引所取引業務の許可に関する拒否事由を追加するものである。

第60条の 8　取引所取引許可業者に対する監督上の処分

●第1項●

改　正　後	改　正　前
第六十条の八　内閣総理大臣は、取引所取引許可業者が次の各号のいずれかに該当するときは、当該取引所取引許可業者の第六十条第一項の許可を取り消し、六月以内の期間を定めて取引所取引業務の全部又は一部の停止を命じ、取引所取引業務の方法の変更を命じ、その他監督上必要な事項を命ずることができる。	**第六十条の八**　内閣総理大臣は、取引所取引許可業者が次の各号のいずれかに該当するときは、当該取引所取引許可業者の第六十条第一項の許可を取り消し、六月以内の期間を定めて取引所取引業務の全部又は一部の停止を命じ、取引所取引業務の方法の変更を命じ、その他監督上必要な事項を命ずることができる。

一　第六十条の三第一項第一号（ハ及びヌを除く。）、第二号又は第三号に該当することとなつたとき。 二～五　（略）	一　第六十条の三第一項第一号イ、ロ若しくはニからヘまで、ト（外国の法令の規定に係る部分に限る。）、チ、リ若しくはル、第二号又は第三号に該当することとなつたとき。 二～五　（略）

概要

改正前においては、取引所取引許可業者に対する許可の取消し・業務停止を命じることができる場合として、取引所取引許可業者としての許可の拒否要件に該当する事項が掲げられているが、このうち登録・許可の取消し（金融商品取引業者・登録金融機関・金融商品仲介業者の登録・外国において受けている登録等）については、登録拒否事由には掲げられているものの、処分事由においては「外国の法令の規定に係る部分」に限定されている。

上記の「外国の法令の規定に係る部分」の限定文言を削除し、日本法である金商法上の金融商品取引業者・登録金融機関の登録・取引所取引許可業者の許可・金融商品仲介業者の登録・信用格付業者の登録の取消しを受けた場合にも、取引所取引許可業者に対する許可の取消し・業務停止命令を命じることができる旨の修正を行っている。

解説

52条の 解説 参照。

第60条の13　取引所取引業務の規則

改　正　後	改　正　前
第六十条の十三　第三十六条第一項、第三十六条の三、第三十八条（第七号に係る部分に限る。）及び第四十条（第二号に係る部分に限る。）の規定は、取引所取引許可業者の取引所取引業務について準用する。	**第六十条の十三**　第三十六条第一項、第三十六条の三、第三十八条（第六号に係る部分に限る。）及び第四十条（第二号に係る部分に限る。）の規定は、取引所取引許可業者の取引所取引業務について準用する。

概要

38条３号が創設され、改正前の38条３号～６号が１号ずつ繰り下がることに伴う修正を行っている。

解説

外国証券業者による取引所取引については、国内の一般顧客を相手にして勧誘を行う取引ではないことから、新設する38条３号は準用されていない。

※ 第３章の２　金融商品仲介業者

第66条の２　登録の申請

●第１項●

改　正　後	改　正　前
第六十六条の二　前条の登録を受けようとする者は、次に掲げる事項を記載した登録申請書を内閣総理大臣に提出しなければならない。 一～三　（略） 四　委託を受ける金融商品取引業者（第一種金融商品取引業又は投資運用業（第二十八条第四項に規定する投資運用業をいう。第六十六条の十四第一号ハにおいて同じ。）を行う者に限る。）又は登録金融機関（以下この章及び第四章において「所属金融商品取引業者等」という。）の商号又は名称 五・六　（略）	**第六十六条の二**　前条の登録を受けようとする者は、次に掲げる事項を記載した登録申請書を内閣総理大臣に提出しなければならない。 一～三　（略） 四　委託を受ける金融商品取引業者（第一種金融商品取引業又は投資運用業（第二十八条第四項に規定する投資運用業をいう。第六十六条の十四第一号ハにおいて同じ。）を行う者に限る。）又は登録金融機関（以下この章及び次章において「所属金融商品取引業者等」という。）の商号又は名称 五・六　（略）

概要

新たに第３章の３（信用格付業者）が創設されたことに伴い、用語の整理を行っている。

第66条の14　禁止行為

改　正　後	改　正　前
第六十六条の十四　金融商品仲介業者又はその役員若しくは使用人は、次に掲げる行為をしてはならない。 一　金融商品仲介業に関連し、次に掲げるいずれかの行為を行うこと。 イ　(略) ロ　第三十八条第二号から第六号までに該当する行為 ハ～ホ　(略) 二・三　(略)	**第六十六条の十四**　金融商品仲介業者又はその役員若しくは使用人は、次に掲げる行為をしてはならない。 一　金融商品仲介業に関連し、次に掲げるいずれかの行為を行うこと。 イ　(略) ロ　第三十八条第二号から第五号までに該当する行為 ハ～ホ　(略) 二・三　(略)

概要

38条3号が創設され、改正前の38条3号～ 6号が1号ずつ繰り下がることに伴う修正を行っている。これにより、新設の38条3号が金融商品仲介業者についても準用される。

第66条の20　監督上の処分

●第1項●

改　正　後	改　正　前
第六十六条の二十　内閣総理大臣は、金融商品仲介業者が次の各号のいずれかに該当する場合においては、当該金融商品仲介業者の第六十六条の登録を取り消し、六月以内の期間を定めて業務の全部又は一部の停止を命じ、業務の方法の変更を命じ、その他監督上必要な事項を命ずることができる。 一　第六十六条の四第一号から第五号まで（第二号ロを除く。）に該当することとなつたとき。 二・三　(略)	**第六十六条の二十**　内閣総理大臣は、金融商品仲介業者が次の各号のいずれかに該当する場合においては、当該金融商品仲介業者の第六十六条の登録を取り消し、六月以内の期間を定めて業務の全部又は一部の停止を命じ、業務の方法の変更を命じ、その他監督上必要な事項を命ずることができる。 一　第六十六条の四第一号から第五号まで（第二号イにあつては、第二十九条の四第一項第一号イのうちこの法律に相当する外国の法令の規定に係る部分に限り、第二号ロを除く。）に該当することとなつたとき。 二・三　(略)

概要

改正前においては、金融商品仲介業者に対する登録取消し・業務停止を命じることができる場合として登録拒否事由に該当する事項が掲げられているが、このうち登録・許可の取消し（金融商品取引業者の登録・取引所取引許可業者の許可・金融商品仲介業者の登録・外国において受けている同種類の登録もしくは許可）については、登録拒否事由には掲げられているものの、処分事由においては「外国の法令の規定に係る部分」に限定されている。

上記の「外国の法令の規定に係る部分」の限定文言を削除し、日本法である金商法上の金融商品取引業者の登録・取引所取引許可業者の許可・金融商品仲介業者の登録・信用格付業者の登録の取消しを受けた場合にも、金融商品取引業者に対する登録取消し・業務停止命令を命じることができる旨の修正を行っている。

解説

52条の 解説 参照。

第3章の3　信用格付業者

第66条の27　登録 新設

改　正　後
第六十六条の二十七　信用格付業を行う法人（法人でない団体で代表者又は管理人の定めのあるものを含む。次条第一項第二号及び第六十六条の四十七を除き、以下この章において同じ。）は、内閣総理大臣の登録を受けることができる。

概要

信用格付業を行う法人等は、内閣総理大臣の登録を受けることができることを規定するものである。登録主体として、法人のほか、法人でない団体で代表者または管理人の定めのあるものを含むものとしている。

解説

(1)「登録できる」規制の趣旨

金融商品取引法上の業規制では、「金融商品取引業は、内閣総理大臣の登録を受けた者でなければ、行うことができない」(29条) のように、一定の業を行うことを広く一般に禁止し、登録によりその禁止を解除するとの枠組みが採用されている。

他方、記号や数字を用いたランク付けにより、信用リスク評価の結果を提供するサービスは、格付会社に限らず広く一般に行われており、こうしたサービスを行う事業者に対して一律に参入規制を課すことは適当ではないと考えられる。このような観点から、改正法では、信用格付の付与・提供を業として行うためには「登録を受けなければならない」との参入制限を設けることとはせず、「登録できる」規制としている。また、無登録業者の格付の利用に際して金融商品取引業者等に説明義務を課すことにより、金融・資本市場において重要な影響を及ぼし得る格付会社の登録を確保する枠組みも整備している (注1) (注2)。

(注1)　今般の金融危機では、高格付の証券化商品が組成され、投資者は格付に依存をして自らリスク評価を行うことなく、金融商品取引業者等を通じて購入していたことが問題となった。改正法では、金融商品取引業者等が金融商品の勧誘を行う場面において、登録を受けた信用格付業者と無登録業者との間で異なる取扱いをしている (無登録業者の格付を提供する場合には追加的な説明義務が課される)。金融商品取引業者等が追加的な負担を負うことなく引き続き格付を用いて金融商品の勧誘を行うためには、当該金融商品に係る格付を付与する格付会社は、登録が求められることになる。

(注2)　現在、開示制度等の一定の規制において利用される格付会社を明らかにするため、内閣府令に基づく指定格付機関制度が設けられており、この制度の下、5社 (格付投資情報センター、日本格付研究所、ムーディーズ、S&P、フィッチ) が指定を受けている。法改正後、指定格付機関制度を廃止し、登録制度に統合していくことが予定されている (内閣府令改正)。このため、現行の指定格付機関5社が現行のビジネスモデルを維持するためには、信用格付業者の登録を受けることが必要となる。

参考

◆金融審議会金融分科会第一部会報告（平成20年12月17日）

⑴　登録の枠組み

公的規制の実効性確保のための法的枠組みとしては、金融商品取引法上、金融商品取引業者などについて登録制度が用いられていること、信用格付業への新規参入への大きな障壁とならないようにする観点から、登録制度を採用することが適当である。

登録制度の具体的な内容として、例えば、我が国の公的制度の枠組みにおいて利用されている格付を付与するためには、登録を受けなければならない、という参入制限的なものとすることが考えられる。しかしながら、現在、格付に対する投資者の過度の依存を是正する観点から、格付の公的利用の在り方について、国際的な見直しが進められていることを踏まえると、格付の公的利用の有無そのものを、対象範囲を限定する基準として直接採用することは、必ずしも適当ではない。

むしろ、一定の要件を満たす場合には登録を受けることができることとし、登録を受けた格付会社の付与する格付について下記⑵（筆者注：38条３号参照）の仕組みを採用し、結果として、投資者の投資判断に大きな影響を及ぼし得る立場にある格付会社が規制対象となることを担保することが適当である。

⑵　登録主体

登録主体として、法人のほか、法人でない団体で代表者または管理人の定めのあるものを含むものと規定しており、国内法人（法人でない団体で代表者または管理人の定めのあるものを含む）のみならず、外国法人（法人でない団体で代表者または管理人の定めのあるものを含む）も認められている。

信用格付業者についての登録要件として、信用格付業を公正かつ的確に遂行するための必要な体制整備が求められており（66条の30第１項５号）、具体的には、IOSCOの基本行動規範の「格付は、個々のアナリストによってではなく、信用格付機関によって付与されるべき」との規定等（注１）を踏まえた組織的な業務管理体制の整備が求められる。このため、登録主体として個人は認められていない。

他方、信用格付業者は、第一種金融商品取引業者や投資運用業者のように、顧客の財産を預かる立場にはないことに鑑み、法人以外であっても、代表者または管理人の定めのある団体（例：組合やLLP等の外国の組合形態の組織等）について、組織として業務管理体制が整備されている場合には、法人に準じて登録主体として認められる（注2）。

なお、以下本章において「法人」とあるものは、特に断りのない限り、法人でない団体で代表者または管理人の定めのあるものを含むものとする。

（注1）　IOSCOの基本行動規範

1.4　格付は、信用格付機関に雇用されている個々のアナリストによってではなく、信用格付機関によって付与されるべきである。……また、信用格付機関は、格付対象と同種の信用に関する信用格付意見（rating opinion）の作成に関して、個人又は集団として（特に、格付委員会を用いている場合）、適切な知識及び経験を有する者を用いるべきである。

1.7　信用格付機関は、格付対象となるすべての債務及び発行体について高品質の信用評価を行うために十分な資源を有し、また投入することを確保すべきである。信用格付機関は、債務又は発行体に格付を付与するかどうか、格付を継続するかどうかを決定する際には、適切な格付評価を行うために十分な人員を投入することができるか、またその人員が適切な評価を行うために必要な十分な情報を入手できそうかを見極めるべきである。……

（注2）　米国1934年証券取引所法・SEC規則では、NRSROの登録主体の法的形態に制約は設けられていない（登録申請書において、申請者の法的形態について、①法人、②有限責任会社、③パートナーシップ、④その他（要記載）のいずれかを選択することとされている）。

他方、欧州議会及び理事会規則では、EU域内において設立された法人である格付会社が登録主体とされている（Article 14(1)）。

金融商品取引法上、金融商品取引業者の登録は法人単位で行われており、金融商品取引法の枠組みの下、規制の対象の明確化を図り、規制の実効性を確保していく観点から、信用格付業者の登録についても法人単位としている。

他方で、格付会社の中には、複数の法人がグループとしてグローバルに業務展開をしているものもあることを踏まえ、たとえば、米国では登録申請者およびその格付関係会社を一体として取り扱うための枠組みが整備されている。

参考

◆欧米の規制におけるグループ会社・関係会社の取扱い

米国1934年証券取引所法・SEC規則では、NRSROの登録申請書の様式及び記載上の注意において、登録申請者は、その格付関係会社（credit rating affiliates：登録申請者とは別個の独立した法的主体・部門等であって、申請者の信用格付を決定する者）についても申請書に記載することが求められている。申請書に記載された格付関係会社が決定した信用格付は、米国1934年証券取引所法・SEC規則上、登録申請者が付与した格付として取り扱われるとともに、当該格付関係会社に対しても、業務管理体制の整備義務、禁止行為、情報開示義務の規制が課されることとされている。

欧州議会及び理事会規則では、EU域内で設立された法人についてはグループ単位で登録申請を行うことが可能であり、グループ内の一法人がグループを代表して申請書を提出する権限が付与される（Article 15(2)）。また、EU域外の格付会社が付与した信用格付については、原則として、EU域内の規制目的で利用することが認められていないが（Article 4(1)）、例外として、当該格付会社と同一のグループに属し、EU域内において設立され登録された格付会社より、一定の要件の下で承認を受けた場合には、EU域内の規制目的で利用することが認められる（Article 4(3)）。

第66条の28 登録の申請

●第１項● 新設

改　正　後
第六十六条の二十八　前条の登録を受けようとする者は、次に掲げる事項を記載した登録申請書を内閣総理大臣に提出しなければならない。この場合において、外国法人は、国内における代表者（当該外国法人が信用格付業を行うため国内に設けるすべての営業所又は事務所の業務を担当するものに限る。）又はこれに準ずるものとして内閣府令で定める者を定めて当該登録申請書を提出しなければならない。 一　商号又は名称 二　役員（法人でない団体で代表者又は管理人の定めのあるものの代表者又は管

理人を含む。以下この章において同じ。）の氏名又は名称
三　信用格付業を行う営業所又は事務所（外国法人にあつては、本店及び国内における主たる営業所又は事務所その他の営業所又は事務所）の名称及び所在地
四　他に事業を行つているときは、その事業の種類
五　その他内閣府令で定める事項

概要

信用格付業者についての登録申請書の記載事項を規定するとともに、外国法人については、国内における代表者の設置を求めるものである。

解説

⑴　登録申請書の記載事項

登録申請書の記載事項として、①商号または名称、②役員の氏名または名称、③信用格付業を行う営業所または事務所の名称および所在地、④他に事業を行っているときは、その事業の種類、⑤その他内閣府令で定める事項を規定している。これらの事項は、信用格付業者登録簿に登録され（66条の29第１項１号）、公衆縦覧に供される（同条２項）。

役員については、登録主体として法人のほか、法人でない団体で代表者または管理人の定めのあるものを含むものとされている（66条の27）ことから、法人でない団体で代表者又は管理人の定めのあるものの代表者または管理人も役員に含まれることを規定している（上記②）。

信用格付業者については、信用格付業以外の事業を行うことが可能であるが、他に行っている事業が公益に反するものでないか（66条の30第１項４号）、信用格付業を公正かつ的確に遂行するための必要な体制整備を損なうものではないか（同項５号）等について、審査を行う必要があること等に鑑み、他に行っている事業の種類を登録申請書の記載事項としている（上記④）。

⑵　外国法人に対する国内における代表者の設置義務

外国法人については、国内における代表者の設置が求められている。外国法人には、原則として国内拠点（営業所または事務所）の設置が義務づけられており（66条の30第２項本文）、「国内における代表者」は、信用格付業を行うため国内において設けるすべての営業所または事務所の業務を担当する者に限ることとされている。

なお、例外的に国内拠点の設置が免除される場合（66条の30第２項ただし書）もあることを踏まえ、このような場合には国内拠点の業務を担当する者が観念できないことがあり得ることから、「これに準ずるものとして内閣府令で定める者」を規定している。内閣府令では、外国法人（66条の30第２項ただし書の規定により国内拠点の設置が免除されたもの）を代表して内閣総理大臣と連絡調整を行う者を規定することが考えられる。

●第２項● 新設

改　正　後
2　前項の登録申請書には、次に掲げる書類を添付しなければならない。 一　第六十六条の三十第一項第二号及び第三号に該当しないことを誓約する書面 二　信用格付業の業務の内容及び方法として内閣府令で定める事項を記載した書類 三　定款及び会社の登記事項証明書（これらに準ずるものを含む。） 四　その他内閣府令で定める書類

概要

登録申請書の添付書類として、①一般的拒否事由（29条の４第１項１号イまたはロに該当する法人（66条の30第１項２号）、役員のうちに29条の４第１項２号イ～トのいずれかに該当する者のある法人（66条の30第１項３号））に該当しないことを誓約する書面、②信用格付業の業務の内容および方法として内閣府令で定める事項を記載した書類、③定款および会社の登記事項証明書、④その他内閣府令で定める書類を規定している。これらの書類に記載された事項は、信用格付業者登録簿に登録されるものではなく、公衆縦覧にも供されない（66条の29参照）。

●第３項● 新設

改　正　後
3　前項第三号の場合において、定款が電磁的記録で作成されているときは、書類に代えて電磁的記録（内閣府令で定めるものに限る。）を添付することができる。

概要

定款が電磁的記録で作成されているときは、書類に代えて電磁的記録を登録申請書に添付することができるとするものである。

電磁的記録とは、電子的方式、磁気的方式その他人の知覚によっては認識することができない方式で作られる記録であって、電子計算機による情報処理の用に供されるものをいう（13条5項）。書類に代えて登録申請書に添付できる電磁的記録は、内閣府令で定めるものに限られており、内閣府令では、磁気ディスク等を規定することが考えられる。

第66条の29　登録簿への登録

●第1項●　新設

改　正　後
第六十六条の二十九　内閣総理大臣は、第六十六条の二十七の登録の申請があつた場合においては、次条の規定により登録を拒否する場合を除くほか、次に掲げる事項を信用格付業者登録簿に登録しなければならない。 一　前条第一項各号に掲げる事項 二　登録年月日及び登録番号

概要

登録拒否事由（66条の30）に該当する場合を除き、内閣総理大臣は、登録申請書の記載事項（66条の28第1項）、登録年月日および登録番号を信用格付業者登録簿に登録することを規定している。

●第2項●　新設

改　正　後
2　内閣総理大臣は、信用格付業者登録簿を公衆の縦覧に供しなければならない。

概要

内閣総理大臣は、信用格付業者登録簿を公衆縦覧に供しなければならないことを規定している。

金融商品取引業者等は、信用格付業者以外の信用格付業を行う者（無登録業者）の付与した信用格付について、追加的な説明義務が求められることとなる（38条3号）が、登録の有無は、本規定に基づき公衆縦覧に供される信用格付業者登録簿において確認することが可能である。

第66条の30　登録の拒否

●第1項●　新設

改　正　後
第六十六条の三十　内閣総理大臣は、登録申請者が次の各号のいずれかに該当するとき、又は登録申請書若しくはこれに添付すべき書類若しくは電磁的記録のうちに虚偽の記載若しくは記録があり、若しくは重要な事実の記載若しくは記録が欠けているときは、その登録を拒否しなければならない。 一　法人でない者 二　第二十九条の四第一項第一号イ又はロに該当する法人 三　役員のうちに第二十九条の四第一項第二号イからトまでのいずれかに該当する者のある法人 四　他に行つている事業が公益に反すると認められる法人 五　信用格付業を公正かつ的確に遂行するための必要な体制が整備されていると認められない法人

概要

信用格付業者の登録拒否事由を規定するものである。2項の登録拒否事由は、申請者が外国法人である場合に限り適用されるのに対し、本項の登録拒否事由は、すべての申請者に対して適用される。

解説

1号は、登録主体として、信用格付業を行う法人が規定されていること（66条の27）を踏まえ、法人でない者を登録拒否事由として規定するものである。

2号・3号は、金融商品取引業者の登録拒否事由（29条の4）のうち、一般的拒否事由（1号（ハおよびニを除く）、2号）を信用格付業者の登録拒否事由として規定するものである。

4号は、金融商品取引業者の登録拒否事由（29条の4）のうち、「他に行う事業が公益に反すると認められる者」（１号ハ）を信用格付業者の登録拒否事由として規定するものである。

また、信用格付業者に対する規制は、登録制度の枠組みの下、IOSCOの基本行動規範の遵守を法的に確保することを主眼とするものであり、規制の重要な内容は、業務管理体制の整備義務として位置づけられることとなる。このように、業務管理体制の整備は、信用格付業者に対する規制において特に重要であるため、５号において、「信用格付業を公正かつ的確に遂行するための必要な体制が整備されている」ことを登録要件として規定し、内閣総理大臣が業務管理体制の整備状況についてあらかじめ審査を行うことができる枠組みを整備している。

参考

◆金融審議会金融分科会第一部会報告（平成20年12月17日）

⑶　登録要件

①　体制整備

格付会社における体制整備は、格付会社に対する規制において特に重要であるため、これを登録要件として位置付けることが必要である。これにより、体制整備についての審査において、当局が、独立性確保、利益相反防止、格付プロセスの品質管理・公正性確保、法令等遵守などについて、確認を行うことが可能となる。

●第２項●　新設

改　正　後
２　内閣総理大臣は、前項に定めるもののほか、登録申請者が外国法人である場合には、国内に営業所又は事務所を有しないときはその登録を拒否しなければならない。ただし、当該登録申請者が信用格付業の業務に相当すると認められる業務を行う者に対する監督を行う外国の行政機関その他これに準ずるものの適切な監督を受けると認められる場合として内閣府令で定める場合又はこの項本文の規定により登録を拒否することが条約その他の国際約束の誠実な履行を妨げることとなる場合は、この限りでない。

概要

登録申請者が外国法人である場合には、原則として、国内拠点（営業所または事務所）の設置を義務づけており、国内拠点を有しない場合を登録拒否事由として規定している。

例外として、①外国の行政機関等の適切な監督を受けると認められる外国法人については、内閣府令で規定することにより、拠点設置義務を免除すること、②国内拠点を有しないことを理由に登録を拒否することが、条約その他の国際約束の誠実な履行を妨げる場合には、国内拠点を有しないことを理由に登録を拒否することができないことを規定している。

解説

外国法人については、投資者保護や検査・監督の実効性を確保する観点から、原則として、国内拠点の設置を義務づけることとしている。

例外として、国内拠点の設置義務を免除する場合をただし書において規定している。ただし書前段では、外国の行政機関等の適切な監督を受けると認められる場合として内閣府令で定める場合には、国内拠点の設置義務を免除できることを規定している。内閣府令の具体的内容等は、投資者保護、相互主義や国際協調の観点に照らして、検討されることになる。

（注）欧米の規制における拠点設置義務

米国1934年証券取引所法では、米国内の拠点設置義務は課されていない。

欧州議会及び理事会規則では、EU域内において設立された法人が登録申請を行うものとされている（Article 14(1)）。EU域外の第三国において設立された法人は、本規則に基づきEU加盟国の登録を受けることはできないが、以下の(a)～(e)を満たす場合には、EU域内に域内にグループ会社が存在しない場合であっても、当該法人が付与する信用格付についてEU域内の規制目的での利用が認められている（Article 5）。

(a) 第三国において認定・登録され、監督を受けていること

(b) 欧州委員会により第三国の法律及び監督上の枠組みが本規則と同等性を有すると評価されていること

(c) 第三国と母国当局が情報交換・監督協力の取り決めがなされていること

(d) 格付会社により付与される信用格付が、加盟国の金融市場の安定性・公正性につきシステミックな重要性を持たないこと

(e) EU加盟国より個別に格付利用を認めるための証明を受けていること

参考

◆**金融審議会金融分科会第一部会報告（平成20年12月17日）**

⑶　**登録要件**

②　拠点設置

欧州委員会が公表している規制案において、EU 域内における法人（子会社）設置が義務付けられていることを踏まえ、我が国においても、投資者保護や検査・監督の実効性を確保する観点から、原則として、国内拠点の設置を義務付けることが適当である。もっとも、外国当局との情報交換を図ることにより、国内拠点を設置しなくても投資者保護や検査・監督の実効性を確保し得る場合等も考えられることから、投資者保護、相互主義や国際協調の観点に照らし、必要に応じて拠点設置を免除する枠組みを措置することが適当である。

ただし書後段では、たとえば、わが国と外国政府との二国間協定において、信用調査サービス（Credit Reporting Service）に関し、越境の態様による提供、業務上の拠点を通じた態様による提供等のいずれについても、制限しないとの約束がなされている場合があることに鑑み、国内拠点を有しないことを理由に登録を拒否することが、条約その他の国際約束の誠実な履行を妨げる場合には、国内拠点を有しないことを理由に登録を拒否することができないことを規定している。

第66条の31　変更の届出

●第１項●　新設

改　正　後
第六十六条の三十一　信用格付業者は、第六十六条の二十八第一項各号に掲げる事項について変更があつたときは、その日から二週間以内に、その旨を内閣総理大臣に届け出なければならない。

概要

登録申請書の記載事項について変更があった場合には、その日から２週間以内にその旨を内閣総理大臣に届け出なければならないことを規定している。

●第２項● 新設

改　正　後
2　内閣総理大臣は、前項の規定による届出を受理したときは、届出があつた事項を信用格付業者登録簿に登録しなければならない。

概要

１項に規定する変更の届出を受理したときには、内閣総理大臣は、届出事項を登録簿に登録しなければならないことを規定している。

●第３項● 新設

改　正　後
3　信用格付業者は、第六十六条の二十八第二項第二号に掲げる書類に記載した事項について変更があつたときは、内閣府令で定めるところにより、遅滞なく、その旨を内閣総理大臣に届け出なければならない。

概要

登録申請書の添付書類のうち、「信用格付業の業務の内容及び方法として内閣府令で定める事項を記載した書類」について変更があったときは、内閣府令で定めるところにより、遅滞なく、その旨を内閣総理大臣に届け出なければならないことを規定している。

第66条の32　誠実義務 新設

改　正　後
第六十六条の三十二　信用格付業者並びにその役員及び使用人は、独立した立場において公正かつ誠実にその業務を遂行しなければならない。

概要

信用格付業者ならびにその役員・使用人は、独立した立場において公正かつ誠実にその業務を遂行しなければならないことを規定している。

解説

信用格付は、投資者が投資判断を行う際の信用リスク評価の参考として、金融・資本市場において広範に利用されている。このような格付を付与し、利用者に幅広く公表・提供している信用格付業者は、金融・資本市場において大きな影響を及ぼしていることから、それに応じた適切な機能発揮が求められる。このような信用格付業者が果たすべき役割に鑑み、その独立性・公正性・誠実性を確保する観点から、本規定を信用格付業者に対する規制の一般原則として規定している。

信用格付業者は、個別に顧客と契約を締結して金融商品の売買について直接的な関与を行うものではないことなどから、金融商品取引業者の場合（36条1項）と異なり、顧客に対する誠実義務ではなく、独立した立場において公正かつ誠実にその業務を行う職責に関する義務として規定している。

参考

◆金融審議会金融分科会第一部会報告（平成20年12月17日）

(1)　**誠実義務**

格付会社は、金融・資本市場における情報インフラとして重要な役割を担っており、それに応じた適切な機能の発揮が求められる。

これを踏まえ、独立性、公正性、誠実性を確保する観点から、格付会社は、独立した立場において公正かつ誠実に業務を遂行することを、格付会社に対する規制の一般原則として規定することが適当である。

◆IOSCOの基本行動規範（誠実義務に関連する主な条項）

序文　……格付決定の独立性に影響を及ぼす恐れのある、又はそのように見える利益相反その他の適切でない要因（内部及び外部要因）は、格付会社の信用を大きく低下させ得る。利益相反又は独立性の欠如が格付会社において一般的であり、かつ投資家から隠されている場合、市場の透明性及び公正性に対する投資家の信頼全体が害され得る。……

1.12　信用格付機関及びその従業員は、発行体、投資家その他の市場参加者及び一般市民に対して、公正かつ誠実に対応するべきである。

1.13　信用格付機関のアナリストは、高い公正性基準に従うべきである。また、信用格付機関は、明らかに公正性が疑わしい者を雇用するべきではない。

2.1　信用格付機関は、その格付行動が格付会社、発行体、投資家その他の市場参加者に対して与える潜在的な影響（経済的、政治的その他）に基づき、格付行動を行うことを抑制又は自制するべきではない。

2.2　信用格付機関及びそのアナリストは、その実質及び外見の両面において独立性及び客観性を維持するため、注意を払い、また専門的な判断を行うべきである。

2.3　信用格付の決定は、信用評価に関連する要因によってのみ影響されるべきである。

2.4　信用格付機関が発行体又は証券に付与する信用格付は、格付会社（又はその関係会社）と発行体（又はその関係会社）その他関係者との間における、事業上の関係の存在又はその可能性やそのような関係が存在しないことにより、影響されるべきではない。

第66条の33　業務管理体制の整備　新設

改　正　後
第六十六条の三十三　信用格付業者は、信用格付業を公正かつ的確に遂行するため、内閣府令で定めるところにより、業務管理体制を整備しなければならない。 2　前項に規定する業務管理体制は、専門的知識及び技能を有する者の配置その他の業務の品質を管理するための措置並びに自己又は格付関係者（信用格付の対象となる事項に関し利害を有する者として内閣府令で定める者をいう。第六十六条の三十五において同じ。）の利益を図る目的をもつて投資者の利益を害することを防止するための措置その他業務の執行の適正を確保するための措置を含むものでなければならない。

概要

信用格付業者は、信用格付業を公正かつ的確に遂行するため、業務管理体制を整備しなければならないことを規定している。

業務管理体制の具体的要件の詳細は、内閣府令において規定することとなるが、２項では、業務管理体制の要件として、業務の品質管理のための措置、利益相反防止措置、その他業務の執行の適正を確保するための措置を含むものでなければならないことを規定している。

解説

信用格付業者に対する規制は、信用格付業者によるIOSCOの基本行動規範の遵守を法的に義務づけることを主眼としており、信用格付業者による業務管理体制の整備義務は、本規制の根幹をなすものと考えられる。

(1)　業務管理体制が満たすべき要件

業務管理体制の具体的要件の詳細は、内閣府令事項であるが、このうち特に重要性が高いものについては、２項において法律上の明確化が図られている。具体的には、業務管理体制の要件として、①専門的知識・技能を有する者の配置その他の業務の品質管理のための措置、②格付関係者との間の利益相反防止措置、その他業務の執行の適正を確保するための措置を含むものでなければならないことを規定している。

内閣府令では、IOSCOの基本行動規範との整合性が確保されるよう業務管理体制の具体的要件が規定されることとなるが、たとえば、公正性保持、法令等遵守、品質管理、利益相反防止、報酬管理、情報管理、苦情対応、格付方針等遵守などの項目に沿って規定することが考えられる。

参考

◆金融審議会金融分科会第一部会報告（平成20年12月17日）

(3)　体制整備

……業務を適確かつ公正に遂行するための体制の整備は特に重要であり、格付会社に対し、独立性確保・利益相反防止、格付プロセスの品質管理・公正性確保、法令等遵守、情報管理、格付方針等遵守……などについて、体制整備を求めることが適当である。

体制整備については、格付会社の行動規範その他の規程の整備にとどまらず、実効性が確保されるようにする必要がある。また、格付会社自身の透明性を高めることで市場規律を働かせ、その中で自律的な取組みを促していく観点から、体制整備の状況についても説明書類……の記載事項とすることが適当である。

(2)　格付関係者

格付関係者とは、信用格付の対象となる事項に関し利害を有する者として内閣府令で定める者をいうものとされており、内閣府令では、たとえば、①信用格付の評価の対象となる法人等、②信用格付の評価の対象となる金融商品の発行者等を規定することが考えられる。

第66条の34　名義貸しの禁止　新設

改　正　後
第六十六条の三十四　信用格付業者は、自己の名義をもつて、他人に信用格付業を行わせてはならない。

概要

信用格付業者は、自己の名義をもって、他人に信用格付業を行わせてはならないことを規定している。

解説

改正法では、信用格付業者について「登録できる」規制とし、無登録業者の格付の利用に際して金融商品取引業者等に追加的な説明義務を課すことにより、金融・資本市場において重要な影響を及ぼし得る格付会社の登録を確保する枠組みが整備されている（66条の27参照）。

この点、信用格付業の名義貸しがなされてしまうと、投資者は、体制整備・禁止行為・情報開示等が法令により義務づけられていない無登録業者の信用格付を信用格付業者の信用格付と誤信するおそれが生じる。また、無登録業者の格付の利用に際して金融商品取引業者等に追加的な説明義務を課し、投資者保護を図るとの趣旨が損なわれることにもなる。

以上の点に鑑み、信用格付業者の登録が過不足なく行われることを確保する観点も踏まえ、名義貸しの禁止の規定が整備されている。

第66条の35　禁止行為　新設

改　正　後
第六十六条の三十五　信用格付業者又はその役員若しくは使用人は、その行う信用格付業に関して、次に掲げる行為をしてはならない。 一　信用格付業者又はその役員若しくは使用人が格付関係者と内閣府令で定める密接な関係を有する場合において、当該格付関係者が利害を有する事項として内閣府令で定める事項を対象とする信用格付を提供し、又は閲覧に供する行為 二　格付関係者に対し当該格付関係者に係る信用格付に重要な影響を及ぼすべき事項として内閣府令で定める事項に関して助言を行つた場合（格付関係者からの求めに応じ、次条第一項に規定する格付方針等の内容を告げた場合その他助

言の態様に照らして投資者の保護に欠けるおそれが少ないと認められる場合として内閣府令で定める場合を除く。）において、当該信用格付を提供し、又は閲覧に供する行為
三　前二号に掲げるもののほか、投資者の保護に欠け、又は信用格付業の信用を失墜させるものとして内閣府令で定める行為

概要

信用格付業者（またはその役員・使用人）に対し、独立性確保、利益相反回避、格付プロセスの公正性確保等の観点から、特にその要請の強い事項について、一定の行為を行うことを禁止するものである。

1号は、信用格付業者（またはその役員・使用人）が格付関係者と内閣府令で定める密接な関係を有する場合において、当該格付関係者が利害を有する事項として内閣府令で定める事項を対象とする信用格付を提供し、または閲覧に供する行為を禁止するものである。

格付関係者とは、信用格付の対象となる事項に関し利害を有する者として内閣府令で定める者をいう（66条の33第2項参照）。

内閣府令で定める密接な関係は、IOSCOの基本行動規範との整合性確保の観点から、たとえば、信用格付業者（またはその役員・使用人）が以下に該当する場合などにおける当該格付関係者と信用格付業者との間の関係等を規定することが考えられる。

①　格付関係者が発行する有価証券を保有している場合
②　格付関係者との間で支配関係を有する場合
③　格付関係者の役職員である場合

参考

◆金融審議会金融分科会第一部会報告（平成20年12月17日）

⑷　禁止行為

独立性確保・利益相反防止、格付プロセスの公正性確保等の観点から、特にその要請が強い事項については、格付会社の体制整備による自律的な対応のみならず、一定の行為を禁止することが必要と考えられる。

具体的には、格付会社が格付対象商品の発行者等と密接な関係を有する場合（例：格付対象となる金融商品を担当アナリストが保有して

いる場合）には、これに関する格付付与を禁止することが必要と考えられる。

◆IOSCOの基本行動規範

2.13. 信用格付機関の従業員は、以下の場合には、当該信用格付機関による特定の事業体又は債務の格付の決定に参加し、又は影響を与えるべきではない。

a. 格付対象者の証券又はデリバティブを保有している場合（分散された集団投資スキームの一部として保有している場合を除く）

b. 格付対象者と関連を有するあらゆる事業体の証券又はデリバティブであって、利益相反を惹起する又はその可能性があると考えられるものを保有している場合（分散された集団投資スキームの一部として保有している場合を除く）

c. 格付対象者との間で、利益相反を惹起する又はその可能性があると考えられる雇用又は他の重要な事業上の関係を、最近、有していた場合。

d. 格付対象者で現在勤務している直系親族（例：配偶者、パートナー、親、子供又は兄弟姉妹）がいる場合

e. 格付対象者又はその関連事業体と、利益相反を惹起する又はその可能性があると考えられるその他の関係を有している又は過去に有していた場合

2号は、格付関係者に対し当該格付関係者に係る信用格付に重要な影響を及ぼすべき事項として内閣府令で定める事項に関して助言を行った場合には、当該信用格付を提供し、または閲覧に供する行為を禁止するものである。ただし、格付関係者からの求めに応じ、格付方針等の内容を告げることその他助言の態様に照らして投資者の保護に欠けるおそれが少ないと認められる場合として内閣府令で定める場合については、禁止対象から除外される。

1号・2号に規定するもののほか、3号では、投資者の保護に欠け、または信用格付業の信用を失墜させるものとして内閣府令で定める行為を禁止している。内閣府令では、IOSCOの基本行動規範、欧米の規制内容等を踏まえて、具体的な禁止行為を規定することとなる。

解説

２号は、格付プロセスの公正性確保、格付会社の独立性確保・利益相反回避の観点から、信用格付業者（またはその役員・使用人）が、格付対象となる金融商品の設計など、信用格付に重要な影響を及ぼすべき事項について助言をした場合に、助言の対象となる金融商品について付与した信用格付を同時に提供することを禁止（同時提供の禁止）するものである。

たとえば、証券化商品の原資産の構成について、組成者等から提案された構成では高格付が得られないような場合に、どのような資産を組み込めば高格付の取得が可能かについて具体的に助言を行った上で信用格付を付与して提供する行為などが禁止対象に含まれるものと考えられる。

同時提供の禁止の対象となる助言は、信用格付に重要な影響を及ぼすべき事項として内閣府令で定める事項に関するものとされており、内閣府令では、欧米の規制内容を踏まえ、たとえば、①格付対象となる法人等の会社形態、資産・負債構造等、②格付対象となる金融商品の法的ストラクチャー等を規定することが考えられる。

ただし、信用格付業者と格付関係者との間の実務上の適切なコミュニケーションが阻害されることがないよう、格付対象者からの求めに応じ、格付方針等の内容を告げた場合その他助言の態様に照らして投資者の保護に欠けるおそれが少ないと認める場合には、内閣府令において同時提供の禁止の対象から除外することとされている。

▶参考◀

◆金融審議会金融分科会第一部会報告（平成20年12月17日）

⑷　禁止行為

……現在、欧米において格付会社に対する公的規制の導入・強化についての検討が進展している。このうち、特に、格付対象商品の発行者や仕組み商品の組成者等に対する一定のコンサルティング行為の同時提供を禁止することについては、欧米におけるその後の検討状況を注視しつつ、基本的には我が国においても、同様の枠組みの導入を検討すべきである。

◆IOSCOの基本行動規範

1.14-1 信用格付機関は、自ら格付を付与するストラクチャード・ファイナンス商品の設計に関して、所属するアナリストが提案・推奨を行うことを禁止すべきである。

2.5 信用格付機関は、その信用格付業務及びアナリストを、運用上及び法律上、利益相反を惹起する可能性がある当該信用格付機関の他の業務（コンサルティング業務を含む）から分離するべきである。（略）

◆**欧米の規制**

米国は、2009年２月に公表したSEC規則改正において、NRSROが債務者、発行体、引受人又はスポンサーに対して、会社に関する事項、法的ストラクチャー、資産、負債又は活動に関して推奨（Recommendation）を行った場合における格付付与を禁止している（Rule 17g-5(c)(5)）。

欧州議会および理事会規則では、格付会社は、アナリスト若しくは格付を承認する者が、格付会社が信用格付を付与する予定のストラクチャード・ファイナンス商品の設計に関して、公式または非公式に、提案若しくは推奨をしないことを確保しなければならないこととされている（ANNEX I Section B.5）。

第66条の36 格付方針等 新設

改　正　後
第六十六条の三十六　信用格付業者は、内閣府令で定めるところにより、信用格付を付与し、かつ、提供し又は閲覧に供するための方針及び方法（次項において「格付方針等」という。）を定め、公表しなければならない。これを変更したときも、同様とする。 2　信用格付業者は、格付方針等に従い、信用格付業の業務を行わなければならない。

概要

信用格付業者は、信用格付の付与・提供・閲覧に供するための方針および方法（格付方針等）を定め、公表しなければならず、格付方針等を変更した場合も同様である（１項）。また、信用格付業者は、公表した格付方針等に従って、信用格付業の業務を行わなければならない（２項）。

解説

信用格付は、投資者が投資判断を行う際の信用リスク評価の参考情報として、金融・資本市場において広範に利用されており、信用格付の付与に当たり採用された方針および方法、個々の信用格付の意義・限界・前提等は、投資者が信用格付を利用する上で重要な情報であると考えられる。このため、信用格付を利用する投資者に対し、必要十分な情報が適時適切に提供されるような枠組みを整備する観点から、信用格付業者に対して、格付方針等の公表を義務づけるものである（1項)。格付方針等の記載事項・公表方法等の細目は、内閣府令において規定されることとなる。

信用格付は、信用格付業者によって確立された厳格かつ体系的な格付方法に基づいて、個々のアナリストによってではなく、信用格付業者によって付与されるべきものと考えられる。このような観点から、信用格付業者に対し、公表した格付方針等に従って、信用格付業の業務を行うことを義務づけている（2項)。

⑴　格付方針等の記載事項

格付方針等の記載事項は、内閣府令において規定することとなるが、IOSCOの基本行動規範などを踏まえ、たとえば、格付方針等を①信用格付の付与に係る方針および方法（格付付与方針等）と、②信用格付の提供または閲覧に供する行為に係る方針および方法（格付提供方針等）とに区分し、①②について、以下のような要件を規定していくことが考えられる。

格付付与方針等（①）が満たすべき要件としては、たとえば、格付方法の厳格性・公正不偏性、格付分類・デフォルト等の定義等の明示、格付付与に利用する情報の品質確保措置などを含め、格付手法や格付決定に至るまでのプロセスに関する情報を規定することが考えられる。

格付提供方針等（②）が満たすべき要件としては、たとえば、付与した格付の提供等が遅滞なく行われること、格付の提供等に当たって表示すべき事項などを規定することが考えられる。

⑵　格付方針等の公表方法

格付方針等の公表方法は、内閣府令において規定することとなるが、①信用格付業者は、契約を締結する顧客のみならず、広く投資者一般に情報提供を行うというビジネスモデルを有しており、投資者は、インターネット等を通じて情報収集することが見込まれること、②IOSCOの基本行動規範および欧米の規制においても、インターネットを通じた情報開示を基本としていることを踏まえ、インターネットの利用等を基本とすることが考えられる。

参考

◆金融審議会金融分科会第一部会報告（平成20年12月17日）

(2) 情報開示

① 適時の情報開示

市場参加者にとっての格付の有用性を高める観点から、格付に関する情報開示について、透明性・適時性を確保していくことが必要と考えられる。

格付は、格付会社によって確立された方法に基づいて付与されるものであり、格付方法・プロセスの適切な開示は、市場参加者にとって不可欠である。また、格付の意義や限界に関する投資者等の理解を促進する観点から、仕組み商品に関する格付を一般の社債の格付と区別して取り扱うことを含め、個々の格付について、その属性や限界を明確にすることや、格付の付与又は見直しの際に、金融商品の仕組みを含め、格付意見の基礎となる主要な要素をレポートなどにおいて説明していくことは不可欠である。

このような観点から、格付会社に対して、格付の付与や提供についての方針及び方法（格付方針等）を定めて公表し、これに従って業務を行うことを求めることが適当である。

格付方針等は、市場参加者が格付を利用するための基礎となる情報であり、適時の開示が求められることから、格付会社が格付方針等を変更した場合には、タイムリーにこれを公表することを求めることが適当である。

◆IOSCOの基本行動規範

4.3. 信用格付機関は、自らのホームページの目立つ場所において、……自ら使用する格付方法に関する説明……に関する情報へのリンクを公表しなければならない。

第66条の37　業務に関する帳簿書類　新設

改　正　後
第六十六条の三十七　信用格付業者は、内閣府令で定めるところにより、信用格付業に関する帳簿書類を作成し、これを保存しなければならない。

概要

信用格付業者に対して、信用格付業に関する帳簿書類の作成・保存を義務づけるものである。

解説

格付プロセスの品質確保の観点から、信用格付業者は、信用格付を裏づける内部記録を保存しておくことが必要と考えられる。このような観点から、信用格付業者に対し、信用格付業に関する帳簿書類の作成および保存を義務づけることとしている。

信用格付業者が作成すべき帳簿書類の内容、保存期間などの細目については、内閣府令において規定することとなるが、たとえば、格付付与の根拠となる内部記録、第三者との交信記録等の作成・保存等に関する事項等を規定することが考えられる。

参考

◆IOSCOの基本行動規範

1.5.　信用格付機関は、信用に関する意見（credit opinion）を裏付ける内部記録を、合理的な期間、または関係法律に従い、保存するべきである。

◆米国1934年証券取引所法・SEC規則

NRSROは、SECが公益又は投資者保護のため必要又は適当と認めるものとしてSEC規則に定めるところにより、記録の保存等をしなければならない（Sec.17(a)(1)）。NRSROが作成・保存すべき記録は、SEC規則において詳細に規定されている（Rule 17g-2）。

第66条の38　事業報告書の提出　新設

改　正　後
第六十六条の三十八　信用格付業者は、事業年度ごとに、内閣府令で定めるところにより、事業報告書を作成し、毎事業年度経過後政令で定める期間内に、これを内閣総理大臣に提出しなければならない。

概要

信用格付業者は、事業年度ごとに事業報告書を作成し、事業年度経過後政令で定める期間内に、内閣総理大臣に提出しなければならない。

解説

信用格付業者に対し、事業報告書の作成および内閣総理大臣への提出を義務づけるものである。信用格付業者は、事業年度ごとに事業報告書を作成し、事業年度経過後政令で定める期間内に、内閣総理大臣に提出しなければならない。同じく事業年度ごとに作成が求められる説明書類（66条の39）とは異なり、事業報告書は公衆縦覧に供することを要しない。

事業報告書の記載事項は内閣府令において規定することとなるが、たとえば、米国NRSROの登録申請書記載事項のうち、公表が予定されていない事項（総収入の上位者リスト、財務書類、アナリストに対する報酬等）などを参考に検討していくことが考えられる。

第66条の39　説明書類の縦覧　新設

改　正　後
第六十六条の三十九　信用格付業者は、事業年度ごとに、業務の状況に関する事項として内閣府令で定めるものを記載した説明書類を作成し、毎事業年度経過後政令で定める期間を経過した日から一年間、これをすべての営業所又は事務所に備え置き、公衆の縦覧に供するとともに、内閣府令で定めるところにより、インターネットの利用その他の方法により公表しなければならない。

概要

信用格付業者は、事業年度ごとに、業務の状況に関する事項を記載した説明書類を作成し、毎事業年度経過後、政令で定める期間を経過した日から1年間、公衆縦覧に供するとともに、インターネットの利用その他の方法により公表しなければならないことを規定している。

解説

改正法では、信用格付業者に対して適時および定期的な情報開示を義務づけることにより、格付の意義や限界について投資者の理解を促す枠組みを整備することとしている。適時の情報開示としては、格付方針等の公表を義務づけており（66条の36参照）、本条は、定期的な情報開示として、説明書類の年1回ごとの作成および公衆縦覧・インターネット公表を義務づけるものである。

(1)　説明書類の記載事項

説明書類の記載事項は、IOSCOの基本行動規範および欧米の規制を踏まえ、内閣府令において規定することとなるが、たとえば、業務の概況、業務管理体制の整備の状況、格付分類ごとのデフォルト率およびデフォルト率の変化の有無その他の情報、報酬契約に関する事項、IOSCOの基本行動規範の遵守状況等を規定することが考えられる。

業務管理体制の整備の状況について情報開示を求めることは、市場規律の下において、信用格付業者の業務管理体制の整備に係る自律的な取組みを促すことにもつながるものと考えられる。

(2)　説明書類の公表方法

説明書類は、毎事業年度経過後、政令で定める期間を経過した日から1年間、すべての営業所または事務所に備え置き、公衆の縦覧に供するとともに、インターネットの利用その他の方法により公表しなければならないことを規定している。

説明書類については、公衆縦覧に加えてインターネット公表を義務づけている。これは、①信用格付業者は、契約を締結する顧客のみならず、広く投資者一般に情報提供を行うというビジネスモデルを有しており、投資者は、インターネット等を通じて情報収集することが見込まれること、②IOSCOの基本行動規範および欧米の規制においても、インターネットを通じた情報開示を基本としていることを踏まえたものである。

参考

◆金融審議会金融分科会第一部会報告（平成20年12月17日）

⑵　情報開示

②　定期的な情報開示

上記の格付方針等のほか、格付会社に関する事項として、たとえば、格付対象商品の発行者等との報酬の取り決めに関する一般的な性質や、格付実績に関する比較可能な情報などについても、定期的な開示が必要と考えられる。

このような観点から、格付会社は、一定期間ごとに説明書類を作成して、公衆の縦覧に供しなければならないことを求めることが適当である。

◆IOSCOの基本行動規範

3.8.　信用格付機関は、透明性を促進するとともに、市場が格付の実績について最適な判断ができるようにするため、関係者が各格付分類の過去の実績や遷移の有無・内容について理解し、また異なる信用格付機関により付与された格付の間で品質比較を行うことができるよう、可能であれば、当該信用格付機関の格付分類ごとの過去のデフォルト（債務不履行）率、デフォルト率の変化の有無に関する十分な情報を公表するべきである。信用格付機関は、格付の性格その他の事情により、過去のデフォルト率が適当でない、統計的に有意でない、又は格付の利用者に誤解を与えそうなものである場合、その旨を説明するべきである。当該情報には、検証可能で、定量化可能な過去の格付意見の実績を整理・体系化されたもの、更に可能であれば、投資家が異なる信用格付機関間でその実績について比較可能な形態に標準化されたものが含まれるべきである。

4.3.　信用格付機関は、自らのホームページの目立つ場所において、⑴当該信用格付機関の行動規範、⑵自ら使用する格付方法に関する説明、⑶信用格付機関の過去の実績データに関する情報へのリンクを公表しなければならない。

第66条の40　廃業等の届出等

●第１項●　新設

改　正　後
第六十六条の四十　信用格付業者が次の各号のいずれかに該当することとなつたときは、当該各号に定める者は、その日から三十日以内に、その旨を内閣総理大臣に届け出なければならない。 一　信用格付業を廃止したとき（分割により事業（信用格付業に係るものに限る。以下この条において同じ。）の全部を承継させたとき、又は事業の全部を譲渡したときを含む。）　その信用格付業を廃止し、又は承継をさせ、若しくは譲渡をした法人 二　信用格付業者である法人が合併により消滅したとき　その法人を代表する役員であつた者 三　信用格付業者である法人が破産手続開始の決定により解散したとき　その破産管財人 四　信用格付業者である法人が合併及び破産手続開始の決定以外の理由により解散したとき　その清算人

概要

信用格付業者は、信用格付業を廃止したとき、合併により消滅したとき、破産手続開始の決定その他の理由により解散したときには、その日から30日以内に内閣総理大臣に届け出なければならないことを規定している。

●第２項●　新設

改　正　後
２　信用格付業者が前項各号のいずれかに該当することとなつたときは、当該信用格付業者の第六十六条の二十七の登録は、その効力を失う。

概要

信用格付業者は、１項の届出事由（信用格付業の廃止、合併による消滅、解散）に該当することとなった場合には、信用格付業者の登録の効力が失われることを規定している。

登録の効力が失われると、当該者が付与した信用格付を提供して金融商品取引契約の締結の勧誘を行う場合には、金融商品取引業者等は38条３号に基づく説明義務を負うことになる。

●第3項・第4項● 新設

改　正　後
3　信用格付業者は、第六十六条の二十七の登録の抹消の申請をし、信用格付業の廃止をし、合併（当該信用格付業者が合併により消滅する場合の当該合併に限る。）をし、合併及び破産手続開始の決定以外の理由による解散をし、分割による事業の全部の承継をさせ、又は事業の全部の譲渡をしようとするときは、その日の三十日前までに、内閣府令で定めるところにより、その旨を公告しなければならない。 4　信用格付業者は、前項の規定による公告をしたときは、直ちに、その旨を内閣総理大臣に届け出なければならない。

概要

信用格付業者は、登録の抹消の申請、信用格付業の廃止、合併、合併および破産手続開始決定以外の理由による解散、分割による事業の全部の承継、事業の全部の譲渡をしようとするときは、その日の30日前までにその旨を公告するとともに、公告後、ただちにその旨を内閣総理大臣に届け出なければならないことを規定している。

解説

信用格付業については、参入規制は設けられておらず、信用格付業者は、信用格付業から退出することなく、自らの申請により登録の抹消が可能である。また、信用格付業者が経営その他の理由により、信用格付業の廃止、合併による消滅、解散をすることも考えられる。

上記のように信用格付業者（登録業者）が無登録業者となる場合には、信用格付業者の信用格付が投資者その他の市場関係者に与える影響の大きさに鑑み、投資者が不測の損害を被ることを防ぐとともに、金融商品取引業者等が38条3号に基づく説明義務を履行するための必要な準備を行うための期間を確保する必要がある。

このような観点から、登録の効力が失われる30日前までに広く一般への周知がなされるよう、一定の事項（登録の抹消の申請、信用格付業の廃止、合併、合併および破産手続開始決定以外の理由による解散、分割による事業の全部の承継、事業の全部の譲渡をしようとする旨）についての公告を義務づけるものである（3項）。

公告後は、ただちにその旨を内閣総理大臣に届け出ることとされており（4項）、内閣総理大臣は、登録の抹消を行うこととなる（66条の44）。

●第5項・第6項● 新設

改　正　後
5　会社法第九百四十条第一項（第一号に係る部分に限る。）及び第三項の規定は、信用格付業者（会社に限る。）が電子公告により第三項の規定による公告をする場合について準用する。この場合において、必要な技術的読替えは、政令で定める。 6　会社法第九百四十条第一項（第一号に係る部分に限る。）及び第三項、第九百四十一条、第九百四十六条、第九百四十七条、第九百五十一条第二項、第九百五十三条並びに第九百五十五条の規定は、信用格付業者（外国会社に限る。）が電子公告により第三項の規定による公告をする場合について準用する。この場合において、必要な技術的読替えは、政令で定める。

概要

信用格付業者が電子公告により3項の規定による公告をする場合には、会社法の規定が準用されることを規定するものである。

解説

金融商品取引業者の廃業等の届出等の規定（50条の2）において、電子公告により公告をする場合の会社法の準用規定（9項、10項）と同様の規定を設けている。

準用される会社法の規定は、以下のとおりである。

① 信用格付業者が国内会社の場合：会社法940条（電子公告の公告期間等）1項1号、3項

② 信用格付業者が外国会社の場合：会社法940条（電子公告の公告期間等）1項1号、3項、941条（電子公告調査）、946条（調査の義務等）、947条（電子公告を行うことができない場合）、951条（財務諸表等の備置き及び閲覧等）2項、953条（改善命令）、955条（調査記録簿等の記載等）

第66条の41 業務改善命令 新設

改　正　後
第六十六条の四十一　内閣総理大臣は、信用格付業者の業務の運営の状況に関し、公益又は投資者保護のため必要かつ適当であると認めるときは、その必要の限度において、当該信用格付業者に対し、業務の方法の変更その他業務の運営の状況の改善に必要な措置をとるべきことを命ずることができる。

概要

内閣総理大臣は、信用格付業者の業務の運営の状況に関し、公益または投資者保護のため必要かつ適当であると認めるときは、その必要の限度において、当該信用格付業者に対し、業務改善命令を発出することができる旨を規定している。

解説

信用格付業者の不適切な業務運営等に対し、十分な投資者保護を迅速かつ適切に図る必要があることから、金融商品取引業者等と同様、信用格付業者に対する業務改善命令の発動要件を法令違反等の場合に限定せず、「信用格付業者の業務の運営の状況に関し、公益又は投資者保護のため必要かつ適当であると認めるとき」としている。

第66条の42 監督上の処分

●第１項● 登録取消し・業務停止命令 新設

改　正　後
第六十六条の四十二　内閣総理大臣は、信用格付業者が次の各号のいずれかに該当する場合においては、当該信用格付業者の第六十六条の二十七の登録を取り消し、又は六月以内の期間を定めて信用格付業の業務の全部若しくは一部の停止を命ずることができる。 一　第六十六条の三十第一項各号（第三号を除く。）のいずれかに該当することとなつたとき。 二　第六十六条の三十第二項の規定により登録を拒否すべき事由に該当することとなつたとき。 三　不正の手段により第六十六条の二十七の登録を受けたとき。 四　信用格付業に関し法令又は法令に基づいてする行政官庁の処分に違反したとき。

五　信用格付業の運営に関し、投資者の利益を害する事実があるとき。
六　信用格付業に関し、不正又は著しく不当な行為をした場合において、その情状が特に重いとき。

概要

内閣総理大臣は、信用格付業者が以下の事由に該当する場合には、当該信用格付業者の登録取消し、または業務の全部または一部の停止を命じることができる旨を規定している。

①　信用格付業者の登録拒否事由に該当することになったとき（66条の30第１項各号（３号を除く）、２項参照）
②　不正の手段により信用格付業者の登録を受けたとき
③　信用格付業に関し法令または法令に基づいてする行政官庁の処分に違反したとき
④　信用格付業の運営に関し、投資者の利益を害する事実があるとき
⑤　信用格付業に関し、不正または著しく不当な行為をした場合において、その情状が特に重いとき

解説

信用格付業者が上記①～⑤のいずれかの事由に該当する場合、当該信用格付業者については、信用格付業者として信用格付業を行うことが法令上認められていない、あるいは、信用格付業者に対して課される規制が遵守されていないこととなり、このような場合に当該信用格付業者が引き続き信用格付業者として信用格付業を行うと、事情を知らない投資者は、当該信用格付業者が適正に登録されて規制を遵守していると認識したままその付与した信用格付を利用して投資判断を行いかねず、投資者保護に欠けるおそれが生じる。

このような観点を踏まえ、信用格付業者の非違行為等に対する当局の的確な対応を可能とするため、信用格付業者に対する登録取消しおよび業務停止命令の措置を定めたものである。

●第２項●　役員解任命令 新設

改　正　後
2　内閣総理大臣は、信用格付業者の役員（外国法人にあつては、国内における営業所若しくは事務所に駐在する役員又は国内における代表者に限る。以下この項において同じ。）が、第二十九条の四第一項第二号イからトまでのいずれかに該当することとなつたとき、第六十六条の二十七の登録当時既に同号イからトまでのいずれかに該当していたことが判明したとき、又は前項第四号から第六号までのいずれかに該当することとなつたときは、当該信用格付業者に対して、当該役員の解任を命ずることができる。

概要

信用格付業者の役員が以下の事由に該当する場合には、内閣総理大臣が、当該役員の解任を命じることができる旨を規定している。

① 登録拒否事由（29条の４第１項２号イ～ト）に該当することとなったとき、または登録当時に該当していたことが判明したとき
② 信用格付業に関し法令または法令に基づいてする行政官庁の処分に違反したとき
③ 信用格付業の運営に関し、投資者の利益を害する事実があるとき
④ 信用格付業に関し、不正または著しく不当な行為をした場合において、その情状が特に重いとき

信用格付業者が外国法人である場合には、国内における営業所・事務所に駐在する役員または国内における代表者に限り、解任を命じることができる。

●第３項・第４項● 新設

改　正　後
3　内閣総理大臣は、信用格付業者の営業所若しくは事務所の所在地を確知できないとき、又は信用格付業者を代表する役員の所在を確知できないときは、内閣府令で定めるところにより、その事実を公告し、その公告の日から三十日を経過しても当該信用格付業者から申出がないときは、当該信用格付業者の登録を取り消すことができる。 4　前項の規定による処分については、行政手続法第三章の規定は、適用しない。

概要

内閣総理大臣は、信用格付業者の営業所・事務所の所在地、または信用格付業者を代表する役員の所在を確知できないときは、その事実を公告し、その後30日間、当該信用格付業者から申出がない場合には、登録を取り消すことができる旨を規定するものである（3項）。なお、3項の規定による登録取消しについては、行政手続法第3章の規定（不利益処分に係る聴聞、弁明の機会の付与）は適用されない（4項）。

第66条の43　監督処分の公告　新設

改　正　後
第六十六条の四十三　内閣総理大臣は、前条第一項若しくは第三項の規定により第六十六条の二十七の登録を取り消し、又は前条第一項の規定により業務の全部若しくは一部の停止を命じたときは、内閣府令で定めるところにより、その旨を公告しなければならない。

概要

内閣総理大臣は、信用格付業者の登録取消し、業務の一部または全部の停止を命じたときは、その旨を公告しなければならないことを規定するものである。

参考

◆**金融審議会金融分科会第一部会報告（平成20年12月17日）**

⑸　**検査・監督の枠組み**

……また、信用格付業者が金融・資本市場において果たす役割に鑑み、一定の業務改善命令が発出された場合など、投資者をはじめ広く一般に与える影響が大きい場合には、当該措置が講じられた事実について周知がなされることが不可欠であり、このための枠組みを整備しておくことが適当である。

第66条の44 登録の抹消 新設

改　正　後
第六十六条の四十四　内閣総理大臣は、信用格付業者から第六十六条の二十七の登録の抹消の申請があつたとき、第六十六条の四十第二項の規定により第六十六条の二十七の登録がその効力を失つたとき、又は第六十六条の四十二第一項若しくは第三項の規定により第六十六条の二十七の登録を取り消したときは、当該登録を抹消しなければならない。

概要

内閣総理大臣は、①信用格付業者から登録の抹消の申請があったとき、②信用格付業の廃止等により登録の効力を失ったとき、③登録取消しの処分を行ったときは、当該登録を抹消しなければならないことを規定するものである。

①・②については、30日以上前にその旨を公告することが信用格付業者に義務づけられており（66条の40第３項）、③については、監督処分の公告がなされることによって、投資者への周知が図られることになる（66条の43）。

第66条の45 報告の徴取及び検査

●第１項● 新設

改　正　後
第六十六条の四十五　内閣総理大臣は、公益又は投資者保護のため必要かつ適当であると認めるときは、信用格付業者、これと取引をする者、当該信用格付業者から業務の委託を受けた者若しくは当該信用格付業者の関係法人（当該信用格付業者の子法人、当該信用格付業者を子法人とする法人又は当該信用格付業者を子法人とする法人の子法人（当該信用格付業者を除く。）であつて、信用格付の付与又は提供若しくは閲覧に供する行為を業として行う法人をいう。以下この項において同じ。）に対し当該信用格付業者の業務に関し参考となるべき報告若しくは資料の提出を命じ、又は当該職員に当該信用格付業者、当該信用格付業者から業務の委託を受けた者若しくは当該信用格付業者の関係法人の業務の状況若しくは書類その他の物件の検査（当該信用格付業者から業務の委託を受けた者又は当該信用格付業者の関係法人にあつては、当該信用格付業者の業務に関し必要な検査に限る。）をさせることができる。

概要

信用格付業者に対する報告徴取・立入検査について、規定するものである。

報告徴取として、内閣総理大臣は、公益または投資者保護のため必要かつ適当であると認める場合には、①信用格付業者、②信用格付業者と取引をする者、③信用格付業者から業務の委託を受けた者、④信用格付業者の関係法人（後述）に対して、当該信用格付業者の業務に関し参考となるべき報告または資料の提出を命じることができる。

立入検査として、内閣総理大臣は、公益または投資者保護のため必要かつ適当であると認める場合には、①、③、④について、その業務の状況または書類その他の物件の検査をすることができる。ただし、③、④については、当該信用格付業者の業務に関し必要な検査に限るものとされている。

解説

信用格付業者について、金融商品取引業者等の場合と同様、報告徴取・立入検査の規定を整備している。上記①、②、③については、金融商品取引業者等に係る報告徴取・立入検査の規定と同様である。

また、信用格付業者が企業グループとして一体的に業務を行っている実態も踏まえ、上記④（信用格付業者と同一グループに属し、かつ、信用格付の付与または提供・閲覧に供する行為を業として行う法人）に対する報告徴取・立入検査の規定も整備している。

●第２項●　新設

改　正　後
2　前項の「子法人」とは、法人がその総株主等の議決権の過半数を保有する他の法人をいう。この場合において、法人及びその一若しくは二以上の子法人又は当該法人の一若しくは二以上の子法人がその総株主等の議決権の過半数を保有する他の法人は、当該法人の子法人とみなす。

概要

報告徴取・立入検査の対象となる信用格付業者の関係法人（1項の 概要 および 解説 の④）は、(1)信用格付業者と同一グループに属し、かつ、(2)信用格付の付与または提供若しくは閲覧に供する行為を業として行う法人をいうものとされている（1項）。

(1)の同一グループの範囲として、(i)当該信用格付業者の子法人、(ii)当該信用格付業者を子法人とする法人、(iii)当該信用格付業者を子法人とする法人の子法人（当該信用格付業者を除く）が規定されている。

本項は、上記(i)～(iii)の「子法人」として、29条の4第3項と同様、法人がその総株主等の議決権の過半数を保有する他の法人をいうこと等を規定するものである。

第66条の46　職務代行者　新設

改　正　後
第六十六条の四十六　内閣総理大臣は、信用格付業者（外国法人に限る。以下この条において同じ。）の国内における代表者が欠けた場合において、必要があると認めるときは、一時その職務を行うべき者（次項において「職務代行者」という。）を選任することができる。この場合において、当該信用格付業者は、国内における主たる営業所又は事務所の所在地において、その登記をしなければならない。 2　内閣総理大臣は、前項の規定により職務代行者を選任したときは、信用格付業者に対し、当該職務代行者に相当額の報酬を支払うべき旨を命ずることができる。

概要

外国法人である信用格付業者について、金融商品取引業者等の例（65条）にならい、職務代行者の規定を手当てするものである。

第66条の47　外国法人等に対するこの法律の適用に当たつての技術的読替え等　新設

改　正　後
第六十六条の四十七　信用格付業者が外国法人又は法人でない団体で代表者若しくは管理人の定めのあるものである場合において、この法律の規定の適用に当たつての技術的読替えその他当該外国法人又は法人でない団体で代表者若しくは管理人の定めのあるものに対するこの法律の規定の適用に関し必要な事項は、政令で定める。

概要

信用格付業者が外国法人である場合、または法人でない団体で代表者もしくは管理人の定めのあるものである場合について、この法律の適用についての技術的読替えを政令に委任することを規定するものである。

第66条の48　準用　新設

改　正　後
第六十六条の四十八　第五十七条第一項及び第三項の規定は第六十六条の二十七の登録について、第五十七条第二項及び第三項並びに第六十五条の六の規定は信用格付業者について、それぞれ準用する。この場合において、必要な技術的読替えは、政令で定める。

概要

登録拒否する場合の審問、登録取消処分を行う場合の書面通知に係る規定（57条1項、3項）は、信用格付業者の登録について準用し、登録取消し、業務停止命令を行う場合の聴聞、書面通知に係る規定（57条2項、3項）および自主的努力の尊重の規定（65条の6）は、信用格付業者について準用することを規定している。

参照条文

◆金融商品取引法◆

（審問等）

第五十七条　内閣総理大臣は、第二十九条若しくは第三十三条の二の登録、

第三十条第一項の認可又は第三十一条第四項の変更登録を拒否しようとするときは、登録申請者又は金融商品取引業者に通知して、当該職員に、当該登録申請者又は当該金融商品取引業者につき審問を行わせなければならない。

2　内閣総理大臣は、第五十一条、第五十一条の二、第五十二条第一項、第五十二条の二第一項、第五十三条、第五十四条又は第五十六条の三の規定に基づいて処分をしようとするときは、行政手続法第十三条第一項の規定による意見陳述のための手続の区分にかかわらず、聴聞を行わなければならない。

3　内閣総理大臣は、第二十九条若しくは第三十三条の二の登録、第三十条第一項若しくは第三十一条第六項の認可、第三十一条第四項の変更登録、第三十五条第四項の承認若しくは前条第三項若しくは第四項の承認をし、若しくはしないこととしたとき、第三十条の二第一項の規定により条件を付することとしたとき、又は第五十一条、第五十一条の二、第五十二条第一項若しくは第二項、第五十二条の二第一項若しくは第二項、第五十三条、第五十四条、第五十六条の三若しくは前条第二項の規定に基づいて処分をすることとしたときは、書面により、その旨を登録申請者又は金融商品取引業者等に通知しなければならない。

（金融商品取引業者等の自主的努力の尊重）

第六十五条の六　内閣総理大臣は、金融商品取引業者等、取引所取引許可業者又は第五十九条第一項の許可を受けた外国証券業者を監督するに当たつては、業務の運営についての金融商品取引業者等、取引所取引許可業者又は第五十九条第一項の許可を受けた外国証券業者の自主的な努力を尊重するよう配慮しなければならない。

第66条の49　内閣府令への委任　新設

改　正　後
第六十六条の四十九　第六十六条の二十七から前条までの規定を実施するための手続その他必要な事項は、内閣府令で定める。

概要

第３章の３「信用格付業者」に関する規定を実施するための手続その他

必要な事項について、内閣府令に委任するための規定である。

▩ 第4章　金融商品取引業協会

第67条の8　定款の必要的記載事項

●第1項●

改　正　後	改　正　前
第六十七条の八　認可協会の定款には、次に掲げる事項（第十三号に掲げる事項にあつては、店頭売買有価証券市場を開設する認可協会に限る。）を記載しなければならない。 一～十　（略） 十一　協会員及び金融商品仲介業者の業務に対する投資者からの苦情及び紛争の解決に関する事項 十二～十七　（略）	第六十七条の八　認可協会の定款には、次に掲げる事項（第十三号に掲げる事項にあつては、店頭売買有価証券市場を開設する認可協会に限る。）を記載しなければならない。 一～十　（略） 十一　協会員及び金融商品仲介業者の業務に対する投資者からの苦情の解決及び第七十七条の二に規定するあつせんに関する事項 十二～十七　（略）

概要

協会員等であっても、指定紛争解決機関が存在する場合には、当該指定紛争解決機関との間で紛争解決等業務に関する紛争解決等業務の実施を内容とする手続実施基本契約を締結しなければならない。

認可金融商品取引業協会は苦情および紛争の解決を行うこととされ、これらに関する事項が定款の必要的記載事項とされているが、指定紛争解決機関が存在する場合には、指定紛争解決機関に苦情および紛争の解決を委託することも想定されることから、協会員等の業務に対する投資者からの苦情および紛争の解決に関する事項を定める11号において、定款の記載事項を柔軟化するものである。

第77条 投資者からの苦情に対する対応等

●第５項● 新設

改　正　後
5　第一項の規定は、認可協会が第百五十六条の三十九第一項の規定による指定を受けている場合において、第一項の申出が当該指定に係る紛争解決等業務の種別（第百五十六条の三十八第十二項に規定する紛争解決等業務の種別をいう。次条第九項（第七十九条の十三において準用する場合を含む。）において同じ。）に関する苦情に係るものであるときは、適用しない。

概要

認可協会、認定協会および認定投資者保護団体が、指定紛争解決機関としての指定を受けた場合において、当該指定に係る紛争解決等業務の種別に関する苦情に係る申立てについては、指定紛争解決機関として苦情処理手続を行うものとし、認可協会等としての苦情に対する対応は実施しないものとするため、５項を新設するものである。

第77条の２ 認可協会によるあつせん

●第９項● 新設

改　正　後
9　第一項の規定は、認可協会が第百五十六条の三十九第一項の規定による指定を受けている場合において、第一項の争いが当該指定に係る紛争解決等業務の種別に係るときは、適用しない。

概要

認可協会、認定協会および認定投資者保護団体が、指定紛争解決機関としての指定を受けた場合において、当該指定に係る紛争解決等業務の種別に関する紛争に係る申立てについては、指定紛争解決機関として紛争解決手続を行うものとし、認可協会等としてのあつせんは実施しないものとするため、９項を新設するものである。

第78条　認定金融商品取引業協会の認定

●第2項●

改　正　後	改　正　前
2　前項の規定により認定された一般社団法人（以下この項及び次条において「認定金融商品取引業協会」という。）は、次に掲げる業務を行うものとする。 一～四　（略） 五　会員及び金融商品仲介業者の行う金融商品取引業に関する紛争の解決 六～九　（略）	2　前項の規定により認定された一般社団法人（以下この項及び次条において「認定金融商品取引業協会」という。）は、次に掲げる業務を行うものとする。 一～四　（略） 五　会員及び金融商品仲介業者の行う金融商品取引業に争いがある場合のあつせん 六～九　（略）

概要

会員等であっても、指定紛争解決機関が存在する場合には、当該指定紛争解決機関との間で紛争解決等業務に関する紛争解決等業務の実施を内容とする手続実施基本契約を締結しなければならない。

認定金融商品取引業協会の業務として、自ら紛争のあつせんを行うことが定められているが、指定紛争解決機関が存在する場合には、これを委託することをその業務とするなど、柔軟な対応を図ることを可能とする趣旨で、会員等の金融商品取引業に関する紛争の解決に関する事項を定める本項5号を改めるものである。

第79条の13　認定団体によるあつせん

改　正　後	改　正　前
第七十九条の十三　第七十七条の二第一項から第三項まで及び第五項から第九項までの規定は、認定団体があつせん（対象事業者に関するものに限る。）を行う場合について準用する。この場合において、同条第一項中「協会員又は金融商品仲介業者」とあるのは「第七十九条の十一第一項に規定する対象	**第七十九条の十三**　第七十七条の二第一項から第三項まで及び第五項から第八項までの規定は、認定団体があつせん（対象事業者に関するものに限る。）を行う場合について準用する。この場合において、同条第一項中「協会員又は金融商品仲介業者」とあるのは「第七十九条の十一第一項に規定する対象

事業者」と、「デリバティブ取引等」とあるのは「デリバティブ取引等（これらの取引に付随する取引その他の内閣府令で定める取引を含む。）」と、同条第五項中「協会員又は金融商品仲介業者」とあるのは「第七十九条の十一第一項に規定する対象事業者」と読み替えるものとする。	事業者」と、「デリバティブ取引等」とあるのは「デリバティブ取引等（これらの取引に付随する取引その他の内閣府令で定める取引を含む。）」と、同条第五項中「協会員又は金融商品仲介業者」とあるのは「第七十九条の十一第一項に規定する対象事業者」と読み替えるものとする。

概要

77条の２において、９項が新設されたことに伴う技術的改正である。

第５章　金融商品取引所

第82条　免許審査基準

●第２項●

改　正　後	改　正　前
2　内閣総理大臣は、前項の規定により審査した結果、その申請が同項の基準に適合していると認めたときは、次の各号のいずれかに該当する場合を除いて、その免許を与えなければならない。 一　（略） 二　免許申請者が第百四十八条、第百五十二条第一項、第百五十六条の十七第一項若しくは第二項、第百五十六条の二十六において準用する第百四十八条若しくは第百五十六条の三十二第一項の規定により免許を取り消され、第五十二条第一項、第五十三条第三項、第六十六条の二十第一項若しくは第六十六条の四十二第一項の規定により登録を取り消され、若しくは第百六条の七第一項、第百六条の二十一第一項若しくは第百六条の二十八第一項の規定により認可を取り消され、又はこの	**2**　内閣総理大臣は、前項の規定により審査した結果、その申請が同項の基準に適合していると認めたときは、次の各号のいずれかに該当する場合を除いて、その免許を与えなければならない。 一　（略） 二　免許申請者が第百四十八条、第百五十二条第一項、第百五十六条の十七第一項若しくは第二項、第百五十六条の二十六において準用する第百四十八条若しくは第百五十六条の三十二第一項の規定により免許を取り消され、第五十二条第一項、第五十三条第三項若しくは第六十六条の二十第一項の規定により登録を取り消され、若しくは第百六条の七第一項、第百六条の二十一第一項若しくは第百六条の二十八第一項の規定により認可を取り消され、又はこの法律に相当する外国の法令の規定

法律に相当する外国の法令の規定により当該外国において受けている同種類の免許若しくは登録（当該免許又は登録に類する許可その他の行政処分を含む。）を取り消され、その取消しの日から五年を経過するまでの者であるとき。 三・四　（略）	により当該外国において受けている同種類の免許若しくは登録（当該免許又は登録に類する許可その他の行政処分を含む。）を取り消され、その取消しの日から五年を経過するまでの者であるとき。 三・四　（略）

概要

信用格付業者についての登録制度が設けられたことに伴う修正を行っている。

第87条の2　業務の範囲

●第1項●

改　正　後	改　正　前
第八十七条の二　金融商品取引所は、取引所金融商品市場の開設及びこれに附帯する業務のほか、他の業務を行うことができない。ただし、内閣府令で定めるところにより内閣総理大臣の認可を受けた場合には、算定割当量（地球温暖化対策の推進に関する法律（平成十年法律第百十七号）第二条第六項に規定する算定割当量をいう。）に係る取引を行う市場の開設の業務、商品先物取引をするために必要な市場の開設の業務（株式会社金融商品取引所が行う場合に限る。）その他金融商品の取引に類似するものとして内閣府令で定める取引を行う市場の開設の業務及びこれらに附帯する業務を行うことができる。	**第八十七条の二**　金融商品取引所は、取引所金融商品市場の開設及びこれに附帯する業務のほか、他の業務を行うことができない。ただし、内閣総理大臣の認可を受けた場合には、取引所金融商品市場の開設及びこれに附帯する業務の遂行を妨げない限度において、算定割当量（地球温暖化対策の推進に関する法律（平成十年法律第百十七号）第二条第六項に規定する算定割当量をいう。）に係る取引その他金融商品の取引に類似するものとして内閣府令で定める取引を行う市場の開設及びこれに附帯する業務を行うことができる。

概要

株式会社金融商品取引所は内閣総理大臣の認可を受けて商品市場開設業務を行うことができることを、法律上明記している。

解説

改正前においても、商品デリバティブ取引を、金融商品取引に類似するものとして、内閣府令に定める余地はあり得るものの、それが法律の委任の範囲内であるか否かは明確ではなかった。このため、取引所の相互乗入れを可能とするための制度整備として、株式会社金融商品取引所は内閣総理大臣の認可を受けて商品市場開設業務を行うことができることを明確化したものである。

（注）金融商品取引所が商品市場開設業務を行うには、商品先物取引法上、別途、商品取引所としての許可および兼業業務として金融商品市場開設のための認可を受けることが必要となる。また、商品取引所が金融商品市場を開設する場合も同様に、商品先物取引法上の兼業業務の認可に加え、金商法上の金融商品取引所としての免許および商品市場開設業務に係る兼業業務の認可が必要となる。

なお、「内閣府令で定めるところ」としては、認可申請に係る手続的事項が定められる予定である。

⑴「取引所金融商品市場の開設及びこれに附帯する業務の遂行を妨げない限度において」を削除する趣旨

改正前において、金融商品取引所は、「取引所金融商品市場の開設及びこれに附帯する業務の遂行を妨げない限度において」、算定割当量に係る取引その他金融商品取引に類似する取引を行う市場の開設業務を行うことができることとされていた。

これは、取引所が他業に注力することにより、本業たる金融商品市場の運営がおろそかとなってはならないことを訓示的に規定したものと考えられるが、

① そもそも本条２項により、認可に当たっては、金融商品市場の開設業務の健全かつ適切な運営に支障が生じるおそれがないか審査することとしていること

② 今般の改正で、兼業業務の認可には条件を付すことができることを明記すること（本条３項参照）

③ 本業の遂行に悪影響がある場合には行政処分（認可取消等）を行うこと

が可能であり、事後的に適切な監督を行うことが可能であること等を踏まえると、当該規定をあえて設ける必要性は低いと考えられる。

むしろ、取引所の取扱商品の多様化を図ることにより、取引所の機能強化を図るとともに、利用者利便の向上を図ることを目的とした今般の改正の趣旨に鑑みると、当該規定を削除することが適当と考えられる。

⑵　商品市場開設を会員金融商品取引所に認めない趣旨

金商法上、金融商品取引所には、株式会社形態のもの（株式会社金融商品取引所）と会員制のもの（会員金融商品取引所）が認められているところ（83条の2）、これら二つの形態は、ガバナンス面においてさまざまな相違点があり、おおむね以下のように対比し得ると考えられる。

①　まず、株式会社金融商品取引所については、株主となり得る者に限定はなく、金融商品取引に係る知識・経験や、金融商品市場の適切な運営に寄与し得る度合いもさまざまである者が株主となることが想定される。しかし、一般の株主が株主総会により会社の業務決定に参加することができるのは、会社法または定款で定められた会社運営の基本的な事柄のみであり（会社法295条2項）、これらの株主が積極的にイニシアチブをとって取引所運営を行うものではない。

株式会社は営利法人であり、各株主が自らの利益を最大化するため、経営の専門家を取締役に選任することが想定される。そして、そのような取締役から構成される取締役会により業務の決定がなされ（会社法362条2項1号）、代表取締役および業務執行取締役が選定された上で、これらの者が会社の業務を執行する（会社法363条1項）。取締役の任期は最大2年であり（会社法332条1項）、取締役の適格性は定期的にチェックされることになる。

株式会社金融商品取引所においては、「取締役の職務の執行が法令及び定款に適合することを確保するための体制」その他のいわゆる内部統制システムの構築に係る決定をする必要があり（会社法362条5項、4項6号）、取締役による業務の執行はかかる内部統制システムに則って行われ、また取締役会による監督を受ける（会社法362条2項2

号)。

さらに、取締役の業務執行は、違法行為差止権（会社法385条１項）など詳細に法定された権利義務を有する監査役（監査役会）または監査委員会により監査され、また、財務については外部の会計監査人による監査を受けることになる（法83条の２第３号)。

② これに対し、会員金融商品取引所については、会員が金融商品取引業者および登録金融機関に限定され、相互に同質性の高い各会員がその金融商品取引に係る専門知識・経験を利用して経営に参画し、また相互監視を行うことが想定されており、業務の決定も、原則として、各会員が平等の議決権を有する総会においてなされる（法88条の７)。他方で、かかる社員構成の違い等を反映し、ガバナンス面は、株式会社金融商品取引所に比して法制上大幅に簡素化されている。

まず、業務の執行は理事長および理事により行われるが（法99条２項)、理事長および理事の任期に法令上の定めはなく、これらの者の業務執行を会員が定期的にチェックする制度は法令上設けられていない。理事会等による業務執行の監視や内部統制システムの構築も法令上要求されない。また、２人以上の監事が選任されて事務の監査を行うものの（法99条３項)、監事の権限や義務は法定されていない。さらに、株式会社金融商品取引所のように、外部の会計監査人の設置も義務づけられていない。

③ 株式会社形態であっても、会員制の形態であっても、その開設する取引所金融商品市場の公正かつ円滑な運営や、当該市場に係る投資者の保護が要求される度合いは変わらないにもかかわらず、上記のように会員金融商品取引所においてはガバナンス面についての法令上の義務づけが簡素化されているのは、会員金融商品取引所では取引所運営の方法等が金融商品取引の専門家である金融商品取引業者等により自治的に決定されることにより、これらの者の専門的知識・経験を生かした適切な運営と相互監視が行われることが期待されるためであると考えられる。

こうした考え方に基づくと、金融商品市場とは異なり、必ずしも金融商品取引業者等において専門的な知識・経験を有していることが期待できない商品市場については、商品先物取引法に基づく厳格な規制の遵守を徹底し、取引の円滑および利用者保護を図る上で、金融商品取引業者等の自治による適正な業務運営や相互監視が適切に機能しない可能性がある。こうした場合には、本業たる金融商品市場の健全かつ適正な運営にも悪影響を及ぼすおそれがあると考えられる。

このため、商品市場の開設を行うことができるのは、株式会社金融商品取引所に限定することとしている。

参考

商品先物取引法においても、会員商品取引所については金融商品市場の開設ができないこととされている（金融商品市場と商品市場の両市場を開設できる商品取引所は株式会社商品取引所に限定されている（商品先物取引法3条1項ただし書））。

●第3項●　新設

改　正　後
3　第三十条の二の規定は、第一項ただし書の認可について準用する。

概要

本条1項ただし書の認可に際し、条件を付すことができることを明記している。

解説

取引所の相互乗入れが行われる場合等、取引所業務の多様化が進展する場合には、本条1項ただし書の認可について一定の条件を付すことが必要な場合もあり得ると考えられる。このため、当該認可において条件を付すことができることを明確化している。

第87条の３　子会社の範囲

●第１項●

改　正　後	改　正　前
第八十七条の三　金融商品取引所は、取引所金融商品市場の開設及びこれに附帯する業務を行う会社以外の会社を子会社としてはならない。ただし、内閣総理大臣の認可を受けた場合には、取引所金融商品市場の開設に関連する業務、商品先物取引をするために必要な市場の開設の業務（これに附帯する業務を含む。以下「商品市場開設業務」という。）又は商品先物取引をするために必要な市場の開設に関連する業務を行う会社を子会社とすることができる。	**第八十七条の三**　金融商品取引所は、取引所金融商品市場の開設及びこれに附帯する業務を行う会社以外の会社を子会社としてはならない。ただし、内閣総理大臣の認可を受けた場合は、取引所金融商品市場の開設に関連する業務を行う会社を子会社とすることができる。

概要

金融商品取引所が子会社として保有できる会社として、商品市場開設業務または商品市場の開設に関連する業務を行う会社が含まれることを明記することとする。

解説

改正前においても、金融商品取引所は、内閣総理大臣の認可を受けて取引所金融商品市場の開設に関連する業務を行う会社を子会社として保有することができることとされていた（本項ただし書）。

当該関連業務には、商品市場の開設業務等が含まれるものと解されているが、改正法により、商品市場の開設業務およびこれに附帯する業務（商品市場開設業務）ならびに商品市場の開設に関連する業務が含まれることを明確化している。

なお、商品市場の開設に附帯・関連する業務を行う会社についても金融商品取引所の子会社の範囲に含まれることを明確化しているのは、子会社とする商品取引所が、さらにその子会社として商品市場の開設業務に附帯・関連する業務を行う会社を保有する場合もあり得ることを踏まえたものである。

●第2項●　新設

改　正　後
2　商品市場開設金融商品取引所は、前項の規定にかかわらず、商品市場開設業務を行う会社を子会社とすることができる。

概要

商品市場開設金融商品取引所（2条37項）については、1項の規定にかかわらず（すなわち内閣総理大臣の認可を受けずに）、商品市場開設業務を行う会社を子会社とすることができることとしている。

解説

改正前においても、金融商品取引所は、認可を受けることなく取引所金融商品市場の開設およびこれに附帯する業務を行う会社を子会社とすることができることとされている。これは、取引所金融商品市場を開設する能力が認められている以上、他の金融商品取引所や取引所金融商品市場の開設に附帯する業務を行う会社を子会社としても支障が生じるおそれは低いと考えられることによるものである。

商品市場の開設業務を行う金融商品取引所については、1項ただし書の規定に基づき商品市場の開設について内閣総理大臣の認可を受けるとともに商品先物取引法に基づき商品取引所としての許可も受けているものと考えられる。このため、上記と同様の趣旨により、商品市場開設業務を行う会社を子会社としても支障が生じるおそれは低いと考えられる。

（注）商品先物取引法においても、商品取引所が、その子会社として他の商品取引所や商品市場の開設に附帯する業務を行う会社を子会社とする場合には、主務大臣の認可が不要とされている（同法3条の2）。

したがって、規制の合理化を図る観点から、商品市場開設金融商品取引所については、内閣総理大臣の認可を要することなく商品市場開設業務を行う会社を子会社として保有することができることとしている。

●第３項●

改　正　後	改　正　前
３　前二項の「子会社」とは、法人がその総株主等の議決権の過半数を保有する会社をいう。この場合において、法人及びその一若しくは二以上の子会社又は法人の一若しくは二以上の子会社がその総株主等の議決権の過半数を保有する会社は、当該法人の子会社とみなす。	２　前項の「子会社」とは、金融商品取引所がその総株主等の議決権の過半数を保有する会社をいう。この場合において、金融商品取引所及びその一若しくは二以上の子会社又は金融商品取引所の一若しくは二以上の子会社がその総株主等の議決権の過半数を保有する会社は、金融商品取引所の子会社とみなす。

概要

取引所の「子会社」の定義の統一を図っている。

解説

改正前においては、取引所の章における「子会社」の定義は、親となる法人が金融商品取引所であるか他の会社であるかにより区別されていたが、今般の改正に合わせて、規定の簡素化を図る観点から、子会社の定義を統一している（102条の31、105条の16第４項等参照）。

●第５項● 新設

改　正　後
５　第三十条の二の規定は、第一項ただし書の認可について準用する。

概要

１項ただし書の子会社保有の認可に際し、条件を付することができることを明記している。

解説

取引所グループにおける相互乗入れが行われる場合等、取引所のグループ構成の多様化が生じる場合には、本条１項ただし書の認可について一定の条件を付すことが必要な場合もあり得ると考えられる。このため、同項ただし書の認可について、条件を付すことができることを明確化している。

第87条の４　審問に関する規定の準用

改　　正　　後	改　　正　　前
第八十七条の四　第八十五条の四の規定は、前条第一項ただし書及び第四項の認可について準用する。	**第八十七条の四**　第八十五条の四の規定は、前条第一項ただし書及び第三項の認可について準用する。

概要

87条の３の改正に対応するものである。

第87条の６　仮理事、仮取締役等

●第２項●

改　　正　　後	改　　正　　前
2　内閣総理大臣は、株式会社金融商品取引所の取締役、会計参与、監査役、代表取締役、執行役又は代表執行役の職務を行う者のない場合において、必要があると認めるときは、仮取締役、仮会計参与、仮監査役、仮代表取締役、仮執行役又は仮代表執行役を選任することができる。	**2**　内閣総理大臣は、取引所金融商品市場を開設する株式会社（以下「株式会社金融商品取引所」という。）の取締役、会計参与、監査役、代表取締役、執行役又は代表執行役の職務を行う者のない場合において、必要があると認めるときは、仮取締役、仮会計参与、仮監査役、仮代表取締役、仮執行役又は仮代表執行役を選任することができる。

概要

「株式会社金融商品取引所」の定義を、本条から２条18項に移行させたことによるものである。

第102条の３　発起人

改　　正　　後	改　　正　　前
第百二条の三　自主規制法人は、金融商品取引所、金融商品取引所持株会社又	**第百二条の三**　自主規制法人は、金融商品取引所又は金融商品取引所持株会社

は親商品取引所等（金融商品取引所を子会社（第八十七条の三第三項に規定する子会社をいう。以下この項において同じ。）とする商品取引所（金融商品取引所であるものを除く。以下同じ。）又は金融商品取引所を子会社とする商品取引所持株会社（金融商品取引所持株会社であるものを除く。以下同じ。）をいう。以下この章において同じ。）でなければ、設立することができない。	でなければ、設立することができない。
2　自主規制法人を設立するには、会員になろうとする金融商品取引所、金融商品取引所持株会社又は親商品取引所等が発起人とならなければならない。	2　自主規制法人を設立するには、会員になろうとする金融商品取引所又は金融商品取引所持株会社が発起人とならなければならない。

概要

自主規制法人を設立することができる者として、親商品取引所等（金融商品取引所を子会社とする商品取引所（金融商品取引所であるものを除く）または金融商品取引所を子会社とする商品取引所持株会社（金融商品取引所持株会社であるものを除く））を追加している。

解説

改正法により、金融商品取引所を子会社とすることができる者として、商品取引所および商品取引所持株会社を追加することに伴い（103条の2参照）、金融商品取引所持株会社と同様に、金融商品取引所を子会社とする商品取引所および商品取引所持株会社も自主規制法人を設立できるようにすることが適当と考えられる。

なお、以下の条項も含め、金融商品取引所としての免許を受けている商品取引所や金融商品取引所持株会社としての認可を受けている商品取引所持株会社について規定の重複を排除することとしている。

第102条の12　会員の資格

●第１項●

改　正　後	改　正　前
第百二条の十二　自主規制法人の会員は、金融商品取引所、金融商品取引所持株会社及び親商品取引所等に限る。	**第百二条の十二**　自主規制法人の会員は、金融商品取引所及び金融商品取引所持株会社に限る。

概要

自主規制法人の会員となることができる者として、親商品取引所等を追加することとする。

解説

改正法により、金融商品取引所を子会社とすることができる者として、商品取引所および商品取引所持株会社を追加することに伴い、金融商品取引所持株会社と同様に、金融商品取引所を子会社とする商品取引所および商品取引所持株会社も自主規制法人の会員となることができるようにすることが適当と考えられる。

第102条の23　役員の選任等

●第３項●

改　正　後	改　正　前
3　理事の過半数は、外部理事（委託金融商品取引所又はその子会社（第八十七条の三第三項に規定する子会社をいう。以下この章において同じ。）の取締役、理事若しくは執行役又は支配人その他の使用人でなく、かつ、過去に委託金融商品取引所又はその子会社の取締役、理事若しくは執行役又は支配人その他の使用人となつたことがない者より選任された理事をいう。以下この目において同じ。）でなければならない。	**3**　理事の過半数は、外部理事（委託金融商品取引所又はその子会社（第八十七条の三第二項に規定する子会社をいう。以下この項、第百二十二条、第百二十四条第一項第四号、第二項第一号及び第三項第二号並びに第百五十一条において同じ。）の取締役、理事若しくは執行役又は支配人その他の使用人でなく、かつ、過去に委託金融商品取引所又はその子会社の取締役、理事若しくは執行役又は支配人その他の使用人となつたことがない者より選任された理事をいう。以下この目

	において同じ。）でなければならない。

概要

87条の３第３項において、「子会社」の定義を統一したことを踏まえ、規定の整備を行うものである。

第102条の31　議事録

●第３項●

改　正　後	改　正　前
３　裁判所は、前項の請求に係る閲覧又は謄写をすることにより、当該委託金融商品取引所、当該委託金融商品取引所を子会社とする者又は当該委託金融商品取引所の子会社に著しい損害を及ぼすおそれがあると認めるときは、同項の許可をすることができない。	３　裁判所は、前項の請求に係る閲覧又は謄写をすることにより、当該委託金融商品取引所、当該委託金融商品取引所を子会社（会社がその総株主又は総社員の議決権の過半数を保有する他の会社をいう。この場合において、会社及びその一若しくは二以上の子会社又は当該会社の一若しくは二以上の子会社がその総株主又は総社員の議決権の過半数を保有する他の会社は、当該会社の子会社とみなす。）とする金融商品取引所持株会社又は当該委託金融商品取引所の子会社（第八十七条の三第二項に規定する子会社をいう。）に著しい損害を及ぼすおそれがあると認めるときは、前項の許可をすることができない。

概要

今般の改正により、株式会社金融商品取引所を子会社とすることができる者として商品取引所および商品取引所持株会社を追加することに伴い、議事録の閲覧謄写制限に係る保護の対象として、金融商品取引所持株会社のみならず、金融商品取引所を子会社とする「者」について一般的に規定することとするものである。

また、87条の３第３項において、「子会社」の定義を統一したことを踏まえ、規定の整備を行っている。

第103条の2　議決権の保有制限

●第1項●

改　正　後	改　正　前
第百三条の二　何人も、株式会社金融商品取引所の総株主の議決権の百分の二十（その財務及び営業の方針の決定に対して重要な影響を与えることが推測される事実として内閣府令で定める事実がある場合には、百分の十五。以下この章において「保有基準割合」という。）以上の数の議決権（社債、株式等の振替に関する法律第百四十七条第一項又は第百四十八条第一項の規定により発行者に対抗することができない株式に係る議決権を含み、取得又は保有の態様その他の事情を勘案して内閣府令で定めるものを除く。以下この章において「対象議決権」という。）を取得し、又は保有してはならない。ただし、認可金融商品取引業協会、金融商品取引所、金融商品取引所持株会社、商品取引所又は商品取引所持株会社が取得し、又は保有する場合は、この限りでない。	**第百三条の二**　何人も、株式会社金融商品取引所の総株主の議決権の百分の二十（その財務及び営業の方針の決定に対して重要な影響を与えることが推測される事実として内閣府令で定める事実がある場合には、百分の十五。以下この章において「保有基準割合」という。）以上の数の議決権（社債、株式等の振替　に関する法律第百四十七条第一項又は第百四十八条第一項の規定により発行者に対抗することができない株式に係る議決権を含み、取得又は保有の態様その他の事情を勘案して内閣府令で定めるものを除く。以下この章において「対象議決権」という。）を取得し、又　は保有してはならない。ただし、認可金融商品取引業協会、金融商品取引所又は金融商品取引所持株会社が取得し、又は保有する場合は、この限りでない。

概要

株式会社金融商品取引所の議決権保有制限（株式会社金融商品取引所の総株主の議決権の20％以上の数の議決権の取得・保有の禁止）の例外の対象に、商品取引所および商品取引所持株会社を追加することとする。

解説

(1)　金融商品取引所は、有価証券の流通を円滑にし、金融商品の公正な価格形成等を図る取引の場を開設する者として、わが国経済の重要なインフラを担っている。このため、金商法は、その業務の健全かつ適正な運営を確保する観点から、市場開設を免許制とするとともに、各種の許認可や検査、行政処分等の監督規定を設けているところである。

さらに、金商法は、特定の者が金融商品取引所の議決権の20％以上を取得・保有して取引所を支配し、または取引所に対し影響力を行使した場合には、金融商品取引所の定める自主ルールの公正性や中立性に対する信頼が損なわれるなど、国内市場における公正・円滑な取引に支障が生ずるおそれがあることを踏まえ、金融商品取引所の20％以上の議決権の取得・保有を原則として禁止している。

ただし、１項ただし書において、金融商品取引所および金融商品取引所持株会社については、以下のとおり例外とされている。

① 金融商品取引所は、一般に公共性・中立性・信頼性が確保された者であるとともに、当該取引所に議決権保有制限規制が適用されるため、議決権を取得・保有される金融商品取引所に対する不当な支配の問題や不当な影響力の行使といった問題が生じるおそれは低いと考えられること等から、20％以上の議決権の取得・保有が可能とされている。

② 金融商品取引所持株会社は、金融商品取引所の公正性・中立性・信頼性を確保するために、設立等を当局の認可にかからしめるとともに、当該持株会社に議決権保有制限規制が適用されること等から、①と同様に、20％以上の議決権の取得・保有が可能とされている。

（注）このほか、一般に中立的な存在と考えられる認可金融商品取引業協会についても例外とされている。

(2) 商品取引所は、商品の公正な価格形成の機能等を担う商品市場を開設する者としての公共性を有しており、商品先物取引法に基づき、許可制による参入規制が設けられるとともに、金融商品取引所と同様の議決権保有制限規制が課され、また、主務大臣は必要かつ適当な場合に行政処分を行うことができるなど、厳格な規制・監督に服している。

また、商品先物取引法に係る改正により、商品取引所についても持株会社制度が導入されるとともに、商品市場の公共性等を確保するため、商品取引所持株会社に対し金商法と同様の議決権保有制限規制を始めとした厳格な規制が設けられている。

(3)　商品取引所や商品取引所持株会社については、このような厳格な規制・監督によって、一般にその公共性や中立性が確保されており、また、商品先物取引の市場開設者またはその持株会社として、取引所業務の公共性に関する理解も十分に有しているとみなすことが可能である。

このため、金商法が議決権保有制限規制を設けている趣旨に鑑みると、商品取引所や商品取引所持株会社については、金融商品取引所や金融商品取引所持株会社と同様に、議決権保有制限規制の例外とすることが適当と考えられる。

（注）ただし、商品取引所や商品取引所持株会社に適用される議決権保有制限規制については、その一部が商品先物取引法から政省令に委任されているため、当該政省令も含めて、金融商品取引所や金融商品取引所持株会社に適用される規制と同等なもののみ議決権保有制限規制の例外とすることとしている（法２条38項、39項）。

(4)　なお、金融商品取引所の20％以上の議決権を取得・保有する商品取引所や商品取引所持株会社が、仮に金融商品取引所に対し不当な支配や影響力を行使するような事態が生じた場合には、金融商品取引所の業務の健全性等を確保する観点から適切に是正措置を講じる必要があるため、検査、報告徴取、行政処分を行うことができることとしている（法106条の６第２項、106条の７第４項、109条）。

第105条の４　権限等

●第４項・第５項●

改　正　後	改　正　前
４　特定株式会社金融商品取引所の自主規制委員会は、会社法第三百六十二条第四項及び第四百十六条第四項の規定にかかわらず、自主規制業務に関する事項の決定について、執行役又は取締	４　特定株式会社金融商品取引所の自主規制委員会は、会社法第三百六十二条第四項及び第四百十六条第四項の規定にかかわらず、自主規制業務に関する事項の決定並びに次条第二項に規定す

役に委任することができない。 5 特定株式会社金融商品取引所の取締役会は、会社法第三百六十二条第四項及び第四百十六条第四項の規定にかかわらず、次条第二項に規定する自主規制委員の選定及び第百五条の七第一項に規定する自主規制委員の解職について、執行役又は取締役に委任することができない。	る自主規制委員の選定及び第百五条の七第一項に規定する自主規制委員の解職について、執行役又は取締役に委任することができない。 （新設）

概要

自主規制委員の選定および解職を執行役または取締役に委任することを禁止する規定について、改正前の４項から削除し、５項に独立した規定を設けることとする。

解説

自主規制委員の選定および解職については「取締役会」の権限とされている（法105条の５第２項、105条の７第１項）。

改正前においては、「自主規制委員会が」一定の事項を取締役に委任することを禁止する４項の中において、自主規制委員の選定および解職について取締役へ委任できない旨を規定しているが、これは自明であるため削除し、別途、「取締役会が」自主規制委員の選定および解職を取締役または執行役に委任することを禁止することとする。

第105条の16 議事録

●第４項・第５項●

改　正　後	改　正　前
4 前項の規定は、当該株式会社金融商品取引所の債権者が自主規制委員の責任を追及するため必要があるとき及び当該株式会社金融商品取引所を子会社とする者の株主又は会員がその権利を	4 前項の規定は、当該株式会社金融商品取引所の債権者が自主規制委員の責任を追及するため必要があるとき及び当該株式会社金融商品取引所を子会社（会社がその総株主又は総社員の議決

行使するため必要があるときについて準用する。	権の過半数を保有する他の会社をいう。この場合において、会社及びその一若しくは二以上の子会社又は当該会社の一若しくは二以上の子会社がその総株主又は総社員の議決権の過半数を保有する他の会社は、当該会社の子会社とみなす。以下この条、第四目及び第百二十四条第一項第二号において同じ。）とする金融商品取引所持株会社社員がその権利を行使するため必要があるときについて準用する。
5　裁判所は、第三項（前項において準用する場合を含む。以下この項及び次項において同じ。）の請求に係る閲覧又は謄写をすることにより、当該株式会社金融商品取引所、当該株式会社金融商品取引所を子会社とする者又は当該株式会社金融商品取引所の子会社に著しい損害を及ぼすおそれがあると認めるときは、第三項の許可をすることができない。	5　裁判所は、第三項（前項において準用する場合を含む。以下この項及び次項において同じ。）の請求に係る閲覧又は謄写をすることにより、当該株式会社金融商品取引所、当該株式会社金融商品取引所を子会社とする金融商品取引所持株会社又は当該株式会社金融商品取引所の子会社に著しい損害を及ぼすおそれがあると認めるときは、第三項の許可をすることができない。

概要

今般の改正により、株式会社金融商品取引所を子会社とすることができる者として商品取引所および商品取引所持株会社を追加するに伴い、議事録の閲覧謄写請求の主体および請求閲覧謄写制限に係る保護の対象として、金融商品取引所持株会社のみならず、金融商品取引所を子会社とする「者」全般を含める一般的な規定とするものである（４項、５項)。

また、87条の３第３項において「子会社」の定義を統一したことを踏まえ、規定の整備を行っている。

第106条の３　認可等

●第６項●　新設

改　正　後
6　第三十条の二の規定は、第一項の認可について準用する。

概要

株式会社金融商品取引所の主要株主の認可について、条件を付すことができることを明記することとする。

解説

取引所間の資本提携により合弁の取引所を設立すること等があり得ることを踏まえると、今後、主要株主の認可についても一定の条件を付すことが必要な場合も生じ得ると考えられる。このため、本条の認可に条件を付すことができることを明確化している。

第106条の 6　報告の徴取及び検査

●第 2 項●　新設

改　正　後
2　前項の規定は、株式会社金融商品取引所の保有基準割合以上の数の対象議決権を保有する商品取引所及び商品取引所持株会社について準用する。

概要

株式会社金融商品取引所の主要株主に対する報告徴収・検査の規定を、株式会社金融商品取引所の20％以上の対象議決権を保有する商品取引所および商品取引所持株会社に対し準用することとする。

解説

今般の改正により、株式会社金融商品取引所の議決権保有制限の例外の対象として商品取引所および商品取引所持株会社を追加しているが（103条の 2）、株式会社金融商品取引所の20％以上の議決権を保有する商品取引所や商品取引所持株会社の業務運営の状況によっては事実確認等を行う必要があるため、報告徴取・検査を行うことができることとするものである。

参考

なお、認可金融商品取引業協会、金融商品取引所および金融商品取引所持株会社については、それぞれ独自の監督規定の中で、広く報告徴取・検査を行うことができることとされているため、本規定のような準用規定は設けられていない。

第106条の７　監督上の処分

●第４項●

改　正　後	改　正　前
４　第一項及び前項の規定は、株式会社金融商品取引所の保有基準割合以上の数の対象議決権を保有する認可金融商品取引業協会、金融商品取引所、金融商品取引所持株会社、商品取引所及び商品取引所持株会社について準用する。	４　第一項及び前項の規定は、株式会社金融商品取引所の保有基準割合以上の数の対象議決権を保有する認可金融商品取引業協会及び金融商品取引所について準用する。

概要

株式会社金融商品取引所の主要株主に対する監督上の処分の規定を準用する対象として、株式会社金融商品取引所の20％以上の対象議決権を保有する金融商品取引所持株会社、商品取引所および商品取引所持株会社を追加することとする。

解説

今般の改正により、株式会社金融商品取引所の議決権保有制限の例外の対象として商品取引所または商品取引所持株会社を追加することとしているが（103条の２）、株式会社金融商品取引所の20％以上の議決権を保有する商品取引所および商品取引所持株会社に対しても他の金融商品取引所が20％以上の議決権を保有する場合と同様に監督上の処分を行うことが必要な場合もあり得ることから、本条１項の株式会社金融商品取引所の主要株主に対する処分の規定を準用することが適当と考えられる（これに合わせ、金融商品取引所持株会社が子会社以外の金融商品取引所の20％以上の対象議決権を保有する場合についても同様に処分規定を準用するよう適正化を図っている）。

第106条の８　認可の失効

改　正　後	改　正　前
第百六条の八　株式会社金融商品取引所の主要株主が次の各号のいずれかに該当することとなつたときは、第百六条の三第一項の認可は、その効力を失う。 一・二　（略） 三　金融商品取引所、金融商品取引所持株会社、商品取引所又は商品取引所持株会社になつたとき。 **２**　前項の規定により認可が失効したとき（同項第三号に係る場合にあつては、商品取引所又は商品取引所持株会社になつたときに限る。）は、主要株主であつた者は、遅滞なく、その旨を内閣総理大臣に届け出なければならない。	**第百六条の八**　株式会社金融商品取引所の主要株主が次の各号のいずれかに該当することとなつたときは、第百六条の三第一項の認可は、その効力を失う。 一・二　（略） 三　金融商品取引所持株会社になつたとき。 **２**　前項（第三号を除く。）の規定により認可が失効したときは、主要株主であつた者は、遅滞なく、その旨を内閣総理大臣に届け出なければならない。

概要

取引所の主要株主の認可失効事由として、「金融商品取引所、商品取引所、商品取引所持株会社になったとき」を追加することとする。

解説

(1)　株式会社金融商品取引所の主要株主が事後的に商品取引所または商品取引所持株会社となる場合や金融商品取引所となる場合があり得る。

今般の改正により、株式会社金融商品取引所の議決権保有制限の例外の対象として商品取引所および商品取引所持株会社が追加され、また、改正前より金融商品取引所についても議決権保有制限の例外の対象であるため、株式会社金融商品取引所の主要株主が、金融商品取引所、商品取引所、商品取引所持株会社となったときは、主要株主としての規制・監督を及ぼし続ける必要性はないと考えられる。

そこで、株式会社金融商品取引所の主要株主が、金融商品取引所、商品取引所、商品取引所持株会社となったときには、金融商品取引所持株会社となったときと同様、主要株主の認可を失効させることが適当である（1項）。

(2)　また、株式会社金融商品取引所の主要株主が商品取引所または商品取引所持株会社となったことにより主要株主の認可が失効した場合は、金融商品取引所または金融商品取引所持株会社となった場合と異なり、金融行政当局が把握できないため、内閣総理大臣に対する届出義務を課すこととする（2項）。

第106条の9　対象議決権に係る規定の準用

改　正　後	改　正　前
第百六条の九　第百三条の二第五項の規定は、第百六条の三第一項から第五項まで、第百六条の四第一項、第百六条の六第二項、第百六条の七第二項及び第四項並びに前条第一項の規定を適用する場合について準用する。	**第百六条の九**　第百三条の二第五項の規定は、第百六条の三、第百六条の四第一項、第百六条の七第二項及び第四項並びに前条第一項の規定を適用する場合について準用する。

概要

106条の3に6項が追加されることに伴う規定の整備を行うとともに、106条の6第2項の新設に伴い、同項に規定する「対象議決権」について、「特別の関係にある者」が保有する議決権の合算等を定める103条の2第5項を準用することとする。

第106条の10　認可等

●第1項●

改　正　後	改　正　前
第百六条の十　株式会社金融商品取引所を子会社としようとする者又は株式会社金融商品取引所を子会社とする会社の設立をしようとする者は、あらかじめ、内閣総理大臣の認可を受けなければならない。ただし、認可金融商品取引業協会、金融商品取引所、商品取引所又は商品取引所持株会社が株式会社	**第百六条の十**　株式会社金融商品取引所を子会社としようとする者又は株式会社金融商品取引所を子会社とする会社の設立をしようとする者は、あらかじめ、内閣総理大臣の認可を受けなければならない。

金融商品取引所を子会社とする場合は、この限りでない。	

概要

株式会社金融商品取引所の議決権保有制限の例外の対象となる者のうち認可金融商品取引業協会、金融商品取引所、商品取引所および商品取引所持株会社については、金融商品取引所持株会社の認可に関する本条1項の適用を受けないことを確認的に規定することとする。

解説

今般の改正により、株式会社金融商品取引所の議決権保有制限の例外の対象として商品取引所および商品取引所持株会社を追加することに伴い(103条の2)、従来から本条1項の適用を受けないものと解されている認可金融商品取引業協会および金融商品取引所もあわせて、同項の適用を受けないことを明確化することとする。

●第2項●

改　正　後	改　正　前
2　前項本文の規定は、保有する対象議決権の数に増加がない場合その他の内閣府令で定める場合において、株式会社金融商品取引所を子会社とすることとなるときには、適用しない。	2　前項の規定は、保有する対象議決権の数に増加がない場合その他の内閣府令で定める場合において、株式会社金融商品取引所を子会社とすることとなるときには、適用しない。

概要

本条1項にただし書を設けたことに伴うものである。

●第4項●

改　正　後	改　正　前
4　第百六条の三第三項及び第五項の規定は、特定持株会社について準用する。この場合において、同条第三項中	4　第百六条の三第三項及び第五項の規定は、特定持株会社について準用する。この場合において、同条第三項中

「前項」とあるのは「第百六条の十第二項」と、同条第五項中「前項」とあるのは「第百六条の十第三項」と、「株式会社金融商品取引所の総株主の議決権の百分の五十以下の数の対象議決権の保有者となつたとき」とあるのは「株式会社金融商品取引所を子会社とする会社でなくなつたとき」と読み替えるものとする。	「前項」とあるのは「第百六条の十第二項」と、同条第五項中「株式会社金融商品取引所の総株主の議決権の百分の五十以下の数の対象議決権の保有者となつたとき」とあるのは「株式会社金融商品取引所を子会社とする会社でなくなつたとき」と読み替えるものとする。

概要

読替えの適正化を図るものである。

●第5項●　新設

改　正　後
5　第三十条の二の規定は、第一項及び第三項ただし書の認可について準用する。

概要

金融商品取引所持株会社の認可について、条件を付すことができることを明記することとする。

解説

今後、取引所グループの構成等が多様化することもあり得ることから、金融商品取引所持株会社の認可について一定の条件を付すことが必要な場合も生じ得ると考えられる。このため、当該認可に条件を付すことができることを明確化するものである。

第106条の12　認可審査基準

改　正　後	改　正　前
第百六条の十二　内閣総理大臣は、前条第一項の規定による認可の申請があつた場合においては、その申請が次に掲げる基準に適合するかどうかを審査し	**第百六条の十二**　内閣総理大臣は、前条第一項の規定による認可の申請があつた場合においては、その申請が次に掲げる基準に適合するかどうかを審査し

なければならない。	なければならない。
一　認可申請者又は認可を受けて設立される会社（以下この条において「認可申請者等」という。）が専ら株式会社金融商品取引所又は株式会社金融商品取引所及び次のいずれかに掲げる会社を子会社として保有することを目的とする者であること。	一　認可申請者又は認可を受けて設立される会社（以下この条において「認可申請者等」という。）が専ら株式会社金融商品取引所を子会社として保有することを目的とする者であること。
イ　取引所金融商品市場の開設に附帯する業務を行う会社	（新設）
ロ　取引所金融商品市場の開設に関連する業務を行う会社	（新設）
ハ　商品市場開設業務を行う会社	（新設）
ニ　商品先物取引をするために必要な市場の開設に関連する業務を行う会社	（新設）
二～四　（略）	二～四　（略）
2　内閣総理大臣は、前項の規定により審査した結果、その申請が同項の基準に適合していると認めたときは、次の各号のいずれかに該当する場合を除いて、その認可を与えなければならない。	2　内閣総理大臣は、前項の規定により審査した結果、その申請が同項の基準に適合していると認めたときは、次の各号のいずれかに該当する場合を除いて、その認可を与えなければならない。
一・二　（略）	一・二　（略）
三　認可申請者が第百四十八条、第百五十二条第一項、第百五十六条の十七第一項若しくは第二項、第百五十六条の二十六において準用する第百四十八条若しくは第百五十六条の三十二第一項の規定により免許を取り消され、第五十二条第一項、第五十三条第三項、第六十六条の二十第一項若しくは第六十六条の四十二第一項の規定により登録を取り消され、若しくは第百六条の七第一項、第百六条の二十一第一項若しくは第百六条の二十八第一項の規定により認可を取り消され、又はこの法律に相当する外国の法令の規定により当該外国において受けている同種類の免許若しくは登録（当該免許	三　認可申請者が第百四十八条、第百五十二条第一項、第百五十六条の十七第一項若しくは第二項、第百五十六条の二十六において準用する第百四十八条若しくは第百五十六条の三十二第一項の規定により免許を取り消され、第五十二条第一項、第五十三条第三項若しくは第六十六条の二十第一項の規定により登録を取り消され、若しくは第百六条の七第一項、第百六条の二十一第一項若しくは第百六条の二十八第一項の規定により認可を取り消され、又はこの法律に相当する外国の法令の規定により当該外国において受けている同種類の免許若しくは登録（当該免許又は登録に類する許可その他の行

又は登録に類する許可その他の行政処分を含む。）を取り消され、その取消しの日から五年を経過するまでの者であるとき。 四・五（略）	政処分を含む。）を取り消され、その取消しの日から五年を経過するまでの者であるとき。 四・五（略）

概要

金融商品取引所持株会社の認可審査基準について、改正前においては、持株会社の目的としてもっぱら株式会社金融商品取引所を子会社として保有することを規定しているが、株式会社金融商品取引所のほか、①取引所金融商品市場の開設に附帯する業務を行う会社、②取引所金融商品市場の開設に関連する業務を行う会社、③商品市場開設業務を行う会社または④商品先物取引をするために必要な市場の開設に関連する業務を行う会社を子会社として保有することも目的に含まれることを明記することとする。

また、66条の42第１項の規定により、信用格付業者の登録を取り消され、５年を経過していない者については、欠格事由に該当することとする。

解説

今般の改正前より、金融商品取引所持株会社は子会社として金融商品市場の開設に附帯・関連する業務を行う会社を保有することが可能であるが、本条の認可申請基準においては、「専ら」金融商品取引所を子会社として保有することを目的とする者であることが規定されている。

当該規定の趣旨は、金融商品取引所を子会社として保有することを主目的とすることを求めているものと考えられるが、今般の改正により金融商品取引所持株会社が子会社として保有することができる者の範囲を明確化することに合わせ、これと整合的な規定内容となるよう適正化を図ることとしたものである。

第106条の14 議決権の保有制限

●第１項●

改　正　後	改　正　前
第百六条の十四　何人も、金融商品取引所持株会社の総株主の議決権の保有基準割合以上の数の対象議決権を取得し、又は保有してはならない。ただし、認可金融商品取引業協会、金融商品取引所又は商品取引所が取得し、又は保有する場合は、この限りでない。	**第百六条の十四**　何人も、金融商品取引所持株会社の総株主の議決権の保有基準割合以上の数の対象議決権を取得し、又は保有してはならない。ただし、認可金融商品取引業協会又は金融商品取引所が取得し、又は保有する場合は、この限りでない。

概要

金融商品取引所持株会社の議決権保有制限の例外の対象として、商品取引所を追加することとする。

解説

103条の２と同様の考え方に基づき、金融商品取引所持株会社の議決権保有制限規制の適用が除外される者として、商品取引所を追加することとする。

なお、改正前において、金融商品取引所持株会社が他の金融商品取引所持株会社の大口株主や親会社になることは、複雑な資本関係を認める意義に乏しいと考えられたことから認められておらず、今般の改正においても同様に商品取引所持株会社は、金融商品取引所持株会社の議決権保有制限規制の対象から除外しないこととする。

第106条の17 主要株主に係る認可等

●第４項●

改　正　後	改　正　前
4　第百六条の三第三項及び第五項の規定は、特定保有団体等について準用する。この場合において、同条第三項中「前項」とあるのは「第百六条の十七第二項」と、同条第五項中「前項」と	**4**　第百六条の三第三項及び第五項の規定は、特定保有団体等について準用する。この場合において、同条第三項中「前項」とあるのは、「第百六条の十七第二項」と読み替えるものとする。

あるのは「第百六条の十七第三項」と読み替えるものとする。	

概要

読替えの適正化を図るものである。

●第5項● 新設

改　正　後
5　第三十条の二の規定は、第一項の認可について準用する。

概要

金融商品取引所持株会社の主要株主の認可について、条件を付すことができることを明記することとする。

解説

取引所のグループ構成等の多様化によって、主要株主の認可について一定の条件を付すことが必要な場合も生じ得ると考えられる。このため、当該認可に条件を付すことができることを明確化している。

第106条の20　主要株主に対する報告の徴取及び検査

●第2項● 新設

改　正　後
2　前項の規定は、金融商品取引所持株会社の保有基準割合以上の数の対象議決権を保有する商品取引所について準用する。

概要

金融商品取引所持株会社の主要株主に対する報告徴取・検査の規定について、金融商品取引所持株会社の20%以上の対象議決権を保有する商品取引所に対し準用することとする。

解説

今般の改正により、金融商品取引所持株会社の議決権保有制限の例外の対象として商品取引所を追加することとしているが（106条の14）、金融商品取引所持株会社の20%以上の対象議決権を保有する商品取引所の業務運営の状況によっては事実確認等を行う必要があるため、報告徴取・検査を行うことができることとするものである。

▶参考◀

商品取引所と同じく議決権保有制限の例外の対象である認可金融商品取引業協会、金融商品取引所については、それぞれ独自の監督規定の中で広く報告徴取・検査を行うことができることとされているため、本規定のような準用規定は不要と考えられる。

第106条の21 主要株主に対する監督上の処分

●第4項●

改　正　後	改　正　前
4　第一項及び前項の規定は、金融商品取引所持株会社の保有基準割合以上の数の対象議決権を保有する認可金融商品取引業協会、金融商品取引所及び商品取引所について準用する。	4　第一項及び前項の規定は、金融商品取引所持株会社の保有基準割合以上の数の対象議決権を保有する認可金融商品取引業協会及び金融商品取引所について準用する。

概要

金融商品取引所持株会社の主要株主に対する監督上の処分の規定を準用する対象として、金融商品取引所持株会社の20%以上の対象議決権を保有する商品取引所を追加することとする。

解説

今般の改正により、金融商品取引所持株会社の議決権保有制限の例外の対象として商品取引所を追加することとしているが（106条の14）、金融商品取引所持株会社の20%以上の対象議決権を保有する商品取引所に対しても金融所品取引所等と同様に監督上の処分を行うことが必要な場合もあり得ることから、本条1項の金融商品取引所持株会社の主要株主に対する処分の規定を準用することとする。

第106条の22　主要株主に係る認可の失効

改　正　後	改　正　前
第百六条の二十二　金融商品取引所持株会社の主要株主が次の各号のいずれかに該当することとなつたときは、第百六条の十七第一項の認可は、その効力を失う。 一・二　（略） 三　金融商品取引所又は商品取引所になつたとき。 2　前項の規定により認可が失効したとき（同項第三号に係る場合にあつては、商品取引所になつたときに限る。）は、主要株主であつた者は、遅滞なく、その旨を内閣総理大臣に届け出なければならない。	**第百六条の二十二**　金融商品取引所持株会社の主要株主が次の各号のいずれかに該当することとなつたときは、第百六条の十七第一項の認可は、その効力を失う。 一・二　（略） （新設） 2　第百六条の八第二項の規定は、前項の規定により認可が失効した場合について準用する。

概要

金融商品取引所持株会社の主要株主の認可失効事由として、「金融商品取引所又は商品取引所になったとき」を追加することとする。

解説

(1)　本条の改正は、106条の8と同様の考え方によるものである。

すなわち、金融商品取引所持株会社の主要株主が事後的に商品取引所となる場合や金融商品取引所となる場合があり得る。

商品取引所や金融商品取引所は、金融商品取引所持株会社の議決権保有制限の例外の対象であるため、金融商品取引所持株会社の主要株主が、金融商品取引所または商品取引所となったときは、主要株主としての規制・監督を及ぼし続ける必要性はないと考えられる。

そこで、金融商品取引所持株会社の主要株主が、金融商品取引所または商品取引所となったときには、主要株主の認可を失効させることが適当である（1項）。

(2)　また、金融商品取引所持株会社の主要株主が商品取引所となったことにより主要株主の認可が失効した場合は、金融行政当局が把握できないため、内閣総理大臣に対する届出義務を課すこととしている（2項）。

第106条の23　業務の範囲

改　正　後	改　正　前
第百六条の二十三　金融商品取引所持株会社は、子会社である株式会社金融商品取引所及び第百六条の十二第一項第一号イから二までに掲げる会社の経営管理を行うこと並びにこれに附帯する業務のほか、他の業務を行うことができない。	**第百六条の二十三**　金融商品取引所持株会社は、子会社である株式会社金融商品取引所の経営管理を行うこと及びこれに附帯する業務のほか、他の業務を行うことができない。
2　金融商品取引所持株会社は、その業務を行うに当たつては、子会社である株式会社金融商品取引所の業務の公共性に対する信頼及び健全かつ適切な運営を損なうことのないよう、その子会社の適切な経営管理に努めなければならない。	**2**　金融商品取引所持株会社は、その業務を行うに当たつては、子会社である株式会社金融商品取引所の業務の公共性に十分配慮し、その業務の健全かつ適切な運営の確保に努めなければならない。

概要

金融商品取引所持株会社の業務範囲について、子会社である金融商品取引所の経営管理に加えて、106条の12第1項1号イ～ニに掲げる会社（①取引所金融商品市場の開設に附帯する業務を行う会社、②取引所金融商品市場の開設に関連する業務を行う会社、③商品市場開設業務を行う会社または④商品先物取引をするために必要な市場の開設に関連する業務を行う会社）の経営管理を明記するとともに（1項）、業務運営に当たっては、金融商品取引所の業務の公共性に対する信頼および健全かつ適切な運営を損なうことのないよう、子会社全体の適切な経営管理に努めることを求めることとする（2項）。

解説

改正前においては、金融商品取引所持株会社は子会社として金融商品市場の開設に附帯・関連する業務を行う会社を保有し得るものの、その業務範囲については、金融商品取引所の経営管理およびこれに附帯する業務に限定されており、その上で、子会社である金融商品取引所の適切な経営管理についてのみ努力義務が課されていたところである。

これらの規定は基本的に金融商品取引所以外の子会社に対する経営管理を念頭に置いていないものと考えられるが、今般の改正により金融商品取引所と商品取引所の相互乗入れが可能となり、今後、持株会社を中心としたグループにおいて業務の多様化が進展する可能性もある。グループ会社の経営状況はグループ内の金融商品取引所に容易に伝播し得ることを踏まえると、金融商品取引所持株会社の業務は、単に金融商品取引所の経営管理を行うことにとどまらず、金融商品取引所の健全性や中立性、信頼性等を確保する観点から金融商品取引所以外の子会社も含め、子会社全体の経営管理を適切に行うことも求められるべきものと考えられる。

このため、本条１項において、金融商品取引所持株会社の業務範囲に、保有可能な子会社すべての経営管理が含まれることを明記するとともに、２項において、業務運営に当たっては、金融商品取引所の業務の公共性に対する信頼および健全かつ適切な運営を確保する観点から、当該金融商品取引所のみでなく、その子会社全般の適切な経営管理に努めることを求めることとしている。

第106条の24　子会社の範囲

●第１項●

改　正　後	改　正　前
第百六条の二十四　金融商品取引所持株会社は、取引所金融商品市場の開設及びこれに附帯する業務を行う会社以外の会社を子会社としてはならない。ただし、内閣総理大臣の認可を受けた場合には、第百六条の十二第一項第一号ロからニまでに掲げる会社を子会社とすることができる。	**第百六条の二十四**　金融商品取引所持株会社は、取引所金融商品市場の開設及びこれに附帯する業務を行う会社以外の会社を子会社としてはならない。ただし、内閣総理大臣の認可を受けた場合は、取引所金融商品市場の開設に関連する業務を行う会社を子会社とすることができる。

概要

金融商品取引所持株会社が内閣総理大臣の認可を受けて保有できる子会社の対象として、商品市場開設業務を行う会社および商品先物取引をするために必要な市場の開設に関連する業務を行う会社（106条の12第1項1号ハ・ニに掲げる会社）が含まれることを明記することとする。

解説

改正前においては、金融商品取引所持株会社は、内閣総理大臣の認可を受けて取引所金融商品市場の開設に関連する業務を行う会社を子会社として保有できることとされており、この中には商品市場の開設業務等を行う会社も含まれると解されていたが、87条の3第1項の改正と同趣旨により、商品市場開設業務を行う会社および商品先物取引をするために必要な市場の開設に関連する業務を行う会社が金融商品取引所持株会社の子会社の範囲に含まれることを明確化するものである。

●第2項● 新設

改　正　後
2　第三十条の二の規定は、前項ただし書の認可について準用する。

概要

1項ただし書の認可に、条件を付することができることを明記することとする。

解説

今後、金融商品取引所と商品取引所とのグループ化が行われた場合等、取引所のグループ構成等が多様化していくこともあり得ることから、本条1項ただし書の認可について一定の条件を付すことが必要な場合も生じ得ると考えられる。このため、当該認可に条件を付すことができることが適当と考えられる。

第106条の25　認可の拒否等に係る規定の準用

改　正　後	改　正　前
第百六条の二十五　第八十五条の四の規定は、前条第一項ただし書の認可について準用する。	**第百六条の二十五**　第八十五条の四の規定は、前条ただし書の認可について準用する。

概要

106条の24に２項が追加されることに伴うものである。

第106条の28　監督上の処分

●第１項●

改　正　後	改　正　前
第百六条の二十八　内閣総理大臣は、金融商品取引所持株会社が法令に違反したとき、又は金融商品取引所持株会社の業務の状況に照らして、その子会社である株式会社金融商品取引所の業務の公共性に対する信頼及び健全かつ適切な運営を確保するために必要があると認めるときは、当該金融商品取引所持株会社に対し第百六条の十第一項若しくは第三項ただし書又は第百六条の二十四第一項ただし書の認可を取り消し、その他監督上必要な措置をとることを命ずることができる。	**第百六条の二十八**　内閣総理大臣は、金融商品取引所持株会社が法令に違反したとき、又は金融商品取引所持株会社の行為がその子会社である株式会社金融商品取引所の業務の健全かつ適切な運営を損なうおそれがあると認めるときは、当該金融商品取引所持株会社に対し第百六条の十第一項又は第三項ただし書の認可を取り消し、その他監督上必要な措置をとることを命ずることができる。

概要

金融商品取引所持株会社に対する監督上の処分について、「金融商品取引所持株会社の業務の状況に照らして、その子会社である株式会社金融商品取引所の業務の公共性に対する信頼及び健全かつ適切な運営を確保するために必要があると認めるとき」に行うことができることとし、また、処分の内容として、子会社認可（106条の24第１項ただし書）の取消しを追加することとする。

解説

金融商品取引所持株会社が積極的に不当な行為を行う場合のみならず、金融商品取引所持株会社の子会社の行為が、他の子会社である株式会社金融商品取引所の業務の健全かつ適切な運営を損なうおそれがあるにもかかわらず、当該行為の是正のために必要な措置をとることを怠っている場合等、適切な子会社管理を行っていない不作為の場合においても、金融商品取引所の業務の公共性に対する信頼を損なうおそれがある場合や取引所業務の健全かつ適切な運営を損なうおそれがある場合には、監督上必要な措置をとることを命じることができることとすることが適当と考えられる。

また、これまで処分内容として子会社保有の認可取消しは規定されていなかったが、今後、取引所のグループ化等が進展する可能性があることを踏まえ、処分内容について規定を整備することとしたものである。

●第４項●

改　正　後	改　正　前
4　前項の措置がとられた場合において、当該措置をとつた者がなお株式会社金融商品取引所の保有基準割合以上の数の対象議決権の保有者であるときは、当該株式会社金融商品取引所を子会社とする会社でなくなつた日を第百三条の二第四項の特定保有者となつた日とみなして、同項の規定を適用する。	4　前項の措置がとられた場合において、当該措置をとつた者がなお株式会社金融商品取引所の保有基準割合以上の数の対象議決権の保有者であるときは、当該株式会社金融商品取引所を子会社とする会社でなくなつた日を第百三条の二第三項の特定保有者となつた日とみなして、同項の規定を適用する。

概要

規定の適用関係について適正化を図るものである。

第107条　認可の失効

●第1項・第2項●

改　正　後	改　正　前
第百七条　金融商品取引所持株会社が次の各号のいずれかに該当することとなつたときは、第百六条の十第一項及び第三項ただし書の認可は、その効力を失う。 一～四　（略） 五　金融商品取引所又は商品取引所になつたとき。 **2**　前項の規定により認可が失効したとき（同項第五号に係る場合にあつては、商品取引所になつたときに限る。）は、金融商品取引所持株会社であつた者は、遅滞なく、その旨を内閣総理大臣に届け出なければならない。	**第百七条**　金融商品取引所持株会社が次の各号のいずれかに該当することとなつたときは、第百六条の十第一項及び第三項ただし書の認可は、その効力を失う。 一～四　（略） （新設） **2**　第百六条の八第二項の規定は、前項の規定により認可が失効した場合について準用する。

概要

金融商品取引所持株会社の認可失効事由として、「金融商品取引所又は商品取引所になったとき」を追加することとする。

解説

(1)　本条の改正は、106条の8と同様の考え方によるものである。

すなわち、金融商品取引所持株会社が事後的に商品取引所となる場合や金融商品取引所となる場合があり得る。

金融商品取引所や商品取引所については、金融商品取引所持株会社としての規制が適用除外されており（106条の10第1項ただし書）、金融商品取引所持株会社が、金融商品取引所または商品取引所となったときには、持株会社としての規制を受けることのないよう、持株会社の認可を失効させることとすることが適当と考えられる（1項）。

(2)　また、金融商品取引所持株会社が商品取引所となったことにより持株会社の認可が失効した場合は、金融行政当局が把握できないため、内閣総理大臣に対する届出義務を課すこととする（2項）。

第108条 対象議決権に係る規定の準用

改　正　後	改　正　前
第百八条　第百三条の二第五項の規定は、第百六条の十四、第百六条の十五、第百六条の十七第一項から第三項まで、同条第四項において準用する第百六条の三第三項及び第五項、第百六条の十八第一項、第百六条の二十第二項、第百六条の二十一第二項及び第四項、第百六条の二十二第一項並びに第百六条の二十八第四項の規定を適用する場合について準用する。	**第百八条**　第百三条の二第五項の規定は、第百六条の十四、第百六条の十五、第百六条の十七第一項から第三項まで、同項において準用する第百六条の三第四項、第百六条の十八第一項、第百六条の二十一第二項及び第四項、第百六条の二十二第一項並びに第百六条の二十八第四項の規定を適用する場合について準用する。

概要

106条の20第２項を新設することに伴い、同項に規定する「対象議決権」について、「特別の関係にある者」が保有する議決権の合算等を定める103条の２第５項を準用することとするものである。

また、106条の17における準用規定および準用条文の適正化を行っている。

第109条 監督上の処分等に係る規定の準用

改　正　後	改　正　前
第百九条　第百六条の二十三第二項並びに第百六条の二十八第一項及び第五項の規定は株式会社金融商品取引所を子会社とする認可金融商品取引業協会及び金融商品取引所並びに金融商品取引所持株会社を子会社とする認可金融商品取引業協会及び金融商品取引所について、第百六条の二十三第二項、第百六条の二十七並びに第百六条の二十八第一項及び第五項の規定は親商品取引所等及び金融商品取引所持株会社を子会社とする商品取引所について準用する。	**第百九条**　第百六条の二十三第二項並びに第百六条の二十八第一項及び第五項の規定は、株式会社金融商品取引所を子会社とする認可金融商品取引業協会及び金融商品取引所並びに金融商品取引所持株会社を子会社とする認可金融商品取引業協会及び金融商品取引所について準用する。

概要

金融商品取引所持株会社に対する、子会社の経営管理に関する努力義務（106条の23第２項）、報告の徴取・検査の規定（106条の27）および監督上の処分の規定（106条の28）を、親商品取引所等（株式会社金融商品取引所を子会社とする商品取引所および商品取引所持株会社）および金融商品取引所持株会社を子会社とする商品取引所について準用することとする。

解説

商品取引所グループの傘下に金融商品取引所がある場合には、当該金融商品取引所の業務の健全性・適切性等に支障が生じることのないよう、親商品取引所および金融商品取引所持株会社を子会社とする商品取引所に対し、その子会社全般、すなわちグループとしての適切な経営管理に努めることを求めることとしている。

また、親商品取引所等および金融商品取引所持株会社を子会社とする商品取引所に対して必要な事実確認等の行政対応を行う必要が生じることもあり得るため、報告の徴取・検査や監督上の処分を行うことができることとしている。

参考

認可金融商品取引業協会、金融商品取引所および金融商品取引所持株会社については、それぞれ独自の監督規定の中で広く報告徴取・検査を行うことができることとされているため、報告の徴取・検査の規定を準用する必要はないと考えられるが、商品取引所や商品取引所持株会社については、金商法上独自の監督規定がないため、本条において特に準用規定を設けている。

第122条～第124条　上場の承認、金融商品取引所持株会社等への準用、自ら開設する取引所金融商品市場への上場の承認

概要

改正前においては、122条～124条により、一定の上場について内閣総理大臣の承認にかからしめていた。改正前の枠組みは、

◆**図表３－１**　122条〜124条の適用関係の整理◆

条	項	（承認が必要となる行為）	例外（本条の承認が不要となる市場）					（承認申請者）	（審査基準）
122条 123条１項 ２項		金融商品取引所 金融商品取引所持株会社 親商品取引所等 がいずれかの市場に上場	自市場	子取引所市場	関連取引所（注１）市場（※）	関連会社（注２）の子取引所市場（※）	親取引所市場	上場しようとする株券等の発行者である取引所、金融商品取引所持株会社、親商品取引所等	取引所業務の健全性、適切性
		（承認が必要となる行為）	（承認が必要となる者）					（承認申請者）	（審査基準）
124条	１項	右記の者を自市場に上場	当該取引所（１号）	親会社（２号）	大口株主（注３）たる 金融商品取引所・金融商品取引所持株会社（３号） 親商品取引所等（５号）	親会社の大口株主たる 金融商品取引所・金融商品取引所持株会社（３号） 親商品取引所等（５号）	子会社たる 金融商品取引所・金融商品取引所持株会社（４号） 親商品取引所等（６号）	上場しようとする市場を開設する取引所	取引所業務の健全性、適切性 ＋ 取引の公正
	３項	右記の者を自市場に上場			上記以外の大口株主（１号）	上記以外の親会社の大口株主（１号）	上記以外の子会社（２号）	上場しようとする市場を開設する取引所	取引の公正

（注１）　当該金融商品取引所（または金融商品取引所持株会社・親商品取引所等）が20％〜50％の議決権を保有する他の金融商品取引所
（注２）　当該金融商品取引所（または金融商品取引所持株会社・親商品取引所等）が20％〜50％の議決権を保有する者
（注３）　当該者の20％〜50％の議決権を保有する者
（※）　今般の改正により、124条１項の承認の対象とするよう適正化

⑴　金融商品取引所や金融商品取引所を子会社とする者が上場する場合においては、議決権の取得・保有を通じた取引所に対する影響力の行使等により当該金融商品取引所や、上場する者の子会社である金融商品取引所の業務の健全かつ適切な運営に支障が生じるおそれがある（業務の健全性、適切性の観点）

⑵　また、金融商品取引所がそのグループ会社を上場させる場合においては、類型的に利益相反等が生じやすく、上場審査が適切に行われないなど、当該金融商品取引所の開設する金融商品市場における取引の公正が確保されないおそれがある（取引の公正の観点）

ことから、⑴および⑵のいずれにも該当する場合には124条１項により、⑴のみに該当する場合には122条または123条により、⑵のみに該当する場合には124条３項により、内閣総理大臣の承認を求めていた。

（注）なお、122条、123条については、上場する有価証券の発行者である金融商品取引所または金融商品取引所持株会社が承認申請者となるが、124条については、有価証券を上場しようとする市場の開設者である金融商品取引所が承認申請者となる。なお、一の上場について、複数の承認が必要とならないよう、規定の調整がなされている。

今般の改正では、商品取引所および商品取引所持株会社による金融商品取引所等の20％以上の議決権保有が認められることに伴い、上記の改正前の枠組みに基づき、必要な規定を整備するとともに、全体的な規定の整理・適正化を行っている。

第122条　上場の承認

●第１項●

改　正　後	改　正　前
第百二十二条　株式会社金融商品取引所は、当該金融商品取引所が発行者である有価証券をその売買のため、又は当該有価証券、当該有価証券に係る金融指標若しくは当該有価証券に係るオプ	**第百二十二条**　金融商品取引所は、当該金融商品取引所が発行者である有価証券をその売買のため、又は当該有価証券、当該有価証券に係る金融指標若しくは当該有価証券に係るオプションを

ションを市場デリバティブ取引のために取引所金融商品市場その他政令で定める市場（当該金融商品取引所、当該金融商品取引所の子会社である金融商品取引所、当該金融商品取引所が総株主の議決権の保有基準割合以上の数の対象議決権を保有する金融商品取引所、当該金融商品取引所が総株主の議決権の保有基準割合以上の数の対象議決権を保有する者の子会社である金融商品取引所及び当該金融商品取引所を子会社とする金融商品取引所が開設する取引所金融商品市場を除く。）に上場しようとするときは、その上場しようとする取引所金融商品市場その他政令で定める市場ごとに、その上場について、内閣総理大臣の承認を受けなければならない。ただし、第百二十五条の規定による命令に基づき上場する場合は、この限りでない。	市場デリバティブ取引のために取引所金融商品市場その他政令で定める市場（当該金融商品取引所（その子会社である金融商品取引所を含む。）及び当該金融商品取引所の総株主の議決権の百分の五十を超える対象議決権を保有する金融商品取引所が開設する取引所金融商品市場を除く。）に上場しようとするときは、その上場しようとする取引所金融商品市場その他政令で定める市場ごとに、その上場について、内閣総理大臣の承認を受けなければならない。ただし、第百二十五条の規定による命令に基づき上場する場合は、この限りでない。

概要

(1)　本条による承認の対象から除かれるものとして、金融商品取引所が以下の金融商品取引所の開設する取引所金融商品市場に上場しようとする場合を追加する。

①　当該金融商品取引所がその総株主の議決権の保有基準割合以上の数の対象議決権を保有する金融商品取引所

②　当該金融商品取引所がその総株主の議決権の保有基準割合以上の数の対象議決権を保有する者の子会社である金融商品取引所

(2)　また、同様に本条による承認の対象から除かれるもののうち、「当該金融商品取引所の総株主の議決権の百分の五十を超える対象議決権を保有する金融商品取引所」を、「当該金融商品取引所を子会社とする金融商品取引所」に改める。

解説

取引所の相互乗入れに係る規定の整備に合わせ、従来の規定の適正化を図るものである。

概要の(1)については、両金融商品取引所はグループ会社に当たり得ることから、その上場に当たり取引の公正が確保されないおそれがあるため、本条ではなく、124条1項の対象とする（同項3号）。

概要の(2)についても、直接の親会社でなく、祖父会社等の間接の親会社たる金融商品取引所に上場する場合にも取引の公正が確保されないおそれがあるため、(1)と同様に、124条1項の対象とする（同項4号）。

第123条　金融商品取引所持株会社等への準用

●第1項●

改　正　後	改　正　前
第百二十三条　前条の規定は、金融商品取引所持株会社について準用する。この場合において、同条第一項中「当該金融商品取引所、当該金融商品取引所の子会社である金融商品取引所、当該金融商品取引所が総株主の議決権の保有基準割合以上の数の対象議決権を保有する金融商品取引所、当該金融商品取引所が総株主の議決権の保有基準割合以上の数の対象議決権を保有する者の子会社である金融商品取引所及び当該金融商品取引所を子会社とする金融商品取引所が開設する」とあるのは「当該金融商品取引所持株会社の子会社である金融商品取引所、当該金融商品取引所持株会社が総株主の議決権の保有基準割合以上の数の対象議決権を保有する金融商品取引所、当該金融商品取引所持株会社が総株主の議決権の保有基準割合以上の数の対象議決権を保有する者の子会社である金融商品取引所及び当該金融商品取引所持株会社を子会社とする金融商品取引所が開設する」と、同条第二項中「当該金融商品取引所又はその子会社である金融商品取引所」とあるのは「当該金融商品取引所持株会社の子会社である金融商	**第百二十三条**　前条の規定は、金融商品取引所持株会社について準用する。この場合において、同条第一項中「当該金融商品取引所（その子会社である金融商品取引所を含む。）及び当該金融商品取引所の総株主の議決権の百分の五十を超える対象議決権を保有する金融商品取引所が開設する」とあるのは「当該金融商品取引所持株会社の子会社（第百五条の十六第四項に規定する子会社をいう。次項において同じ。）である金融商品取引所及び当該金融商品取引所持株会社の総株主の議決権の百分の五十を超える対象議決権を保有する金融商品取引所が開設する」と、同条第二項中「当該金融商品取引所又はその子会社である金融商品取引所」とあるのは「当該金融商品取引所持株会社の子会社である金融商品取引所」と読み替えるものとする。

品取引所」と読み替えるものとする。	

概要

(1) 本条による承認の対象から除かれるものとして、金融商品取引所持株会社が以下の金融商品取引所の開設する取引所金融商品市場に上場しようとする場合を追加する。

① 当該金融商品取引所持株会社がその総株主の議決権の保有基準割合以上の数の対象議決権を保有する金融商品取引所

② 当該金融商品取引所持株会社がその総株主の議決権の保有基準割合以上の数の対象議決権を保有する者の子会社である金融商品取引所

(2) また、同様に本条による承認の対象から除かれるもののうち、「当該金融商品取引所持株会社の総株主の議決権の百分の五十を超える対象議決権を保有する金融商品取引所」を、「当該金融商品取引所持株会社を子会社とする金融商品取引所」に改める。

解説

122条1項の改正と同様の趣旨によるものである。

●第2項● 新設

改　正　後
2　前条の規定は、親商品取引所等について準用する。この場合において、同条第一項中「当該金融商品取引所、当該金融商品取引所の子会社である金融商品取引所、当該金融商品取引所が総株主の議決権の保有基準割合以上の数の対象議決権を保有する金融商品取引所、当該金融商品取引所が総株主の議決権の保有基準割合以上の数の対象議決権を保有する者の子会社である金融商品取引所及び当該金融商品取引所を子会社とする金融商品取引所が開設する」とあるのは「当該親商品取引所等の子会社である金融商品取引所、当該親商品取引所等が総株主の議決権の保有基準割合以上の数の対象議決権を保有する金融商品取引所、当該親商品取引所等が総株主の議決権の保有基準割合以上の数の対象議決権を保有する者の子会社である金融商品取引所及び当該親商品取引所等を子会社とする金融商品取引所が開設する」と、同条第二項中「当該金融商品取引所又はその子会社である金融商品取引所」とあるのは「当該親商品取引所等の子会社である金融商品取引所」と読み替えるものとする。

概要

親商品取引所等（金融商品取引所を子会社とする商品取引所および商品取引所持株会社をいう）が上場する場合についても、金融商品取引所持株会社の場合と同様に承認を求めることとする。

解説

金融商品取引所を子会社とする商品取引所または商品取引所持株会社が上場する場合については、金融商品取引所持株会社が上場する場合と同様に、①金融商品取引所に対する影響力の行使等によって子会社たる金融商品取引所の業務の健全性、適切性に支障が生じる場合や、②グループ会社を上場させることにより取引の公正が確保されない場合があり得る。そこで、金融商品取引所持株会社が上場する場合と同様に、承認制とするものである。

第124条　自ら開設する取引所金融商品市場への上場の承認

●第1項●

改　正　後	改　正　前
第百二十四条　第百二十一条の規定にかかわらず、金融商品取引所は、次に掲げる者が発行者である有価証券をその売買のため、又は当該有価証券、当該有価証券に係る金融指標若しくは当該有価証券に係るオプションを市場デリバティブ取引のためにその開設する取引所金融商品市場に上場しようとする場合には、その上場しようとする取引所金融商品市場ごとに、その都度、その上場について、内閣総理大臣の承認を受けなければならない。ただし、次条の規定による命令に基づき上場する場合は、この限りでない。 一　（略） 二　当該金融商品取引所を子会社とする者 三　前二号に掲げる者の総株主の議決	**第百二十四条**　第百二十一条の規定にかかわらず、金融商品取引所は、次に掲げる者が発行者である有価証券をその売買のため、又は当該有価証券、当該有価証券に係る金融指標若しくは当該有価証券に係るオプションを市場デリバティブ取引のためにその開設する取引所金融商品市場に上場しようとする場合には、その上場しようとする取引所金融商品市場ごとに、その都度、その上場について、内閣総理大臣の承認を受けなければならない。ただし、次条の規定による命令に基づき上場する場合は、この限りでない。 一　（略） 二　当該金融商品取引所を子会社とする金融商品取引所持株会社 三　当該金融商品取引所の総株主の議

権の保有基準割合以上の数の対象議決権を保有する株式会社金融商品取引所又は金融商品取引所持株会社（前号に掲げる者を除く。） 四　当該金融商品取引所の子会社である株式会社金融商品取引所又は金融商品取引所持株会社 五　第一号又は第二号に掲げる者の総株主の議決権の保有基準割合以上の数の対象議決権を保有する親商品取引所等（同号に掲げる者を除く。） 六　当該金融商品取引所の子会社である親商品取引所等	決権の百分の五十を超える対象議決権を保有する株式会社金融商品取引所 四　当該金融商品取引所の子会社である金融商品取引所又は金融商品取引所持株会社 （新設） （新設）

概要

2号において、改正前の2号（「当該金融商品取引所を子会社とする金融商品取引所持株会社」）および3号（「当該金融商品取引所の総株主の議決権の百分の五十を超える対象議決権を保有する株式会社金融商品取引所」）を1号にまとめた上、さらに当該金融商品取引所を子会社とする商品取引所及び商品取引所持株会社を含めて、「当該金融商品取引所を子会社とする者」に改めている。

3号では、新たに、1号または2号に掲げる者（当該金融商品取引所またはその親会社）の20％以上の議決権を保有する金融商品取引所または金融商品取引所持株会社を追加している。

4号では、「子会社である金融商品取引所」を、「子会社である株式会社金融商品取引所」に改め、5号では、新たに「第1号又は第2号に掲げる者（当該金融商品取引所又はその親会社）の20％以上の議決権を保有する親商品取引所等」を、6号では、新たに「当該金融商品取引所の子会社である親商品取引所等」をそれぞれ追加している。

解説

(1)　当該金融商品取引所を子会社とする者（2号）

従来の金融商品取引所および金融商品取引所持株会社に加え、商品取引所および商品取引所持株会社についても金融商品取引所を子会社とすることができることとなったことによる規定の整理である。

⑵　当該金融商品取引所またはその親会社の20%以上の議決権を保有する金融商品取引所または金融商品取引所持株会社（3号）

①上場しようとする有価証券の発行者たる金融商品取引所もしくはその子会社たる金融商品取引所または上場しようとする有価証券の発行者たる金融商品取引所持株会社の子会社たる金融商品取引所の業務の健全性、適切性に支障が生じるおそれがあるほか、②自らの大口株主または自らの親会社の大口株主を上場させるケースであるため、取引の公正が確保されないおそれがあることから、124条1項による承認の対象とするものである（同条2項1号イ・ハ、2号により審査）。

⑶　「子会社である金融商品取引所」を「子会社である株式会社金融商品取引所」に改めること（4号）

会員制の金融商品取引所が第三者の子会社となることはないためである。

⑷　当該金融商品取引所またはその親会社の20%以上の議決権を保有する親商品取引所等（5号）

①当該親商品取引所等の子会社たる金融商品取引所の業務の健全性、適切性が害されるおそれがあるほか、②自らの大株主または自らの親会社の大株主を上場させるケースであり、取引の公正が確保されないおそれがあることから、124条1項による承認の対象とするものである（同条2項1号ヘ、2号により審査）。

⑸　当該金融商品取引所の子会社である親商品取引所等（6号）

①当該親商品取引所等の子会社たる金融商品取引所の業務の健全性、適切性が害されるおそれがあるほか、②自らの子会社を上場させるケースであるため、取引の公正が確保されないおそれがあることから、124条1項による承認の対象とするものである（同条2項1号ニ、2号により審査）。

●第2項●

改　正　後	改　正　前
2　内閣総理大臣は、前項の承認の申請があつた場合においては、当該申請が次の各号のいずれかに該当すると認めるときは、同項の承認をしてはならない。	2　内閣総理大臣は、前項の承認の申請があつた場合においては、当該申請が次の各号のいずれかに該当すると認めるときは、同項の承認をしてはならない。
一　当該申請に係る上場が次に掲げる金融商品取引所の業務の健全かつ適切な運営を損なうおそれがあること。	一　当該申請に係る上場が当該金融商品取引所若しくはその子会社である金融商品取引所又は当該金融商品取引所の総株主の議決権の百分の五十を超える対象議決権を保有する株式会社金融商品取引所の業務の健全かつ適切な運営を損なうおそれがあること。
イ　当該金融商品取引所	（新設）
ロ　当該金融商品取引所を子会社とする金融商品取引所	（新設）
ハ　当該金融商品取引所（当該金融商品取引所を子会社とする者を含む。）の総株主の議決権の保有基準割合以上の数の対象議決権を保有する株式会社金融商品取引所（ロに掲げる者を除く。）	（新設）
ニ　当該金融商品取引所の子会社である株式会社金融商品取引所	（新設）
ホ　当該金融商品取引所を子会社とする者の子会社である株式会社金融商品取引所（イからニまでに掲げる者を除く。）	（新設）
ヘ　当該金融商品取引所（当該金融商品取引所を子会社とする者を含む。）の総株主の議決権の保有基準割合以上の数の対象議決権を保有する者の子会社である株式会社金融商品取引所（イからホまでに掲げる者を除く。）	（新設）
二　（略）	二　（略）

概要

(1)　業務の健全性、適切性に支障が生じるおそれがないことを審査すべき金融商品取引所として、以下のものを追加している。

① 当該金融商品取引所（当該金融商品取引所を子会社とする者を含む）の総株主等の議決権の20%以上の数の議決権を保有する金融商品取引所（ハ）

② 当該金融商品取引所を子会社とする者の子会社である金融商品取引所（＝当該金融商品取引所の兄弟会社である金融商品取引所や兄弟会社の子会社たる金融商品取引所）（ホ）

③ 当該金融商品取引所（当該金融商品取引所を子会社とする者を含む）の総株主等の議決権の20%以上の数の議決権を保有する者の子会社である金融商品取引所（ヘ）

⑵ 「当該金融商品取引所の総株主の議決権の百分の五十を超える対象議決権を保有する株式会社金融商品取引所」を、「当該金融商品取引所を子会社とする金融商品取引所」に改める（ロ）。

解説

⑴ ハ、ホおよびヘについて

① ハ（当該金融商品取引所（当該金融商品取引所を子会社とする者を含む）の総株主等の議決権の20%以上の数の議決権を保有する金融商品取引所）について

「当該金融商品取引所（X）（当該金融商品取引所（X）を子会社とする者を含む）の総株主等の議決権の20%以上の数の議決権を保有する金融商品取引所（Y）」が当該金融商品取引所（X）に上場する場合には、124条１項３号による承認の対象となるところ、この場合については、当該上場する金融商品取引所（Y）の業務が、自社の議決権移動により支障が生じることがないかを審査する必要があるためである。

② ホ（当該金融商品取引所を子会社とする者の子会社である金融商品取引所）について

「当該金融商品取引所を子会社とする者」が当該金融商品取引所に上場する場合には、124条１項２号による承認の対象となるところ、その場合には、当該者の子会社たる他の金融商品取引所の業務が、親会社の議決権移動により支障が生じることがないかを審査する必要があるためである。

③　へ（当該金融商品取引所（当該金融商品取引所を子会社とする者を含む。）の総株主等の議決権の20％以上の数の議決権を保有する者の子会社である金融商品取引所）について

「当該金融商品取引所（当該金融商品取引所を子会社とする者を含む。）の総株主等の議決権の20％以上の数の議決権を保有する者」が当該金融商品取引所に上場する場合には、法124条１項３号または５号による承認の対象となるところ、その場合には、当該者の子会社たる金融商品取引所の業務が、親会社の議決権移動により支障が生じることがないかを審査する必要があるためである。

(2)　当該金融商品取引所を子会社とする金融商品取引所について（ロ）

当該金融商品取引所（X）の間接の親会社（祖父会社等）である金融商品取引所（Y）が、当該金融商品取引所（孫会社等）（X）に上場する場合についても124条１項による承認の対象となっていることから（同項２号）、当該祖父会社等である金融商品取引所（Y）の議決権移動による、当該祖父会社等である金融商品取引所（Y）の業務の健全性、適切性に与える影響を審査する必要があるためである（なお、当該金融商品取引所（X）の業務の健全性、適切性については同号イにより審査）。

●第３項●

改　正　後	改　正　前
3　第百二十一条の規定にかかわらず、金融商品取引所は、次に掲げる者が発行者である有価証券をその売買のため、又は当該有価証券、当該有価証券に係る金融指標若しくは当該有価証券に係るオプションを市場デリバティブ取引のためにその開設する取引所金融商品市場に上場しようとする場合には、その上場しようとする取引所金融	**3**　第百二十一条の規定にかかわらず、金融商品取引所は、次に掲げる者が発行者である有価証券をその売買のため、又は当該有価証券、当該有価証券に係る金融指標若しくは当該有価証券に係るオプションを市場デリバティブ取引のためにその開設する取引所金融商品市場に上場しようとする場合には、その上場しようとする取引所金融

商品市場ごとに、その都度、その上場について、内閣総理大臣の承認を受けなければならない。ただし、次条の規定による命令に基づき上場する場合は、この限りでない。 一　当該金融商品取引所（当該金融商品取引所を子会社とする者を含む。）の総株主の議決権の保有基準割合以上の数の対象議決権を保有する者（第一項各号に掲げる者を除く。） 二　当該金融商品取引所の子会社（当該子会社が株式会社金融商品取引所、金融商品取引所持株会社又は親商品取引所等である場合を除く。）	商品市場ごとに、その都度、その上場について、内閣総理大臣の承認を受けなければならない。ただし、次条の規定による命令に基づき上場する場合は、この限りでない。 一　当該金融商品取引所の主要株主（第百六条の三第一項の認可又は第百六条の十七第一項の認可を受けた者をいう。） 二　当該金融商品取引所の子会社（当該子会社が金融商品取引所又は金融商品取引所持株会社である場合を除く。）

概要

１号で、当該金融商品取引所またはその金融商品取引所持株会社の主要株主を、「当該金融商品取引所（当該金融商品取引所を子会社とする者を含む。）の総株主の議決権の保有基準割合以上の対象議決権を保有する者」に改める。

２号で、本号の「当該金融商品取引所の子会社」から除かれるものとして、親商品取引所等を追加している。

解説

⑴　**１号**（当該金融商品取引所（当該金融商品取引所を子会社とする者を含む。）の総株主の議決権の保有基準割合以上の対象議決権を保有する者）

当該金融商品取引所またはその金融商品取引所持株会社の20％以上の議決権を保有する商品取引所や商品取引所持株会社についても、従来の主要株主（＝当該金融商品取引所またはその金融商品取引所持株会社の20％以上の議決権保有について認可を受けた地方公共団体等（106条の３第１項））と同様に扱うことが適当であるから、これらの者を包括して「当該金融商品取引所（当該金融商品取引所を子会社とする者を含む。）の総株主の議決権の保有基準割合以上の対象議決権を保有する者」と規定することとする。

ただし、これらの者が１項各号に掲げる者でもある場合には、２項１号による業務の健全性確保に関する審査も行う必要があることから、３項１

号に掲げる者から除外することとしている。

⑵　2号

本号の「当該金融商品取引所の子会社」が親商品取引所等（＝金融商品取引所を子会社とする商品取引所または商品取引所持株会社）である場合には、当該親商品取引所等の子会社たる金融商品取引所について、（当該親商品取引所の上場に伴う）議決権移動による業務の健全性への悪影響を防止する必要があることから、123条3項ではなく、124条1項による承認の対象としている（124条1項6号）。

第126条　上場廃止の届出等

●第2項●

改　正　後	改　正　前
2　前項の規定にかかわらず、金融商品取引所は、第百二十四条第一項の有価証券をその売買のため、又は同項の有価証券、金融指標若しくはオプションを市場デリバティブ取引のためその開設する取引所金融商品市場に上場している場合において、当該有価証券、金融指標又はオプションの上場を廃止しようとするときは、その上場を廃止しようとする取引所金融商品市場ごとに、その上場の廃止について、内閣総理大臣の承認を受けなければならない。ただし、第百二十九条第一項の規定による命令に基づき上場を廃止する場合は、この限りでない。	2　前項の規定にかかわらず、金融商品取引所は、第百二十四条第一項の有価証券をその売買のため、又は同項の有価証券、金融指標又はオプションを市場デリバティブ取引のためその開設する取引所金融商品市場に上場している場合において、当該有価証券、金融指標又はオプションの上場を廃止しようとするときは、その上場を廃止しようとする取引所金融商品市場ごとに、その上場の廃止について、内閣総理大臣の承認を受けなければならない。ただし、第百二十九条第一項の規定による命令に基づき上場を廃止する場合は、この限りでない。

概要

122条との平仄を合わせるものである。

第133条の２　対象議決権に係る規定の準用　新設

改　正　後
第百三十三条の二　第百三条の二第五項の規定は、第百二十二条第一項、第百二十三条及び第百二十四条第一項から第三項までの規定を適用する場合について準用する。

概要

122条～124条の規定中の「対象議決権」について、「特別の関係にある者」が保有する議決権の合算等を定める103条の２第５項を準用することとするものである。

第149条　定款等の変更の認可等

●第２項●

改　正　後	改　正　前
２　金融商品取引所は、第八十一条第一項第二号又は第三号に掲げる事項について変更があつたときは、遅滞なく、その旨を内閣総理大臣に届け出なければならない。金融商品取引所の規則（定款、業務規程、受託契約準則及び第百五十六条の十九第一項の承認を受けて行う金融商品債務引受業に係る業務方法書を除く。）の作成、変更又は廃止があつたとき及び第八十七条の二第一項ただし書の認可を受けて行う業務の全部を廃止したときも、同様とする。	２　金融商品取引所は、第八十一条第一項第二号又は第三号に掲げる事項について変更があつたときは、遅滞なく、その旨を内閣総理大臣に届け出なければならない。金融商品取引所の規則（定款、業務規程、受託契約準則及び第百五十六条の十九の承認を受けて行う金融商品債務引受業に係る業務方法書を除く。）の作成、変更又は廃止があつたときも、同様とする。

概要

156条の19に２項～４項を新設したことによる修正を行っている。

また、兼業業務（87条の２第１項ただし書の認可を受けて行う業務）を廃止した場合には、監督当局として把握する必要があるため、兼業業務の全部を廃止した場合には内閣総理大臣へ届出を要することとする。

第152条　金融商品取引所に対する監督上の処分

●第１項●

改　正　後	改　正　前
第百五十二条　内閣総理大臣は、金融商品取引所が次の各号のいずれかに該当する場合において、公益又は投資者保護のため必要かつ適当であると認めるときは、当該各号に定める処分をすることができる。 一　法令、法令に基づく行政官庁の処分、第八十七条の二第一項ただし書若しくは第八十七条の三第一項ただし書の認可に付した条件若しくは定款その他の規則に違反したとき、又は会員等若しくは当該金融商品取引所に上場されている有価証券の発行者が法令、法令に基づく行政官庁の処分若しくは当該金融商品取引所の定款、業務規程、受託契約準則その他の規則（以下この号において「法令等」という。）に違反し、若しくは定款その他の規則に定める取引の信義則に背反する行為をしたにもかかわらず、これらの者に対し法令等若しくは当該取引の信義則を遵守させるために、この法律、この法律に基づく命令若しくは定款その他の規則により認められた権能を行使せずその他必要な措置をとることを怠つたとき　第八十条第一項の免許を取り消し、一年以内の期間を定めてその業務の全部若しくは一部の停止を命じ、その業務の変更若しくはその業務の一部の禁止を命じ、その役員の解任を命じ、又は定款その他の規則に定める必要な措置をとることを命ずること。 二　（略） 三　第八十七条の二第一項ただし書の規定により認可を受けて行う業務が当該金融商品取引所の業務の公共性	**第百五十二条**　内閣総理大臣は、金融商品取引所が次の各号のいずれかに該当する場合において、公益又は投資者保護のため必要かつ適当であると認めるときは、当該各号に定める処分をすることができる。 一　法令、法令に基づく行政官庁の処分若しくは定款その他の規則に違反したとき、又は会員等若しくは当該金融商品取引所に上場されている有価証券の発行者が法令、法令に基づく行政官庁の処分若しくは当該金融商品取引所の定款、業務規程、受託契約準則その他の規則（以下この号において「法令等」という。）に違反し、若しくは定款その他の規則に定める取引の信義則に背反する行為をしたにもかかわらず、これらの者に対し法令等若しくは当該取引の信義則を遵守させるために、この法律、この法律に基づく命令若しくは定款その他の規則により認められた権能を行使せずその他必要な措置をとることを怠つたとき　第八十条第一項の免許を取り消し、一年以内の期間を定めてその業務の全部若しくは一部の停止を命じ、その業務の変更若しくはその業務の一部の禁止を命じ、その役員の解任を命じ、又は定款その他の規則に定める必要な措置をとることを命ずること。 二　（略） （新設）

に対する信頼を損なうおそれ若しくは金融商品市場開設等業務（取引所金融商品市場の開設及びこれに附帯する業務をいう。次号において同じ。）の健全かつ適切な運営を損なうおそれがあると認めるとき、又は同項ただし書の認可に付した条件に違反したとき　同項ただし書の認可を取り消すこと。	
四　第八十七条の三第一項ただし書の規定により認可を受けて保有する子会社の行為が当該金融商品取引所の業務の公共性に対する信頼を損なうおそれ若しくは当該金融商品取引所の金融商品市場開設等業務の健全かつ適切な運営を損なうおそれがあると認めるとき、又は同項ただし書の認可に付した条件に違反したとき　同項ただし書の認可を取り消すこと。	（新設）

概要

⑴　1号

金融商品取引所の免許の取消し、業務の停止・変更・禁止等の処分の発動要件として、兼業市場開設等の認可あるいは子会社保有の認可に付した条件に違反した場合を追加することとする。

⑵　3号

①　金融商品取引所が87条の2第1項ただし書の規定により認可を受けて行う業務について、当該金融商品取引所の業務の公共性に対する信頼を損なうおそれまたは金融商品市場開設等業務の健全かつ適切な運営を損なうおそれがあると認めるとき

②　当該認可に付された条件に違反したとき

について、当該認可を取り消すことができる旨の規定を追加することとする。

⑶　4号

①　金融商品取引所が内閣総理大臣の認可を受けて保有する子会社の行

為が、当該金融商品取引所の業務の公共性に対する信頼を損なうおそれもしくは金融商品市場開設等業務の健全かつ適切な運営を損なうおそれがあると認めるとき

② 当該認可に付された条件に違反したとき

について、当該認可を取り消すことができる旨の規定を追加することとする。

解説

取引所の業務の多様化やグループ化の進展に対応した監督上の処分規定を整備するものである。

なお、取引所の業務等が拡大したとしても、金商法の目的はあくまで金融商品市場の公正、円滑、投資者保護に資する運営を確保することにあるため、３号、４号においては、こうした観点を明確にした規定としている。

※第５章の２　外国金融商品取引所

第155条の３　認可審査基準

●第２項●

改　正　後	改　正　前
2　内閣総理大臣は、前項の規定により審査した結果、その申請が同項の基準に適合していると認めたときは、次の各号のいずれかに該当する場合を除いて、その認可を与えなければならない。 一・二　（略） 三　認可申請者が第百五十五条の十第一項の規定により第百五十五条第一項の認可を取り消され、第五十二条第一項若しくは第四項、第五十二条の二第一項若しくは第三項、第五十三条第三項若しくは第五十四条の規定により第二十九条若しくは第三十三条の二の登録を取り消され、	**2**　内閣総理大臣は、前項の規定により審査した結果、その申請が同項の基準に適合していると認めたときは、次の各号のいずれかに該当する場合を除いて、その認可を与えなければならない。 一・二　（略） 三　認可申請者が第百五十五条の十第一項の規定により第百五十五条第一項の認可を取り消され、第五十二条第一項若しくは第四項、第五十二条の二第一項若しくは第三項、第五十三条第三項若しくは第五十四条の規定により第二十九条若しくは第三十三条の二の登録を取り消され、

第六十条の八第一項若しくは第六十条の九第一項の規定により第六十条第一項の許可を取り消され、第六十六条の二十第一項の規定により第六十六条の登録を取り消され、若しくは第六十六条の四十二第一項若しくは第三項の規定により第六十六条の二十七の登録を取り消され、又はその本店若しくは主たる事務所の所在する国において受けている第二十九条、第六十六条若しくは第六十六条の二十七の登録若しくは第八十条第一項、第百五十六条の二若しくは第百五十六条の二十四第一項の免許と同種類の登録若しくは免許（当該登録又は免許に類する許可その他の行政処分を含む。）を取り消され、その取消しの日から五年を経過するまでの者であるとき。 四～六　（略）	第六十条の八第一項若しくは第六十条の九第一項の規定により第六十条第一項の許可を取り消され、若しくは第六十六条の二十第一項の規定により第六十六条の登録を取り消され、又はその本店若しくは主たる事務所の所在する国において受けている第二十九条若しくは第六十六条の登録若しくは第八十条第一項、第百五十六条の二若しくは第百五十六条の二十四第一項の免許と同種類の登録若しくは免許（当該登録又は免許に類する許可その他の行政処分を含む。）を取り消され、その取消しの日から五年を経過するまでの者であるとき。 四～六　（略）

概要

信用格付業者についての登録制度が設けられたことに伴う修正を行っている。

第５章の３　金融商品取引清算機関等

第156条の４　免許審査基準

●第２項●

改　正　後	改　正　前
２　内閣総理大臣は、前項の規定により審査した結果、その申請が同項の基準に適合したと認めたときは、次の各号のいずれかに該当する場合を除いて、その免許を与えなければならない。 一・二　（略） 三　免許申請者が第百四十八条、第百五十二条第一項、第百五十六条の	２　内閣総理大臣は、前項の規定により審査した結果、その申請が同項の基準に適合したと認めたときは、次の各号のいずれかに該当する場合を除いて、その免許を与えなければならない。 一・二　（略） 三　免許申請者が第百四十八条、第百五十二条第一項、第百五十六条の

十七第一項若しくは第二項、第百五十六条の二十六において準用する第百四十八条若しくは第百五十六条の三十二第一項の規定により免許を取り消され、若しくは第五十二条第一項、第五十三条第三項、第六十六条の二十第一項若しくは第六十六条の四十二第一項の規定により登録を取り消され、又はこの法律に相当する外国の法令の規定により当該外国において受けている同種類の免許若しくは登録（当該免許又は登録に類する許可その他の行政処分を含む。）を取り消され、その取消しの日から五年を経過するまでの会社であるとき。 四・五　（略）	十七第一項若しくは第二項、第百五十六条の二十六において準用する第百四十八条若しくは第百五十六条の三十二第一項の規定により免許を取り消され、若しくは第五十二条第一項、第五十三条第三項若しくは第六十六条の二十第一項の規定により登録を取り消され、又はこの法律に相当する外国の法令の規定により当該外国において受けている同種類の免許若しくは登録（当該免許又は登録に類する許可その他の行政処分を含む。）を取り消され、その取消しの日から五年を経過するまでの会社であるとき。 四・五　（略）

概要

信用格付業者についての登録制度が設けられたことに伴う修正を行っている。

第156条の６　業務の制限

●第２項●

改　正　後	改　正　前
２　金融商品取引清算機関（金融商品取引清算機関が金融商品取引所である場合を除く。以下この条、第百五十六条の十三、第百五十六条の十四及び第百五十六条の十七第一項において同じ。）は、金融商品債務引受業等及びこれに附帯する業務のほか、他の業務を行うことができない。ただし、金融商品債務引受業に関連する業務又は商品取引債務引受業等（商品先物取引法第百七十条第二項に規定する商品取引債務引受業等をいう。以下同じ。）及びこれに附帯する業務で、当該金融商品取引清算機関が金融商品債務引受業	２　金融商品取引清算機関（金融商品取引清算機関が金融商品取引所である場合を除く。以下この条、第百五十六条の十三、第百五十六条の十四及び第百五十六条の十七第一項において同じ。）は、金融商品債務引受業等及びこれに附帯する業務のほか、他の業務を行うことができない。ただし、金融商品債務引受業に関連する業務で、当該金融商品取引清算機関が金融商品債務引受業を適正かつ確実に行うにつき支障を生ずるおそれがないと認められるものについて、内閣府令で定めるところにより、内閣総理大臣の承認を受

を適正かつ確実に行うにつき支障を生ずるおそれがないと認められるものについて、内閣府令で定めるところにより、内閣総理大臣の承認を受けたときは、この限りでない。	けたときは、この限りでない。

概要

金融商品取引清算機関が内閣総理大臣の承認を受けて行うことができる業務として、（商品先物取引法170条２項に規定する）商品取引債務引受業等を明記することとしている。

解説

金融商品取引所と商品取引所の相互乗入れを可能とする制度整備に伴い、金融商品取引清算機関と商品取引清算機関の相互乗入れも可能となるよう、規定の整備を行うものである。

「商品取引債務引受業等」とは、商品先物取引法において新設された概念であり、商品市場における取引に係る債務引受業（商品取引債務引受業）に店頭商品デリバティブ取引に係る債務引受業を加えたものである。

改正前においても、金融商品取引清算機関は、内閣総理大臣の承認を受けて、金融商品市場に関連する業務を行うことが可能であり、当該業務範囲に商品取引債務引受業等は基本的に含まれるものと考えられるが、この際、金融商品取引清算機関が商品取引債務引受業等を行うことができることを明確化することとする。

なお、商品取引債務引受業を行うには、別途商品先物取引法に基づき、商品取引清算機関としての許可を取得することが必要となる。

●第４項・第５項●　新設

改　正　後
4　内閣総理大臣は、第二項ただし書の承認に条件を付することができる。 5　前項の条件は、公益又は投資者保護のため必要な最小限度のものでなければならない。

概要

本条２項ただし書の承認に、条件を付すことができることを明記することとしている。

解説

今般の改正により、金融商品取引清算機関は、金融商品取引と商品取引のクリアリングを一体的に行っていくことが可能となるため、商品取引のクリアリングに関する業務内容について一定の条件を付すことが必要な場合も生じ得ると考えられる。このため、本条の承認に条件を付すことができることを明確化している。

第156条の７　業務方法書

●第２項●

改　正　後	改　正　前
２　業務方法書には、次に掲げる事項を定めなければならない。 一　（略） 二　金融商品債務引受業（前条第一項の業務を行う場合にあつては、金融商品債務引受業等。以下この項、第百五十六条の十及び第百五十六条の十一の二第一項において同じ。）の対象とする債務の起因となる取引及び当該取引の対象とする金融商品の種類 三～七　（略）	２　業務方法書には、次に掲げる事項を定めなければならない。 一　（略） 二　金融商品債務引受業（前条第一項の業務を行う場合にあつては、金融商品債務引受業等。以下この項及び第百五十六条の十において同じ。）の対象とする債務の起因となる取引及び当該取引の対象とする金融商品の種類 三～七　（略）

概要

金融商品取引清算機関が156条の６第１項の業務（金融商品取引業者等以外の者を相手方とする金融商品取引に係る債務引受業）を行う場合に、金融商品債務引受業と同様に適用されるべき規定として、156条の11の２を追加する。

解説

清算参加者の破綻時における一括清算ネッティングについて、金融商品債務引受業対象業者以外の者を相手方として行った債務引受けについても有効であることを法的に明確化することが、清算業務の適正かつ確実な遂行を確保する観点から適当と考えられる。

第156条の11の2　特別清算手続等が開始されたときの手続等

●第1項●

改　正　後	改　正　前
第百五十六条の十一の二　金融商品取引清算機関が業務方法書で未決済債務等（清算参加者が行つた対象取引等（対象取引、商品市場における取引（商品先物取引法第二条第十項に規定する商品市場における取引をいう。）又は店頭商品デリバティブ取引（同条第十四項に規定する店頭商品デリバティブ取引をいう。）をいう。以下この条において同じ。）の相手方から金融商品債務引受業又は商品取引債務引受業等として引き受けた当該対象取引等に基づく債務、当該清算参加者から当該対象取引等に基づく債務を引き受けた対価として当該清算参加者に対して取得した債権（当該債務と同一の内容を有するものに限る。）及び担保をいう。以下この項において同じ。）について差引計算の方法、担保の充当の方法その他の決済の方法を定めている場合において、清算参加者に特別清算手続、破産手続、再生手続又は更生手続が開始されたときは、これらの手続の関係において、未決済債務等に関する金融商品取引清算機関又は当該清算参加者が有する請求権の額の算定その他の決済の方法は、当該業務方法書の定めに従うものとする。	**第百五十六条の十一の二**　金融商品取引清算機関が業務方法書で未決済債務等（清算参加者が行つた対象取引の相手方から金融商品債務引受業として引き受けた当該対象取引に基づく債務、当該清算参加者から当該対象取引に基づく債務を引き受けた対価として当該清算参加者に対して取得した債権（当該債務と同一の内容を有するものに限る。）及び担保をいう。以下この項において同じ。）について差引計算の方法、担保の充当の方法その他の決済の方法を定めている場合において、清算参加者に特別清算手続、破産手続、再生手続又は更生手続が開始されたときは、これらの手続の関係において、未決済債務等に関する金融商品取引清算機関又は当該清算参加者が有する請求権の額の算定その他の決済の方法は、当該業務方法書の定めに従うものとする。

概要

今般の改正において、清算機関の相互乗入れも可能となるよう制度整備を行うことに伴い（156条の６参照）、金融商品債務引受業と商品取引債務引受業を兼業する清算機関の清算参加者が、当該清算機関に対して金融商品と商品の両方のポジションを有する場合においても金融商品取引清算機関が業務方法書に一括清算ネッティング条項を定めた場合には、当該定めに基づく債権債務の清算手続は倒産手続に優先して効力が認められることとする。

解説

(1)　本条の規定は、清算機関が業務方法書においていわゆる一括清算ネッティング条項（清算参加者が破綻した場合に、すべてのポジションを解消し、当該全ポジションから生じるグロスベースの債権債務をネッティングの上、1本の債権債務に置き換える旨の条項をいう）を定めた場合には、法的倒産手続においても当該条項の定めが優先される旨を定めている。

(2)　今般の改正により、清算機関の相互乗入れも可能となるよう制度整備を行うため、金融商品債務引受業と商品取引債務引受業を兼業する清算機関の清算参加者が破産した場合において、当該清算参加者が当該清算機関に対して有する金融商品取引および商品取引に係る債権債務についても一括清算ネッティングできることを法的に明確化することが、清算業務の適切かつ確実な遂行の観点から適当である。

そのため、本条の一括清算ネッティングの対象（未決済債務等）に、商品取引債務引受業等において引き受け、または取得した商品市場における取引または店頭商品デリバティブ取引に係る債権債務等を追加することとする。

第156条の17　免許の取消し等

●第２項●

改　正　後	改　正　前
2　内閣総理大臣は、金融商品取引清算機関が法令、法令に基づく行政官庁の処分又は第百五十六条の六第二項ただ	2　内閣総理大臣は、金融商品取引清算機関が法令又は法令に基づく行政官庁の処分に違反したときは、第百五十六

し書若しくは第百五十六条の十九第一項の承認に付した条件に違反したときは、第百五十六条の二の免許若しくは第百五十六条の六第二項ただし書若しくは第百五十六条の十九第一項の承認を取り消し、六月以内の期間を定めてその業務の全部若しくは一部の停止を命じ、又はその役員の解任を命ずることができる。	条の二の免許若しくは第百五十六条の六第二項ただし書若しくは第百五十六条の十九の承認を取り消し、六月以内の期間を定めてその業務の全部若しくは一部の停止を命じ、又はその役員の解任を命ずることができる。

概要

金融商品取引清算機関が金融商品債務引受業の関連業務等を行う場合において当該業務の承認に付された条件に違反した場合、および、金融商品取引所が金融商品債務引受業等を行う場合において当該業務の承認に付された条件に違反した場合には、当該承認の取消しを行うことができるよう、規定を整備している。

第156条の19　金融商品取引所による金融商品債務引受業等

●第２項・第３項●　新設

改　正　後
２　商品市場開設金融商品取引所は、第八十七条の二第一項の規定にかかわらず、内閣府令で定めるところにより、内閣総理大臣の承認を受けて商品取引債務引受業等及びこれに附帯する業務を行うことができる。 ３　商品市場開設金融商品取引所は、前項の承認を受けた業務を廃止したときは、内閣府令で定めるところにより、その旨を内閣総理大臣に届け出なければならない。

概要

商品市場開設金融商品取引所は、内閣総理大臣の承認を受けて商品取引債務引受業等を行うことができることとし、当該業務を廃止したときは内閣総理大臣に届け出ることを義務づけることとしている。

解説

金融商品取引所は、インハウスによる金融商品取引の清算業務を行うことが認められていることを踏まえれば（本条１項)、商品市場を開設する金融商品取引所は、商品市場を適切に運営する能力があると認められている以上、商品取引の清算業務についてもインハウスで行うことができることとすることが適当と考えられる。

なお、金融商品の債務引受業も承認制とされていること、および、債務引受業はリスクの高い業務であることを踏まえ、２項においても同様に内閣総理大臣の承認を要することとしている。

▶参考◀

87条の２第１項の商品市場開設業務およびこれに附帯する業務の範囲と商品取引債務引受業等およびこれに附帯する業務の範囲との関係については、自市場における商品取引の清算業務は、商品市場開設業務に附帯する業務と考えられるが、店頭商品取引の清算業務は基本的に商品市場開設業務に附帯する業務に含まれないものと考えられる。このため、本項によって、業務範囲が一部拡大されていることとなる。

●第４項● 新設

改　正　後
4　第百五十六条の六第四項及び第五項の規定は、第一項又は第二項の承認について準用する。

概要

本条１項または２項の承認に際し、条件を付すことができることを明記することとする。

解説

清算業務を行おうとする商品市場開設金融商品取引所は、金融商品市場と商品市場を併設し、さらに、商品取引の清算業務を行おうとするものであるため、業務の複雑化に対応して、本条の承認に一定の条件を付すことが必要な場合も生じ得ると考えられる。このため、当該承認に条件を付すことができることを明確化している。また、これに合わせ、金融商品取引所が金融商品取引の清算業務を行おうとする場合の本条１項の承認についても、同様に条件を付すことができることを明確化することとする。

第156条の20　金融商品取引所の金融商品債務引受業等の承認の取消し

●第1項●

改　正　後	改　正　前
第百五十六条の二十　内閣総理大臣は、前条第一項の承認を受けた金融商品取引所が次の各号のいずれかに該当するときは、その承認を取り消すことができる。 一　不正の手段により前条第一項の承認を受けたとき。 二・三　（略）	**第百五十六条の二十**　内閣総理大臣は、前条の承認を受けた金融商品取引所が次の各号のいずれかに該当するときは、その承認を取り消すことができる。 一　不正の手段により前条の承認を受けたとき。 二・三　（略）

概要

156条の19に2項～4項を追加することに伴う修正を行っている。

●第2項●　新設

改　正　後
2　内閣総理大臣は、前条第二項の承認を受けた商品市場開設金融商品取引所が法令、法令に基づく行政官庁の処分又は同項の承認に付した条件に違反したときは、同項の承認を取り消すことができる。

概要

商品市場開設金融商品取引所が156条の19第2項の承認を受けて商品取引債務引受業等を行う場合において、法令、法令に基づく行政官庁の処分または同項の承認に付された条件に違反した場合には、当該承認の取消処分を行うことができることとする。

解説

(1)　処分内容について

商品市場開設金融商品取引所が行う商品取引債務引受業等の運営について問題が生じ、公益または投資者保護のために必要な場合には、153条等の規定による行政処分を行うことが可能である。本項では、これに加え、承認取消処分を行うことができることとするものである。

(2) 処分の発動要件について

処分の発動要件は、金融商品取引所の兼業市場開設等の認可（87条の2第1項ただし書）に係る取消処分の発動要件（152条1項3号）（金融商品取引所の業務の公共性に対する信頼を損なうおそれや金融商品市場開設等業務の健全かつ適切な運営を損なうおそれがあると認めるとき）とは異なり、「法令、法令に基づく行政官庁の処分又は承認に付した条件に違反したとき」に処分できることとしている。

これは、152条1項3号においては、兼業市場開設等の業務の具体的な内容やそれに適用される規制等が特定されていないことから一般的に適用し得る規定内容とする必要があるのに対し、商品取引債務引受業等は、商品先物取引法により規制され、主務大臣の監督を受ける業務であること等を勘案したものである。

第5章の4　証券金融会社

第156条の25　免許審査基準

●第2項●

改　正　後	改　正　前
2　内閣総理大臣は、前項の規定により審査した結果、その申請が同項の基準に適合していると認めたときは、次の各号のいずれかに該当する場合を除いて、その免許を与えなければならない。 一～三　（略） 四　免許申請者が第百四十八条、第百五十二条第一項の規定により第八十条第一項の免許を取り消され、第百五十六条の十七第一項若しくは第二項の規定により第百五十六条の	2　内閣総理大臣は、前項の規定により審査した結果、その申請が同項の基準に適合していると認めたときは、次の各号のいずれかに該当する場合を除いて、その免許を与えなければならない。 一～三　（略） 四　免許申請者が第百四十八条、第百五十二条第一項の規定により第八十条第一項の免許を取り消され、第百五十六条の十七第一項若しくは第二項の規定により第百五十六条の

二の免許を取り消され、若しくは次条において準用する第百四十八条若しくは第百五十六条の三十二第一項の規定により前条第一項の免許を取り消され、又は第五十二条第一項、第五十三条第三項若しくは第五十四条の規定により第二十九条の登録を取り消され、第六十六条の二十第一項の規定により第六十六条の登録を取り消され、若しくは第六十六条の四十二第一項の規定により第六十六条の二十七の登録を取り消され、又はこの法律に相当する外国の法令の規定により当該外国において受けている同種類の免許若しくは登録（当該免許又は登録に類する許可その他の行政処分を含む。）を取り消され、その取消しの日から五年を経過するまでの会社であるとき。 五・六　（略）	二の免許を取り消され、若しくは次条において準用する第百四十八条若しくは第百五十六条の三十二第一項の規定により前条第一項の免許を取り消され、又は第五十二条第一項、第五十三条第三項若しくは第五十四条の規定により第二十九条の登録を取り消され、若しくは第六十六条の二十第一項の規定により第六十六条の登録を取り消され、又はこの法律に相当する外国の法令の規定により当該外国において受けている同種類の免許若しくは登録（当該免許又は登録に類する許可その他の行政処分を含む。）を取り消され、その取消しの日から五年を経過するまでの会社であるとき。 五・六　（略）

概要

信用格付業者についての登録制度が設けられたことに伴う修正を行っている。

第156条の31の2　指定紛争解決機関との契約締結義務等　新設

改　正　後
第百五十六条の三十一の二　証券金融会社であつて第百五十六条の二十七第一項第一号、第三号又は第四号の業務を行う者は、次の各号に掲げる場合の区分に応じ、当該各号に定める措置を講じなければならない。 一　指定証券金融会社紛争解決機関（指定紛争解決機関であつてその紛争解決等業務の種別が特定証券金融会社業務（第百五十六条の三十八第七項に規定する特定証券金融会社業務をいう。以下この項において同じ。）であるものをいう。以下この条において同じ。）が存在する場合　一の指定証券金融会社紛争解決機関との間で特定証券金融会社業務に係る手続実施基本契約を締結する措置 二　指定証券金融会社紛争解決機関が存在しない場合　特定証券金融会社業務に関する苦情処理措置及び紛争解決措置 2　証券金融会社は、前項の規定により手続実施基本契約を締結する措置を講じた場合には、当該手続実施基本契約の相手方である指定証券金融会社紛争解決機関

の商号又は名称を公表しなければならない。
3　第一項の規定は、次の各号に掲げる場合の区分に応じ、当該各号に定める期間においては、適用しない。
一　第一項第一号に掲げる場合に該当していた場合において、同項第二号に掲げる場合に該当することとなつたとき　第百五十六条の六十第一項の規定による紛争解決等業務の廃止の認可又は第百五十六条の六十一第一項の規定による指定の取消しの時に、同号に定める措置を講ずるために必要な期間として内閣総理大臣が定める期間
二　第一項第一号に掲げる場合に該当していた場合において、同号の一の指定証券金融会社紛争解決機関の紛争解決等業務の廃止が第百五十六条の六十第一項の規定により認可されたとき、又は同号の一の指定証券金融会社紛争解決機関の第百五十六条の三十九第一項の規定による指定が第百五十六条の六十一第一項の規定により取り消されたとき（前号に掲げる場合を除く。）　その認可又は取消しの時に、第一項第一号に定める措置を講ずるために必要な期間として内閣総理大臣が定める期間
三　第一項第二号に掲げる場合に該当していた場合において、同項第一号に掲げる場合に該当することとなつたとき　第百五十六条の三十九第一項の規定による指定の時に、同号に定める措置を講ずるために必要な期間として内閣総理大臣が定める期間

概要

証券金融会社に対して、苦情処理・紛争解決に関する行為規制を設けるものである。その内容は、金融商品取引業者等に対する行為規制（37条の7）と同様である。

第５章の５　指定紛争解決機関

第156条の38　定義

●第１項●　**新設**

改　正　後
第百五十六条の三十八　この章において「指定紛争解決機関」とは、次条第一項の規定による指定を受けた者をいう。

概要

156条の39第１項の規定による指定を受けた者を、指定紛争解決機関と

定義している。

●第２項●　新設

改　正　後
2　この章において「特定第一種金融商品取引業務」とは、金融商品取引業者が行う第二十八条第一項各号に掲げる行為に係る業務及び第三十五条第一項の規定により行う業務並びに当該金融商品取引業者のために金融商品仲介業者が行う第二条第十一項第一号から第三号までに掲げる行為に係る業務をいう。

概要

金融商品取引業者が行う28条１項各号に掲げる行為に係る業務（37条の７第１項の解説参照）および35条１項の規定により行う付随業務ならびに当該金融商品取引業者のために金融商品仲介業者が行う２条11項１号～３号に掲げる行為に係る業務を、特定第一種金融商品取引業務と定義している。

第一種金融商品取引業者が、37条の７の規定により義務づけられる苦情処理・紛争解決に関する措置（手続実施基本契約の締結を含む）の対象業務の範囲および指定紛争解決機関の対象業務の範囲を定めるものである。

解説

第一種金融商品取引業者のいわゆる本業および付随業務を、特定第一種金融商品取引業務に含めることとしている。

また、第一種金融商品取引業者は、当該金融商品取引業者を所属金融商品取引業者等とする金融商品仲介業者（２条11項）が顧客に加えた損害を賠償する責任を負っている（66条の24）こと等から、当該金融商品仲介業者が第一種金融商品取引業者の委託を受けて行う金融商品仲介業を特定第一種金融商品取引業務に含めることとしている。

●第３項● 新設

改　正　後
3　この章において「特定第二種金融商品取引業務」とは、金融商品取引業者が行う第二十八条第二項各号に掲げる行為に係る業務（第六十三条第一項第一号に掲げる行為に係る業務を除く。）及びこれに付随する業務をいう。

概要

金融商品取引業者が行う28条２項各号に掲げる行為に係る業務（37条の７第１項の 解説 参照。適格機関投資家等特例業務（63条１項１号に掲げる行為に係る業務）を除く）およびこれに付随する業務を、特定第二種金融商品取引業務と定義している。

第二種金融商品取引業者が、37条の７の規定により義務づけられる苦情処理・紛争解決に関する措置（手続実施基本契約の締結を含む）の対象業務の範囲および指定紛争解決機関の対象業務の範囲を定めるものである。

解説

第二種金融商品取引業者のいわゆる本業および付随業務を特定第二種金融商品取引業務に含めることとしている。

なお、適格機関投資家等特例業務については、プロ投資家を相手とするものであって、金融商品取引業の登録義務を適用せずに届出制とし、行為規制も簡素なものとしており、また、ADRにより解決すべきと考えられる苦情・紛争は例外的であると考えられること等から、対象業務から除外している。

●第４項● 新設

改　正　後
4　この章において「特定投資助言・代理業務」とは、金融商品取引業者が行う第二十八条第三項各号に掲げる行為に係る業務及びこれに付随する業務をいう。

概要

金融商品取引業者が行う28条３項各号に掲げる行為に係る業務（37条の

7第1項の 解説 参照）およびこれに付随する業務を、特定投資助言・代理業務と定義している。

投資助言・代理業者が、37条の7の規定により義務づけられる苦情処理・紛争解決に関する措置（手続実施基本契約の締結を含む）の対象業務の範囲および指定紛争解決機関の対象業務の範囲を定めるものである。

●第5項● 新設

改　正　後
5　この章において「特定投資運用業務」とは、金融商品取引業者が行う第二十八条第四項各号に掲げる行為に係る業務（第六十三条第一項第二号に掲げる行為に係る業務を除く。）及び第三十五条第一項の規定により行う業務並びに当該金融商品取引業者のために金融商品仲介業者が行う第二条第十一項第四号に掲げる行為に係る業務をいう。

概要

金融商品取引業者が行う28条4項各号に掲げる行為に係る業務（37条の7第1項の 解説 参照。適格機関投資家等特例業務（63条1項2号に掲げる行為に係る業務）を除く）および35条1項の規定により行う付随業務ならびに当該金融商品取引業者のために金融商品仲介業者が行う2条11項4号に掲げる行為に係る業務を、特定投資運用業務と定義している。

投資運用業者が、37条の7の規定により義務づけられる苦情処理・紛争解決に関する措置（手続実施基本契約の締結を含む）の対象業務の範囲および指定紛争解決機関の対象業務の範囲を定めるものである。

解説

投資運用業者のいわゆる本業および付随業務を特定投資運用業務に含めることとしている。

また、金融商品仲介業者が投資運用業者の委託を受けて行う金融商品仲介業を特定投資運用業務に含めることとしている。

なお、適格機関投資家等特例業務については、対象業務から除外している。

●第6項● 新設

改　正　後
6　この章において「特定登録金融機関業務」とは、登録金融機関が行う第三十三条の二の登録に係る業務及びこれに付随する業務、当該登録金融機関のために特定金融商品取引業務（第三十三条の八第二項に規定する特定金融商品取引業務をいう。以下この項において同じ。）を行う者が行う特定金融商品取引業務並びに当該登録金融機関のために金融商品仲介業者が行う第二条第十一項第一号から第四号までに掲げる行為に係る業務をいう。

概要

登録金融機関が行う33条の2の登録に係る業務およびこれに付随する業務、当該登録金融機関のために特定金融商品取引業務（33条の8第2項）を行う者が行う特定金融商品取引業務ならびに当該登録金融機関のために金融商品仲介業者が行う2条11項1号～4号に掲げる行為に係る業務を、特定登録金融機関業務と定義している。

登録金融機関が37条の7の規定により義務づけられる、苦情処理・紛争解決に関する措置（手続実施基本契約の締結を含む）の対象業務の範囲および指定紛争解決機関の対象業務の範囲を定めるものである。

解説

登録金融機関として行うすべての業務を、特定登録金融機関業務に含めることとしている。

また、特定金融商品取引業務を行う者が登録金融機関を代理して行う特定金融商品取引業務および金融商品仲介業者が登録金融機関の委託を受けて行う金融商品仲介業を特定登録金融機関業務に含めることとしている。

●第7項● 新設

改　正　後
7　この章において「特定証券金融会社業務」とは、証券金融会社が第百五十六条の二十七第一項第一号、第三号及び第四号の規定により行う業務をいう。

概要

証券金融会社が156条の27第１項１号、３号および４号の規定により行う業務を、特定証券金融会社業務と定義している。

証券金融会社が156条の31の２の規定により義務づけられる、苦情処理・紛争解決に関する措置（手続実施基本契約の締結を含む）の対象業務の範囲および指定紛争解決機関の対象業務の範囲を定めるものである。

解説

証券金融会社が行うことができる業務のうち、156条の24第１項および156条の27第１項２号の業務については、金融商品取引業者等を取引の相手方とするものであることから、対象業務から除外している。

●第８項●　新設

改　正　後
8　この章において「金融商品取引業等業務」とは、特定第一種金融商品取引業務、特定第二種金融商品取引業務、特定投資助言・代理業務、特定投資運用業務、特定登録金融機関業務又は特定証券金融会社業務をいう。

概要

特定第一種金融商品取引業務、特定第二種金融商品取引業務、特定投資助言・代理業務、特定投資運用業務、特定登録金融機関業務または特定証券金融会社業務を、金融商品取引業等業務と定義している。

紛争解決等業務の種別に応じて、その内容を読み替えることになる。

●第９項●　新設

改　正　後
9　この章において「苦情処理手続」とは、金融商品取引業等業務関連苦情（金融商品取引業等業務に関する苦情をいう。第百五十六条の四十四、第百五十六条の四十五及び第百五十六条の四十九において同じ。）を処理する手続をいう。

概要

金融商品取引業等業務に関する苦情を処理する手続を、苦情処理手続と定義している。

●第10項● 新設

改　正　後
10　この章において「紛争解決手続」とは、金融商品取引業等業務関連紛争（金融商品取引業等業務に関する紛争で当事者が和解をすることができるものをいう。第百五十六条の四十四、第百五十六条の四十五及び第百五十六条の五十から第百五十六条の五十二までにおいて同じ。）について訴訟手続によらずに解決を図る手続をいう。

概要

金融商品取引業等業務に関する紛争（当事者が和解をすることができるもの）の解決を図る手続を、紛争解決手続と定義している。

●第11項● 新設

改　正　後
11　この章において「紛争解決等業務」とは、苦情処理手続及び紛争解決手続に係る業務並びにこれに付随する業務をいう。

概要

苦情処理手続および紛争解決手続に係る業務ならびにこれに付随する業務を、紛争解決等業務と定義している。

本項の趣旨は、指定紛争解決機関の指定紛争解決機関としての業務の範囲を画し、検査・監督権限が及ぶ範囲を定めることである。

付随する業務として想定される業務は、相談業務ならびに受託紛争解決機関（156条の43参照）として行う他の指定紛争解決機関の苦情を処理する手続および紛争の解決を図る手続の業務などである。

●第12項●　新設

改　正　後
12　この章において「紛争解決等業務の種別」とは、紛争解決等業務に係る特定第一種金融商品取引業務、特定第二種金融商品取引業務、特定投資助言・代理業務、特定投資運用業務、特定登録金融機関業務及び特定証券金融会社業務の種別をいう。

概要

紛争解決等業務に係る種別として、特定第一種金融商品取引業務、特定第二種金融商品取引業務、特定投資助言・代理業務、特定投資運用業務、特定登録金融機関業務および特定証券金融会社業務の６種類の種別を設けている。

●第13項●　新設

改　正　後
13　この章において「手続実施基本契約」とは、紛争解決等業務の実施に関し指定紛争解決機関と金融商品取引関係業者（金融商品取引業者等又は証券金融会社をいう。次条、第百五十六条の四十二第二項、第百五十六条の四十四及び第百五十六条の五十六第一号において同じ。）との間で締結される契約をいう。

概要

紛争解決等業務の実施に関し指定紛争解決機関と金融商品取引関係業者との間で締結される契約を、手続実施基本契約と定義している。

解説

個別の苦情処理手続または紛争解決手続の実施を内容とする契約は、委任契約、準委任契約またはこれらの契約類似の契約と解される。

手続実施基本契約は、加入金融商品取引関係業者が反復継続的に苦情処理手続および紛争解決手続の実施を依頼することを前提にあらかじめその内容を規定するものである。

なお、個別の苦情処理手続等の実施を内容とする契約は、指定紛争解決機関に対して苦情の処理または紛争の解決の申立てを行った顧客等と指定紛争解決機関との間で成立することが予定されている。

第156条の39　紛争解決等業務を行う者の指定　新設

●第１項●

改　正　後
第百五十六条の三十九　内閣総理大臣は、次に掲げる要件を備える者を、その申請により、紛争解決等業務を行う者として、指定することができる。 一　法人（法人でない団体で代表者又は管理人の定めのあるものを含み、外国の法令に準拠して設立された法人その他の外国の団体を除く。第四号ニにおいて同じ。）であること。 二　第百五十六条の六十一第一項の規定によりこの項の規定による指定を取り消され、その取消しの日から五年を経過しない者又は他の法律の規定による指定であつて紛争解決等業務に相当する業務に係るものとして政令で定めるものを取り消され、その取消しの日から五年を経過しない者でないこと。 三　この法律若しくは弁護士法（昭和二十四年法律第二百五号）又はこれらに相当する外国の法令の規定に違反し、罰金の刑（これに相当する外国の法令による刑を含む。）に処せられ、その刑の執行を終わり、又はその刑の執行を受けることがなくなつた日から五年を経過しない者でないこと。 四　役員（法人でない団体で代表者又は管理人の定めのあるものの代表者又は管理人を含む。以下この章において同じ。）のうちに、次のいずれかに該当する者がないこと。 イ　成年被後見人若しくは被保佐人又は外国の法令上これらと同様に取り扱われている者 ロ　破産者で復権を得ないもの又は外国の法令上これと同様に取り扱われている者 ハ　禁錮《こ》以上の刑（これに相当する外国の法令による刑を含む。）に処せられ、その刑の執行を終わり、又はその刑の執行を受けることがなくなつた日から五年を経過しない者 ニ　第百五十六条の六十一第一項の規定によりこの項の規定による指定を取り消された場合若しくはこの法律に相当する外国の法令の規定により当該外国において受けている当該指定に類する行政処分を取り消された場合において、その取消しの日前三十日以内にその法人の役員（外国の法令上これと同様に取り扱われている者を含む。ニにおいて同じ。）であつた者でその取消しの日から五年を経過しない者又は他の法律の規定による指定であつて紛争解決等業務に相当する業務に係るものとして政令で定めるもの若しくは当該他の法律に相当する外国の法令の規定により当該外国において受けている当該政令で定める指定に類する行政処分を取り消された場合において、その取消しの日前三十日以内にその法人の役員であつた者でその取消しの日から五年を経過しない者 ホ　この法律若しくは弁護士法又はこれらに相当する外国の法令の規定に違反

し、罰金の刑（これに相当する外国の法令による刑を含む。）に処せられ、その刑の執行を終わり、又はその刑の執行を受けることがなくなつた日から五年を経過しない者
五　紛争解決等業務を適確に実施するに足りる経理的及び技術的な基礎を有すること。
六　役員又は職員の構成が紛争解決等業務の公正な実施に支障を及ぼすおそれがないものであること。
七　紛争解決等業務の実施に関する規程（以下「業務規程」という。）が法令に適合し、かつ、この法律の定めるところにより紛争解決等業務を公正かつ適確に実施するために十分であると認められること。
八　次項の規定により意見を聴取した結果、手続実施基本契約の解除に関する事項その他の手続実施基本契約の内容（第百五十六条の四十四第二項各号に掲げる事項を除く。）その他の業務規程の内容（同条第三項の規定によりその内容とするものでなければならないこととされる事項並びに同条第四項各号及び第五項第一号に掲げる基準に適合するために必要な事項を除く。）について異議（合理的な理由が付されたものに限る。）を述べた金融商品取引関係業者の数の金融商品取引関係業者の総数に占める割合が政令で定める割合以下の割合となつたこと。

概要

指定紛争解決機関制度の新設されたことに伴い、内閣総理大臣が指定紛争解決機関を指定できる旨を定めている。指定要件は、下記⑴～⑻のとおりである。

⑴　1号

指定要件として、法人（人格のない社団または財団で代表者または管理人の定めのあるものを含み、外国の法令に準拠して設立された法人その他の外国の団体を除く）であることとする。

⑵　2号

指定要件として、156条の61第1項の規定によりこの項の規定による指定を取り消され、その取消しの日から5年を経過しない者でないこと、または他の法律の規定による指定であって紛争解決等業務に相当する業務に係るものとして政令で定めるものを取り消され、その取消しの日から5年を経過しない者でないこととする。

⑶　3号

指定要件として、この法律もしくは弁護士法またはこれらに相当する外

国の法令の規定に違反し、罰金の刑（これに相当する外国の法令による刑を含む）に処せられ、その刑の執行を終わり、またはその刑の執行を受けることがなくなった日から５年を経過しない者でないこととする。

⑷　４号

指定要件として、役員のうちに、成年被後見人もしくは被保佐人、破産者で復権を得ないもの、禁固以上の前科を有する者等がないこととする。

⑸　５号

指定要件として、紛争解決等業務を適確に実施するに足りる経理的および技術的な基礎を有することとする。

⑹　６号

指定要件として、役員または職員の構成が紛争解決等業務の公正な実施に支障を及ぼすおそれがないものであることとする。

⑺　７号

指定要件として、紛争解決等業務の実施に関する規程（業務規程）が法令に適合し、かつ、紛争解決等業務を公正かつ適確に実施するために十分であることとする。業務規程に規定することが必要な事項等については、156条の44に定められている。

⑻　８号

指定要件として、本条２項の規定により意見を聴取した結果、156条の44第２項各号において契約内容として必要的なものとされているものを除いた手続実施基本契約の内容、156条の44第３項、４項各号および５項１号の必要的記載事項とされているものを除いたその他紛争解決等業務の内容について、内閣府令で定めるところにより異議を述べた金融商品取引関係業者の数が金融商品取引関係業者の総数に占める割合が政令で定める割合以下となったこととする。

解説

⑴　１号

指定紛争解決機関の指定制度においては、金融商品取引関連業者の契約締結義務の相手方としての適格性を有する者を指定し、指定された指定紛争解決機関は、金融商品取引関連業者と手続実施基本契約を締結して継続的に紛争解決等業務を実施することとしている。法人または人格のない社団もしくは財団であれば、金融商品取引関連業者との間で法的関係を安定的に維持しつつ、継続的な活動を行うことにつき、期待可能性が認められることから、法人または人格のない社団もしくは財団であることを指定要件としている。

なお、複数の法人または人格のない社団もしくは財団で紛争解決等業務を実施する場合であっても、金融商品取引関連業者との間で、法的関係を安定に維持しつつ、継続的な活動を伴い得ることから、これらの者で紛争解決機関の指定を受けることも想定される。

⑵　２号

指定が取り消された者は、紛争解決等業務の適確な実施についての期待可能性が乏しいと考えられることから、指定が取り消された者等に関する要件を定めている。

政令では、たとえば、対象業務間で関連性のある指定紛争解決制度が本改正で設けられた他の業法における指定紛争解決機関の指定が考えられる。

⑶　３号

弁護士法違反の罰金前科を有する者には紛争解決等業務の適確な実施についての期待可能性が乏しいと考えられることから、弁護士法違反に関する要件を定めている。

⑷　４号

これらの役員がいる法人については、紛争解決等業務の適確な実施についての期待可能性が乏しいと考えられることから、役員の欠格事由に関する要件を定めている。

⑸　５号

①　経理的な基礎について

経理的な基礎とは、紛争解決等業務がその性質上、安定的かつ継続的に提供される必要があると考えられることから、これを可能とする収支計画等が確実なものとして備わっていることをいう。

ただ、充実した基本財産等を自ら所有する場合に限らず、オンライン等を利用して簡易な設備体制で行うもの、兼業により収入を補てんするものなども許容すべきであると考えられるから、財産的要件については、経理的な基礎を要求するにとどめている。

② 技術的な基礎について

技術的な基礎とは、紛争解決等業務の適確な実施に関し、指定を受けようとする者の組織としての知識および能力が備わっていることをいう。

たとえば、苦情処理手続を実施する者については、金融商品取引業等業務に関する知識等を有し、かつ、消費者相談に関する一定の技能または経験を有する者を確保していること、また、紛争解決手続を実施する紛争解決委員の候補者を確保していること、これらの補助者として十分な人員が確保されていることなどが必要となる。

また、指定紛争解決機関の事務所・相談窓口や人員などの紛争解決等業務の実施体制については、当該業態または類似する業態における苦情・紛争の発生状況等を考慮した適切な規模が確保される必要がある。

(i) 対象業務の内容の限定について

金融機関の業務の実施状況について指定紛争解決機関や監督当局が必ずしも完全に把握できないことが考えられる中、業務の一部のみを対象とする指定紛争解機関を認めた場合、契約締結義務の範囲が不明確となり、契約締結義務を基礎とする制度が不安定なものとなってしまうおそれがあるとともに、指定紛争解決機関が細分化されてしまい利用者利便に欠けることとなりかねない。

このため、たとえば、特定第一種金融商品取引業務のうち有価証券の売買等に関する苦情・紛争のみを紛争解決等業務の対象業務とするような、対象業務の限定を付すことを前提とする申請は基本的に認められず、紛争解決等業務の種別に応じた対象業務すべてに関する苦情処理手続および紛争解決手続の実施その他の紛争解決等業務を実施することについて、審査がされることになると考えられる。

ただし、金融商品取引法上の指定紛争解決機関としての指定を受けようとする者が、たとえば、一部の対象業務について、業務の委託または指定紛争解決機関の間の連携として、他の指定紛争解決機関に対して、紛争解決等業務を委ねようとするときは、他の指定紛争解決機関との間の紛争解決等業務の取扱いに関する取決めを業務規程において明らかにすることによって、当該対象業務に関する紛争解決等業務の全部または一部を行わない等の限定を付すことは、許容され得るものと解される。

(ii)　対象業務の地理的限定について

指定紛争解決機関制度が導入される業法において、業務の実施地域に地理的限定を付しているものはなく、そのような業務を対象業務とする以上、基本的に国内全域において紛争解決等業務を実施することが必要となると考えられる。

このため、たとえば、特定第一種金融商品取引業務のうち特定地域内に存在する営業所における業務に関する苦情・紛争のみまたは特定地域に在住し、または本店所在地がある顧客からの苦情・紛争のみを対象業務とするような、対象業務の限定を付すことを前提とする申請は基本的に認められないと考えられる。

(6)　6号

紛争解決等業務に関する公正性の確保の要請は、その業務の内容に応じてその程度を異にする。

紛争解決等業務については、苦情処理手続および紛争解決手続の実施が法定されており、それぞれの手続の実施に関して求められる公正性確保の措置については、以下のとおりである。

なお、指定紛争解決機関について、広く適格者の指定を可能とするために、兼業規制を行っていない。ただし、一方当事者となる金融商品取引関係業者または顧客に対して紛争解決等業務以外の業務を提供しているような場合には、当該業務の紛争解決等業務に対する影響を排除し得る役員および職員の体制を構築しておく必要があると考えられる。

① 紛争解決手続

紛争解決手続は、金融商品取引関係業者と顧客との間の紛争について、紛争解決委員が実施する手続を通じて解決を促進するものであり、指定紛争解決機関において手続が実施され、金融商品取引関係業者が原則として受諾しなければならないとされている特別調停案が提示されることも予定されている。

このため、紛争解決手続においては、その公正性の確保の要請は高度なものであり、その手続実施者である紛争解決委員の資格および構成について法定している（156条の50第3項）ほか、当該金融商品取引業等業務関連紛争との関係で紛争解決手続の公正な実施を妨げるおそれがある事由がある場合には、当該紛争解決委員を排除する方法、指定紛争解決機関と一定の関係がある者からの不当な影響を排除するための措置を業務規程において定めること（156条の44第4項2号、3号）としている。

② 苦情処理手続

苦情処理手続は、金融商品取引関係業者と顧客との間の相対交渉を基本とするものであって、指定紛争解決機関の関与はより限定的である（156条の49参照）。また、苦情処理手続では、紛争解決手続における特別調停案の提示などと同様の判断が行われることは予定されていない。

このため、苦情処理手続についての公正性の確保の要請は、紛争解決手続におけるものよりも低く、苦情処理手続の実施者に関して、その資格および構成ならびに業務規程における排除の定め等は法定されていない。

(7)　８号

①　要件の趣旨について

37条の７第１項、156条の31の２第１項は、指定紛争解決機関が存在する場合には、すべての金融商品取引関係業者に対して、少なくともいずれか一の指定紛争解決機関との間で手続実施基本契約を締結する措置を講じる義務を負わせている。

しかし、苦情処理手続および紛争解決手続の実施を始めとする紛争解決等業務の実施は、指定紛争解決機関のみで行い得るものではなく、当該業務を円滑に実施するためには、金融商品取引関係業者が販売・提供している金融商品・サービスに関する情報の提供や金融商品取引関係業者が個社で行っている相談、苦情対応業務との連携を含め、金融商品取引関係業者の協力が必要不可欠である。

また、指定紛争解決機関の指定が行われた場合に締結義務が生じる手続実施基本契約の内容、および金融商品取引関係業者に対して提供される紛争解決等業務の内容としては、法律で規定されている必要的事項以外にも、指定紛争解決機関が任意で規定し得る事項がある。

しかも、手続実施基本契約の内容は業務規程において定められ、加入金融商品取引関係業者に対する差別的取扱いが禁止されていることから、個別の金融商品取引関係業者が指定紛争解決機関との間で手続実施基本契約を締結する際に、その内容につき交渉して変更することは予定されていない。

このような手続実施基本契約の締結を指定後に円滑に進めるために、手続実施基本契約の内容の確認も含め、指定紛争解決機関の指定を取得しようとする者は、事前に金融商品取引関係業者と協議を行っておくことが重要となる。

このような観点から、紛争解決機関の指定の前段階において、手続実施基本契約の内容やその他の紛争解決等業務の内容が不適切ではないかどうか、金融商品取引関係業者にも確認を行う機会を与えるべきであると考えられるため、指定要件として金融商品取引関係業者の異議の確認の規定を設けることとしたものである。

② 異議の対象

金融商品取引関係業者が異議を述べることのできる対象は、手続実施基本契約の内容を始めとする業務規程の内容のうち、必要的事項以外の部分に限られる。当然ながら、指定の申請を行う者に対する好悪による異議は認められない。

また、異議には、理由を付す必要があり、これにより指定の申請を行う者と金融商品取引関係業者との間で業務規程の内容の調整・改善が図られることとなる。

●第2項● 新設

改　正　後
2 前項の申請をしようとする者は、あらかじめ、内閣府令で定めるところにより、金融商品取引関係業者に対し、業務規程の内容を説明し、これについて異議がないかどうかの意見（異議がある場合には、その理由を含む。）を聴取し、及びその結果を記載した書類を作成しなければならない。

概要

1項8号に規定されている要件に関連して、指定を受けようとする者が行うべき金融商品取引関係業者に対する業務規程の説明、意見の聴取、その結果を記載した書類の作成の手続について、定めるものである。

解説

異議についての意見聴取手続としては、以下のような手続が想定されるが、その詳細については内閣府令で規定されることとなる。

指定の申請を行おうとする者は、申請に先立って、手続実施基本契約の内容を始めとする業務規程の内容について、金融商品取引関係業者に対して説明を行う。

その後、業務規程の内容を検討するに十分な期間をおいて、金融商品取引関係業者から異議の有無を記載した書面（異議がある場合には理由を付す必要がある）を回収する。

指定の申請を行おうとする者は、金融商品取引関係業者から回収した異議の有無を記載した書面および説明会の実施状況を記載した書類等を指定申請書の添付書類として内閣総理大臣に提出する。

●第3項●　新設

改　正　後
3　内閣総理大臣は、第一項の規定による指定をしようとするときは、同項第五号から第七号までに掲げる要件（紛争解決手続の業務に係る部分に限り、同号に掲げる要件にあつては、第百五十六条の四十四第四項各号及び第五項各号に掲げる基準に係るものに限る。）に該当していることについて、あらかじめ、法務大臣に協議しなければならない。

概要

指定に関して、法務大臣への協議について定めるものである。

●第4項●　新設

改　正　後
4　第一項の規定による指定は、紛争解決等業務の種別ごとに行うものとし、同項第八号の割合は、当該紛争解決等業務の種別ごとに算定するものとする。

概要

紛争解決等業務に係る特定第一種金融商品取引業務、特定第二種金融商品取引業務、特定投資助言・代理業務、特定投資運用業務、特定登録金融機関業務および特定証券金融会社業務の６種類の種別ごとに指定紛争解決機関の指定を行うものとする。

また、１項８号の要件は、種別ごとの金融商品取引関係業者について算定するものとする。

●第５項● 新設

改　正　後
5　内閣総理大臣は、第一項の規定による指定をしたときは、指定紛争解決機関の商号又は名称及び主たる営業所又は事務所の所在地、当該指定に係る紛争解決等業務の種別並びに当該指定をした日を官報で公示しなければならない。

概要

指定を行った場合の内閣総理大臣による公示を定めるものである。

第156条の40　指定の申請 新設

改　正　後
第百五十六条の四十　前条第一項の規定による指定を受けようとする者は、次に掲げる事項を記載した指定申請書を内閣総理大臣に提出しなければならない。 一　指定を受けようとする紛争解決等業務の種別 二　商号又は名称 三　主たる営業所又は事務所その他紛争解決等業務を行う営業所又は事務所の名称及び所在地 四　役員の氏名又は商号若しくは名称 2　前項の指定申請書には、次に掲げる書類を添付しなければならない。 一　前条第一項第三号及び第四号に掲げる要件に該当することを誓約する書面 二　定款及び法人の登記事項証明書（これらに準ずるものを含む。） 三　業務規程 四　組織に関する事項を記載した書類 五　財産目録、貸借対照表その他の紛争解決等業務を行うために必要な経理的な基礎を有することを明らかにする書類であつて内閣府令で定めるもの 六　前条第二項に規定する書類その他同条第一項第八号に掲げる要件に該当することを証する書類として内閣府令で定めるもの 七　その他内閣府令で定める書類 3　前項の場合において、定款、財産目録又は貸借対照表が電磁的記録で作成されているときは、書類に代えて当該電磁的記録を添付することができる。

概要

指定紛争解決機関として指定を受けようとする者が、提出しなければならない指定申請書の記載事項および添付書類について定めている。

解説

１項２号の「商号又は名称」には、必ずしも、指定紛争解決機関の文字を使用しなければならないものではない。

同項3号の「その他紛争解決等業務を行う営業所又は事務所」には、紛争解決等業務を行う従たる営業所または事務所が含まれるが、これらに限定されるものではなく、たとえば、金融機関の店舗に併設した相談所等も含まれる。

2項2号の「これらに準ずるもの」には、財団法人の寄付行為が考えられる。

同項7号の、内閣府令で添付書類として定めるものとしては、役員の履歴書等が想定される。

第156条の41　秘密保持義務等　新設

改　正　後
第百五十六条の四十一　指定紛争解決機関の紛争解決委員（第百五十六条の五十第二項の規定により選任された紛争解決委員をいう。次項、次条第二項並びに第百五十六条の四十四第二項及び第四項において同じ。）若しくは役員若しくは職員又はこれらの職にあつた者は、紛争解決等業務に関して知り得た秘密を漏らし、又は自己の利益のために使用してはならない。 2　指定紛争解決機関の紛争解決委員又は役員若しくは職員で紛争解決等業務に従事する者は、刑法その他の罰則の適用については、法令により公務に従事する職員とみなす。

概要

①指定紛争解決機関の紛争解決委員もしくは役員もしくは職員またはこれらの職にあった者の紛争解決等業務に関する秘密保持義務、②指定紛争解決機関の紛争解決委員または役員もしくは職員で苦情処理手続および紛争解決手続の業務に従事する者は、刑法その他の罰則の適用については、法令により公務に従事する職員とみなすことを定めている。

解説

(1)　1項

紛争解決機関では、個別具体的な苦情および紛争が扱われ、苦情処理手続および紛争解決手続を行う過程で当該苦情または紛争に関する情報を知ることになり、この情報の漏洩は当事者にとってはプライバシー侵害等多大な不利益をもたらし、指定紛争解決制度全体に対する信頼を失うことになることから、紛争解決機関に対して秘密保持義務を課している。

(2) 2項

指定紛争解決機関は、一定の業務を独占するものではないが、金融商品取引業等業務に関する苦情処理および紛争解決の業務を行うものとして法律上その根拠を与えられたものであって、苦情処理および紛争解決の業務を適正に実施するという公共・公益目的を有している。このような公共性・公益性を保護するため、その業務に従事する者を、公務に従事する職員とみなす規定を設けている。

第156条の42 指定紛争解決機関の業務

●第1項● 新設

改　正　後
第百五十六条の四十二　指定紛争解決機関は、この法律及び業務規程の定めるところにより、紛争解決等業務を行うものとする。

概要

指定紛争解決機関が行う本来の業務に際して拠るべきものについて規定している。

●第2項● 新設

改　正　後
2　指定紛争解決機関（紛争解決委員を含む。）は、当事者である加入金融商品取引関係業者（手続実施基本契約を締結した相手方である金融商品取引関係業者をいう。以下この章において同じ。）若しくはその顧客（顧客以外の第四十二条第一項に規定する権利者を含む。以下この章において同じ。）又はこれらの者以外の者との手続実施基本契約その他の契約で定めるところにより、紛争解決等業務を行うことに関し、負担金又は料金その他の報酬を受けることができる。

概要

指定紛争解決機関の紛争解決等業務に係る報酬について規定している。

解説

指定紛争解決制度の下において、指定紛争解決機関は、紛争解決手続の実施を含む紛争解決等業務の実施を負担金ないし料金の支払いを受けて行うことができるとされている。

この項は、これらの業務が弁護士法72条に違反するものではないことを確認的に規定したものである。

第156条の43　苦情処理手続又は紛争解決手続の業務の委託　新設

改　正　後
第百五十六条の四十三　指定紛争解決機関は、他の指定紛争解決機関又は他の法律の規定による指定であつて紛争解決等業務に相当する業務に係るものとして政令で定めるものを受けた者（第百五十六条の五十第四項及び第五項において「受託紛争解決機関」という。）以外の者に対して、苦情処理手続又は紛争解決手続の業務を委託してはならない。

概要

指定紛争解決機関の業務委託が自由であることを前提に、苦情処理手続または紛争解決手続の業務については、他の指定紛争解決機関または他の法律の規定による指定であって紛争解決等業務に相当する業務に係るものとして政令で定めるものを受けた者以外の者に委託することを禁止することを定めている。

第156条の44　業務規程

●第１項●　新設

改　正　後
第百五十六条の四十四　指定紛争解決機関は、次に掲げる事項に関する業務規程を定めなければならない。 一　手続実施基本契約の内容に関する事項

二　手続実施基本契約の締結に関する事項
三　紛争解決等業務の実施に関する事項
四　紛争解決等業務に要する費用について加入金融商品取引関係業者が負担する負担金に関する事項
五　当事者である加入金融商品取引関係業者又はその顧客（以下この章において単に「当事者」という。）から紛争解決等業務の実施に関する料金を徴収する場合にあつては、当該料金に関する事項
六　他の指定紛争解決機関その他相談、苦情の処理又は紛争の解決を実施する国の機関、地方公共団体、民間事業者その他の者との連携に関する事項
七　紛争解決等業務に関する苦情の処理に関する事項
八　前各号に掲げるもののほか、紛争解決等業務の実施に必要な事項として内閣府令で定めるもの

概要

指定紛争解決機関が業務規程において定めなければならない必要的記載事項について定めている。

1号は、手続実施基本契約の内容に関する事項について定めるものである。手続実施基本契約の内容は、2項各号に定めがある。

2号は、手続実施基本契約の締結に関する事項について定めるものである。

3号は、紛争解決等業務の実施に関する事項について定めるものである。苦情処理手続および紛争解決手続の実施については、4項各号に必要的記載事項の定めがある。

4号と5号は、加入金融商品取引関係業者が負担する負担金および当事者から紛争解決手続の実施等に関して料金を徴収する場合における料金について定めるものであり、その内容については、5項に定める基準に適合するものでなければならない。なお、当事者から料金を徴収しない場合も想定される。

6号は、他の指定紛争解決機関を含めた紛争解決等業務の一部または全部を行う者との連携について定めるものである。

7号は、指定紛争解決機関の行う紛争解決等業務に関する苦情の処理について定めるものである。

解説

⑴　2号に掲げる事項に関する業務規程

指定紛争解決機関は、指定紛争解決機関との手続実施基本契約の締結を希望する金融商品取引関連業者が履践すべき契約の申込みの方法を定めることが必要である。

さらに、指定紛争解決機関においては、金融商品取引関連業者からの契約の申込みを受けて、契約の締結を拒否する可能性もあることから、申込みをしようとする金融商品取引関連業者の予見可能性を確保し、金融商品取引関連業者の平等な取扱いを確保するために、申込み時の審査に関する審査手続および申込みの拒絶事由を明確に定める必要がある。

⑵　3号に掲げる事項に関する任意の規定

指定紛争解決機関は、苦情処理手続および紛争解決手続の実施に関する事項も含めて、法定されている業務の内容の趣旨（156条の47（差別的取扱いの禁止）、156条の49（指定紛争解決機関による苦情処理手続）、156条の50（指定紛争解決機関による紛争解決手続）等）に反しない限り、業務規程に任意の事項を定めることができる。たとえば、苦情処理・紛争解決の付随的業務として、相談業務等の実施方法について定めることが想定される。

⑶　6号の具体的内容

「国の機関」としては、金融サービス利用者相談室を設置して相談業務を行っている金融庁が、「地方公共団体」としては消費生活相談センターを設置している都道府県等が、「民間事業者」としては、民事一般について裁判外紛争解決手続を行っている単位弁護士会等が、その他の連携先としては、独立行政法人国民生活センターや日本司法支援センター（法テラス）等が想定される。

連携に関する内容としては、苦情処理、紛争解決の状況等に関する情報交換、申立ての移送、職員の研修に関する定めなどが想定される。

⑷　7号

紛争解決等業務の公正かつ適確な実施を確保するには、利用者の意見も反映させる必要があることから、紛争解決等業務に関する苦情の処理に関する事項を定めている。

(5) 8号

この号の内閣府令で定める事項としては、紛争解決等業務を行う時間および休日に関する事項が想定される。

●第2項● 新設

改　正　後
2 前項第一号の手続実施基本契約は、次に掲げる事項を内容とするものでなければならない。 一 指定紛争解決機関は、加入金融商品取引関係業者の顧客からの金融商品取引業等業務関連苦情の解決の申立て又は当事者からの紛争解決手続の申立てに基づき苦情処理手続又は紛争解決手続を開始すること。 二 指定紛争解決機関又は紛争解決委員は、苦情処理手続を開始し、又は加入金融商品取引関係業者の顧客からの申立てに基づき紛争解決手続を開始した場合において、加入金融商品取引関係業者にこれらの手続に応じるよう求めることができ、当該加入金融商品取引関係業者は、その求めがあつたときは、正当な理由なくこれを拒んではならないこと。 三 指定紛争解決機関又は紛争解決委員は、苦情処理手続又は紛争解決手続において、加入金融商品取引関係業者に対し、報告又は帳簿書類その他の物件の提出を求めることができ、当該加入金融商品取引関係業者は、その求めがあつたときは、正当な理由なくこれを拒んではならないこと。 四 紛争解決委員は、紛争解決手続において、金融商品取引業等業務関連紛争の解決に必要な和解案を作成し、当事者に対し、その受諾を勧告することができること。 五 紛争解決委員は、紛争解決手続において、前号の和解案の受諾の勧告によつては当事者間に和解が成立する見込みがない場合において、事案の性質、当事者の意向、当事者の手続追行の状況その他の事情に照らして相当であると認めるときは、金融商品取引業等業務関連紛争の解決のために必要な特別調停案を作成し、理由を付して当事者に提示することができること。 六 加入金融商品取引関係業者は、訴訟が係属している請求を目的とする紛争解決手続が開始された場合には、当該訴訟が係属している旨、当該訴訟における請求の理由及び当該訴訟の程度を指定紛争解決機関に報告しなければならないこと。 七 加入金融商品取引関係業者は、紛争解決手続の目的となつた請求に係る訴訟が提起された場合には、当該訴訟が提起された旨及び当該訴訟における請求の理由を指定紛争解決機関に報告しなければならないこと。 八 前二号に規定する場合のほか、加入金融商品取引関係業者は、紛争解決手続の目的となつた請求に係る訴訟に関し、当該訴訟の程度その他の事項の報告を求められた場合には、当該事項を指定紛争解決機関に報告しなければならない

こと。
九　加入金融商品取引関係業者は、第六号若しくは第七号の訴訟が裁判所に係属しなくなつた場合又はその訴訟について裁判が確定した場合には、その旨及びその内容を指定紛争解決機関に報告しなければならないこと。
十　加入金融商品取引関係業者は、その顧客に対し指定紛争解決機関による紛争解決等業務の実施について周知するため、必要な情報の提供その他の措置を講じなければならないこと。
十一　前各号に掲げるもののほか、金融商品取引業等業務関連苦情の処理又は金融商品取引業等業務関連紛争の解決の促進のために必要であるものとして内閣府令で定める事項

概要

１項１号に規定する金融商品取引関係業者との間の手続実施基本契約の必要的内容について、詳細を定めるものである。

解説

(1)　本項の趣旨

手続実施基本契約は、苦情処理手続および紛争解決手続の実施を含む紛争解決等業務の実施を内容とする金融商品取引関係業者と指定紛争解決機関との間の継続的契約であり、必要的記載事項としては、主として、加入金融商品取引関係業者の指定紛争解決機関に対する債務を定めることになる。

手続実施基本契約の内容として、加入金融商品取引関係業者の指定紛争解決機関に対する債務である、指定紛争解決機関の苦情処理手続および紛争解決手続に参加すること（２号)、報告および物件の提出を行うこと（３号)、指定紛争解決機関の指定紛争解決委員が紛争解決手続において提示した特別調停案を受諾すること（５号)、紛争解決手続が実施された紛争に関する民事訴訟に関する報告をすること（６号〜 ９号)、顧客に対して紛争解決等業務の周知措置を講じること（10号）をそれぞれ定めている。

(2)　実効性の確保を含む任意的記載事項

手続実施基本契約の内容については、業務規程において規定する必要がない事項であっても、加入金融商品取引関係業者の平等取扱いを確保するため、業務規程その他の規則で定めを置く必要がある。

特に、金融商品取引関係業者は、37条の7第1項、156条の31の2第1項に基づいて手続実施基本契約の締結義務を負うことから、金融商品取引関係業者に対して不利益を課す内容については、業務規程に適切に記載する必要がある。

そして、業務規程において定めることが想定されるものとしては、たとえば、この項の各号に記載された義務の実効性を確保するための過怠金の定め、手続実施基本契約の解除要件等が考えられる。

●第3項● 新設

改　正　後
3　第一項第二号の手続実施基本契約の締結に関する事項に関する業務規程は、金融商品取引関係業者から手続実施基本契約の締結の申込みがあつた場合には、当該金融商品取引関係業者が手続実施基本契約に係る債務その他の紛争解決等業務の実施に関する義務を履行することが確実でないと見込まれるときを除き、これを拒否してはならないことを内容とするものでなければならない。

概要

本項は、1項2号に規定する手続実施基本契約の締結に関する業務規程の内容について定めている。

解説

金融商品取引関係業者は、その業務に対応する指定紛争解決機関が存在する場合には、指定紛争解決機関との手続実施基本契約の締結が義務づけられることから、指定紛争解決機関の契約締結の拒否事由を限定するものである。

「当該金融商品取引関係業者が手続実施基本契約に係る債務その他の紛争解決等業務の実施に関する義務を履行することが確実でないと見込まれる」という契約締結の拒否事由の有無は、当該金融商品取引関係業者の内部態勢の整備状況、過去の苦情処理または紛争解決の実績・対応状況等客観的事実に基づいて判断される必要がある。

上記事由の判断が、指定紛争解決機関において正当に行われた場合には、一般に、当該金融商品取引関係業者において苦情処理態勢等の態勢整備が不十分であると考えられる。また、金融商品取引関係業者は他の指定紛争解決機関との間で手続実施基本契約を締結しない限り、同契約締結に係る行為規制に違反することとなり、契約締結の支障となっている態勢整備等に関して、監督上の対応が行われる可能性がある。

●第4項●　新設

改　正　後
4　第一項第三号に掲げる事項に関する業務規程は、次に掲げる基準に適合するものでなければならない。 一　苦情処理手続と紛争解決手続との連携を確保するための措置が講じられていること。 二　紛争解決委員の選任の方法及び紛争解決委員が金融商品取引業等業務関連紛争の当事者と利害関係を有することその他の紛争解決手続の公正な実施を妨げるおそれがある事由がある場合において、当該紛争解決委員を排除するための方法を定めていること。 三　指定紛争解決機関の実質的支配者等（指定紛争解決機関の株式の所有、指定紛争解決機関に対する融資その他の事由を通じて指定紛争解決機関の事業を実質的に支配し、又はその事業に重要な影響を与える関係にあるものとして内閣府令で定める者をいう。）又は指定紛争解決機関の子会社等（指定紛争解決機関が株式の所有その他の事由を通じてその事業を実質的に支配する関係にあるものとして内閣府令で定める者をいう。）を金融商品取引業等業務関連紛争の当事者とする金融商品取引業等業務関連紛争について紛争解決手続の業務を行うこととしている指定紛争解決機関にあつては、当該実質的支配者等若しくは当該子会社等又は指定紛争解決機関が紛争解決委員に対して不当な影響を及ぼすことを排除するための措置が講じられていること。 四　紛争解決委員が弁護士でない場合（司法書士法（昭和二十五年法律第百九十七号）第三条第一項第七号に規定する紛争について行う紛争解決手続において、紛争解決委員が同条第二項に規定する司法書士である場合を除く。）において、紛争解決手続の実施に当たり法令の解釈適用に関し専門的知識を必要とするときに、弁護士の助言を受けることができるようにするための措置を定めていること。 五　紛争解決手続の実施に際して行う通知について相当な方法を定めていること。 六　紛争解決手続の開始から終了に至るまでの標準的な手続の進行について定めていること。 七　加入金融商品取引関係業者の顧客が指定紛争解決機関に対し金融商品取引業等業務関連苦情の解決の申立てをする場合又は金融商品取引業等業務関連紛争

の当事者が指定紛争解決機関に対し紛争解決手続の申立てをする場合の要件及び方式を定めていること。
八　指定紛争解決機関が加入金融商品取引関係業者から紛争解決手続の申立てを受けた場合において、金融商品取引業等業務関連紛争の他方の当事者となる当該加入金融商品取引関係業者の顧客に対し、速やかにその旨を通知するとともに、当該顧客がこれに応じて紛争解決手続の実施を依頼するか否かを確認するための手続を定めていること。
九　指定紛争解決機関が加入金融商品取引関係業者の顧客から第七号の紛争解決手続の申立てを受けた場合において、金融商品取引業等業務関連紛争の他方の当事者となる当該加入金融商品取引関係業者に対し、速やかにその旨を通知する手続を定めていること。
十　紛争解決手続において提出された帳簿書類その他の物件の保管、返還その他の取扱いの方法を定めていること。
十一　紛争解決手続において陳述される意見又は提出され、若しくは提示される帳簿書類その他の物件に含まれる金融商品取引業等業務関連紛争の当事者又は第三者の秘密について、当該秘密の性質に応じてこれを適切に保持するための取扱いの方法を定めていること。第百五十六条の五十第九項に規定する手続実施記録に記載されているこれらの秘密についても、同様とする。
十二　金融商品取引業等業務関連紛争の当事者が紛争解決手続を終了させるための要件及び方式を定めていること。
十三　紛争解決委員が紛争解決手続によつては金融商品取引業等業務関連紛争の当事者間に和解が成立する見込みがないと判断したときは、速やかに当該紛争解決手続を終了し、その旨を金融商品取引業等業務関連紛争の当事者に通知することを定めていること。
十四　指定紛争解決機関の紛争解決委員、役員及び職員について、これらの者が紛争解決等業務に関して知り得た秘密を確実に保持するための措置を定めていること。

概要

本項は、１項３号に規定する紛争解決等業務に関して業務規程で定めなければならない事項の詳細を定めるものである。

紛争解決手続は、苦情と比較して、顧客と金融商品取引関係業者との間で生じた対立につき、顧客の解決の意思がより強固な紛争を取り扱うこと、同手続の利用に伴って時効の中断等の一定の民事上の効果が付与されることから、その手続について詳細な必要的記載事項を定めている。

解説

(1)　紛争解決委員の地位（３号）

紛争解決委員は紛争解決手続の申立てごとに選任され、手続上の権能を有することとされているが（156条の50参照）、紛争解決委員と指定紛争解決機関との関係については、紛争解決委員と指定紛争解決機関との間の契約等により決められることとなる。

紛争解決委員と指定紛争解決機関との間の契約としては、委任契約、雇用契約等が想定され、紛争解決委員は指定紛争解決機関に対して紛争解決手続を実施する義務を負い、その前提として、指定紛争解決機関からの一定の指示、指揮命令等に服する関係にも立つ。また、対価として給与等の支給を受けることになる。

⑵　紛争解決委員に対して不当な影響を及ぼすことを排除する措置（3号）

これは手続の公正性を確保することを目的とするものであるが、具体的には、たとえば、以下のようなものが考えられる。

① 当事者が誰であるかにかかわらず、一般的に、紛争解決委員と指定紛争解決機関との間の契約または業務規程等の内部規則において、紛争解決委員は、紛争解決手続の実施に関して独立して職務を行うこととし、指定紛争解決機関は、紛争解決手続の実施に関して、直接または間接に、いかなる命令または指示をも行ってはならない旨を定めること。

② 指定紛争解決機関の役職員および紛争解決委員に対して、紛争解決手続の実施に関する紛争解決委員の独立性を周知徹底するための研修を実施し、各人から誓約書を徴すること。

③ 紛争解決委員が、紛争解決手続の実施に関し、実質的支配者等から働きかけを受けた場合に、指定紛争解決機関の社外役員またはコンプライアンス部門に報告する制度を設けること。

●第5項●　新設

改　正　後
5　第一項第四号及び第五号に掲げる事項に関する業務規程は、次に掲げる基準に適合するものでなければならない。 一　第一項第四号に規定する負担金及び同項第五号に規定する料金の額又は算定

方法及び支払方法（次号において「負担金額等」という。）を定めていること。
二　負担金額等が著しく不当なものでないこと。

概要

本項は、１項４号に規定する負担金、１項５号に規定する料金に関する業務規程の内容について、１号において定めるべき事項、２号においてその基準を定めるものである。

解説

裁判外の紛争解決手続は、簡易・迅速かつ安価な紛争解決の手段であることから、顧客の経済的負担および金融商品取引関係業者の経済的負担（これが転嫁される利用者の経済的負担）が過大となり、指定紛争解決機関による苦情処理・紛争解決の利用の障害とならないよう、指定紛争解決機関に対して、業務規程において負担金および料金について明確に定めをおくとともに、その内容が著しく不当なものであってはならないこととされている。

●第６項● 新設

改　正　後
6　第二項第五号の「特別調停案」とは、和解案であつて、次に掲げる場合を除き、加入金融商品取引関係業者が受諾しなければならないものをいう。 一　当事者である加入金融商品取引関係業者の顧客（以下この項において単に「顧客」という。）が当該和解案を受諾しないとき。 二　当該和解案の提示の時において当該紛争解決手続の目的となつた請求に係る訴訟が提起されていない場合において、顧客が当該和解案を受諾したことを加入金融商品取引関係業者が知つた日から一月を経過する日までに当該請求に係る訴訟が提起され、かつ、同日までに当該訴訟が取り下げられないとき。 三　当該和解案の提示の時において当該紛争解決手続の目的となつた請求に係る訴訟が提起されている場合において、顧客が当該和解案を受諾したことを加入金融商品取引関係業者が知つた日から一月を経過する日までに当該訴訟が取り下げられないとき。 四　顧客が当該和解案を受諾したことを加入金融商品取引関係業者が知つた日から一月を経過する日までに、当該紛争解決手続が行われている金融商品取引業等業務関連紛争について、当事者間において仲裁法（平成十五年法律第百三十八号）第二条第一項に規定する仲裁合意がされ、又は当該和解案によらずに和解若しくは調停が成立したとき。

概要

「特別調停案」とは、和解案であって、一定の場合を除いて、加入金融商品取引関係業者が受諾しなければならないものとする。

解説

⑴　本項の趣旨

手続実施基本契約の内容となる特別調停案の定義規定である。この項において規定される特別調停案の受託義務は、加入金融商品取引関係業者の指定紛争解決機関に対する手続実施基本契約上の債務と位置づけられる。

⑵　特別調停案の性質

特別調停案は、あくまで和解案であって、和解の仲介の一環として、当事者間における和解契約の成立を目的として行われる。

金融商品取引関係業者は、特別調停案について、その内容を受諾すべき義務を負うが、たとえ、この義務に違反したとしても、金融商品取引関係業者から当事者である顧客に対して和解契約に関する意思表示がない限り、当事者間において紛争は解決しない。

ただ、特別調停案は、金融商品取引関係業者に対して受諾義務を負わせるものであり、紛争についての紛争解決委員の一定の判断を前提とするものであることから、理由を付すこととし、当事者に対する説得力を確保し、紛争解決委員の判断を明らかにすることとしている。

⑶　各号の趣旨

①　１号

特別調停案は、当事者間の和解の成立を目的とするものであるが、顧客においてこれを受諾しないときは、顧客と金融商品取引関係業者との間で特別調停案の内容に従った和解は成立し得ないから、加入金融商品取引関係業者においても特別調停案を受諾しなくともよいものとする。

②　２号、３号

憲法上の権利である「裁判を受ける権利」を尊重するため、訴訟が係属している場合、または特別調停案の提示後、訴訟が提起された場合には、加入金融商品取引関係業者においても特別調停案を受諾しなくともよいものとする。

③ 4号

仲裁手続は、仲裁判断が確定判決と同一の効力を有するなど、民事訴訟と同様に実効性のある紛争解決手段であり、当事者間において紛争解決手段として仲裁手続を選択したのであれば、その当事者双方の意思を尊重すべきであるから、加入金融商品取引関係業者においても、特別調停案を受諾しなくともよいものとする。

また、金融商品取引業等業務関連紛争自体は、民事上の紛争として、当事者間の自由な意思に基づき自由な方式で解決を図ることができる。特別調停案の提示があったにもかかわらず同案と異なる内容の和解・調停が成立するような場合も考えられ、そのような場合には、その意思を尊重すべきであるから、加入金融商品取引関係業者においても、特別調停案を受諾しなくともよいものとする。

●第7項● 新設

改　正　後
7　業務規程の変更は、内閣総理大臣の認可を受けなければ、その効力を生じない。

概要

業務規程の変更については、内閣総理大臣の認可を受けなければその効力を生じないものと定めている。

●第8項● 新設

改　正　後
8　内閣総理大臣は、前項の規定による認可をしようとするときは、当該認可に係る業務規程が第四項各号及び第五項各号に掲げる基準（紛争解決手続の業務に係る部分に限る。）に適合していることについて、あらかじめ、法務大臣に協議しなければならない。

概要

業務規程の変更の認可に関する法務大臣への協議について定めるものである。

第156条の45　手続実施基本契約の不履行の事実の公表等　新設

改　正　後
第百五十六条の四十五　指定紛争解決機関は、手続実施基本契約により加入金融商品取引関係業者が負担する義務の不履行が生じた場合において、当該加入金融商品取引関係業者の意見を聴き、当該不履行につき正当な理由がないと認めるときは、遅滞なく、当該加入金融商品取引関係業者の商号、名称又は氏名及び当該不履行の事実を公表するとともに、内閣総理大臣に報告しなければならない。 **2**　指定紛争解決機関は、金融商品取引業等業務関連苦情及び金融商品取引業等業務関連紛争を未然に防止し、並びに金融商品取引業等業務関連苦情の処理及び金融商品取引業等業務関連紛争の解決を促進するため、加入金融商品取引関係業者その他の者に対し、情報の提供、相談その他の援助を行うよう努めなければならない。

概要

本条は、指定紛争解決機関が苦情処理手続および紛争解決手続の実施に付随して行う業務について定めるものである。

解説

(1)　1項

加入金融商品取引関係業者が手続実施基本契約上の義務を履行しているかどうかは、一般消費者にとって金融商品取引関連業者の選択に際し有益な情報であり、また、内閣総理大臣にとっては指定紛争解決機関等に対する監督行政、金融ADR制度の企画立案等に有益な情報であることから、指定紛争解決機関に、加入金融商品取引関係業者の不履行の事実等の公表および行政当局への報告を求めるものである。

(2)　2項

同種の金融商品取引業等業務関連苦情および金融商品取引業等業務関連紛争の解決や未然防止のため、情報提供や相談など、指定紛争解決機関が行うのが望ましい業務を定めるものである。

第156条の46 暴力団員等の使用の禁止 新設

改　正　後
第百五十六条の四十六　指定紛争解決機関は、暴力団員等（暴力団員による不当な行為の防止等に関する法律第二条第六号に規定する暴力団員（以下この条において「暴力団員」という。）又は暴力団員でなくなつた日から五年を経過しない者をいう。）を紛争解決等業務に従事させ、又は紛争解決等業務の補助者として使用してはならない。

概要

本条は、指定紛争解決機関の暴力団員等の使用禁止義務について定めるものである。

解説

紛争解決等業務全般について暴力団員等の排除を徹底し、指定紛争解決機関が実施する紛争解決等業務の適正ならびに利用者の指定紛争解決機関および指定紛争解決制度に対する信頼を確保するため、指定紛争解決機関の紛争解決委員ならびに役員および職員のみならず、事実上の使用を含む暴力団員等の使用禁止義務を定めている。

第156条の47 差別的取扱いの禁止 新設

改　正　後
第百五十六条の四十七　指定紛争解決機関は、特定の加入金融商品取引関係業者に対し不当な差別的取扱いをしてはならない。

概要

本条は、特定の金融商品取引関係業者を不当に差別してはならない旨を定めるものである。

解説

金融商品取引関係業者は、その業務に対応する指定紛争解決機関が存在する場合には、指定紛争解決機関との手続実施基本契約の締結が義務づけられるため、指定紛争解決機関が、金融商品取引関係業者に対して不当な差別的取扱いを行うことを禁止している。

第156条の48　記録の保存　新設

改　正　後
第百五十六条の四十八　指定紛争解決機関は、第百五十六条の五十第九項の規定によるもののほか、内閣府令で定めるところにより、紛争解決等業務に関する記録を作成し、これを保存しなければならない。

概要

指定紛争解決機関が、内閣府令の定めるところにより、紛争解決手続の実施を除く紛争解決等業務に関する記録を作成し、保存することを定めるものである（紛争解決手続の実施に関する記録の作成・保存については、156条の50第９項参照）。

指定紛争解決機関に対して、苦情処理手続に関する加入金融商品取引関連業者の手続上の義務の履行状況を明らかにするために、苦情処理手続の実施に関する記録の作成・保存を求めることなどが想定される。

第156条の49　指定紛争解決機関による苦情処理手続　新設

改　正　後
第百五十六条の四十九　指定紛争解決機関は、加入金融商品取引関係業者の顧客から金融商品取引業等業務関連苦情について解決の申立てがあつたときは、その相談に応じ、当該顧客に必要な助言をし、当該金融商品取引業等業務関連苦情に係る事情を調査するとともに、当該加入金融商品取引関係業者に対し、当該金融商品取引業等業務関連苦情の内容を通知してその迅速な処理を求めなければならない。

概要

指定紛争解決機関に対し、金融商品取引業等業務関連苦情について、加入金融機関の顧客から解決の申立てがあった場合に、苦情処理手続を実施することを義務づけるものである。苦情処理手続は、本条、指定紛争解決機関の業務規程および加入金融商品取引関連業者と指定紛争解決機関との間の手続実施基本契約に従って実施されることとなる。

解説

本条は、指定紛争解決機関が苦情の解決の申立てを受けた場合において、実施すべき基本的な内容を定めるものである。

苦情処理手続は、顧客と加入金融商品取引関係業者との相対交渉を主体とするものであるが、顧客と加入金融商品取引関係業者の間では、一般的に、金融商品取引業等業務に関して情報および知識の格差が存在し、交渉能力に格差があるから、指定紛争解決機関としては、顧客に対する助言、事情調査等を通じて、交渉能力の格差を是正し、当事者間の実質的公平を確保する必要がある。

また、苦情処理手続の実施を通じての解決が難しい事案については、適宜、苦情処理手続と紛争解決手続の連携の下、紛争解決手続への移行が図られるべきである。

なお、156条の44第４項１号は、この趣旨を受けたものである。

第156条の50　指定紛争解決機関による紛争解決手続　新設

●第１項●　新設

改　正　後
第百五十六条の五十　加入金融商品取引関係業者に係る金融商品取引業等業務関連紛争の解決を図るため、当事者は、当該加入金融商品取引関係業者が手続実施基本契約を締結した指定紛争解決機関に対し、紛争解決手続の申立てをすることができる。

概要

本条は、指定紛争解決機関に対し、金融商品取引業等業務関連紛争について、当事者から紛争解決手続の申立てがあった場合に紛争解決手続を実施することを義務づけ、紛争解決手続の実施方法を定めるものである。

紛争解決手続は、本条および指定紛争解決機関の業務規程（加入金融商品取引関連業者と指定紛争解決機関との間で締結される手続実施基本契約を含む）に従って実施されることとなる。

１項では、金融商品取引業等業務関連紛争の当事者（顧客および金融商品取引関連業者）が、指定紛争解決機関に対して紛争解決手続の申立てをすることができることを定めている。

●第２項●　新設

改　正　後
2　指定紛争解決機関は、前項の申立てを受けたときは、紛争解決委員を選任するものとする。

概要

指定紛争解決機関に対し、３項各号に規定する者を紛争解決手続の手続実施者である紛争解決委員として選任することを義務づける。

●第３項●　新設

改　正　後
3　紛争解決委員は、人格が高潔で識見の高い者であつて、次の各号のいずれかに該当する者（第一項の申立てに係る当事者と利害関係を有する者を除く。）のうちから選任されるものとする。この場合において、紛争解決委員のうち少なくとも一人は、第一号又は第三号（当該申立てが司法書士法第三条第一項第七号に規定する紛争に係るものである場合にあつては、第一号、第三号又は第四号）のいずれかに該当する者でなければならない。 一　弁護士であつてその職務に従事した期間が通算して五年以上である者 二　金融商品取引業等業務に従事した期間が通算して十年以上である者 三　消費生活に関する消費者と事業者との間に生じた苦情に係る相談その他の消費生活に関する事項について専門的な知識経験を有する者として内閣府令で定める者 四　当該申立てが司法書士法第三条第一項第七号に規定する紛争に係るものである場合にあつては、同条第二項に規定する司法書士であつて同項に規定する簡裁訴訟代理等関係業務に従事した期間が通算して五年以上である者 五　前各号に掲げる者に準ずる者として内閣府令で定める者

概要

紛争解決委員の資格要件と紛争解決委員の構成について定める。

解説

⑴　紛争解決委員の資格要件

弁護士（１号）と認定司法書士（４号）には、法的知識等に係る専門能力が、金融商品取引業等業務従事者（２号）には紛争分野に係る専門能力が、消費生活相談員等（３号）には紛争解決に係る専門能力（コミュニケーション技術・カウンセリング技術等）が、それぞれ期待される。

⑵　紛争解決委員の構成

紛争解決委員の構成において中立性を確保しつつ、手続の実施を円滑にするため、紛争解決手続ごとに選任される紛争解決委員には、少なくとも１名は、弁護士・認定司法書士または消費生活相談員等を含まなければならないこととされている。たとえば、民事調停法における民事調停官は弁護士で５年以上その職にあった者とされている。また、消費生活相談員等の資格としては、消費者契約法施行規則４条に規定する資格が考えられる。紛争として事実の整理が行われておらず、いまだ当事者間の争点が明確化されていないような事案については、紛争解決委員として消費生活相談員等を選任して、そのコミュニケーション技術等により顧客の意思を十分に手続に反映させつつ円滑な手続が実施されることが期待される。

複数名の紛争解決委員を選任することが予定されていても、当初から複数名の紛争解決委員を選任する必要はなく、消費生活相談員等の紛争解決委員を１名選任して、事実の整理等を行い、その後、特別調停案の提示に先立って、追加的に弁護士等の紛争解決委員を選任する運営も考えられる。

参照条文

◆民事調停法◆

（民事調停官の任命等）

第二十三条の二　民事調停官は、弁護士で五年以上その職に在つたもののうちから、最高裁判所が任命する。

２～６　（略）

◆消費者契約法施行規則◆

（消費生活に関する事項について専門的な知識経験を有する者に係る要件）

第四条　法第十三条第三項第五号イの内閣府令で定める条件は、次の各号のいずれか一に該当するものとする。

一　次に掲げるいずれかの資格を有し、かつ、消費生活相談に応ずる業務に従事した期間が通算して一年以上の者

イ　独立行政法人国民生活センターが付与する消費生活専門相談員の資格

ロ　財団法人日本産業協会が付与する消費生活アドバイザーの資格

ハ　財団法人日本消費者協会が付与する消費生活コンサルタントの資格

二　前号に掲げる条件と同等以上のものと内閣総理大臣が認めたもの

●第4項●　新設

改　正　後
4　指定紛争解決機関は、第一項の申立てを第二項の規定により選任した紛争解決委員（以下この条及び次条第一項において単に「紛争解決委員」という。）による紛争解決手続に付するものとする。ただし、紛争解決委員は、当該申立てに係る当事者である加入金融商品取引関係業者の顧客が当該金融商品取引業等業務関連紛争を適切に解決するに足りる能力を有する者であると認められることその他の事由により紛争解決手続を行うのに適当でないと認めるとき、又は当事者が不当な目的でみだりに第一項の申立てをしたと認めるときは、紛争解決手続を実施しないものとし、紛争解決委員が当該申立てを受託紛争解決機関における紛争解決手続に相当する手続に付することが適当と認めるときは、指定紛争解決機関は、受託紛争解決機関に紛争解決手続の業務を委託するものとする。

概要

指定紛争解決機関は、紛争解決手続の申立てを、２項の規定により選任した紛争解決委員による紛争解決手続に付すること、紛争解決委員は、一定の場合には紛争解決手続を実施しないこと、指定紛争解決委員が受託紛争解決機関（他の指定紛争解決機関等）における紛争解決手続に相当する手続に付することが適当と認めるときは、指定紛争解決機関は受託紛争解決機関に紛争解決手続の業務を委託することを定めている。

解説

(1) 本項の趣旨

指定紛争解決機関において実施される紛争解決手続の目的は、一方当事者である金融商品取引関連業者に報告、資料の提出を行わせ、特別調停案を提示することで、交渉能力が金融商品取引関連業者より劣る顧客との間の紛争について、公正な解決を図ることにある。

また、紛争解決手続においては、その申立ての受付時において、紛争解決手続の目的に照らして、その実施が適当でないことが明らかな申立てについて紛争解決手続を開始しないことも可能としている。

これらの手続を実施するには一定の能力が必要であり、その判断者の中立性・公正性が要求されることから、もっぱら、紛争解決委員が紛争解決手続を実施することとしている。

(2) 紛争解決手続を行わない紛争

紛争解決手続を実施するのが適当ではないものとしては、たとえば以下のようなものが考えられる。

① 顧客が金融商品・サービスに関する知識を有する専門家である場合

② 顧客が大企業であり、金融商品取引関連業者との間の交渉力の格差が認められない場合

③ 法的観点を離れても、紛争としての内実がない場合（例：経営判断・融資判断の妥当性のみを争うような場合）

④ 顧客と金融商品取引関連業者以外の第三者との相続上のトラブルが前提問題となっているような場合

⑤ 申立てを行った顧客において、苦情処理手続または紛争解決手続において解決を図る意思がなく、金融商品取引関連業者の事情説明・資料提出義務に基づいて関係資料を入手する目的で申立てを行ったような場合

●第5項● 新設

改　正　後
5　前項ただし書の規定により紛争解決委員が紛争解決手続を実施しないこととしたとき、又は受託紛争解決機関に業務を委託することとしたときは、指定紛争解決機関は、第一項の申立てをした者に対し、その旨を理由を付して通知するものとする。

概要

指定紛争解決機関は、紛争解決委員が紛争解決手続を実施しないこととしたとき、または、受託紛争解決機関に紛争解決手続の業務を委託したときに、申立てをした者にその旨を通知することを定めている。

なお、通知の具体的な手続は、業務規程において定められる（156条の44第4項5号参照）。

●第6項● 新設

改　正　後
6　紛争解決委員は、当事者若しくは参考人から意見を聴取し、若しくは報告書の提出を求め、又は当事者から参考となるべき帳簿書類その他の物件の提出を求め、和解案を作成して、その受諾を勧告し、又は特別調停（第百五十六条の四十四第六項に規定する特別調停案を提示することをいう。）をすることができる。

概要

紛争解決委員が紛争解決手続において行うべき事項を定めている。なお、紛争解決委員は、金融商品取引業等業務関連紛争の解決に必要な範囲で、当該紛争解決手続においてこの項に定めのないことを行うことも可能である。

●第７項● 新設

改　正　後
7　紛争解決手続は、公開しない。ただし、紛争解決委員は、当事者の同意を得て、相当と認める者の傍聴を許すことができる。

概要

本項は、紛争解決手続の非公開を定めている。ただし、当事者の同意があり、かつ、紛争解決委員が相当と認める者については、傍聴を許すことができるものとされている。

傍聴が許される者としては、賠償金の支払いにつき当事者となっている加入金融商品取引関連業者からの求償が予定されているなど、紛争の解決につき利害関係を有する者、指定紛争解決機関の職員等であって研修として傍聴する者等が想定される。

●第８項● 新設

改　正　後
8　指定紛争解決機関は、紛争解決手続の開始に先立ち、当事者である加入金融商品取引関係業者の顧客に対し、内閣府令で定めるところにより、次に掲げる事項について、これを記載した書面を交付し、又はこれを記録した電磁的記録を提供して説明をしなければならない。 一　当該顧客が支払う料金に関する事項 二　第百五十六条の四十四第四項第六号に規定する紛争解決手続の開始から終了に至るまでの標準的な手続の進行 三　前二号に掲げるもののほか、内閣府令で定める事項

概要

指定紛争解決機関に対し、紛争解決手続の開始前の顧客に対する説明義務を定めている。

●第9項●　新設

改　正　後
9　指定紛争解決機関は、内閣府令で定めるところにより、その実施した紛争解決手続に関し、次に掲げる事項を記載した手続実施記録を作成し、保存しなければならない。 一　金融商品取引業等業務関連紛争の当事者が紛争解決手続の申立てをした年月日 二　金融商品取引業等業務関連紛争の当事者及びその代理人の氏名、商号又は名称 三　紛争解決委員の氏名 四　紛争解決手続の実施の経緯 五　紛争解決手続の結果（紛争解決手続の終了の理由及びその年月日を含む。） 六　前各号に掲げるもののほか、実施した紛争解決手続の内容を明らかにするために必要な事項であつて内閣府令で定めるもの

概要

指定紛争解決機関に対し、紛争解決手続の実施に関する手続実施記録の作成・保存を義務づけている。

第156条の51　時効の中断　新設

改　正　後
第百五十六条の五十一　紛争解決手続によつては金融商品取引業等業務関連紛争の当事者間に和解が成立する見込みがないことを理由に紛争解決委員が当該紛争解決手続を終了した場合において、当該紛争解決手続の申立てをした当該金融商品取引業等業務関連紛争の当事者がその旨の通知を受けた日から一月以内に当該紛争解決手続の目的となつた請求について訴えを提起したときは、時効の中断に関しては、当該紛争解決手続における請求の時に、訴えの提起があつたものとみなす。 2　指定紛争解決機関の紛争解決等業務の廃止が第百五十六条の六十第一項の規定により認可され、又は第百五十六条の三十九第一項の規定による指定が第百五十六条の六十一第一項の規定により取り消され、かつ、その認可又は取消しの日に紛争解決手続が実施されていた金融商品取引業等業務関連紛争がある場合において、当該紛争解決手続の申立てをした当該金融商品取引業等業務関連紛争の当事者が第百五十六条の六十第三項若しくは第百五十六条の六十一第三項の規定による通知を受けた日又は当該認可若しくは取消しを知つた日のいずれか早い日から一月以内に当該紛争解決手続の目的となつた請求について訴えを提起したときも、前項と同様とする。

概要

紛争解決手続の利用に係る時効中断効について定めている。

解説

金融商品・サービスに関して、短期消滅時効が設けられている場合がある。たとえば、保険法に基づき保険給付を請求する権利等については、3年の短期消滅時効が設けられている。

金融機関が和解案や特別調停案に応じず、金融ADRにおける紛争解決手続が不調となった場合においても、手続の間に時効が完成することなく、訴訟による解決の途を確保しておく必要があるため、時効中断効の法的効果を設けている。

第156条の52 訴訟手続の中止 新設

改　正　後
第百五十六条の五十二　金融商品取引業等業務関連紛争について当該金融商品取引業等業務関連紛争の当事者間に訴訟が係属する場合において、次の各号のいずれかに掲げる事由があり、かつ、当該金融商品取引業等業務関連紛争の当事者の共同の申立てがあるときは、受訴裁判所は、四月以内の期間を定めて訴訟手続を中止する旨の決定をすることができる。 一　当該金融商品取引業等業務関連紛争について、当該金融商品取引業等業務関連紛争の当事者間において紛争解決手続が実施されていること。 二　前号の場合のほか、当該金融商品取引業等業務関連紛争の当事者間に紛争解決手続によつて当該金融商品取引業等業務関連紛争の解決を図る旨の合意があること。 **2**　受訴裁判所は、いつでも前項の決定を取り消すことができる。 **3**　第一項の申立てを却下する決定及び前項の規定により第一項の決定を取り消す決定に対しては、不服を申し立てることができない。

概要

訴訟が係属する紛争について、紛争解決手続によって当該紛争の解決を図ろうとする場合の、当該訴訟の訴訟手続の中止について定めている。

解説

金融ADRによる紛争解決は利用者の選択に委ねられており、金融ADRによる紛争解決手続の申立ては、訴訟と並行して行うことも可能である。

金融ADRと訴訟で進行を調整することを可能とするため、金融機関に訴訟の状況を指定紛争解決機関へ報告することを求めるとともに（法156条の44第2項6号～9号）、受訴裁判所が訴訟手続を中止することを可能としている。

第156条の53　加入金融商品取引関係業者の名簿の縦覧　新設

改　正　後
第百五十六条の五十三　指定紛争解決機関は、加入金融商品取引関係業者の名簿を公衆の縦覧に供しなければならない。

概要

指定紛争解決機関に対し、加入金融機関の名簿の公衆縦覧を義務づける。

第156条の54　名称の使用制限　新設

改　正　後
第百五十六条の五十四　指定紛争解決機関でない者（銀行法第五十二条の六十二第一項の規定による指定を受けた者その他これに類する者として政令で定めるものを除く。）は、その名称又は商号中に、指定紛争解決機関と誤認されるおそれのある文字を用いてはならない。

概要

指定紛争解決機関でない者が、指定を受けたものであるかのような名称・商号を使用することを禁ずる。

解説

指定紛争解決機関に対しては、指定紛争解決機関との名称の使用が義務づけられるわけではなく、その他の名称を使用することも可能である。

第156条の55　変更の届出　新設

改　正　後
第百五十六条の五十五　指定紛争解決機関は、第百五十六条の四十第一項第二号から第四号までのいずれかに掲げる事項に変更があつたときは、その旨を内閣総理大臣に届け出なければならない。 2　内閣総理大臣は、前項の規定により指定紛争解決機関の商号若しくは名称又は主たる営業所若しくは事務所の所在地の変更の届出があつたときは、その旨を官報で公示しなければならない。

概要

指定紛争解決機関に対し、指定申請書の記載事項に変更が生じた場合に、その旨を届け出ることを義務づける。

解説

指定申請書は、指定紛争解決機関の適格性判断の資料であり、その内容に変更が生じた場合には、届出を求めることとされている。

第156条の56　手続実施基本契約の締結等の届出　新設

改　正　後
第百五十六条の五十六　指定紛争解決機関は、次の各号のいずれかに該当するときは、内閣府令で定めるところにより、その旨を内閣総理大臣に届け出なければならない。 一　金融商品取引関係業者と手続実施基本契約を締結したとき、又は当該手続実施基本契約を終了したとき。 二　前号に掲げるもののほか、内閣府令で定めるとき。

概要

指定紛争解決機関に対し、新たに金融機関と手続実施基本契約を締結したときその他内閣府令で定める事項について、内閣総理大臣に届け出ることを定めている。

第156条の57　業務に関する報告書の提出　新設

改　正　後
第百五十六条の五十七　指定紛争解決機関は、事業年度ごとに、当該事業年度に係る紛争解決等業務に関する報告書を作成し、内閣総理大臣に提出しなければならない。 **2**　前項の報告書に関する記載事項、提出期日その他必要な事項は、内閣府令で定める。

概要

指定紛争解決機関に対し、事務年度ごとの業務に関する報告書の提出や、必要な書類の提出を義務づける。

解説

内閣総理大臣が報告書を通じて指定紛争解決機関の業務の実施状況を把握し、適切な監督を行うために、報告書の提出を義務づけている。

第156条の58　報告の徴取及び立入検査　新設

改　正　後
第百五十六条の五十八　内閣総理大臣は、紛争解決等業務の公正かつ適確な遂行のため必要があると認めるときは、指定紛争解決機関に対し、その業務に関し報告若しくは資料の提出を命じ、又は当該職員に、指定紛争解決機関の営業所若しくは事務所その他の施設に立ち入らせ、当該指定紛争解決機関の業務の状況に関し質問させ、若しくは帳簿書類その他の物件を検査させることができる。 **2**　内閣総理大臣は、紛争解決等業務の公正かつ適確な遂行のため特に必要があると認めるときは、その必要の限度において、指定紛争解決機関の加入金融商品取引関係業者若しくは当該指定紛争解決機関から業務の委託を受けた者に対し、当該指定紛争解決機関の業務に関し参考となるべき報告若しくは資料の提出を命じ、又は当該職員に、これらの者の営業所若しくは事務所その他の施設に立ち入らせ、当該指定紛争解決機関の業務の状況に関し質問させ、若しくはこれらの者の帳簿書類その他の物件を検査させることができる。

概要

指定紛争解決機関の業務に関し、紛争解決機関、加入金融機関および指定紛争解決機関の業務委託先に対する内閣総理大臣の報告または資料の提出命令権および立入検査権を定めるものである。

第156条の59 業務改善命令 新設

改　正　後
第百五十六条の五十九　内閣総理大臣は、指定紛争解決機関の紛争解決等業務の運営に関し、紛争解決等業務の公正かつ適確な遂行を確保するため必要があると認めるときは、その必要の限度において、当該指定紛争解決機関に対して、その業務の運営の改善に必要な措置を命ずることができる。 2　内閣総理大臣は、指定紛争解決機関が次の各号のいずれかに該当する場合において、前項の規定による命令をしようとするときは、あらかじめ、法務大臣に協議しなければならない。 一　第百五十六条の三十九第一項第五号から第七号までに掲げる要件（紛争解決手続の業務に係る部分に限り、同号に掲げる要件にあつては、第百五十六条の四十四第四項各号及び第五項各号に掲げる基準に係るものに限る。以下この号において同じ。）に該当しないこととなつた場合又は第百五十六条の三十九第一項第五号から第七号までに掲げる要件に該当しないこととなるおそれがあると認められる場合 二　第百五十六条の四十二、第百五十六条の四十三、第百五十六条の四十六又は第百五十六条の五十の規定に違反した場合（その違反行為が紛争解決手続の業務に係るものである場合に限る。）

概要

1項は、内閣総理大臣が指定紛争解決機関の業務の運営に関し、紛争解決等業務の公正かつ適確な遂行のために必要と認めるときは、指定紛争解決機関に対して、その業務の運営または財産の状況に関して改善に必要な措置をとるべきことを命ずることができる旨を定める。

2項は、業務改善命令に関する法務大臣への協議について定めるものである。

第156条の60 紛争解決等業務の休廃止 新設

改　正　後
第百五十六条の六十　指定紛争解決機関は、紛争解決等業務の全部若しくは一部の休止（次項に規定する理由によるものを除く。）をし、又は廃止をしようとするときは、内閣総理大臣の認可を受けなければならない。 2　指定紛争解決機関が、天災その他のやむを得ない理由により紛争解決等業務の全部又は一部の休止をした場合には、直ちにその旨を、理由を付して内閣総理大臣に届け出なければならない。指定紛争解決機関が当該休止をした当該紛争解決

等業務の全部又は一部を再開するときも、同様とする。
3　第一項の規定による休止若しくは廃止の認可を受け、又は前項の休止をした指定紛争解決機関は、当該休止又は廃止の日から二週間以内に、当該休止又は廃止の日に苦情処理手続又は紛争解決手続（他の指定紛争解決機関又は他の法律の規定による指定であつて紛争解決等業務に相当する業務に係るものとして政令で定めるものを受けた者（以下この項において「委託紛争解決機関」という。）から業務の委託を受けている場合における当該委託に係る当該委託紛争解決機関の苦情を処理する手続又は紛争の解決を図る手続を含む。次条第三項において同じ。）が実施されていた当事者、当該当事者以外の加入金融商品取引関係業者及び他の指定紛争解決機関に当該休止又は廃止をした旨を通知しなければならない。指定紛争解決機関が当該休止をした当該紛争解決等業務の全部又は一部を再開するときも、同様とする。

概要

1項・2項は、指定紛争解決機関に対し、紛争解決等業務を休止または廃止するときは、内閣総理大臣の認可を得ること、天災等やむを得ない事情により業務の停止を余儀なくされた場合には、事後的にその旨を届け出ることを義務づけている。

3項は、指定紛争解決機関が休止または廃止の認可を受けるなどした場合には、認可等があった日に苦情処理手続等が実施されていた当事者等に対する通知をしなければならない旨を定めるものである。

第156条の61　指定の取消し等　新設

改　正　後
第百五十六条の六十一　内閣総理大臣は、指定紛争解決機関が次の各号のいずれかに該当するときは、第百五十六条の三十九第一項の規定による指定を取り消し、又は六月以内の期間を定めて、その業務の全部若しくは一部の停止を命ずることができる。 一　第百五十六条の三十九第一項第二号から第七号までに掲げる要件に該当しないこととなつたとき、又は指定を受けた時点において同項各号のいずれかに該当していなかつたことが判明したとき。 二　不正の手段により第百五十六条の三十九第一項の規定による指定を受けたとき。 三　法令又は法令に基づく処分に違反したとき。 2　内閣総理大臣は、指定紛争解決機関が次の各号のいずれかに該当する場合において、前項の規定による処分又は命令をしようとするときは、あらかじめ、法務

大臣に協議しなければならない。
一 第百五十六条の三十九第一項第五号から第七号までに掲げる要件（紛争解決手続の業務に係る部分に限り、同号に掲げる要件にあつては、第百五十六条の四十四第四項各号及び第五項各号に掲げる基準に係るものに限る。以下この号において同じ。）に該当しないこととなつた場合又は第百五十六条の三十九第一項の規定による指定を受けた時点において同項第五号から第七号までに掲げる要件に該当していなかつたことが判明した場合
二 第百五十六条の四十二、第百五十六条の四十三、第百五十六条の四十六又は第百五十六条の五十の規定に違反した場合（その違反行為が紛争解決手続の業務に係るものである場合に限る。）
3 第一項の規定により第百五十六条の三十九第一項の規定による指定の取消しの処分を受け、又はその業務の全部若しくは一部の停止の命令を受けた者は、当該処分又は命令の日から二週間以内に、当該処分又は命令の日に苦情処理手続又は紛争解決手続が実施されていた当事者、当該当事者以外の加入金融商品取引関係業者及び他の指定紛争解決機関に当該処分又は命令を受けた旨を通知しなければならない。
4 内閣総理大臣は、第一項の規定により第百五十六条の三十九第一項の規定による指定を取り消したときは、その旨を官報で公示しなければならない。

概要

1項は、紛争解決等業務の適正な運営を確保するため、指定紛争解決機関が法令違反を行った場合や指定の際の適格要件を欠くに至った場合に、内閣総理大臣が指定紛争解決機関に対して指定の取消処分、業務の全部または一部の停止を行うことができることを定めている。

2項では、指定の取消し等に関する法務大臣への協議について定めている。

3項は、指定紛争解決機関が指定の取消しの処分等を受けた場合には、処分等があった日に苦情処理手続等が実施されていた当事者等に対する通知をしなければならない旨を定めるものである。

▩第７章　雑則

第188条　金融商品取引業者の業務等に関する書類の作成、保存及び報告の義務

改正後	改正前
第百八十八条　金融商品取引業者等、金融商品仲介業者、信用格付業者、認可金融商品取引業協会、第七十八条第二項に規定する認定金融商品取引業協会、投資者保護基金、金融商品取引所若しくはその会員等、第八十五条第一項に規定する自主規制法人、金融商品取引所持株会社、外国金融商品取引所若しくはその外国金融商品取引所参加者、金融商品取引清算機関若しくはその清算参加者、証券金融会社又は第百五十六条の三十八第一項に規定する指定紛争解決機関は、別にこの法律で定める場合のほか、内閣府令（投資者保護基金については、内閣府令・財務省令）で定めるところにより、帳簿、計算書、通信文、伝票その他業務に関する書類を作成し、これを保存し、又は業務に関する報告を提出しなければならない。	**第百八十八条**　金融商品取引業者等、金融商品仲介業者、認可金融商品取引業協会、第七十八条第二項に規定する認定金融商品取引業協会、投資者保護基金、金融商品取引所若しくはその会員等、第八十五条第一項に規定する自主規制法人、金融商品取引所持株会社、外国金融商品取引所若しくはその外国金融商品取引所参加者、金融商品取引清算機関若しくはその清算参加者又は証券金融会社は、別にこの法律で定める場合のほか、内閣府令（投資者保護基金については、内閣府令・財務省令）で定めるところにより、帳簿、計算書、通信文、伝票その他業務に関する書類を作成し、これを保存し、又は業務に関する報告を提出しなければならない。

概要

本条では、指定紛争解決機関の業務に関する書類の作成、保存、業務に関する報告について、内閣府令に委任することを定めるほか、信用格付業者の登録制度が創設されたことに伴う修正を行っている。

第190条 検査職員の証票携帯

●第１項●

改　正　後	改　正　前
第百九十条　第二十六条（第二十七条において準用する場合を含む。）、第二十七条の二十二第一項（第二十七条の二十二の二第二項において準用する場合を含む。）若しくは第二項、第二十七条の三十第一項、第二十七条の三十五、第五十六条の二第一項（第六十五条の三第三項において準用する場合を含む。）から第四項まで、第六十条の十一（第六十条の十二第三項において準用する場合を含む。）、第六十三条第八項、第六十六条の二十二、第六十六条の四十五第一項、第七十五条、第七十九条の四、第七十九条の七十七、第百三条の四、第百六条の六第一項（同条第二項において準用する場合を含む。）、第百六条の十六、第百六条の二十第一項（同条第二項において準用する場合を含む。）、第百六条の二十七（第百九条において準用する場合を含む。）、第百五十一条（第百五十三条の四において準用する場合を含む。）、第百五十五条の九、第百五十六条の十五、第百五十六条の三十四、第百五十六条の五十八、第百七十七条第二号、第百八十五条の五又は第百八十七条第四号の規定により検査をする審判官又は職員は、その身分を示す証票を携帯し、検査の相手方に提示しなければならない。	**第百九十条**　第二十六条（第二十七条において準用する場合を含む。）、第二十七条の二十二第一項（第二十七条の二十二の二第二項において準用する場合を含む。）若しくは第二項、第二十七条の三十第一項、第二十七条の三十五、第五十六条の二第一項（第六十五条の三第三項において準用する場合を含む。）から第四項まで、第六十条の十一（第六十条の十二第三項において準用する場合を含む。）、第六十三条第八項、第六十六条の二十二、第七十五条、第七十九条の四、第七十九条の七十七、第百三条の四、第百六条の六、第百六条の十六、第百六条の二十、第百六条の二十七、第百五十一条（第百五十三条の四において準用する場合を含む。）、第百五十五条の九、第百五十六条の十五、第百五十六条の三十四、第百七十七条第二号、第百八十五条の五又は第百八十七条第四号の規定により検査をする審判官又は職員は、その身分を示す証票を携帯し、検査の相手方に提示しなければならない。

概要

本条は、内閣総理大臣に報告徴取・検査権がある場合において、検査職員が身分を示す証票を携帯すべきことを規定する条文であるところ、今回の改正で以下の者に対して行う報告聴取・検査の規定が新設されることに伴い、かかる検査についても本条に加えるものである。

① 信用格付業者（66条の45）

② 株式会社金融商品取引所の20％以上の議決権を保有する商品取引所および商品取引所持株会社（106の6第2項）、金融商品取引所持株会社の20％以上の議決権を保有する商品取引所（106条の20第2項）、株式会社金融商品取引所を子会社とする商品取引所および商品取引所持株会社ならびに金融商品取引所持株会社を子会社とする商品取引所（109条）

③ 指定紛争解決機関、加入金融機関および指定紛争解決機関の業務委託先（156条の58第1項、2項）

第194条の3　財務大臣への協議

改　正　後	改　正　前
第百九十四条の三　内閣総理大臣は、金融商品取引業者（第二十八条第一項に規定する第一種金融商品取引業を行う者に限る。）、登録金融機関、取引所取引許可業者、認可金融商品取引業協会、金融商品取引所、外国金融商品取引所、金融商品取引清算機関又は証券金融会社に対し次に掲げる処分をすることが有価証券の流通又は市場デリバティブ取引に重大な影響を与えるおそれがあると認めるときは、あらかじめ、有価証券の流通又は市場デリバティブ取引の円滑を図るために必要な措置に関し、財務大臣に協議しなければならない。 一～十二　（略） 十三　第百五十六条の十七第一項若しくは第二項の規定による第百五十六条の二の免許の取消し又は第百五十六条の十七第二項若しくは第百五十六条の二十第一項の規定による第百五十六条の十九第一項の承認の取消し 十四～十六　（略）	**第百九十四条の三**　内閣総理大臣は、金融商品取引業者（第二十八条第一項に規定する第一種金融商品取引業を行う者に限る。）、登録金融機関、取引所取引許可業者、認可金融商品取引業協会、金融商品取引所、外国金融商品取引所、金融商品取引清算機関又は証券金融会社に対し次に掲げる処分をすることが有価証券の流通又は市場デリバティブ取引に重大な影響を与えるおそれがあると認めるときは、あらかじめ、有価証券の流通又は市場デリバティブ取引の円滑を図るために必要な措置に関し、財務大臣に協議しなければならない。 一～十二　（略） 十三　第百五十六条の十七第一項若しくは第二項の規定による第百五十六条の二の免許の取消し又は第百五十六条の十七第二項若しくは第百五十六条の二十の規定による第百五十六条の十九の承認の取消し 十四～十六　（略）

概要

13号で、156条の19および156条の20に2項以降が追加されたことに伴う修正を行っている。

第194条の4　財務大臣への通知

●第1項●

改　正　後	改　正　前
第百九十四条の四　内閣総理大臣は、次に掲げる処分をしたときは、速やかに、その旨を財務大臣に通知するものとする。ただし、第七十九条の五十三第三項の規定により財務大臣に通知したときは、この限りでない。 一～三十四　（略） 三十五　第百五十六条の二の規定による免許又は第百五十六条の十九第一項の規定による承認 三十六　第百五十六条の十七第一項若しくは第二項の規定による第百五十六条の二の免許の取消し又は第百五十六条の十七第二項若しくは第百五十六条の二十第一項の規定による第百五十六条の十九第一項の承認の取消し 三十七～四十二　（略）	**第百九十四条の四**　内閣総理大臣は、次に掲げる処分をしたときは、速やかに、その旨を財務大臣に通知するものとする。ただし、第七十九条の五十三第三項の規定により財務大臣に通知したときは、この限りでない。 一～三十四　（略） 三十五　第百五十六条の二の規定による免許又は第百五十六条の十九の規定による承認 三十六　第百五十六条の十七第一項若しくは第二項の規定による第百五十六条の二の免許の取消し又は第百五十六条の十七第二項若しくは第百五十六条の二十の規定による第百五十六条の十九の承認の取消し 三十七～四十二　（略）

概要

35号・36号で、156条の19および156条の20に2項以降が追加されたことに伴う修正を行っている。

●第2項●

改　正　後	改　正　前
2　内閣総理大臣は、次に掲げる届出を受理したときは、速やかに、その旨を財務大臣に通知するものとする。	2　内閣総理大臣は、次に掲げる届出を受理したときは、速やかに、その旨を財務大臣に通知するものとする。

一～四　（略） 五　第百六条の八第二項、第百六条の二十二第二項又は第百七条第二項の規定による届出 六～九　（略）	一～四　（略） 五　第百六条の八第二項（第百六条の二十二第二項及び第百七条第二項において準用する場合を含む。）の規定による届出 六～九　（略）

概要

金融商品取引所持株会社の主要株主の認可が失効したときの届出規定（106条の22第２項）および金融商品取引所持株会社の認可が失効したときの届出規定（107条２項）それぞれについて書き下すこととしたことに伴うものである。

第194条の６の２　商品市場所管大臣への事前通知　新設

改　正　後
第百九十四条の六の二　内閣総理大臣は、金融商品取引所持株会社又は金融商品取引所に対し次に掲げる処分をする場合には、あらかじめ、商品市場所管大臣（商品先物取引法第三百五十四条第一項各号に掲げる区分に応じ、当該各号に定める大臣をいう。）に通知するものとする。 一　第百六条の二十六又は第百六条の二十八第一項の規定による第百六条の十第一項又は第三項ただし書の認可（商品先物取引をするために必要な市場の開設の業務（以下この条において「商品市場業務」という。）を行う会社を子会社（第八十七条の三第三項に規定する子会社をいう。第三号において同じ。）とする金融商品取引所持株会社に係るものに限る。）の取消し 二　第百六条の二十八第一項の規定による第百六条の二十四第一項ただし書の認可（商品市場業務を行う会社に係るものに限る。）の取消し 三　第百四十八条又は第百五十二条第一項第一号の規定による第八十条第一項の免許（第八十七条の二第一項ただし書の認可（商品市場業務に係るものに限る。）を受けている金融商品取引所又は第八十七条の三第一項ただし書の認可を受けて商品市場業務を行う会社を子会社とする金融商品取引所に係るものに限る。）の取消し 四　第百五十二条第一項第三号の規定による第八十七条の二第一項ただし書の認可（商品市場業務に係るものに限る。）の取消し 五　第百五十二条第一項第四号の規定による第八十七条の三第一項ただし書の認可（商品市場業務を行う会社に係るものに限る。）の取消し

概要

内閣総理大臣が、相互乗入れを行う金融商品取引所または金融商品取引所持株会社に対して以下の処分を行う場合には、商品市場所管大臣（農林水産大臣、経済産業大臣）に事前に通知するものとする。

① 商品市場業務を行う会社を子会社とする金融商品取引所持株会社に係る、当該持株会社認可の取消し（１号）

② 金融商品取引所持株会社に対する、商品市場業務を行う会社を子会社として保有することの認可の取消し（２号）

③ 商品市場業務を行うことについて認可を受けている金融商品取引所、あるいは商品市場業務を行う会社を子会社として保有することについて認可を受けている金融商品取引所に対して行う、金融商品取引所の免許の取消し（３号）

④ 金融商品取引所が商品市場業務を行うことについての認可の取消し（４号）

⑤ 金融商品取引所が商品市場業務を行う会社を子会社として保有することについての認可の取消し（５号）

解説

金融商品取引所が商品市場を開設する場合や、金融商品取引所および金融商品取引所持株会社が子会社として商品市場業務を行う会社（商品取引所）を保有する場合には、金融商品取引所または金融商品取引所持株会社に対して行う免許・認可取消処分は、商品市場または商品取引所に対し大きな影響を与え得ることとなる。

このため、こうした処分を行う場合には、商品先物取引法の主務大臣（農林水産大臣、経済産業大臣）に対し事前通知を行うこととするものである。

具体的には、１号、２号、３号（商品取引所を子会社とする場合）、５号については、子会社として商品取引所を保有できなくなる効果のある処分であり、商品取引所の支配権に大きな変動を生じるものであることから、事前通知の対象とする。

また、３号（金融商品取引所が商品市場を開設する場合）、４号については、金融商品取引所として存立する基礎を失い、または商品市場を閉鎖しなければならなくなる効果のある処分であり、商品市場の運営に大きな影響を与えるものであることから、事前通知の対象とする。

参考

◆商品市場所管大臣の区分◆（商品先物取引法354条）

⑴　農林水産省関係商品のみを上場する商品取引所については、農林水産大臣

⑵　経済産業省関係商品のみを上場する商品取引所については、経済産業大臣

⑶　上記以外の商品取引所については、農林水産大臣および経済産業大臣

第194条の７　金融庁長官への権限の委任

●第２項・第３項●

改　正　後	改　正　前
２　金融庁長官は、前項の規定により委任された権限のうち、次に掲げるものを証券取引等監視委員会（以下この条及び次条において「委員会」という。）に委任する。ただし、報告又は資料の提出を命ずる権限は、金融庁長官が自ら行うことを妨げない。 一～三　（略） 三の二　第六十六条の四十五第一項の規定による権限（第二条第三十五項に規定する行為の公正の確保に係る規定として政令で定める規定に関するものに限る。） 四～九　（略）	２　金融庁長官は、前項の規定により委任された権限のうち、次に掲げるものを証券取引等監視委員会（以下この条及び次条において「委員会」という。）に委任する。ただし、報告又は資料の提出を命ずる権限は、金融庁長官が自ら行うことを妨げない。 一～三　（略） （新設） 四～九　（略）
３　金融庁長官は、政令で定めるところにより、第一項の規定により委任された権限（前項の規定により委員会に委任されたものを除く。）のうち、第二十六条（第二十七条において準用する場合を含む。）、第二十七条の二十二	３　金融庁長官は、政令で定めるところにより、第一項の規定により委任された権限（前項の規定により委員会に委任されたものを除く。）のうち、第二十六条（第二十七条において準用する場合を含む。）、第二十七条の二十二

第一項（第二十七条の二十二の二第二項において準用する場合を含む。）及び第二項、第二十七条の三十、第二十七条の三十五、第五十六条の二第一項（第六十五条の三第三項において準用する場合を含む。）から第四項まで、第六十条の十一（第六十条の十二第三項において準用する場合を含む。）、第六十三条第七項及び第八項、第六十六条の二十二、第六十六条の四十五第一項、第七十五条、第七十九条の四、第七十九条の七十七、第百三条の四、第百六条の六第一項（同条第二項において準用する場合を含む。）、第百六条の十六、第百六条の二十第一項（同条第二項において準用する場合を含む。）、第百六条の二十七（第百九条において準用する場合を含む。）、第百五十一条（第百五十三条の四において準用する場合を含む。）、第百五十五条の九、第百五十六条の十五、第百五十六条の三十四、第百五十六条の五十八並びに第百九十三条の二第六項の規定によるものを委員会に委任することができる。	第一項（第二十七条の二十二の二第二項において準用する場合を含む。）及び第二項、第二十七条の三十、第二十七条の三十五、第五十六条の二第一項（第六十五条の三第三項において準用する場合を含む。）から第四項まで、第六十条の十一（第六十条の十二第三項において準用する場合を含む。）、第六十三条第七項及び第八項、第六十六条の二十二、第七十五条、第七十九条の四、第七十九条の七十七、第百三条の四、第百六条の六、第百六条の十六、第百六条の二十、第百六条の二十七、第百五十一条（第百五十三条の四において準用する場合を含む。）、第百五十五条の九、第百五十六条の十五、第百五十六条の三十四並びに第百九十三条の二第六項の規定によるものを委員会に委任することができる。

概要

金融庁長官の権限のうち、報告徴取および立入検査の権限については、取引の公正の確保のためのものについて証券取引等監視委員会に委任すること（２項）、それ以外についても委任することができること（３項）とされている。

これを踏まえ、信用格付業者に対する報告徴取・検査に係る権限のうち、信用格付を付与し、かつ、提供し、または閲覧に供する行為の公正の確保に係る規定に関するものについては、政令において、証券取引等監視委員会に委任することとし（２項３号の２）、それ以外についても委任することができること（３項）を規定している。

また、３項においては、金融庁長官に委任された106条の６第２項、106

条の20第2項、109条および156条の58の規定による報告または資料の提出命令権および立入検査権につき、証券取引等監視委員会に委任し得ることを定める改正も行っている。

第8章　罰則

第198条

改　正　後	改　正　前
第百九十八条　次の各号のいずれかに該当する者は、三年以下の懲役若しくは三百万円以下の罰金に処し、又はこれを併科する。 一　（略） 二　不正の手段により第二十九条、第六十六条若しくは第六十六条の二十七の登録、第三十一条第四項の変更登録又は第五十九条第一項若しくは第六十条第一項の許可を受けた者 三　第三十六条の三、第六十六条の九又は第六十六条の三十四の規定に違反して他人に金融商品取引業、登録金融機関業務、金融商品仲介業又は信用格付業を行わせた者 三の二～八　（略）	**第百九十八条**　次の各号のいずれかに該当する者は、三年以下の懲役若しくは三百万円以下の罰金に処し、又はこれを併科する。 一　（略） 二　不正の手段により第二十九条若しくは第六十六条の登録、第三十一条第四項の変更登録又は第五十九条第一項若しくは第六十条第一項の許可を受けた者 三　第三十六条の三又は第六十六条の九の規定に違反して他人に金融商品取引業、登録金融機関業務又は金融商品仲介業を行わせた者 三の二～八　（略）

概要

不正の手段により信用格付業者の登録を受けた者（2号）、名義貸しの禁止規定に違反して他人に信用格付業を行わせた者（3号）について、罰則を定めたものである。

第198条の5

改　正　後	改　正　前
第百九十八条の五　次の各号に掲げる違反があつた場合においては、その行為をした金融商品取引業者等、取引所取引許可業者、金融商品仲介業者、信用格付業者、認可金融商品取引業協会若しくは第七十八条第二項に規定する認定金融商品取引業協会、金融商品取引所、第八十五条第一項に規定する自主規制法人、金融商品取引所持株会社、外国金融商品取引所、金融商品取引清算機関若しくは証券金融会社の代表者、代理人、使用人その他の従業者又は金融商品取引業者若しくは金融商品仲介業者は、二年以下の懲役若しくは三百万円以下の罰金に処し、又はこれを併科する。 一　（略） 二　第五十二条第一項、第五十三条第二項、第六十条の八第一項、第六十六条の二十第一項又は第六十六条の四十二第一項の規定による業務の停止の処分（第三十条第一項の認可に係る業務の停止の処分を除く。）に違反したとき。 三・四　（略）	**第百九十八条の五**　次の各号に掲げる違反があつた場合においては、その行為をした金融商品取引業者等、取引所取引許可業者、金融商品仲介業者、認可金融商品取引業協会若しくは第七十八条第二項に規定する認定金融商品取引業協会、金融商品取引所、第八十五条第一項に規定する自主規制法人、金融商品取引所持株会社、外国金融商品取引所、金融商品取引清算機関若しくは証券金融会社の代表者、代理人、使用人その他の従業者又は金融商品取引業者若しくは金融商品仲介業者は、二年以下の懲役若しくは三百万円以下の罰金に処し、又はこれを併科する。 一　（略） 二　第五十二条第一項、第五十三条第二項、第六十条の八第一項又は第六十六条の二十第一項の規定による業務の停止の処分（第三十条第一項の認可に係る業務の停止の処分を除く。）に違反したとき。 三・四　（略）

概要

信用格付業者が業務停止命令に違反した場合の罰則を定めている。

第198条の6

改　正　後	改　正　前
第百九十八条の六　次の各号のいずれかに該当する者は、一年以下の懲役若しくは三百万円以下の罰金に処し、又はこれを併科する。 一　第二十九条の二第一項から第三項	**第百九十八条の六**　次の各号のいずれかに該当する者は、一年以下の懲役若しくは三百万円以下の罰金に処し、又はこれを併科する。 一　第二十九条の二第一項から第三項

まで、第三十三条の三、第五十九条の二第一項若しくは第三項、第六十条の二第一項若しくは第三項、第六十六条の二、第六十六条の二十八、第六十七条の三、第八十一条、第百二条の十五、第百六条の十一、第百五十五条の二、第百五十六条の三、第百五十六条の二十四第二項から第四項まで又は第百五十六条の四十の規定による申請書又はこれに添付すべき書類若しくは電磁的記録に虚偽の記載又は記録をしてこれを提出した者	まで、第三十三条の三、第五十九条の二第一項若しくは第三項、第六十条の二第一項若しくは第三項、第六十六条の二、第六十七条の三、第八十一条、第百二条の十五、第百六条の十一、第百五十五条の二、第百五十六条の三又は第百五十六条の二十四第二項から第四項までの規定による申請書又はこれに添付すべき書類若しくは電磁的記録に虚偽の記載又は記録をしてこれを提出した者
二　（略）	二　（略）
三　第四十六条の二（第六十条の六において準用する場合を含む。）、第四十七条、第四十八条、第六十六条の十六、第六十六条の三十七又は第百八十八条の規定による書類の作成若しくは保存をせず、又は虚偽の書類を作成した者	三　第四十六条の二（第六十条の六において準用する場合を含む。）、第四十七条、第四十八条、第六十六条の十六又は第百八十八条の規定による書類の作成若しくは保存をせず、又は虚偽の書類を作成した者
四　第四十六条の三第一項（第六十条の六において準用する場合を含む。）、第四十七条の二、第四十八条の二第一項、第四十九条の三第一項（第六十条の六において準用する場合を含む。）、第六十六条の十七第一項、第六十六条の三十八、第百五十五条の五、第百五十六条の三十五若しくは第百五十六条の五十七第一項の規定による報告書、書類若しくは書面を提出せず、又は虚偽の記載をした報告書、書類若しくは書面を提出した者	四　第四十六条の三第一項（第六十条の六において準用する場合を含む。）、第四十七条の二、第四十八条の二第一項、第四十九条の三第一項（第六十条の六において準用する場合を含む。）、第六十六条の十七第一項、第百五十五条の五又は第百五十六条の三十五の規定による報告書、書類若しくは書面を提出せず、又は虚偽の記載をした報告書、書類若しくは書面を提出した者
五・六　（略）	五・六　（略）
六の二　第六十六条の三十九の規定による説明書類を公衆の縦覧に供せず、若しくは虚偽の記載をした説明書類を公衆の縦覧に供し、又は同条の規定による公表をせず、若しくは虚偽の公表をした者	（新設）
七　（略）	七　（略）
八　第五十条の二第一項若しくは第七	八　第五十条の二第一項若しくは第七

項、第六十条の七又は第六十六条の四十第一項若しくは第四項の規定による届出をせず、又は虚偽の届出をした者	項又は第六十条の七の規定による届出をせず、又は虚偽の届出をした者
九　第五十条の二第六項又は第六十六条の四十第三項の規定による公告をせず、又は虚偽の公告をした者	九　第五十条の二第六項の規定による公告をせず、又は虚偽の公告をした者
十　第五十六条の二、第六十条の十一、第六十三条第七項、第六十六条の二十二、第六十六条の四十五第一項、第百三条の四、第百六条の六第一項、第百六条の十六又は第百六条の二十第一項の規定による報告若しくは資料の提出をせず、又は虚偽の報告若しくは資料の提出をした者	十　第五十六条の二、第六十条の十一、第六十三条第七項、第六十六条の二十二、第百三条の四、第百六条の六、第百六条の十六又は第百六条の二十の規定による報告若しくは資料の提出をせず、又は虚偽の報告若しくは資料の提出をした者
十一　第五十六条の二、第六十条の十一、第六十三条第八項、第六十六条の二十二、第六十六条の四十五第一項、第七十五条、第七十九条の四、第百三条の四、第百六条の六第一項（同条第二項において準用する場合を含む。）、第百六条の十六、第百六条の二十第一項（同条第二項において準用する場合を含む。）、第百六条の二十七（第百九条において準用する場合を含む。）、第百五十一条（第百五十三条の四において準用する場合を含む。）、第百五十五条の九、第百五十六条の十五、第百五十六条の三十四、第百八十五条の五又は第百八十七条第四号の規定による検査を拒み、妨げ、又は忌避した者	十一　第五十六条の二、第六十条の十一、第六十三条第八項、第六十六条の二十二、第七十五条、第七十九条の四、第百三条の四、第百六条の六、第百六条の十六、第百六条の二十、第百六条の二十七、第百五十一条（第百五十三条の四において準用する場合を含む。）、第百五十五条の九、第百五十六条の十五、第百五十六条の三十四、第百八十五条の五又は第百八十七条第四号の規定による検査を拒み、妨げ、又は忌避した者
十二～十四　（略）	十二～十四　（略）
十五　第百五十六条の四十六の規定に違反した者	（新設）
十六　第百五十六条の五十八の規定による当該職員の質問に対して答弁をせず、若しくは虚偽の答弁をし、又は検査を拒み、妨げ、若しくは忌避した者	（新設）
十七　第百五十六条の五十九第一項の規定による命令に違反した者	（新設）
十八　（略）	十五　（略）

概要

信用格付業者および指定紛争解決機関に関し、登録申請書またはこれに添付すべき書類等に虚偽の記載等があった場合（1号）、信用格付業者に関し、帳簿書類の作成、保存の懈怠、または虚偽書類の作成があった場合（3号）、信用格付業者および指定紛争解決機関に関し、事業報告書の不提出、虚偽作成等があった場合（4号）、信用格付業者に関し、説明書類を公衆の縦覧に供せず、もしくは虚偽記載した説明書類を公衆の縦覧に供した場合、または説明書類を公表せず、もしくは虚偽の公表をした場合等（6号の2）、信用格付業者に関し、廃業等の届出をせず、または虚偽の届出をした場合（8号）、信用格付業者に関し、登録の抹消申請等をしようとするときの公告をせず、または虚偽の公告をした場合（9号）、信用格付業者に関し、報告の徴取および検査について、資料の不提出、虚偽資料の提出等があった場合（10号）、信用格付業者、商品取引所および商品取引所持株会社に関し、検査拒絶等があった場合（11号）、指定紛争解決機関に関し、暴力団等の使用があった場合（15号）、指定紛争解決機関に関し、業務報告書の不提出、虚偽作成等があった場合（16号）、指定紛争解決機関に関し、報告の徴取および検査について、資料の不提出、虚偽資料の提出等があった場合（17号）について、所要の罰則規定の整備を行っている。

第199条

改　正　後	改　正　前
第百九十九条　第七十五条、第七十九条の四、第百六条の六第二項において準用する同条第一項、第百六条の二十第二項において準用する同条第一項、第百六条の二十七（第百九条において準用する場合を含む。）、第百五十一条（第百五十三条の四において準用する場合を含む。）、第百五十五条の九、第百五十六条の十五、第百五十六条の三十四若しくは第百五十六条の五十八の規定による報告若しくは資料を提出	**第百九十九条**　第七十五条、第七十九条の四、第百六条の二十七、第百五十一条（第百五十三条の四において準用する場合を含む。）、第百五十五条の九、第百五十六条の十五又は第百五十六条の三十四の規定による報告若しくは資料を提出せず、又は虚偽の報告若しくは資料を提出した場合においては、その行為をした認可金融商品取引業協会若しくは第七十八条第二項に規定する認定金融商品取引業協会、金融商品取

せず、又は虚偽の報告若しくは資料を提出した場合においては、その行為をした認可金融商品取引業協会若しくは第七十八条第二項に規定する認定金融商品取引業協会、金融商品取引所、第八十五条第一項に規定する自主規制法人、金融商品取引所持株会社、商品取引所、商品取引所持株会社、外国金融商品取引所、金融商品取引清算機関、証券金融会社、金融商品取引所の子会社（第八十七条の三第三項に規定する子会社をいう。以下この条において同じ。）、金融商品取引所持株会社の子会社、商品取引所の子会社、商品取引所持株会社の子会社、金融商品取引所に上場されている有価証券若しくは店頭売買有価証券の発行者、外国金融商品取引所の外国金融商品取引所参加者又は第百五十六条の三十八第一項に規定する指定紛争解決機関の代表者、代理人、使用人その他の従業者若しくは業務の委託を受けた者は、一年以下の懲役若しくは三百万円以下の罰金に処し、又はこれを併科する。	引所、第八十五条第一項に規定する自主規制法人、金融商品取引所持株会社、外国金融商品取引所、金融商品取引清算機関、証券金融会社、金融商品取引所の子会社（第八十七条の三第二項に規定する子会社をいう。）、金融商品取引所持株会社の子会社（第百六条の十第一項に規定する子会社をいう。）、金融商品取引所に上場されている有価証券若しくは店頭売買有価証券の発行者又は外国金融商品取引所の外国金融商品取引所参加者の代表者、代理人、使用人その他の従業者若しくは業務の委託を受けた者は、一年以下の懲役若しくは三百万円以下の罰金に処し、又はこれを併科する。

概要

106条の６第２項、106条の20第２項、109条および156条の58第１項または２項の規定による報告もしくは資料を提出せず、または虚偽の報告もしくは虚偽の資料を提出した場合に、その行為をした商品取引所、商品取引所持株会社（これらの子会社を含む）または指定紛争解決機関の代表者、代理人、使用人その他の従業者もしくは業務の委託を受けた者に対する罰則を定めるものである。

第200条

改　正　後	改　正　前
第二百条　次の各号のいずれかに該当する者は、一年以下の懲役若しくは百万	**第二百条**　次の各号のいずれかに該当する者は、一年以下の懲役若しくは百万

円以下の罰金に処し、又はこれを併科する。 一～十八　（略） 十八の二　第百五十六条の四十一第一項の規定に違反した者 十九～二十一　（略）	円以下の罰金に処し、又はこれを併科する。 一～十八　（略） （新設） 十九～二十一　（略）

概要

18号の2において、156条の41（秘密保持義務等）1項に規定する指定紛争解決機関の紛争解決委員もしくは役員もしくは職員またはこれらの職にあった者で、秘密保持義務に違反した者に対する罰則を定める。

第201条

改　正　後	改　正　前
第二百一条　次の各号に掲げる違反があつた場合においては、その行為をした金融商品取引業者等、金融機関、第五十九条の規定により許可を受けた者、取引所取引許可業者、金融商品仲介業者、認可金融商品取引業協会、金融商品取引所、第八十五条第一項に規定する自主規制法人、第百六条の三第一項の規定により認可を受けた者、金融商品取引所持株会社、第百六条の十七第一項の規定により認可を受けた者、商品取引所、商品取引所持株会社、外国金融商品取引所、金融商品取引清算機関若しくは証券金融会社の代表者、代理人、使用人その他の従業者又は金融商品取引業者若しくは金融商品仲介業者は、一年以下の懲役若しくは百万円以下の罰金に処し、又はこれを併科する。 一　（略） 二　第三十条の二第一項（第八十七条の二第三項、第八十七条の三第五項、第百六条の三第六項、第百六条の十第五項、第百六条の十七第五	**第二百一条**　次の各号に掲げる違反があつた場合においては、その行為をした金融商品取引業者等、第五十九条の規定により許可を受けた者、取引所取引許可業者、金融商品仲介業者、認可金融商品取引業協会、金融商品取引所、第八十五条第一項に規定する自主規制法人、金融商品取引所持株会社、外国金融商品取引所若しくは証券金融会社の代表者、代理人、使用人その他の従業者又は金融商品取引業者若しくは金融商品仲介業者は、一年以下の懲役若しくは百万円以下の罰金に処し、又はこれを併科する。 一　（略） 二　第三十条の二第一項（第百五十五条第二項において準用する場合を含む。）、第五十九条第二項、第六十条第二項又は第八十五条第二項の規定

項、第百六条の二十四第二項及び第百五十五条第二項において準用する場合を含む。）、第五十九条第二項、第六十条第二項、第八十五条第二項又は第百五十六条の六第四項（第百五十六条の十九第四項において準用する場合を含む。）の規定により付した条件に違反したとき。 三〜十三　（略）	により付した条件に違反したとき。 三〜十三　（略）

概要

今般の改正により、金融商品取引所、株式会社金融商品取引所の主要株主、金融商品取引所持株会社、金融商品取引所持株会社の主要株主および金融商品取引清算機関に対する一部の認可・承認について条件を付すことができる規定を設けることとするため、２号では、条件違反に関する罰則の対象となる根拠規定を追加している。また柱書では、本条の罰則の対象となる法人として、株式会社金融商品取引所の主要株主、金融商品取引所持株会社の主要株主、金融商品取引清算機関を追加している。

また、今般の改正により、株式会社金融商品取引所の主要株主、金融商品取引所持株会社の主要株主および金融商品取引所持株会社に対する監督上の処分の規定について、商品取引所および商品取引所持株会社にも準用されることから（106条の７第４項、106条の21第４項、109条参照）、本条10号・11号による罰則の対象となる法人として商品取引所および商品取引所持株会社を柱書に追加することとしている。

第203条

●第１項●

改　正　後	改　正　前
第二百三条　金融商品取引業者の役員（当該金融商品取引業者が外国法人である場合には、国内における代表者及び国内に設ける営業所又は事務所に駐在する役員。以下この項において同	**第二百三条**　金融商品取引業者の役員（当該金融商品取引業者が外国法人である場合には、国内における代表者及び国内に設ける営業所又は事務所に駐在する役員。以下この項において同

じ。）若しくは職員、認可金融商品取引業協会若しくは第七十八条第二項に規定する認定金融商品取引業協会若しくは金融商品取引所の役員（仮理事及び仮監事並びに仮取締役、仮執行役及び仮監査役を含む。）若しくは職員又は外国金融商品取引所の国内における代表者（国内に事務所がある場合にあつては、当該事務所に駐在する役員を含む。）若しくは職員が、その職務（金融商品取引業者の役員又は職員にあつては、第七十九条の五十第一項の規定により投資者保護基金の委託を受けた金融商品取引業者の業務に係る職務に限る。）に関して、賄賂《ろ》を収受し、又はその要求若しくは約束をしたときは、五年以下の懲役に処する。	じ。）若しくは職員、認可金融商品取引業協会若しくは第七十八条第二項に規定する認定金融商品取引業協会若しくは金融商品取引所の役員（仮理事及び仮監事並びに仮取締役、仮執行役及び仮監査役を含む。）若しくは職員又は外国金融商品取引所の国内における代表者（国内に事務所がある場合にあつては、当該事務所に駐在する役員を含む。）若しくは職員が、その職務（金融商品取引業者の役員若しくは職員にあつては、第七十九条の五十第一項の規定により投資者保護基金の委託を受けた金融商品取引業者の業務に係る職務に限る。）に関して、賄賂《ろ》を収受し、又はその要求若しくは約束をしたときは、五年以下の懲役に処する。

概要

文言の適正化を図るものである。

第205条

改　正　後	改　正　前
第二百五条　次の各号のいずれかに該当する者は、六月以下の懲役若しくは五十万円以下の罰金に処し、又はこれを併科する。	**第二百五条**　次の各号のいずれかに該当する者は、六月以下の懲役若しくは五十万円以下の罰金に処し、又はこれを併科する。
一～六　（略）	一～六　（略）
六の二　第二十七条の三十二の二第一項又は第二項の規定による外国証券情報であつて、重要な事項につき虚偽のあるものの提供又は公表をした者	（新設）
六の三　外国証券売出しについて、当該外国証券売出しに係る第二十七条の三十二の二第一項の規定による外国証券情報の提供又は公表をしていないのに当該外国証券売出しに係る有価証券を売り付けた者	（新設）
六の四　第二十七条の三十二の二第二	（新設）

項の規定による外国証券情報の提供又は公表をしない者	
七～二十　（略）	七～二十　（略）

概要

重要な事項につき虚偽のある外国証券情報の提供または公表をした者、外国証券情報の提供または公表をせずに外国証券売出しにより有価証券を売り付けた者、および外国証券情報の継続的な提供または公表をしない者についての罰則を追加する（６号の２～６号の４）。

外国証券情報に関する違反行為は、目論見書またはその他の資料の使用者の違反行為に近い性質を有すると考えられることから、虚偽等のある目論見書またはその他の資料の使用者に係る罰則（205条１号）と同レベル（６月以下の懲役・50万円以下の罰金）としている。

解説

目論見書に関しては、200条３号に目論見書を交付しなかった者に係る罰則（１年以下の懲役・100万円以下の罰金）が規定されており、これと同レベルにすべきとの考え方もあり得る。200条の罰則に係る違反行為の主体は「発行者、売出人、引受人、金融商品取引業者……（等）」であるのに対し、205条の罰則に係る違反行為の主体は「何人」である。外国証券情報の場合、違反行為の主体は金融商品取引業者等であり、かつ売出人としての立場に立つものであるから、200条の場面に近いかのようにも思われる。しかしながら、外国証券売出しを行う者は、引受人等ではないことから、通常は発行者に対して情報の提供を求める立場にあるものではなく、外国証券情報も主として外国での開示情報等を基に作成することが想定されているにすぎないものであるから、現実的な立場としては、むしろ205条の目論見書・資料の使用者に近いと考えられる。よって、罰則は200条ではなく、205条のレベルが適切であると考えられる。

第205条の２　新設

改　正　後
第二百五条の二　第百五十六条の四十八若しくは第百五十六条の五十第九項の規定による記録の作成若しくは保存をせず、又は虚偽の記録を作成した者は、百万円以下の罰金に処する。

概要

指定紛争解決機関について、156条の48（記録の保存）もしくは156条の50（指定紛争解決機関による紛争解決手続）９項の規定による記録の作成もしくは保存をせず、または虚偽の記録を作成した者に対する罰則を定めるものである。

第205条の２の２　新設

改　正　後
第二百五条の二の二　第百五十六条の六十第一項の認可を受けないで紛争解決等業務（第百五十六条の三十八第十一項に規定する紛争解決等業務をいう。）の全部若しくは一部の休止又は廃止をした者は、五十万円以下の罰金に処する。

概要

指定紛争解決機関について、156条の60（紛争解決等業務の休廃止）１項の認可を受けないで、紛争解決等業務の全部または一部の休止または廃止をした者に対する罰則を定めるものである。

第205条の２の３

改　正　後	改　正　前
第二百五条の二の三　次の各号のいずれかに該当する者は、三十万円以下の罰金に処する。 一　第三十一条第一項若しくは第三項、第三十二条の三（第三十二条の四において準用する場合を含む。）、第三十三条の六第一項若しくは第三項、第三十五条第三項若しくは第六	**第二百五条の二**　次の各号のいずれかに該当する者は、三十万円以下の罰金に処する。 一　第三十一条第一項若しくは第三項、第三十二条の三（第三十二条の四において準用する場合を含む。）、第三十三条の六第一項若しくは第三項、第三十五条第三項若しくは第六

項、第五十条第一項、第六十条の五、第六十三条第三項、第六十三条の二第二項、第三項（第六十三条の三第二項において準用する場合を含む。）若しくは第四項、第六十四条の四（第六十六条の二十五において準用する場合を含む。）、第六十六条の五第一項若しくは第三項、第六十六条の十九第一項、第六十六条の三十一第一項若しくは第三項、第七十九条の二十七第四項、第百六条の三第五項（第百六条の十第四項及び第百六条の十七第四項において準用する場合を含む。）、第百五十六条の五十五第一項、第百五十六条の五十六若しくは第百五十六条の六十第二項の規定による届出をせず、又は虚偽の届出をした者	項、第五十条第一項、第六十条の五、第六十三条第三項、第六十三条の二第二項、第三項（第六十三条の三第二項において準用する場合を含む。）若しくは第四項、第六十四条の四（第六十六条の二十五において準用する場合を含む。）、第六十六条の五第一項若しくは第三項、第六十六条の十九第一項、第七十九条の二十七第四項又は第百六条の三第五項（第百六条の十第四項及び第百六条の十七第四項において準用する場合を含む。）の規定による届出をせず、又は虚偽の届出をした者
二～五　（略）	二～五　（略）
六　第五十条の二第十項及び第六十六条の四十第六項において準用する会社法第九百五十五条第一項の規定に違反して、調査記録簿等（同項に規定する調査記録簿等をいう。以下この号において同じ。）に同項に規定する電子公告調査に関し法務省令で定めるものを記載せず、若しくは記録せず、若しくは虚偽の記載若しくは記録をし、又は同項の規定に違反して調査記録簿等を保存しなかつた者	六　第五十条の二第十項において準用する会社法第九百五十五条第一項の規定に違反して、調査記録簿等（同項に規定する調査記録簿等をいう。以下この号において同じ。）に同項に規定する電子公告調査に関し法務省令で定めるものを記載せず、若しくは記録せず、若しくは虚偽の記載若しくは記録をし、又は同項の規定に違反して調査記録簿等を保存しなかつた者
七～九　（略）	七～九　（略）
十　第七十九条の十六又は第百五十六条の四十五第一項に規定する報告をせず、又は虚偽の報告をした者	十　第七十九条の十六に規定する報告をせず、　又は虚偽の報告をした者
十一　（略）	十一　（略）
十二　第七十九条の五十三第一項、第百五十六条の六十第三項若しくは第百五十六条の六十一第三項の規定に違反して通知をせず、又は虚偽の通知をした者	十二　第七十九条の五十三第一項の規定に違反して通知をせず、又は虚偽の通知をした者
十三・十四　（略）	十三・十四　（略）

概要

(1)　1号

信用格付業者について、66条の31（変更の届出）１項もしくは３項の規定による届出をせず、または虚偽の届出をした者に対する罰則を定めるものである。

また、指定紛争解決機関で、156条の55（変更の届出）１項、156条の56（手続実施基本契約の締結等の届出）もしくは156条の60（紛争解決等業務の休廃止）２項の規定による届出をせず、または虚偽の届出をした者に対する罰則を定めるものである。

(2)　6号

信用格付業者について、電子公告調査について必要な記載をせず、もしくは虚偽の記載等をした者に対する罰則を定めるものである。

(3)　10号

指定紛争解決機関について、156条の45（手続実施基本契約の不履行の事実の公表等）１項の規定に違反して報告をせず、または虚偽の報告をした者に対する罰則を定めるものである。

(4)　12号

指定紛争解決機関について、156条の60（紛争解決等業務の休廃止）３項もしくは156条の61（指定の取消し等）３項の規定に違反して通知をせず、または虚偽の通知をした者に対する罰則を定めるものである。

第206条

改　正　後	改　正　前
第二百六条　次の各号に掲げる違反があつた場合においては、その行為をした認可金融商品取引業協会、第七十八条第二項に規定する認定金融商品取引業協会、投資者保護基金、金融商品取引所、第八十五条第一項に規定する自主規制法人、金融商品取引所持株会社、第百二条の三第一項に規定する親商品	**第二百六条**　次の各号に掲げる違反があつた場合においては、その行為をした認可金融商品取引業協会、第七十八条第二項に規定する認定金融商品取引業協会、投資者保護基金、金融商品取引所、第八十五条第一項に規定する自主規制法人、金融商品取引所持株会社、外国金融商品取引所、金融商品取引清

取引所等、外国金融商品取引所、金融商品取引清算機関又は証券金融会社の代表者、代理人、使用人その他の従業者は、三十万円以下の罰金に処する。	算機関又は証券金融会社の代表者、代理人、使用人その他の従業者は、三十万円以下の罰金に処する。
一　第六十四条の七第四項（第六十六条の二十五において準用する場合を含む。）、第六十七条の八第二項、第六十七条の十二、第八十七条の二第一項、第八十七条の三第一項、第百五条第一項、第百六条の二十四第一項又は第百四十九条第一項（第百五十三条の四において準用する場合を含む。）の規定に違反したとき。	一　第六十四条の七第四項（第六十六条の二十五において準用する場合を含む。）、第六十七条の八第二項、第六十七条の十二、第八十七条の二第一項、第八十七条の三第一項、第百五条第一項、第百六条の二十四又は第百四十九条第一項（第百五十三条の四において準用する場合を含む。）の規定に違反したとき。
二～五　（略）	二～五　（略）
六　第百二十二条第一項（第百二十三条第一項又は第二項において準用する場合を含む。）又は第百二十四条第一項若しくは第三項の規定に違反して上場したとき。	六　第百二十二条第一項（第百二十三条において準用する場合を含む。）又は第百二十四条第一項若しくは第三項の規定に違反して上場したとき。
七　（略）	七　（略）
八　第百五十六条の六第三項、第百五十六条の十三又は第百五十六条の十九第三項の規定による届出をせず、又は虚偽の届出をしたとき。	八　第百五十六条の六第三項又は第百五十六条の十三の規定による届出をせず、又は虚偽の届出をしたとき。
九・十　（略）	九・十　（略）

概要

6号では、123条に2項が追加され、親商品取引所等（金融商品取引所を子会社とする商品取引所および商品取引所持株会社）についても上場に当たって承認を要することとしたことによる修正を行っている。

この改正に伴い、柱書で、本条の名宛人に親商品取引所等を追加している。

また、1号では、106条の24に2項を追加することに対応する修正を行い、8号では、商品市場開設金融商品取引所が承認を受けて行う商品債務取引債務引受業等を廃止したときの届出義務に違反した場合を追加している。

第207条

●第１項●

改　正　後	改　正　前
第二百七条　法人（法人でない団体で代表者又は管理人の定めのあるものを含む。以下この項及び次項において同じ。）の代表者又は法人若しくは人の代理人、使用人その他の従業者が、その法人又は人の業務又は財産に関し、次の各号に掲げる規定の違反行為をしたときは、その行為者を罰するほか、その法人に対して当該各号に定める罰金刑を、その人に対して各本条の罰金刑を科する。 一～三　（略） 四　第百九十八条の六（第八号、第九号、第十二号、第十三号及び第十五号を除く。）又は第百九十九条　二億円以下の罰金刑 五　第二百条（第十七号、第十八号の二及び第十九号を除く。）又は第二百一条第一号、第二号、第四号、第六号若しくは第九号から第十一号まで　一億円以下の罰金刑 六　第百九十八条（第五号及び第八号を除く。）、第百九十八条の六第八号、第九号、第十二号、第十三号若しくは第十五号、第二百条第十七号、第十八号の二若しくは第十九号、第二百一条（第一号、第二号、第四号、第六号及び第九号から第十一号までを除く。）、第二百五条から第二百五条の二の二まで、第二百五条の二の三（第十三号及び第十四号を除く。）又は前条（第五号を除く。）　各本条の罰金刑	**第二百七条**　法人（法人でない団体で代表者又は管理人の定めのあるものを含む。以下この項及び次項において同じ。）の代表者又は法人若しくは人の代理人、使用人その他の従業者が、その法人又は人の業務又は財産に関し、次の各号に掲げる規定の違反行為をしたときは、その行為者を罰するほか、その法人に対して当該各号に定める罰金刑を、その人に対して各本条の罰金刑を科する。 一～三　（略） 四　第百九十八条の六（第八号、第九号、第十二号及び第十三号を除く。）又は第百九十九条　二億円以下の罰金刑 五　第二百条（第十七号及び第十九号を除く。）又は第二百一条第一号、第二号、第四号、第六号若しくは第九号から第十一号まで　一億円以下の罰金刑 六　第百九十八条（第五号及び第八号を除く。）、第百九十八条の六第八号、第九号、第十二号若しくは第十三号、第二百条第十七号若しくは第十九号、第二百一条（第一号、第二号、第四号、第六号及び第九号から第十一号までを除く。）、第二百五条、第二百五条の二（第十三号及び第十四号を除く。）又は前条（第五号を除く。）　各本条の罰金刑

概要

(1)　４号は、下記についての法人に対する両罰規定である。

・198条の６第４号（指定紛争解決機関で、156条の57（業務に関する報告書

の提出）１項の規定による報告書を提出せず、または虚偽の記載をした報告書を提出した者に対するもの）

・198条の６第16号の罰則（指定紛争解決機関で、156条の58（報告の徴収及び立入検査）の規定による当該職員の質問に対して答弁をせず、もしくは虚偽の答弁をし、または検査を拒み、妨げ、もしくは忌避した者に対するもの）

・198条の６第17号（指定紛争解決機関で、156条の59（業務改善命令）の規定による命令に違反した者に対するもの）

(2)　６号は、下記についての法人に対する両罰規定である。

・200条18号の２の罰則（指定紛争解決機関で、156条の41（秘密保持義務等）１項に規定する指定紛争解決機関の紛争解決委員もしくは役員・職員またはこれらの職にあった者の秘密保持義務に違反した者に対するもの）

・205条の２の罰則（指定紛争解決機関で、156条の48（記録の保存）もしくは156条の50（指定紛争解決機関による紛争解決手続）９項の規定による記録の作成もしくは保存をせず、または虚偽の記録を作成した者に対するもの）

・205条の２の２の罰則（指定紛争解決機関で、156条の60（紛争解決等業務の休廃止）１項の認可を受けないで紛争解決等業務の全部または一部の休止または廃止をした者に対するもの）

・205条の２の３第１号の罰則（指定紛争解決機関で、156条の55（変更の届出）１項、156条の56（手続実施基本契約の締結等の届出）もしくは156条の60（紛争解決等業務の休廃止）２項の規定による届出をせず、または虚偽の届出をした者に対するもの）

・205条の２の３第10号の罰則（指定紛争解決機関で、156条の45（手続実施基本契約の不履行の事実の公表等）１項の規定に違反して報告をせず、または虚偽の報告をした者に対するもの）

・205条の２の３第12号の罰則（指定紛争解決機関で、156条の60（紛争解決等業務の休廃止）３項もしくは156条の61（指定の取消し等）３項の規定に違反して通知をせず、または虚偽の通知をした者に対するもの）

第207条の３

改　正　後	改　正　前
第二百七条の三　認可金融商品取引業協会、金融商品取引所、第八十五条第一項に規定する自主規制法人又は金融商品取引所持株会社の役員（仮理事及び仮監事並びに仮取締役、仮会計参与、仮監査役及び仮執行役を含む。）は、次の場合においては、百万円以下の過料に処する。 一～五　（略） 六　第百五条の五第一項の規定に違反して、自主規制委員の過半数を社外取締役から選定しなかつたとき。 七　（略）	**第二百七条の三**　認可金融商品取引業協会、金融商品取引所、第八十五条第一項に規定する自主規制法人又は金融商品取引所持株会社の役員（仮理事及び仮監事並びに仮取締役、仮会計参与、仮監査役及び仮執行役を含む。）は、次の場合においては、百万円以下の過料に処する。 一～五　（略） 六　第百五条の五第一項の規定に違反して、自主規制委員の過半数を社外取締役に選定しなかつたとき。 七　（略）

概要

文言の適正化を行うものである。

第207条の４

改　正　後	改　正　前
第二百七条の四　次の各号のいずれかに該当する者は、百万円以下の過料に処する。 一　第五十条の二第十項及び第六十六条の四十第六項において準用する会社法第九百四十一条の規定に違反して、同条の調査を求めなかつた者 二　第五十条の二第十項及び第六十六条の四十第六項において準用する会社法第九百四十六条第三項の規定に違反して、報告をせず、又は虚偽の報告をした者 三　正当な理由がないのに、第五十条の二第十項及び第六十六条の四十第六項において準用する会社法第九百五十一条第二項各号又は第九百五十五条第二項各号に掲げる請	**第二百七条の四**　次の各号のいずれかに該当する者は、百万円以下の過料に処する。 一　第五十条の二第十項において準用する会社法第九百四十一条の規定に違反して、同条の調査を求めなかつた者 二　第五十条の二第十項において準用する会社法第九百四十六条第三項の規定に違反して、報告をせず、又は虚偽の報告をした者 三　正当な理由がないのに、第五十条の二第十項において準用する会社法第九百五十一条第二項各号又は第九百五十五条第二項各号に掲げる請求を拒んだ者

求を拒んだ者 四　（略）	四　（略）

概要

信用格付業者が電子公告により廃業等の公告をする場合には、会社法の規定が準用されている（66条の40第５項、６項）。本条は、かかる会社法上の手続に違反した場合について、罰則を定めるものである。具体的には、電子公告に際して信用格付業者が調査機関に電子公告調査を求めなかった場合（１号）、調査機関が調査を求めた信用格付業者の商号等について法務大臣に虚偽の報告をした等の場合（２号）、調査機関が調査委託者その他の利害関係人からの財務諸表等の閲覧請求等を拒絶した場合（３号）について、罰則を定めている。

第208条

改　正　後	改　正　前
第二百八条　有価証券の発行者、金融商品取引業者等若しくは金融商品仲介業者の代表者若しくは役員、金融商品取引業者若しくは金融商品仲介業者、外国法人である金融商品取引業者、第五十九条の規定により許可を受けた者若しくは取引所取引許可業者の国内における代表者、信用格付業者の役員（法人でない団体で代表者又は管理人の定めのあるものの代表者又は管理人を含む。）、外国法人（法人でない団体で代表者又は管理人の定めのあるものを含む。）である信用格付業者の国内における代表者、認可金融商品取引業協会若しくは第七十八条第二項に規定する認定金融商品取引業協会の役員（仮理事を含む。）若しくは代表者であつた者、投資者保護基金の役員（仮理事及び仮監事を含む。）若しくは清算人、金融商品取引所若しくは第八十五条第一項に規定する自主規制法人の役	**第二百八条**　有価証券の発行者、金融商品取引業者等若しくは金融商品仲介業者の代表者若しくは役員、金融商品取引業者若しくは金融商品仲介業者、外国法人である金融商品取引業者、第五十九条の規定により許可を受けた者若しくは取引所取引許可業者の国内における代表者、認可金融商品取引業協会若しくは第七十八条第二項に規定する認定金融商品取引業協会の役員（仮理事を含む。）若しくは代表者であつた者、投資者保護基金の役員（仮理事及び仮監事を含む。）若しくは清算人、金融商品取引所若しくは第八十五条第一項に規定する自主規制法人の役員（仮理事、仮取締役及び仮執行役を含む。）、代表者であつた者若しくは清算人、外国金融商品取引所の国内における代表者若しくは代表者であつた者、金融商品取引清算機関の代表者若しくは役員又は証券金融会社の代表者若し

員（仮理事、仮取締役及び仮執行役を含む。）、代表者であつた者若しくは清算人、外国金融商品取引所の国内における代表者若しくは代表者であつた者、金融商品取引清算機関の代表者若しくは役員、証券金融会社の代表者若しくは役員又は第百五十六条の三十八第一項に規定する指定紛争解決機関の役員（法人でない団体で代表者又は管理人の定めのあるものの代表者又は管理人を含む。）は、次の場合においては、三十万円以下の過料に処する。	くは役員は、次の場合においては、三十万円以下の過料に処する。
一～七　（略）	一～七　（略）
八　第五十一条、第五十一条の二、第五十三条第一項、第六十条の八第一項、第六十六条の二十第一項、第六十六条の四十一、第七十九条の三十七第五項、第七十九条の七十五、第百五十六条の十六又は第百五十六条の三十三第一項の規定による命令（第六十条の八第一項及び第六十六条の二十第一項の命令においては、業務の停止の処分を除く。）に違反したとき。	八　第五十一条、第五十一条の二、第五十三条第一項、第六十条の八第一項、第六十六条の二十第一項、第七十九条の三十七第五項、第七十九条の七十五、第百五十六条の十六又は第百五十六条の三十三第一項の規定による命令（第六十条の八第一項及び第六十六条の二十第一項の命令においては、業務の停止の処分を除く。）に違反したとき。
九～十一　（略）	九～十一　（略）
十二　第六十八条第六項、第七十八条の二第二項又は第百五十六条の五十三の規定による名簿を公衆の縦覧に供することを怠つたとき。	十二　第六十八条第六項又は第七十八条の二第二項の規定による名簿を公衆の縦覧に供することを怠つたとき。
十三～二十七　（略）	十三～二十七　（略）

概要

8号において、信用格付業者による業務改善命令違反についての罰則を定めるものである。

第209条

改　正　後	改　正　前
第二百九条　次の各号のいずれかに該当する者は、十万円以下の過料に処す	**第二百九条**　次の各号のいずれかに該当する者は、十万円以下の過料に処す

る。 一　第二十三条の十三第一項、第三項又は第四項（これらの規定を第二十七条において準用する場合を含む。）の規定に違反した者 二　第二十三条の十三第二項又は第五項（これらの規定を第二十七条において準用する場合を含む。）の規定に違反して、書面の交付をしなかつた者 三～六の二　（略） 七　第六十条の四第二項、第六十五条第二項又は第六十六条の四十六第二項の規定による命令に違反した者 八・九　（略） 十　第七十九条の十五又は第百五十六条の五十四の規定に違反した者 十一～十三　（略）	る。 一　第二十三条の十三第一項、第三項若しくは第四項又は第二十三条の十四第一項（これらの規定を第二十七条において準用する場合を含む。）の規定に違反した者 二　第二十三条の十三第二項若しくは第五項又は第二十三条の十四第二項（これらの規定を第二十七条において準用する場合を含む。）の規定に違反して、書面の交付をしなかつた者 三～六の二　（略） 七　第六十条の四第二項又は第六十五条第二項の規定による命令に違反した者 八・九　（略） 十　第七十九条の十五の規定に違反した者 十一～十三　（略）

概要

1号・2号は、23条の14が削除されたことから、同条の引用を削除している。

7号は、信用格付業者が職務代行者に対する報酬支払命令に違反した場合について、罰則を定めるものである。

事項索引

た行

な行

は行

ま行

や行

欧文・その他

逐条解説　2009年金融商品取引法改正

2009年10月20日　初版第1刷発行

著　者　池田唯一　三井秀範
齊藤将彦　高橋洋明
谷口義幸　中島康夫
野崎　彰

発行者　大林　譲

発行所　株式会社 商事法務

〒103-0025 東京都中央区日本橋茅場町 3-9-10
TEL 03-5614-5643・FAX 03-3664-8844〔営業部〕
TEL 03-5614-5649〔書籍出版部〕
http://www.shojihomu.co.jp/

印刷／㈲シンカイシャ

Printed in Japan

Shojihomu Co., Ltd.

ISBN978-4-7857-1703-2
*定価はカバーに表示してあります。